DK

马术全书

COMPLETE HORSE
RIDING MANUAL

［英］威廉·米克勒姆◎著　　　廖　艳　陈荟吉◎译

北京科学技术出版社

马术全书

COMPLETE HORSE
RIDING MANUAL

DK

DK Penguin Random House

Original Title:Complete Horse Riding Manual
Copyright © Dorling Kindersley Limited, 2003,2012,2023
A Penguin Random Company
Text copyright © William Micklem, 2003,2012,2023
Simplified Chinese Copyright © 2025 by Beijing Science and
Technology Publishing Co , Ltd.

著作权合同登记号　图字：01-2013-4988

图书在版编目（CIP）数据

DK 马术全书：全新升级版 /（英）威廉·米克勒姆
著；廖艳，陈荟吉译. —北京：北京科学技术出版社，
2025. -- ISBN 978-7-5714-4464-8

Ⅰ . G882.1-49

中国国家版本馆 CIP 数据核字第 2025967SB6 号

DK马术全书：全新升级版

作　　者：〔英〕威廉·米克勒姆
译　　者：廖　艳　陈荟吉
策划编辑：廖　艳
责任编辑：张　芳
责任印制：李　茗
图文制作：天露霖文化
出 版 人：曾庆宇
出版发行：北京科学技术出版社
社　　址：北京西直门南大街16号
邮政编码：100035
电话传真：0086-10-66135495（总编室）
　　　　　0086-10-66161952（发行部传真）
　　　　　0086-10-66113227（发行部）
网　　址：www.bkydw.cn
电子信箱：bjkj@bjkjpress.com
经　　销：新华书店
印　　刷：鸿博昊天科技有限公司
开　　本：889mm×1194mm　1/16
印　　张：24.75
版　　次：2025年6月第1版
印　　次：2025年6月第1次印刷
ISBN 978-7-5714-4464-8

定　　价：239.00元

序

　　1971年，我在马萨诸塞州的一个马术训练场初次见到威廉·米克勒姆，那年我13岁。向精通三项赛的前辈学习经典的骑术令我非常激动。很显然，即便在当时，威廉的教学理念依然超前。后来，威廉将我介绍给了英国的三项赛冠军露辛达·格林。他让露辛达一定要记住我的名字，因为有朝一日我将获得奥运会奖牌。那个时刻令我永生难忘，因为威廉是除了我的家人之外唯一相信我的人。他的教导奠定了我骑手生涯的基础。他教导我要引导马行动，而非强迫它。他让我认识到，能和自己的马建立深厚的友谊是一件相当神圣的事情。

　　威廉毕生都在研究马和人类的行为，并且已经熟知两者之间的联系。他辨识良马的能力是前所未有的。这些年，他为我找到许多优秀的爱尔兰种马，其中就包括比科和马克斯韦尔先生。至于我的丈夫大卫·奥康纳，威廉帮他购买了两匹不错的奥运会参赛马，它们分别叫金边和科斯特梅。威廉的骑术一直是我们训练时的技术标杆。

　　能够得到威廉长时间的指导，对我来说是莫大的荣幸。是他成就了我的职业生涯，就像他成就了其他人一样。现在，他造福了所有人。他创作了《DK马术全书》，与全世界分享他的知识。感谢他为世界马术发展所做的巨大贡献！

Karen O'Connor.

卡伦·奥康纳，奥运会奖牌获得者

前言

马术运动的优点之一就是男女老幼可以平等竞争，人人都可以骑得非常好。与许多其他的运动项目不同，你可以毕生参与马术运动，不断提高骑乘水平。这项运动既是竞技运动，也是毕生可从事的活动。

良好的入门训练非常重要。只要你掌握了核心技巧，顺利骑乘就会水到渠成。每次骑乘都会让你学到新知识，并且提高你的技术水平，这就像从山上滚落的雪球一样，它滚上的雪花会越来越多，变得越来越大。

千千万万的普通人发现马和马术让他们变得不普通。只要奠定了坚实的基础，你就会成为他们中的一员。我的意思是，这本书将成为你马术训练的一个组成部分：它是对教练教学的补充，还能激励你在马术学习中勇往直前。

通用的方法

在马术中，让马做某一动作的方法有很多种。例如，两位骑手会使用不同的方法让马跑步。尽管不同的方法都能达到同样的效果，但重要的是你要认识到简单而有效的训练方法是成功的秘诀。虽然马术训练中已有一些固有的技巧和工具，但是能灵活地接受更好的理念并对现有的方法做出改进也很关键。

野外探索 缓慢地野外骑乘是很好的骑乘练习，对骑手的精神面貌也大有益处，能让骑手远离喧闹，享受美丽的乡村景色

我的目的是尽可能多地找到一些通用的方法，这些方法适用于马术运动中不同品种的马和不同水平的骑手。相较于马术运动本身，创作一本完备的马术书是一项艰巨的任务。通用的方法有益于所有的骑手，也是一本完备的马术书的特色所在。本书囊括了适用于新骑手、高级骑手、盛装舞步赛骑手和场地障碍赛骑手的各种关键技巧，适合各年龄段的骑手阅读。

如果训练方法得当，那么达到奥运会参赛水平并非难事。你会发现本书关于盛装舞步赛、场地障碍赛和越野赛的内容都是相互联系的。场地障碍赛的骑手还需要阅读关于盛装舞步赛的章节，因为他学习的很多动作都是基于盛装舞步的。同样，三项赛骑手需要同时阅读以上三个章节。

每一章在讲解为比赛而进行的训练之前，都简述了骑手和马的必备技能。本书中的比赛被划分成四个循序渐进的级别，你可以按此积极训练，设定的目标不要过于保守。通过分阶段设定可实现的目标，你的训练将有一个系统的计划。只要努力，你就能实现自己的长期目标。

训练马

本书也为你提供了训练马的最佳方法，这将使你成为优秀的驯马师或教练。骑手既是老师，又是学生，这是马术运动所独有的特点。骑乘是马术的一个重要方面，也是骑手训练的重要组成部分，因为骑手在骑马的时候会对马产生或好或坏的影响。马有很强的适应性，愿意对任何持续的刺激做出反应。因此，当马有所进步的时候，你很容易误认为自己的训练方法是正确的；更糟糕的是，你会觉得

自己是好驯马师。对于怎么以最好的方法来训练马，有关驯马基础知识的章节会给予你建议。良好的训练有两个关键点：你的方法一定要始终如一并循序渐进，还有就是你的训练必须始终和马的能力相适应。奥运会参赛马比科、科斯特梅和金边，以及驾驭它们的优秀骑手卡伦·奥康纳和大卫·奥康纳都被作为典范写进了书里，因为他们展示了良好的训练的重要性。我曾和弟弟约翰一起，共同挖掘年轻马的潜能，但总的来说，还是早期的训练为它们未来的成功奠定了基础。

骑手和马之间的友谊

骑手和马之间的关系并不仅仅是工作和目标管理。意识到自己对马的责任，并维护这段特殊的关系是很重要的。本书的创作理念是：将每匹马当作个体，使其自然的轮廓和步伐得到发展，能力得到提高。这就要求训练方法既要富有成效，又不背离人道原则。利用强迫性、麻木或重复的练习来达到特别的效果，这是我们无法接受的。

良好的训练会使马保留原有的精神和特质，还会使它反应灵敏，心甘情愿地成为骑手长久的搭档。一段时间后，你会发现在所有的马术活动中，自己和马的伙伴关系是最让人欣慰的收获。

享受骑乘

每位骑手都是独立的且需求不同，这一理念支撑着本书的思想体系，这也是为什么在训练中不要过分在意姿势和步骤是否完美的重要原因。我们在

轻松而有效　如果骑乘练习得当，做起来也比较容易。对骑手和马来说，好的训练并不需要太费力

马术运动中会用到许许多多的词，但是极少用到"正确"和"完美"这两个词。最好的做法是关注你自己和马能做什么并且从这点出发，而不是关注你无法做到的事情。

如果你的目标是获得个人最好成绩，那么你在努力的过程中也将获得快乐。在学习过程中，努力和快乐并存。这一理念是高品质训练的基础，而高品质的训练不仅仅是竞赛骑手的目标，也是让马长久快乐生活的途径。

追逐梦想

马和骑手之间的伙伴关系是能鼓舞和激励人的。与马合作，我们会从中受益并比马收获更多。马术让你充满勇气、获得自由和成功，让你精力充沛，同时也激励你在生活的其他方面付出更多。你如果足够自信，那么很有可能获得巨大的成功！

锦标赛 并非所有的骑手都想参加高级别的比赛，但马有可能让平凡的骑手做出不平凡的事情。只要目标够高，相信自己，你就可以取得巨大的成功

威廉·米克勒姆

目录

第六章　跳越障碍训练和比赛　171

第七章　越野训练和比赛　241

第八章　马的身体准备　305

第九章　骑手的身体准备　319

第十章　骑手的心理准备　339

第十一章　组建顶级团队　359

术语表　370

致谢　380

第一章

新骑手

只要你找到合适的马术学校和教练，学习马术就不是一件难事，你甚至会为自己的快速进步而感到惊讶。当你上完第一节课，你应当能控制马在场地内慢步或快步，甚至可以短距离骑乘。等你掌握了诸如上马、下马，以及使马前进、立定、转向等基本技巧，你就能在马轻快步或跑步时保持身体平衡了。掌握这些初级技巧，只是在你实现第一次跳越障碍这个目标时迈出的一小步。

一开始你可能紧张，但是我们有许多方法来帮助你。本章介绍的简单技巧将帮你打好马术运动的基础。

新手入门

学习马术并不难，只要有一位好教练指导，你就能安全快速地进步。你要做的第一步就是寻找一所具备良好教学设施、合适的马以及必要的安全设施的马术学校。在上小组课之前，你需要上几节一对一课。

马术学校

你可以在马术杂志上找到马术学校的广告以及马术组织的列表，但是最好征求骑手朋友的建议。一所好学校不一定要很大，但它必须具备一块适用于新手课程的小型封闭场地。马和学生在上课过程中都应该放松而愉快。马具应该完好无损，皮制马具应该柔软灵活，如果它们太硬，很可能被折断并引发事故。

马术服装

你无须在马具上花费太多，但有些开销是必需的，比如一条由弹力面料制成的柔软长裤或马裤、一件不会阻碍你行动的舒适衬衫或运动衣、一双能够支撑你的脚踝的平跟鞋、一对护腿（包裹小腿）以及一副马术手套。

要随时佩戴头盔，马术学校会向你提供符合安全标准的头盔。头盔应该配有能在下巴处固定的三点

头盔必须舒适，并配有三点式系带

水勒

衔铁

缰绳

马术手套

教练

护腿

鞋子的后跟要设计合理，以免脚从镫铁中滑出

教练

选择一位有资质并在教授初学者方面经验丰富的教练。好教练能够解答你的所有关于马的疑问，而当你开始学习时他会让你以合适的速度提升水平。综上所述，无论你的年龄和水平如何，你的教练都会鼓励你并促使你进步。

式系带，这样你在骑乘的时候头盔不会掉落。当你开始在场地外骑马以及跳越障碍时，建议你穿着马术护甲。

合适的马

一匹安静且训练有素的马对初学者来说是最好的选择，它应该能迅速并持续地对骑手和教练的命令做出回应。成熟马较为理想，因为它们通常更加平静温和，而矮马则更具亲和力并且更易于上马。对大多数成年人来说，一匹听话的10~25岁的矮马（见第364页）是完美之选。

你的教练会给你选马的建议，告诉你哪匹马适合你的身高和体重。你会很快发现马是你的伙伴，而你们之间的关系往往是你在学习马术的过程中最值得称道的收获。

马具

在你准备好上第一节课前，教练会向你介绍主要的马术装备或者马具。缰绳与固定在马嘴处的水勒上的衔铁相连，马镫系在马鞍上，教练会在你上马前将它们调整到合适的长度。作为初学者，你将使用综合鞍，其能给予你强有力的支撑并让你感到舒适。马鞍上有一条伸向马身前方的革带，叫作胸带。胸带用于防止马鞍向后滑，除此之外，在初期你还在适应马背时，它能保证你安全地骑在马背上。另外，马鞍的前鞍桥上有一个抓环，抓住它可以保障你的安全。

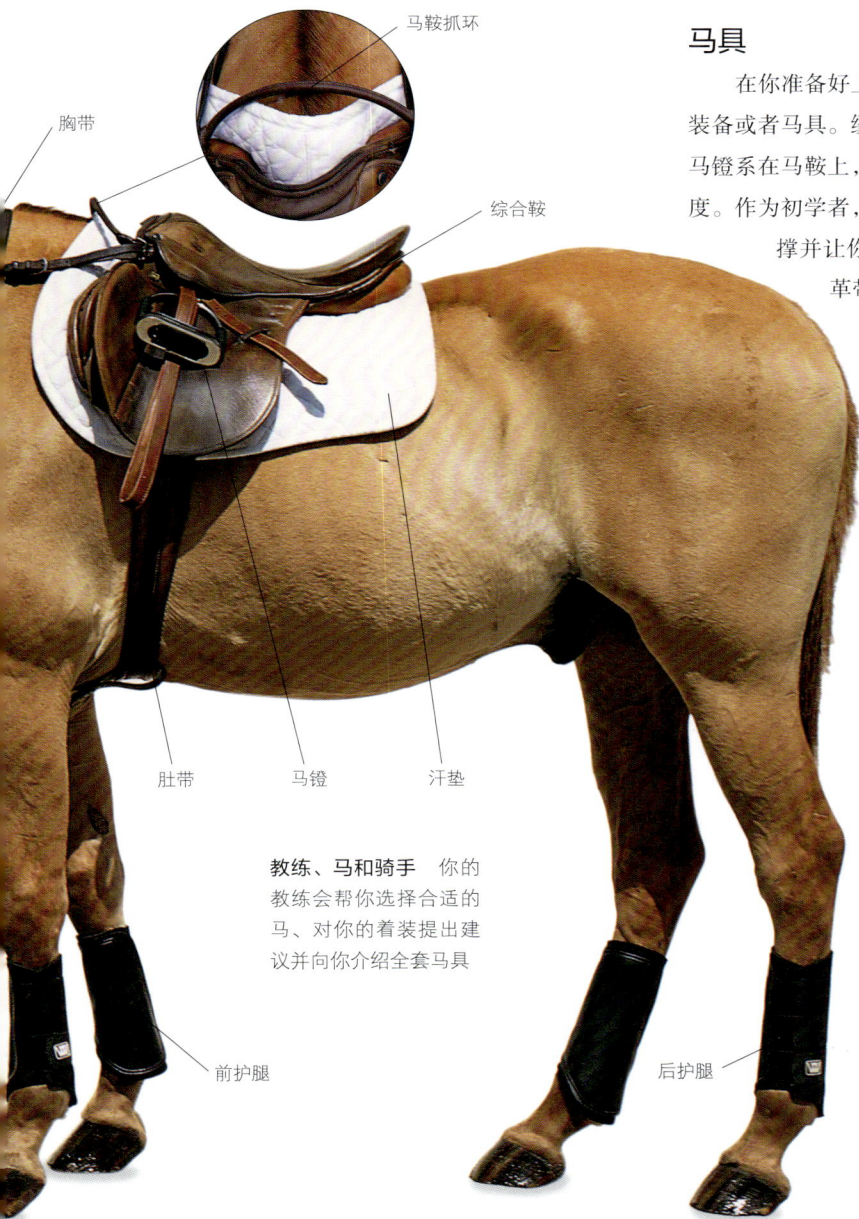

马鞍抓环

胸带

综合鞍

肚带　马镫　汗垫

教练、马和骑手　你的教练会帮你选择合适的马、对你的着装提出建议并向你介绍全套马具

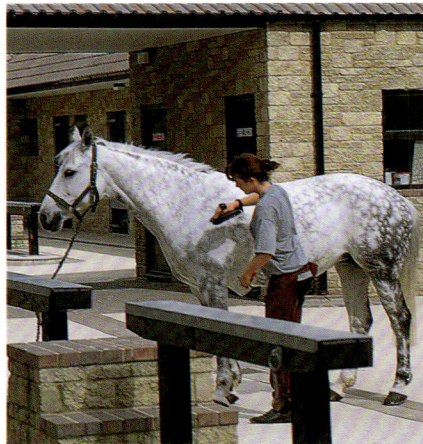

前护腿

后护腿

参观马房　参观时，你要看工作人员是否热情和设施是否保养良好

小组课和一对一课

马术学校通常有许多不同种类的课程供初学者选择，一般会在一个有安全保障的小型封闭场地内授课。

在小组课中你可以观察他人并向他们学习，并在与你水平相当的人一起骑马时获得自信。你可能与3~5人一同学习，等你进步后，在场地允许的情况下，你可以与6~8人一同学习。课程时长为1.5小时。然而，你上的第一节课无论如何都应该是一对一课。上课期间，你会在教练的指导下独立骑乘、习惯马的动作、建立平衡感以及练习起步、停止和控制马。根据你的水平，你的教练可能建议你在上小组课前上2~3节一对一课。

调教索训练及牵行

一对一课通常有两种形式：调教索训练及牵行。调教索训练时，教练站在训练场地中央，通过声音、马鞭和连接在水勒上的调教索来控制马。你和马围绕教练在一个直径15米的圆圈内活动。这是一种非常有效的学习方式，能让你循序渐进地学习，而你无须担心自己无法掌控马。

你需要从慢步开始，在场地内进行双向练习。为保障自身安全，你可以根据自己手臂的长度抓住胸带或抓环，你可能发现抓环比胸带使用更方便。你将迅速掌握平衡的技巧并且逐步学会如何与马交流并控制它。很快你就能够不依靠调教索并在教练的监督下在同样的范围内独立骑乘。

一些初学者从牵行课程中受益匪浅。在这种形式的课程中，你的教练会一边指导你，一边引导马绕场行走，可能还会做快步练习。此外，教练会骑在另一匹马上并牵着你的马做快步练习，这也是一种实用的方法。

有用的马术术语

以下是一些你可能在上第一节马术课时用得上的术语。

内方和外方

当你绕场骑乘时，位于弯道内方的手和腿叫作内方手和内方腿，位于弯道外方的手和腿叫作外方手和外方腿。这两个术语也用于区分马腿。

右缰和左缰

如果右手在内方，那你就是控制右缰行进；反之，如果左手在内方，则是控制左缰行进。

外侧蹄迹线和内侧蹄迹线

如果你靠近场地围栏骑乘，那么你正在外侧蹄迹线上。如果你靠近场地中央骑乘，则在内侧蹄迹线上骑乘。与迎面而来的骑手相遇时，左对左骑乘。

进入马场前提醒别的骑手

与他人保持安全距离

以左边身体对左边身体的姿势经过他人

在马术学校

在场地内，你需要遵守一些规则。在入场和离场时要保持警觉，确保他人注意到你的存在。请其他人帮你打开或关上训练场地大门——永远不能在场地内有马的情况下让门开着。

当你骑马行进、立定或下马时，远离场地外侧蹄迹线——这样你就不会挡住那些正在绕场练习快步或慢步的骑手的路。遵守这些简单的规则的话，所有人都可以享受到安全骑马的乐趣。

野外骑乘 当你刚开始学骑马时，你的教练会在马的水勒上接一条引导绳来引导你的马，这样你就能在学习初期进行15分钟到1小时的野外骑乘

野外骑乘

当你完成入门课程，骑在马鞍上感觉舒适自信时，一套优质的马术装备就能让你在小路和马道上进行野外骑乘（乡村骑乘），无须宽敞的大路。

野外骑乘是一种非常好的学习方式，这时你可以把时间花在骑乘上，并练习你在训练场内学到的技巧，直到使它们变成你的一种本能。与其他骑手一起在野外自由骑乘，逐渐掌握上下山坡以及跳过一些小型障碍的技巧——这些练习会让你拥有一次难忘的体验。对有些人来说，能够野外骑乘就是学骑马的最终目的。

第一课

通过短期课程学会基本的马术技巧是可能的，比如1小时课程。在这类课程中，你的教练会带你学习基本的技巧，其中包括上马、下马、慢步、快步、转向和立定等。在开始前，你的教练可能建议你在固定木马上进行15~30分钟的技巧练习，这样你就能体会到在马鞍上的感觉并且练习持缰。

入门介绍 你的教练会花5分钟来了解你，并获知你早前是否有骑马的经验。向你介绍马和主要马具之前，教练会检查你的头盔和鞋子。

上马和下马 在接下来的10分钟里，你的教练会向你示范如何上马和下马。当你练习在大而结实的垫脚台的辅助下上马时，教练会牵着马。他会告诉你如何自然地坐在马鞍上，然后让你下马并反复练习（见第6~7页）。

慢步和快步 教练会在水勒上系上调教索，在接下来的15分钟里，调教索将完全由他来掌控。这有助于你集中注意力来保持平衡，使你在马慢步和快步时不必担心控制马的问题。你不用掌控缰绳，但要抓住胸带或者抓环（见第8~9页）。

起步、转向和立定 接下来的15分钟里，你会练习控制马并与它交流。你的教练会教你如何持缰，并且向你演示如

何下达简单的指令以引导马做动作（见第10~11页）。

复习和练习 当你在马鞍上感到既舒适又放松后，你的教练可能会用引导绳带你进行一次15分钟的野外骑乘，这样你可以练习新技巧并且享受骑乘。

调教索训练 在进行调教索训练时，你要把注意力集中在与马的动作保持一致上。抓住前鞍桥上的抓环以确保安全，但不要将身体重量压在手臂上，因为这会破坏你的平衡

上马和下马

在你上马前，你的教练会调整镫带的长度并向你提供又大又结实的垫脚台。练习上马和下马直到你能自然地做这些动作。你只要掌握了以下技巧，也能快速地依靠他人帮助上马（见第15页）。

抓住胸带和缰绳末端

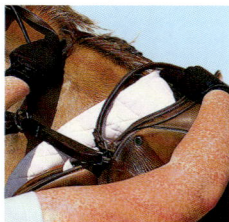

上马

登上垫脚台，面朝马的身体后部（图1），左手抓住缰绳末端以及胸带。右手抓住镫带，朝自己拉并将左脚掌踏入镫铁（图a）。右手放开镫带，抓住前鞍桥上的抓环（图b）。面部朝向和马保持一致（图2），左脚不要触及马。使用右臂有助于支撑身体重量，保持平衡。右腿平伸，越过马背（图3）。

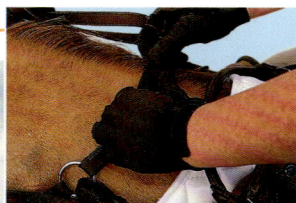

（b）右手抓住前鞍桥

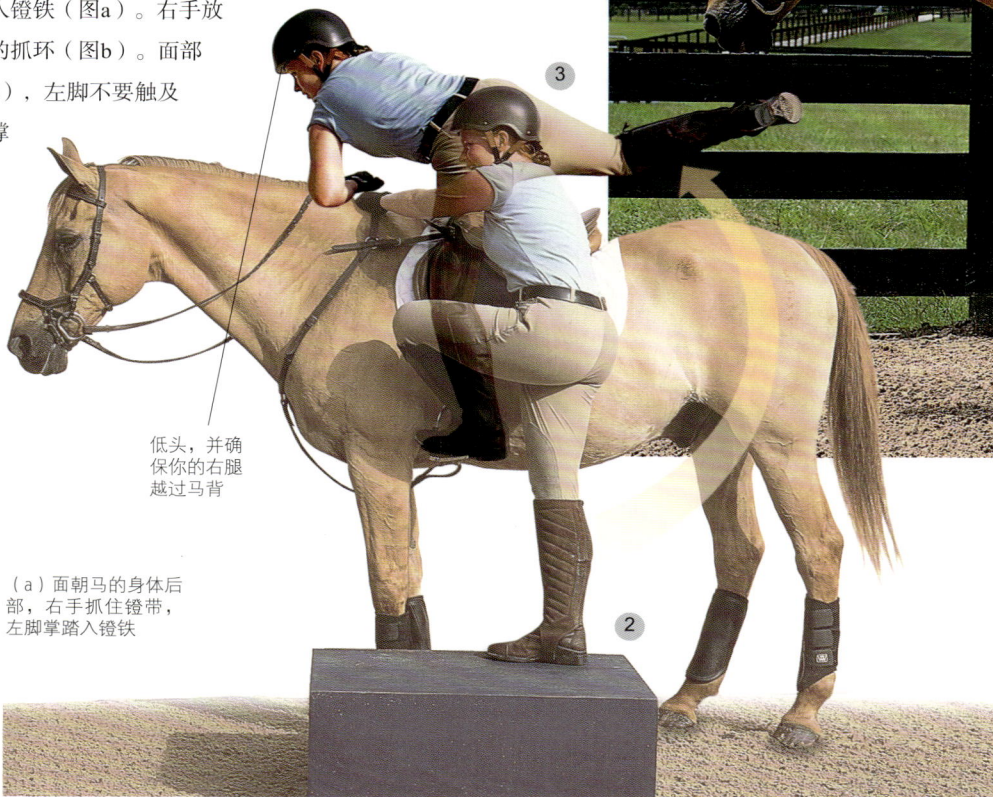

3

低头，并确保你的右腿越过马背

（a）面朝马的身体后部，右手抓住镫带，左脚掌踏入镫铁

2

上下马动作一览图

1　2　3　4　5　6　7

放松肩部，自然呼吸

在马鞍上轻轻移动调整

膝盖和脚掌在同一条直线上

部和髋在同一直线上

骑姿

　　轻柔地坐到马鞍上并将脚掌蹬在镫铁上（图4），保持自然的坐姿。为了使自己安全并保持平衡，你的肩部和髋部要在一条直线上，膝盖和脚掌也要在一条直线上（右图）。两手抓住胸带，其中一只手还要抓住缰绳末端，目视前进方向。

安全骑姿　坐在马鞍正中时，你的小腿应该保持竖直并紧贴马体两侧

双脚脱离镫铁

脚掌蹬在镫铁上

下马

　　左手抓住胸带以及缰绳末端，右手抓住前鞍桥。双脚脱镫（图5），身体稍向前倾。然后，右腿向后平伸，越过马背（图6），在不碰到马的情况下轻轻落地（图7），也可以更慢的速度滑下马背。确保落地动作轻缓，膝关节和踝关节屈曲，面部与马的朝向相同。

膝关节屈曲以减小落地时的冲击力

慢步和快步

等你坐上马鞍后，就要习惯马在慢步和快步时的动作，之后才是如何持缰和独自控制马。你的教练会在场地上用一根调教索牵着马来控制它。抓住胸带能帮助你保持平衡，让你安稳地坐在马鞍上，并且让你在马先慢步后快步的过程中与它一起动作。

在调教索的辅助下学习慢步

当马在调教索的控制下开始慢步，你首先感受到的是来自臀部或马鞍下方的马的动作。抓住胸带，自然呼吸（图1）。你将发现，马鞍会随着马背的运动自然地前后轻轻摆动。这种摆动有规律而且稳定，你可以放松地随之一起摆动身体。

轻快步练习

当你能骑马自如地慢步时，你的教练会示意马在一次加速不太多的情况下提升为快步，你要一直坐在马鞍上。这时，你会感觉就像坐在有规律地轻微颠簸的汽车里一样。

轻快步练习是一种使骑手在快步时能更加舒适并避免颠簸的技巧（见第12~13页）。轻快步练习的目标是你能跟随马的动作适时地将臀部抬离马鞍。当马背向上运动时，你的臀部要抬起，离开马鞍（图2）。将身体的重量压在腿上，此时你的脚跟应该低于脚趾。

当马背向下运动时，你要重新坐回马鞍上（图3），轻轻地坐在马鞍上，直到马背再次向上运动。你要跟随马的动作适时地起坐（图4）。

从慢步到轻快步　教练会示意马从慢步加速到快步。轻快步练习的关键在于骑手要将身体的重量压在腿部而非臀部

1

马慢步时，你要抓住胸带，让臀部随马背轻轻摆动

调教索

2

马快步向前走时，你要抬起臀部

将自身重量向下压

紧急扶助

如果马对正常的向前指令没有反应，你就将脚跟稍稍抬离马体，用比正常扶助所用力道稍大的力道扣向肚带的方向。如果有必要，稍稍加大力度重复这个动作。同样，如果马不听从你的正常的减速指令，那就稍稍拉紧缰绳，下沉臀部，将力量较弱的一只手放进马的鬃毛里，用另一只手回拉缰绳，并用轻柔的声音指示它慢下来。

紧急前进

紧急停止

为了改变对角肢，你需要在原有节奏之外再多坐一个节拍（感觉像一次小小的颠簸），随后提起臀部。这样，你就调整成功了。如果你在马快步时更换了方向，那就这么做。

野外骑乘

与其他骑手一起骑乘是你练习新技巧的好机会。马很喜欢在同伴的陪伴下外出，尽管它们会因此变得亢奋，并且倾向于相互跟随。你会发现有的马会比其他马反应更灵敏，使用扶助以及缰绳联系尽量轻柔。你需要在野外骑乘前的场内练习过程中了解马的灵敏度。野外骑乘时，如果马过于亢奋，就用声音让它冷静下来。假如马不积极向前或停下，比如其他事情分散了它的注意力，你就要用紧急前进或紧急停止的技巧。

当马的内方后肢再次落下时，臀部下沉

当马的内方后肢落地时，坐回马鞍上

跑步练习

经过前面的练习后，你已经为练习跑步做好了准备。跑步时，马会以比快步更快且更舒适的节奏前进，但是一开始

跑步 当马在快步时，利用扶助示意马跑步。
你的手要跟随马嘴动作

你可能觉得有些奇怪，因为马在跑步时四肢的动作是不对称的，不像在慢步和快步时那样。这是因为马在围绕训练场跑步时内方肢的行动会稍稍领先于外方肢（领跑），身体也会稍稍向内方弯曲。基于这个原因，如果你先做圈乘练习，马用内方前肢领跑，可能跑得更容易也更舒服。

你应该在较小的封闭场地里上第一节跑步课，你的教练会先教你做轻快步练习，然后教你将臀部下沉以贴近马鞍用双腿轻轻挤压肚带处。如果你骑的马训练有素，它就会对某个单一的指令或扶助（通常的做法是用你的外方腿轻轻挤压肚带后方）有所反应。这是你的教练出于对成熟马的了解给你的引导。让你的重量落到脚跟，并将缰绳放松。

变换里怀

当马向右跑步时，它的右前肢会领先于其他肢动作，这叫作右里怀跑步。当马向左跑步时，它的左前肢会领先于其他肢动作，这叫作左里怀跑步。大多数马和骑手都有偏好，也就是某一侧领先的话会做得更好。不过，练习跑步时最好

平衡骑姿

初学者在轻快步练习时所学到的保持安全和平衡的方法在跑步和跳越障碍时同样适用。如果你比较马在快步、跑步、尥蹶子和跳越障碍（右图）时骑手的姿势，你就会发现其实它们非常相似。在这些情况下，骑手的重量都在她的脚跟，而并非在臀部；她的小腿与脚掌是垂直的，上半身的倾斜度也相近。这种姿势使骑手习惯马的动作并且能在马背上保持平衡。骑手们常常被告知，当马尥蹶子时要把身体重量放到臀部，上半身向后仰，但这就和在一条坑坑洼洼的路上骑车时完全坐在车座上一样无用。在这样的道路上骑车时，你需要站起来踩住车镫，从而使你的臀部不至于在车座上一上一下地颠簸，进而导致身体失去平衡。同样，在不稳定的马背上时，你需要将大部分的身体重量压在马镫上，从而保持平衡和安全。

快步

跑步

尥蹶子

跳越障碍

兼顾两侧。让马跑步时用内方肢领跑能使马在绕过拐角或圈乘时保持平衡并感觉舒适（见第110~111页）。

马下练习

即使没有在马上，你也可以提高骑乘技术。特别是在需要保持良好的身体状态时，你可以通过特定的练习来改善姿势，提升柔韧性、力量和平衡感。然而，你能做的最重要的事情之一是花时间与马待在一起，这样你会发现它们的独特天性和需求。马房管理工作对于培养骑手与马的良好关系非常有用。你可以在工具的帮助下做这项工作，这是了解马的日常需求和习性的好方法。

了解马　大多数马喜欢有人陪伴，能够从骑手频繁的接触和关心中受益。这样，骑手也能够逐步了解马的习性，并提升自己的骑术

依靠他人帮助上马

在上马时依靠他人支撑你的腿部是一种有效的备选方法。在没有垫脚台的情况下，相比于挣扎着从地面爬上高头大马，依靠他人支撑你的腿部上马确实好得多。你要用和借助于垫脚台上马同样的姿势（见第6~7页），站在马的左侧，面部朝向和马的几乎是同样的，左手抓住缰绳并扶在鬃毛处，右手抓住前鞍桥。抬起左腿，使小腿与地面基本平行，请助手用单手或双手支撑你的左腿。然后，你通过微屈右腿使身体下沉，这时助手会分担你的一部分身体重量。最后，当你右腿伸直越过马背时，助手会将你举起来。这样，你就可以右手支撑身体的重量，轻轻地丛到马鞍上。

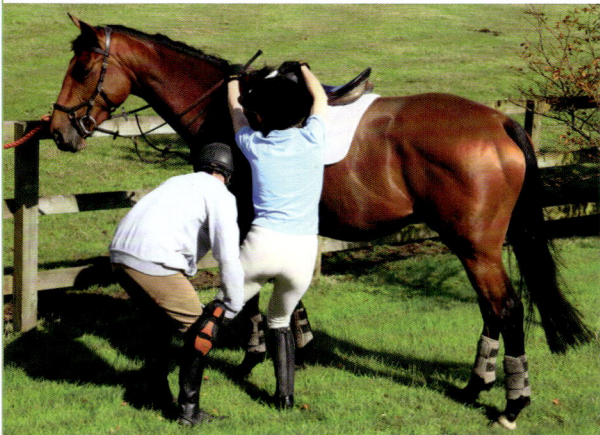

上马的时机由骑手决定

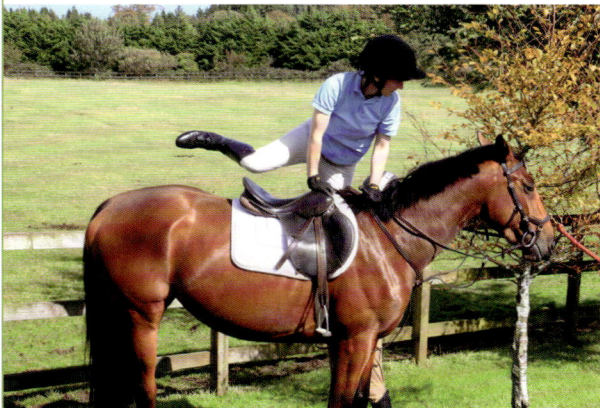

右手抓住前鞍桥以保证安全

缓解紧张

马基本上是一种温顺的动物，但它们有时也会变得很吓人，尤其是在你初次骑马而没有一位好教练指导时。通过避免发生不必要的危险，在目前的能力范围内骑乘，你将不会对新事物感到害怕。引起紧张的普遍原因是骑手害怕坠马，但学习如何安全摔落可以让骑手安心并且从中受益。

面对现实

完全无畏的人是不存在的，人总有害怕的东西。恐惧是人类通过对自我行为的限制来确保生存的基本反应。骑马时，以敬畏的态度来对待体重超过450千克、大约1.5米高（从肩隆的最高点测量）的动物理所当然。你在一开始可能被这种动物吓到是完全可以理解的。

恐惧在生理和心理上都或多或少地使你无法行动，人在这种状态下是不能进行训练的——即使有态度恶劣的教练强迫你去训练也不行。这一点至关重要。如果你对训练感到紧张，那就去找你的教练说说话，这样你就能知道你的焦虑从何而来并如何化解它。恐惧主要分为两种：对未知的恐惧和对已知的恐惧。

对未知的恐惧

有些人害怕被要求做一些他们能力范围以外的事。通过寻找一位擅长教学的马术教练或观察其他进步迅速的新骑手并与他们交流，你能克服这种对未知的恐惧。另外，一位好教练总是会演示并解释每一步，并且不会强求你做能力之外的事，因此一般不会发生意外。克服对未知的恐惧是保持积极心态以及确保你做好准备的关键。角色扮演是帮助你改善心态的一种非常有效的技巧（见第343页）。

对已知的恐惧

有些人对骑乘的某个方面感到害怕，比如害怕坠马。你可能有过这种不好的经历，或者目睹了别人坠马，抑或你只是想象了一下可能发生的灾难。事实是，这种想象的灾难更让人感到恐惧。

再次重申，一位好教练可以帮助骑手克服恐惧。通过一次进步一小步，学习最好的实战技巧，不断总结，提升基本的平衡感、安全感以及理解力，你会变得更勇敢。这是因为你总能完全掌控局面，知道自己在每个阶段都能轻易达到预期的目标。好教练也会鼓励你加入到那些明显做得更好的骑手和练习者当中。花时间去观察优秀骑手的动作，你会从中受到启发，学会他们的技巧和标准动作，并且变得自信。

为坠马做准备　如果一位参加赛马的骑手知道他马上要坠马了，他会让脚脱离马镫，并且在落地后立即翻滚以远离马

马背体操　在马背体操比赛中，马会被一根调教索控制。运动员凭借奔跑时产生的冲力弹跳上马

在马术学习的每个阶段你都应该进行高质量的练习，直到你能够自然而然地做出这些动作。这样，你不必担心发生意外时不知如何反应，因为你会下意识做出这些动作。这是避免事故以及随之而来的恐惧的最佳方法。对于帮助你克服坠马恐惧很有价值的技巧是弹跳上马或下马——这种技巧能让你在没有垫脚台或他人帮助下跳上马，以及在马跑步时跳下来。了解这些能够让你在马行进时上下马，也能够增强你的掌控力并减轻你对坠马的恐惧。

对坠马的恐惧

减轻恐惧的最佳方法是避免发生让你恐惧的事情。一位好教练会尽最大的努力让你避免不好的经历。他们会通过不断评估你的表现以及逐步使你产生成就感来实现这一目标。

了解如何应对坠马

你也可以通过学习如何应对可能发生的坠马事件来减轻对坠马的恐惧。对绝大多数骑手来说这是一种积极的应对方法，所有的骑手都坠过马，但是如果你受到更好的训练，坠马其实并不常发生。如果你快要坠马，最好让双脚脱离马镫并让身体被甩离马体。随后，把下巴抵在胸部上方，屈起背部，蜷缩双腿，做好翻滚的准备。

练习这一技巧很有用，有助于你在坠马时保护自身安全。了解如何安全落地，就能减轻你对骑马的恐惧。当然，不管这些为坠马做的准备工作如何完善，你都要通过安全训练、保持良好心态以及练习自我控制等一切努力来避免坠马，这才是最重要的。

坠马应对动作练习

演练一下应对坠马的动作很有帮助。练习的先决条件是有一位合格的教练协助你。千万不要在没有专业人士指导的情况下尝试练习。确保有足够的空间并使用体操垫，这样就没有打滑的风险了。

前滚翻　以蹲姿开始，双臂和双手平行。下巴抵着胸部，双腿蹬直，颈后部和肩膀着地。以蹲姿结束练习。当你可以简单完成这个动作后，可在走路时重复做这个练习，然后升级到跑步时练习

翻滚后屈起双腿

将身体重量平均分配到肩部

以蹲姿结束

跳越障碍概述

　　跳越障碍是一种绝妙的、能释放天性的训练，大多数骑手和马都很享受这个过程。然而，在练习跳越障碍时你必须小心谨慎并且循序渐进，这一点非常重要。只有当你在轻快步时能很好地保持平衡，你才能开始练习跳越障碍。你要从练习上下坡开始去习惯马的动作以及必要的骑姿变换，不久后你就能开始练习跳越小土堤以及小型障碍了。

骑马上坡和下坡

　　成功跳越障碍的诀窍在于你要在马的身体上升和下降的过程中保持适当的平衡。保持平衡不仅能保障你的安全，还能使你不被马的自然动作干扰。跳越障碍练习要先从练习骑马上下缓坡开始。这个练习的好处在于上下坡时和马跳越障碍时一样，都有上升和下降的过程，但由于马在慢步，你有足够的时间去调整身体以达到平衡。

　　轻快步和跳越障碍时，你的重量应该压在腿上。这意味着你的小腿应该垂直于地面，并且膝盖和脚掌在一条直线上。如果你这样做了，即使你的腿没有紧贴在马体两侧，你也能够在上坡和下坡的过程中保持平衡。不要用力向内夹腿来保持平衡。如果你试图在马上坡时抓紧马体两侧的胸带，

那你的小腿就不再与地面垂直，而是与马体成直角。这样，你的腿会过于靠前，而你的上半身可能会向后仰。同样，下坡时，你的小腿会过于靠后，这样不仅会影响马跃起，也会使你向前倾，从而在下坡时无法保持平衡，进而引发危险。

一只手抓住胸带以确保安全

马匹上升时，你的脚会移动到肚带后方

骑马上坡　你在学习如何在上下坡保持平衡时，要努力练习臀部触碰马鞍。但是当你提升了平衡技巧，就能自然地做出这样的动作

越过小土堤

　　对初学者来说，越过小土堤确实是增加自信的助推器。它将一次跳越障碍分为两个阶段，因此你有机会去适应跳越障碍的第一个阶段（跳上土堤）和第二个阶段（跳下土堤）。一开始，你要抓住胸带，放松缰绳，这样马能自由地做动作。你要集中精神把身体重量压在腿上，使脚跟比脚趾低以保持平衡。反复练习跳上和跳下土堤，直到你即使坐在马鞍上也感觉十分安全。

跳上土堤

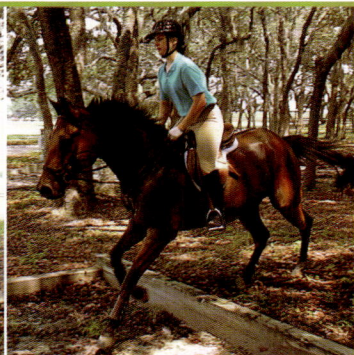
跳下土堤

保持平衡

　　当你骑马上下坡时，集中注意力与马的动作保持一致，将身体的重量压在腿上，保持脚跟向下。放松缰绳，使马的头部自由活动。你能在上下坡的慢步练习中保持平衡后，就开始练习快步和跑步上下坡，这样可以使速度更接近于马跳越障碍时的速度。随后，你就可以开始进行上下土堤练习，来为你的第一次跳越障碍做准备。

骑马下坡　无论马身体的角度如何变化，你都要保持小腿垂直于地面，这样你才能保证安全而不向前摔

当马匹下降时，你的脚会移动到肚带前

让你的膝盖和脚后跟彼此保持在垂直线上

马环绕你的膝盖位置发生转动

障碍介绍

练习跳越障碍时，比起从跳越难度很高的障碍开始，从跳越难度低的障碍开始更有效。你只要完成以下这些循序渐进的练习（见下框），很快就能够从练习跨越木板进步到跳越小型障碍的路线练习。

向第一道障碍前进

你的教练会设置练习用的障碍，让它们处于适合马跳跃的位置。练习1是骑马跨过地上的两块木板。这项练习的目的是使马速度稳定并鼓励马放开步子。从慢步跨越木板开始练习，然后使用轻快步跨过木板。当你能持续保持快步并且能保持安全的平衡时，你就可以准备做下一项练习了。

练习2需要用到两根在地上摆放成漏斗形的横杆、一块木

板，以及一道障碍。横杆用于引导马，从障碍中间跳过。木板则起提示起跳点的作用。马会自己跳越障碍——你要做的就是集中精神保持平衡并且将身体的重量压在腿上。如果你在轻快步时能保持良好的平衡，那跳越障碍时保持平衡对你来说也不成问题。落地后，用腿扶助示意马跑离障碍。

练习通过一组障碍

练习3需要用到两根摆放成漏斗形的横杆和两块木板，木板之间应该保持需要马跑两到三步的距离。整个练习以跑步开始并保持稳定的速度。注意马的步幅并注意它的前肢离木板有多远。每当马前进一步，你都要大声数出来。马在每块木板前踏出的最后一步的结束位置，就是跳越障碍时每一跳的起跳点。

循序渐进的跳越障碍练习

这是帮助你学习跳越障碍的一系列简单而且循序渐进的练习——从快步跨过地面上的木板开始，然后跳越小型障碍，最后以通过有小型障碍的短路线结束。你的教练会带你一步一步完成所有练习，如果你有些紧张，可以只做练习1、练习3和练习5。这3项练习包括快步或跑步跨越木板，因此尽管没有用到任何障碍，它们也能在你尝试跳越小型障碍前帮助你判断距离并找到起跳点。你的教练会确保你的水平稳步提升。从慢步开始练习，了解这些练习有什么样的要求（下图）。

练习1.慢步，然后快步跨过地面的两块木板。

练习3.跑步从摆放成漏斗形的横杆之间通过，跨过两块相隔两步的木板。

练习5.跑步通过一条摆放了三块木板的短路线。

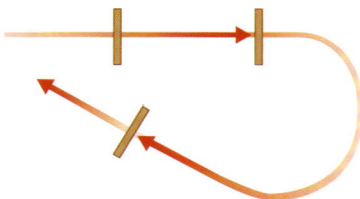

练习2.快步从摆放成漏斗形的横杆之间通过，并依次跨过一块木板和一道障碍，落地后跑步。

练习4.快步从摆放成漏斗形的横杆之间通过，依次跨过一块木板和一道障碍。落地后跑两步，到达最后一道障碍。

练习6.跑步通过一条摆放了三道小型障碍的短路线。

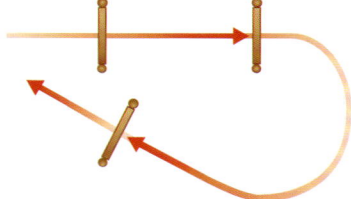

练习4

使用地杆

如果马每次在不同的地方起跳，甚至你用木板在障碍前引导也没用，那就在障碍前的地面摆放三根方形横杆，横杆之间相距1.25~1.45米。起跳点应该在最后一根横杆与障碍的正中间。从跑步跨过木板开始练习，先不跳越障碍。

跳越障碍 这是练习4中的第二道障碍。桶上的两根横杆可以引导马。图中的初学者具有非常好的平衡感。即使你让她从马上下来站到地上保持这个姿势，她也不会摔跤，这个姿势与她在跑步跨过木板时（见上图）的姿势很相似

练习4和练习2基本相同，只不过添加了稍大点儿的第二道障碍。马在跳越第一道障碍落地后要保持跑步。在马跑向第二道障碍以及跳越障碍的过程中你只要专注于保持身体平衡即可——让马自己决定如何跳越障碍。

短路线

在练习5中，你会骑马通过一条摆放了三块木板的短路线，使用扶助来控制马沿着路线以稳定的速度行进。一旦做到这一点，你就可以练习通过有三道小型障碍的短路线了（练习6）。注意马的步幅，放松缰绳，让马轻松自然地跳跃而不被往后拉。

把身体重量压在腿上，膝盖与脚掌保持在同一直线上

保持骑姿，目视前进方向

抓住胸带或马鬃毛，使缰绳足够长，给予马活动头部和颈部的自由

各种马术活动

　　即使你还是一个新骑手，也能找到众多适合你的年龄、品味和能力的马术活动。许多情况下，一匹马可以参加不同的马术项目，而在训练时尝试不同类型的骑乘会让你有非常棒的感受。马术俱乐部会举办很多常规的马术比赛，其中盛装舞步赛、场地障碍赛和越野赛是最受欢迎的。但是，对你来说，还有更多的选择。

加入马术俱乐部

　　对初学骑马的人来说，马术俱乐部是了解个人和团体马术比赛项目的好去处。你无须自己准备马，需要的是，好的训练和好的运动伙伴，而非高难度的课程。除此之外，你或许想联系举办你感兴趣的比赛项目的国际马术组织。通常来说，马术组织非常热情并且热衷于分享他们对马的知识，引发人们对马的热爱。对很多人来说，在幽静的小路上或乡村单纯地骑骑马也很有趣。

参加评比赛

　　如果你乐于培养一匹高水准的马，并有兴趣展示马的良好的风度和举止，那参加评比赛对你来说可能比较合适——有各种级别供你选择，并允许所有外形和大小的马参加。例

参加评比赛　在比赛中，马按种类和大小分为不同的级别。为比赛做准备会让你设立合理的训练目标，并且享受有相同兴趣的骑手的陪伴

如，一位大块头的骑手有机会展示一匹高头大马。评比赛分不同级别评比，参与者的骑乘方式以及他们能否成功通过障碍都是评定内容。评比赛也有入门级场地障碍赛和盛装舞步赛，你可以练习各种技巧，并从中发现适合你和你的马参加的比赛项目。

团体项目

　　有的骑手喜欢更刺激、消耗更多体能的项目，兜网马球和马上篮球对他们来说或许是理想的运动。兜网马球是团队赛，要求骑手快速加速以及改变方向。比赛时，骑手用带网的球杆传接一个小球并尝试进球得分。马上篮球使用的是有几个把手的大球，参赛者不断传递，目标是进球。这两个项目的球网都分别在场地两端，场地长度从40米到100米不等。这两项比赛时间很短并且很刺激，同时对马的要求很高，它

在小路上骑马

　　马一般被禁止进入人行道、公路以及高速公路，但仍有数以千计的小路可以让你体验美好的骑乘。但要注意，马一定要易于控制，而且在任何情况下都能保持冷静。

　　穿上日常防护装备，最好穿一件引人注目的夹克。带上手机，最好和其他骑手一起行动或告诉某个人你要去哪儿，预计什么时候回来。不要在夜里骑乘，但是如果你必须这么做，就要在自己身上和马身上安装闪光灯——就像自行车上用的那种。和开车时一样，你要靠路的一侧骑。如果人数比较多，在狭窄的小路上骑乘时，大家要排成一列，同时注意从前后两个方向驶来的车辆。当一辆车减速通过或停下来等待时，你要明确地向车主表示感谢。如果你想让一辆车减速，就举起外方手臂，慢慢上下挥动。如果你想要司机停车，就水平伸出手臂。

兜网马球 骑手用左手抓住两侧的缰绳，右手持带有网兜的球杆。他们的目的是兜住球并将球打进网

们必须非常健康并且训练有素。

马车驾驭赛

马车驾驭赛也是马术比赛项目的一种。它来源于三日三项赛，并且像三日三项赛（见第292页）那样要求严苛：首先进行马拉松式驾驶比赛，之后进行盛装舞步赛，最后一个阶段相当于场地障碍赛，但是障碍是锥筒而不是横杆。即使你对评比赛不感兴趣，也可以仅仅为了娱乐而参赛。有很多马既参加骑乘项目，也参加驾驶项目。

西部马术

西部马术比赛是为了迎合美国西部牛仔的需求而举办的。骑手需要长时间坐在马鞍上，只用一只手持缰，而用另一只手挥舞套索套牛。马腿无须抬得太高。他们更像盛装舞步赛骑手而非场地障碍赛骑手。骑手利用颈缰训练马，即通过轻拉缰绳给马颈施加压力来转向。同时，他们也会在一定程度上训练马的独立性，使它们运用本能去截牛。这种骑乘方式催生了一种鞍座较深、安全稳固的马鞍，以及一种在缰绳联系非常轻柔的情况下也能让马有反应的训练方法。在这种骑乘中骑手感觉是否舒适非常重要，因此西部马术的马

鞍又大又牢靠。它们是为骑手在各种步伐中都能安坐在马鞍上而设计的。西部马术中的马应走得很稳，不让骑手有弹跳感。它们行进的方式是慢跑步（一种较为平缓的快步）或者大步跑步（一种较慢而稳定的跑步）。

在大多数西部马术比赛中，骑手多使用夸特马。最初夸特马是用于参加四分之一英里（1英里≈1.61千米）赛的短距离赛马，后来成了西部牛仔最主要的搭档，这是因为这种马性情冷静、体格健壮、运动能力强。美国夸特马协会是世界上最大的品种注册机构，有超过600万注册马匹，该协会还教授相当多的西部马术比赛技巧。

在西部马术领域，雷宁（又称西部驭马术）相当于普通马术中的盛装舞步赛。雷宁是被国际马术联合会认可的体育项目，而且是世界马术运动会的比赛项目之一。雷宁要求马和骑手表演一套规定动作，其中包括圈乘、袭步换腿、定后肢急速旋转（绕一条腿定点旋转）、180°折返跑（袭步时迅速转身，然后反方向快跑）、后退，以及吸引人眼球的滑停——这是马袭步时才会做的动作，也是雷宁的标志性动作。

西部马术比赛 西部马术比赛就像使用长镫的盛装舞步赛，但马的动作幅度更小，甚至在越过障碍时马也不应该有跳跃和摇摆的动作

其他西部马术比赛项目有西部骑乘，该项目主要评判骑手骑马的方式和骑姿；还有西部野骑，该项目要求马通过一系列障碍（比如门和桥），后退通过两根横杆之间以及从横杆旁绕过；还有截牛赛，其重点是"对牛的控制"，这是放牧用马的看家本领——在这项比赛中，举办方让一头牛脱离牛群，然后骑手放松缰绳，完全由马来阻止这头牛返回牛群。

长距离野外骑乘

骑马被看作一种接近自然以及欣赏世界各地的美丽乡村、原野以及野生动物的方式。在非洲，你可以在没有围栏的草原骑马，那里没有阻碍，无尽的视野里只有成群的野生动物（想象一下，你骑着马，跟随角马、斑马、长颈鹿、羚羊和大象这些随季节迁徙的动物一起迁徙）；在希腊，你可以探索色诺芬的故乡，他是生活在约前430～约前355的一位作家以及第一位伟大的驯马师；在爱尔兰，你可以骑在康尼马拉小马背上为康尼马拉的五彩斑斓惊叹；在约旦，你可以骑着漂亮的阿拉伯马在电影《阿拉伯的劳伦斯》的取景地驰

野外骑乘的规则

世界各地的郊野都适合骑马。对许多人来说，骑乘是最让人开心的骑马方式。但在去农场驰骋前，一定要带上同伴、地图或手机，确保其他人知道你去哪里，以及你什么时候回来。

负责任地骑乘意味着不擅自进入陌生的地方，遇见家畜减速，在鸟类繁殖期远离鸟巢。如果地面潮湿就尽量待在大路上，避免跳越围栏，以及把你的狗留在家里！无论何时，都要给行人和骑自行车的人让路。

一项全民运动，一项终身运动

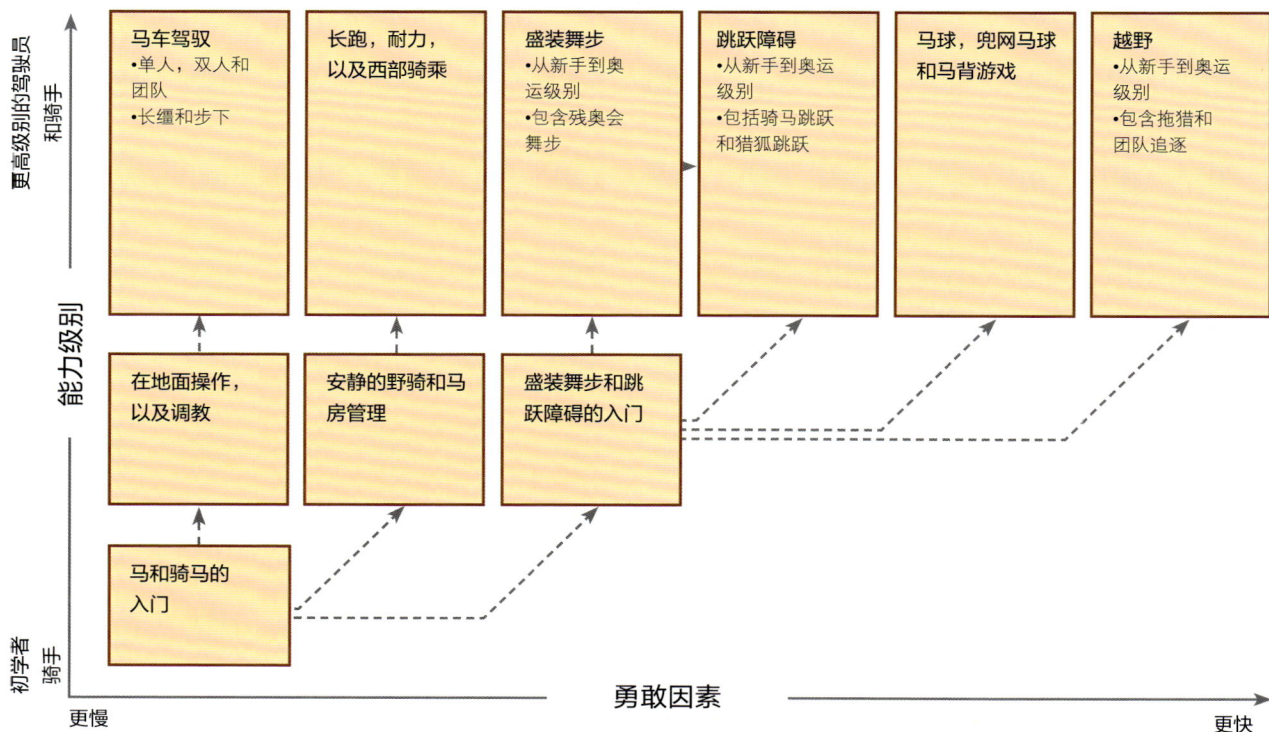

更高级别的驾驶员和骑手 / 能力级别 / 初学者骑手

马车驾驭	长跑，耐力，以及西部骑乘	盛装舞步	跳跃障碍	马球，兜网马球和马背游戏	越野
• 单人，双人和团队 • 长缰和步下		• 从新手到奥运级别 • 包含残奥会舞步	• 从新手到奥运级别 • 包括骑马跳跃和猎狐跳跃		• 从新手到奥运级别 • 包含拖猎和团队追逐

在地面操作，以及调教	安静的野骑和马房管理	盛装舞步和跳跃障碍的入门

马和骑马的入门

勇敢因素

更慢 → 更快

骋；在秘鲁，你可以去神圣谷，骑着特别温顺的巴苏马探访马丘比丘；在蒙古，你可以骑着吃苦耐劳的蒙古矮马探索广袤的大草原；在土耳其，你可以选择骑马去看看卡帕多细亚，那里被称为"骏马之乡"。

纵情驰骋和美丽的风景同样令人向往。在法国，骑马穿过吉伦特河口湾、洛特河以及多尔多涅河是一件令人欣喜的事；在印度，你可以边骑马边欣赏阿拉瓦利岭中古老壮观的城堡；在北美，你可以骑着夸特马参观怀俄明州和蒙大拿州的大牧场；在南美洲遗世独立的巴塔哥尼亚，你可以与热情的高乔人一起骑着他们坚韧的克里奥尔马奔驰。

长距离骑乘比赛在世界马术舞台上有着重大影响。世界马术运动会的六个比赛项目之一是骑手必须以每小时21千米的速度跑完160千米。长距离骑乘比赛有其他许多形式，赛程为15~80千米，同时也囊括了越来越多的短程趣味骑乘比赛。

定向马术三项赛也是由长距离骑乘发展来的比赛项目，包括三个赛段：定向运动赛段、考察骑手对马的步伐的控制能力的赛段和越野赛段。最后一个赛段包括跨越障碍、跨越趣味小型障碍或做规定动作，比如快速下马和走小回转。

残障者盛装舞步赛和跳跃障碍

没有什么比残障者马术更能证明马术是一项公平的全民运动了，它为大多数残障人士——脑瘫患者、单腿或双腿截肢者、视觉障碍患者以及所有类型的肌肉或骨骼疾病患者——提供了训练以及比赛的机会。骑马为许多本将被限制在相对静止的生活中并依赖于他人帮助的人带来了新的活力、自由和动力。

官方说明中，残障者马术的参赛者不必借助扶助系统。通过训练，马能够对种类多样的指示给予回应，以适应骑手的个人需求。例如，利用声音或骑手的位置变化，或用马鞭点击在马的不同部位，可以使马产生与正常人骑乘时相同的反应。残障者马术中的盛装舞步赛水平相当于中级水平（见第147页，三级）。缰绳可连接到骑手的腿或身体上，特制的马鞍和缰绳可以适应骑手的各种身体情况以及需求。然而，也有可能坠马，因为骑手不允许被绑在马上。

马的敏感度、力量以及可驯服的特性能使其在包括长途骑乘、袭步、跳越障碍以及高级盛装舞步赛中获得骄人的成绩。这对所有马术项目的骑手来说都是激动人心的，也使得马术运动有别于其他体育运动。组织以及参加残障者马术的人们越发聪明和富有创造性；赛事向更多的人敞开大门，并且在保证安全的前提下增加了比赛项目。

残奥会　马术是残奥会的比赛项目之一，这一项目为众多运动员带来了新的自由与独立感。残奥会参赛国已近170个

第二章

了解马

马术与其他运动有所不同，因为你还要负责训练马。要想训练成功，你需要了解马独特的天性。

在本章中，你将了解马的生理构造，这样你就能知道它能做什么和不能做什么。了解马的视觉、听觉以及嗅觉方面的知识有助于你预测它的行动。将马当成你的学生：了解它的学习方式，知道它的直觉和个性如何驱使它行动。为了将这些知识运用到实践中，你必须提高训练技巧：即便是初级骑手的行动也会对马产生或好或坏的影响。以积极的方法来影响马的行为，这会让你在与它相处时获得更多的满足感。

马的生理构造

要想成为技术不断提升的骑手，了解马的身体结构方面的基础知识，特别是关于马的脊柱结构的知识是十分有帮助的。马背的运动方式是所有马术理论的基础，因为这关系到马如何承载骑手以及我们如何训练它，使它敏捷且高效。对于未受训练的马，即使是很轻的负重也会使它感到不适；而训练有素的马为了有良好的表现，能够迅速拱起或绷直背部。

与众不同的动物

马是与众不同的动物。有的体重超过1吨，能够越过2米多高的障碍，能以64千米/时的速度跑1英里，能以16千米/时的速度连续跑100英里。它的出色之处在于它最大能承载相当于自身体重20%的人完成上述任务。没有其他任何一种生物能在与人的协调行动上有这种表现，这就是马在人类历史上扮演重要角色的原因。

马非常适合载人。马鞍位于马身上较窄的部位。骑手的小腿或脚跟所处的部位有连接马后肢的运动神经，因此，当骑手用腿挤压这个部位时，马自然会前进。与人类相比，马虽然在力量上占绝对优势，但非常乐意接受人类的领导。

然而，我们需要记住重要的一点：尽管马非常适合载人，但它并不是生来就能载人的。我们努力的目标是寻找让马在负重时舒适的方法，而让它感到舒适的关键在于了解它的生理构造。

脊柱结构

马的脊柱是一个相当坚固的结构，因为它要支撑沉重的身体以及应对后肢产生的庞大动力。臀部后方的椎骨融为一体，从肩隆到臀部的椎骨只能做有限的动作。在马背上安放

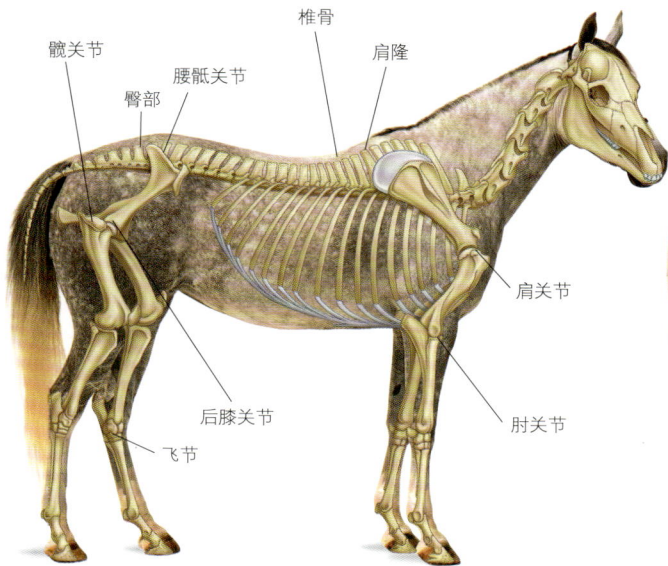

骨骼结构　马后肢的3个主要关节——髋关节、飞节以及后膝关节——与腰骶关节共同作用，带动后肢产生向前的力量并使背部拱起。颈椎并不在颈线上

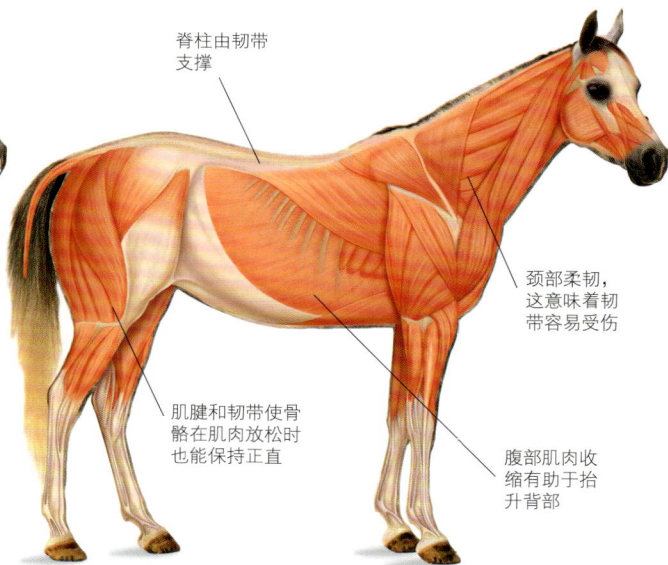

髋关节
椎骨
肩隆
腰骶关节
臀部
肩关节
后膝关节
飞节
肘关节

肌肉组织　肌肉通过收缩与放松起作用。肌肉的收缩作用于肌腱、骨骼和关节，使运动成为可能。一组肌肉使关节弓起或屈曲，与其相对的一组使之伸展

脊柱由韧带支撑
颈部柔韧，这意味着韧带容易受伤
肌腱和韧带使骨骼在肌肉放松时也能保持正直
腹部肌肉收缩有助于抬升背部

后背的使用

　　马在运动时背部拱起的高度大约是马自身高度的6%。一匹典型的、受过良好训练的16掌（约162厘米）高的马背部拱起的高度会比小型马的高出约15厘米，后者的背部可能下陷。当马负重行走时，如果要它拱起背部，最重要的是要使它感觉舒服。如果骑手的骑姿是正确的，那么马的背部就会拱起，它就能使用腹部肌肉，后肢深踏，头部和颈部向前伸展拱起。

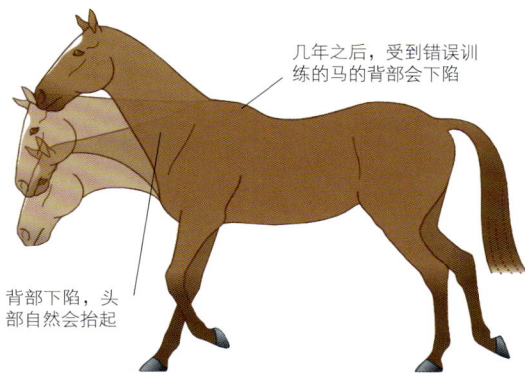

几年之后，受到错误训练的马的背部会下陷

背部下陷，头部自然会抬起

错误的训练

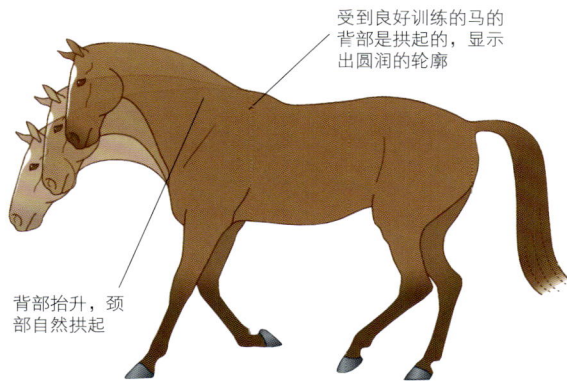

受到良好训练的马的背部是拱起的，显示出圆润的轮廓

背部抬升，颈部自然拱起

良好的训练

马鞍的部位及其后方区域可能产生的小小的弧度以及侧向运动是非常重要的。韧带与肌肉形成的"锁链"从马的项部一直延伸到尾根，就像一座以腰荐关节为主要支撑，以颈部与肩隆连接处为辅助支撑点的悬索桥。

　　这座"桥"微微呈弧形，并且肌肉链两端会施以拉力，这会产生抬升马背的效果。最大的拉力是由马的后肢向身体下方踏产生的，这叫作后肢深踏。后肢深踏与腹部肌肉收缩会使相关的肌肉形成一个环，这个环能使马的背线形成理想的弧度。

　　马的头部与颈部向前移动对背部产生的影响较小，因为马没有锁骨。因此，它的脊柱没有通过骨头与前肢相连。脊柱由肌肉组织支撑，这使得肩隆能够轻松下降或者左右摆动。

拱起背部

　　使马形成拱起的背部轮廓很重要，这样它在不给脊柱施加太多压力的情况下能承载骑手的重量。如果马背没有拱起，那它的精神状态也会受到不良影响，寿命就会缩短。如果马背经常处于凹陷状态，马就不可能发挥它的运动潜能并让骑手感觉舒适。让一匹年轻马第一次载人并不像有的人想的那么难，但是要让马做好准备，使它的背部不在骑手上马后下陷，确实需要技巧（见第58~59页）。许多马的脊柱两侧（特别是放置马鞍的部位）出现肌肉萎缩的问题，这是由于这部分肌肉缺乏运动或神经受损，而这种情况通常由使用不合适的马鞍和负载过重造成。出于同样的原因，从肩隆到臀部的支撑脊柱的韧带与肌肉松弛，使得各年龄段的马都可能背部下陷。

侧向运动

　　马的背部椎骨之间的纵向运动可以分为屈挠（拱起）或伸展（下沉）。马的脊柱也可以进行侧向运动（弯曲），并且弯曲幅度与背部拱起的幅度相当（有些马的弯曲幅度更大，这是因为其水平弯曲以及胸腔的运动能力更强）。

　　侧向弯曲是骑术训练的基础，其中的每一个动作都是圆形或弧形移动。这要求马的前肢和后肢在同一条蹄迹线上，同时从项部到臀部保持弯曲，因此马必须进行侧向移动训练。

群体本能

要理解已驯化的马的行为，我们必须先了解它们的祖先在野外是如何生活的。它们的本能行为与生存有着直接的联系。马是喜欢结伴而行的群居动物，是猎物而不是捕猎者，这样就能解释为什么它们在感知到任何实际或想象的危险时，直觉就是逃跑。在很大程度上，马在族群内使用肢体语言交流。了解马发出的信号对骑手非常有帮助。

社会动物

作为群居动物，马富有团队协作精神。生活在野外的马群会跋涉数百英里去寻找新草场。途中，当一些成员休息时，另一些则负责放哨、提防捕猎者。为了扮演好在族群内的角色并生存下来，马强壮、温顺而敏感，这样的特质在动物界十分罕见，也是马与人类交流的基石。了解马的群体本能对驯马有极大的价值。例如，年轻马在第一次进入运马车时会表现出抗拒，让它跟着更有经验的马通常会缓解它的紧张情绪。同样，这种方法也适用于跳越障碍——让有经验的马带领年轻马，效果会更好。

自卫本能

为了在族群中生存，马的感觉逐渐变得非常敏锐（见第30~33页）。它们具有非凡的运动能力，特别是速度和耐力，这使它们能够从捕猎者口中逃生。它们有很强的记忆力——如果一匹马在年幼的时候受到某种伤害，那它几年后仍会记得，并且它改变想法的速度非常缓慢。

群体等级 尽管人们一般认为马群的头马是一匹有统治力的公马，但实际上领导族群的往往是一匹年老的母马。如果有需要，马群会跟随头马走很长的距离，而公马则负责提防捕猎者

马的肢体语言

马的语言包括少量的声音以及大量的各种各样的肢体语言。每匹马都基于自身经验形成了自己的语言——如果一匹马发现某个特殊信号很有效，那么它会一直使用该信号。然而，马还是有一些通用的、容易识别的肢体语言（见下方表格）。我们可以通过学习马的肢体语言以及了解它的特殊需求与情绪，来大大改善与马的交流并加深我们与它的伙伴关系。

本能反应　就夸特马的本能来说，它更适合在牧场工作，在那里它能将一头牛与牛群分开。这种行为类似于一匹野生公马将某一匹马与别的马群分开，使其成为自己群体中的一员。当这种行为与训练挂钩，伙伴关系就形成了

通过马的肢体语言解读它们的情绪

情绪	动作	头部与颈部	耳朵与眼睛	鼻子与嘴巴	身体与尾巴
屈从	慢步向旁边移动	稍微放低	眼睛看向两侧，耳朵朝向两侧	咀嚼，轻声嘶鸣	放松肌肉与尾巴
攻击	向后退，身体后部转向你	放低	耳朵朝后，眼睛向后看	露出牙齿，喷气并鼻孔扩张	绷紧肌肉，甩动尾巴
兴奋	奔驰，停止又前进，转圈	上扬	眼睛不停转动，耳朵左右摇动	高声鸣叫，喘气，鼻孔扩张	绷紧肌肉，抬起尾巴
害怕	离开	微微上扬	耳朵朝后，眼睛向后看	急促而轻浅地呼吸，嘶鸣	颤抖，尾巴下垂，开始出汗
惊吓	停止或向旁边移动	微微上扬	将耳朵朝向响音	屏住呼吸	绷紧肌肉，夹紧尾巴
发怒	向你移动并以蹄扒地	放低	眼睛看向前，耳朵朝后	露出牙齿，喷气	绷紧肌肉，夹紧尾巴
怀疑	安静站立并观望	上扬	耳朵竖起，眼睛看向前方	嗅，喘气	尾巴下垂
困倦	安静站立	放低	耳朵竖起，眼睛放松朝上看	呼吸缓慢且沉重	脉搏缓慢，尾巴下垂
沮丧	安静站立	放低	耳朵朝下，转向两边	呼吸缓慢且轻浅	体温低，脉搏弱，尾巴下垂
自信	坚定，不退缩	微微上扬	耳朵朝前或朝向同侧	呼吸正常	脉搏正常，尾巴抬起
生病	虚弱，长时间不动	放低	耳朵朝下，耷拉在两旁	呼吸急促且轻浅	脉搏弱而快，体温高

马的感觉

在利用肢体语言交流的同时，马也依靠触觉、嗅觉和听觉与同伴交流并建立关系。虽然马主要通过触觉接受骑手发送的指令，但是了解马的所有感觉对于提升骑术非常有效。马的听力远优于人类，它们的眼睛的工作方式也与人眼的大不相同。

触觉

马的触觉高度灵敏，骑手特意利用了这一点。最明显的常规指令是骑手在靠近肚带的部位用腿来指示马向前走。然而，我们也可以训练马识别其他持续使用的触碰指令来使它做出同样的反应。例如，我们可以使马意识到人轻轻踢在肚带后的位置是让它跑步的指令，也可以通过拉扯马的鬃毛来达到相同的效果（这其实是适用于腿部残疾骑手的跑步扶助）。马喜欢用鼻子摩擦同类的背部（通常顺着颈脊），很

明显它们发现这个动作能带来愉悦感。我们也可以轻轻摩挲马鞍前的这个区域作为一种奖励。而人类常见的奖励动作——在颈部旁边用力拍——可能难以被马理解。用手或布轻轻摩挲马的身体，有助于马建立起对人最初的信任，并接受人类，这一点在年轻马身上得到了很好的证明。

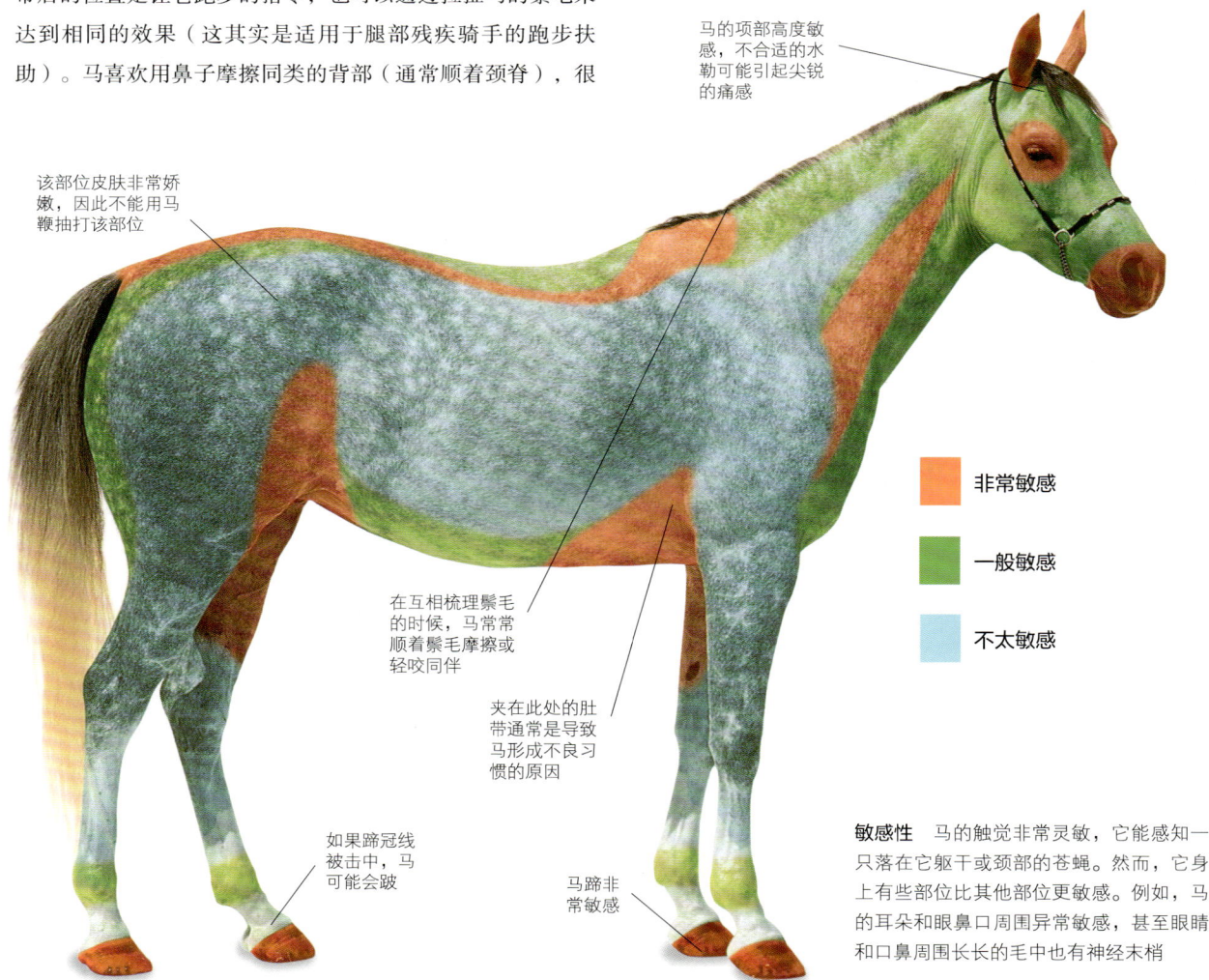

马的项部高度敏感，不合适的水勒可能引起尖锐的痛感

该部位皮肤非常娇嫩，因此不能用马鞭抽打该部位

非常敏感

一般敏感

不太敏感

在互相梳理鬃毛的时候，马常常顺着鬃毛摩擦或轻咬同伴

夹在此处的肚带通常是导致马形成不良习惯的原因

如果蹄冠线被击中，马可能会跛

马蹄非常敏感

敏感性 马的触觉非常灵敏，它能感知一只落在它躯干或颈部的苍蝇。然而，它身上有些部位比其他部位更敏感。例如，马的耳朵和眼鼻口周围异常敏感，甚至眼睛和口鼻周围长长的毛中也有神经末梢

使用耳朵

　　马竖起耳朵表示它感到吃惊或有趣。如果马在做练习（跳越障碍）时耳朵朝前，那就表示它对自己的任务感兴趣并且开心。当进行调教索训练时，它经常会在听或看时将外方耳朵向前，在听调教者说话或看着调教者时内方耳朵向一边。当马害怕、生气、情绪低落或痛苦的时候，它的耳朵会向后放平。

很感兴趣

正在听

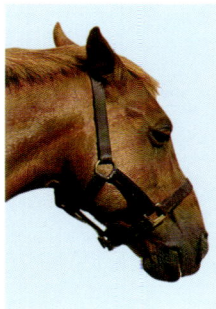

不太情愿

嗅觉和味觉

　　马的嗅觉高度发达。在野外，发达的嗅觉对于马寻找新鲜的食物和水非常重要，还可令马在看见或听见捕猎者之前感知捕猎者的存在。嗅觉对处于繁殖期的母马和公马尤其重要，但对所有的马来说，重要的是能识别自己马群的成员；马有公共区域，所以马群有标志性气味。据说，马可以闻到令它害怕的气味，但更多时候它可能只是感受到了骑手的紧张。

　　马会自动吐出苦味食物。这个反应是一种自我保护机制，用来防止误吞有毒的植物（这类植物通常有苦味）。马很喜欢甜食，我们可以用糖块和胡萝卜作为训练时的奖励。但是，如果你给它太多的甜食，可能促使它故意中断训练。

听觉

　　25岁以下的人听力范围在20赫兹~20千赫，相比之下，马的听力范围在55赫兹~35千赫，这意味着它能听见人听不见的高频音。这就是为什么马会"莫名其妙"分心。此外，它可以将耳朵转动180°以上，精确找到远处的声源。通常来说，马的耳朵会朝向眼睛看的方向，也会表现马的情绪状态。马对语气很敏感，能够分辨严厉生气的语气与温柔夸奖的语气。声音是不可低估的骑乘扶助。

嗅食物　马的味觉远没有我们的好。马经常在进食前嗅一下以确认食物到底是什么。对有些它原本不爱吃的东西，我们可以通过添加甜味的食品添加剂来诱使它进食

马的视力

　　人的视野是圆形的（圆形瞳孔），马的视野（比人类更细长的瞳孔）更加宽广但深度不够。马的眼睛位于头部两侧，水平视野在160°~170°。这意味着放牧时，马几乎可以看到它周围的所有东西，除了它身体正后方的区域。马可以单独使用任意一只眼睛（俗称单目视觉），也可以同时使用双眼（俗称双目视觉）。双目视觉让它可以判断距离，但这意味着它只能看见相当狭窄的范围内的东西（见右图）。此外，在双目视觉范围之外马还拥有模糊视觉区。

　　调查显示，马是双色视觉，这意味着它能看到有限的色彩。它们能分清颜色的明暗，以及红色和蓝色，但是分不清绿色和灰色。这就是为什么在草地上举办的场地障碍赛的赛场里看不到绿色和灰色的横杆。

马的眼睛是如何聚焦的？

　　资料显示，马在平静状态下两只眼睛分别聚焦在远处的物体上，当你将它的进化作为生活在开阔平原上的猎物的进化时这是说得通的。为了看见近距离的东西，马必须调整眼睛的焦距。人们一度以为马无法通过改变晶状体的形状来

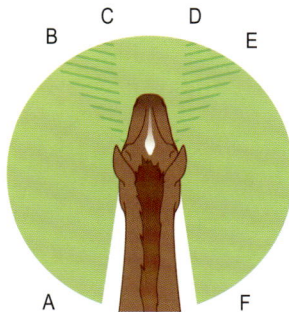

视野　马的视野几乎扩展到身体四周的区域。使用单目视觉时，马可以看到身体两侧（A到C以及D到F）的区域，但看不到正前方的。使用双目视觉时，马的视野范围相当狭窄（B到E）

头与地面成45°角　在这种情况下，马使用双目视觉可以清楚看见自己前方的区域（2）。这个范围的上方和下方是马的模糊视觉区（1和3），并且在更高的地方它存在盲区（4）。如果它使用任一只眼，它不能立刻看见前方的那一小片区域，但它能清楚地看见身体相应侧面的区域

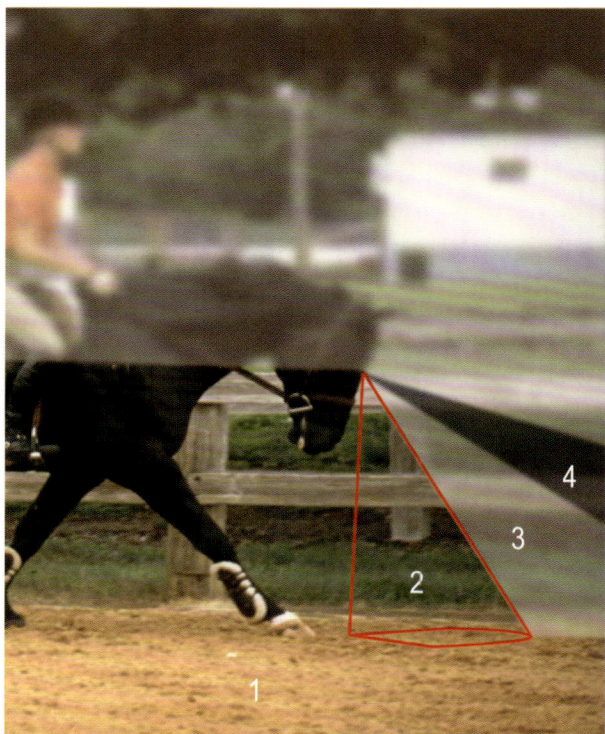

头与地面垂直　这是盛装舞步赛的典型姿势。盲区（4）与模糊区域（3）的存在会导致马看不清正前方，但是它可以立即看清蹄子的前方（2）。如果它使用任一只眼，它能够清楚地看见相应的侧面（1）。为了把注意力集中到障碍上，它会改变头与地面的角度

本体感觉

对人类来说，本体感觉是一种能力。它可以让我们即使身处黑暗也能判断手腿位置，在跑上楼梯时能明确知道地面离我们的脚有多远。人们经常把它与协调感混淆，但二者并不是一回事。高大的身形使得马的四肢大部分不在它的视线范围内，所以本体感觉对它来说尤其重要。当马袭步时、越过起伏的地面时或跳越障碍时，这种能力是相当宝贵的。传达到马的大脑的信息告诉它，何时是保持平衡行进的，何时又需要调整。在训练早期，马应该通过体验起伏变化的场地来培养这种感觉。

调节与不同距离的物体之间的焦距（这个过程称为远近调节），而人眼可以轻松完成这个动作。取而代之，人们认为它需要上下移动头部来对焦。事实上，最近一项研究显示马的眼睛可以进行有限的调节，但是现在我们也知道它上下移动头部的原因是双目视觉的范围在它鼻子下方的一个区域而不是在正前方。因此，当马的头部与地面垂直的时候，马看的是自己前方约2米的地面上。只有把头抬得更高，它才能立刻看向正前方。

移动头部帮助观察

照片显示大多数马在接近障碍时会抬起它的头和颈部。如果在马接近障碍时骑手阻止它抬头，马就会陷入恐慌，因而会跑得更快，或者倾斜头部努力向立柱方向看去。在场地障碍赛中，当马接近障碍时，以任何强制的方法将马的头部固定在与地面垂直的角度，对马来说都是不公平的，这还可能导致骑手遭遇危险。

另外，当马的头部与地面垂直或接近垂直时，就像在盛装舞步赛中那样，它是不能立刻看清楚前方区域的，可是它会看见地面。换位思考，假如你是马，很明显得对骑手充分接受和信任才会这样做，并仍然自愿向前行进。大部分马在受到双目视觉范围外的声音干扰时会想立刻抬起头，你也不应对此感到意外。因此，在上述情况下，应该允许马表现出自己的疑虑。

如果被各种器具限制了头部动作，马会试图倾斜头部，发出各种紧张或不满的信号，包括过度咀嚼衔铁和磨牙。

运用你的知识

意识到马的视野限制可以帮助我们以更宽容的方法关照它，并避免自身意外。譬如，如果有人从后面接近一匹马并吓到了它，那它可能向后踢以自卫。同样，如果你吓到了一匹马，那它会一边狂奔一边利用单目视觉向后看，这可能使它受伤，比如它会撞上什么东西。相反，如果它只注意面前的东西，它可能侧身踩入壕沟。接近马房或田野里的马的最佳方式是从它头部的侧方接近，这样无论使用单目视觉还是双目视觉，它都能看见你。当你接近它时，你也应该用声音告知它你的存在。最能清楚地告诉你马在看哪里的方式，就是看马耳朵的位置：马通常将耳朵指向它所看的方向——因此，当你接近马时，注意它耳朵的朝向，这样就能避免在它注意别的东西时吓到它。许多马患有眼疾或是视力不良，所以定期检查马的视力非常重要。单眼失去视觉的马仍然可以成功表演，但必须允许它将头稍稍侧向一边，使它可以充分运用那只好的眼睛。

马接近障碍时的视野

如果在接近障碍时，马能观察障碍并判断距离，那必须允许它自由地抬起头部，并使用双目视觉直视障碍。

如果在接近障碍时，马被阻止抬头，障碍就会在它的盲区。这就是为什么骑手应该避免保持固定的缰绳联系，并允许马自由抬头。反之，骑手必须保持轻柔宽松的缰绳联系。障碍越高，马就越想要变换头部的角度来看见障碍顶部。

如果一匹马被赋予充分的自由，那么在距离障碍一步之内（见下图红线内的区域）时，它将能够清楚地看到障碍，尽管它的两侧与上方的视野会模糊不清。

马如何学习？

马拥有强大的本能。在训练中，与其抑制其本能的行为与反应，不如将其更好地利用起来。不过，它们适应性也很强，能很快从经验中学习。训练马对极其微弱的指令做出反应是有可能的，甚至可以克服它们的自然本能——比如害怕陌生物体或声音。如若训练得当，它们将成为配合度高、反应敏捷的好伙伴。

本能行为与习得行为

毋庸置疑，当马的某种行为是它天生就会时，训练马对某个指令做出回应会变得较为简单。马很容易对骑手腿部的挤压动作做出前进反应，但当看不见身后情况时，它会抗拒倒退指令。通过理解马的自然行为，我们可以利用并发展其长处，而非抑制它们。同样，我们也应该尽力培养马的自然身形和步伐，而非试图强迫它采用不自然的姿势或步伐。虽然马会本能地对当下情况做出反应，但它也可以通过学习根据自身观察和过去经验来做出反应。我们可以充分利用其学习速度和能力来使它牢记如何应对特定情况，比如记住之前它是如何成功跳过较难的障碍的。

除了通过自身经验学习，它也可以通过接受训练学习如何回应特定的指令。条件反射可以训练马对非自然刺激做出反应。当年轻马按自身节奏独自前行——也可能是跟随另一匹马——一些驯马师会用舌头发出嗒嗒声。当多次重复使用这种方法时，马会开始将嗒嗒声与前进联系起来。不久之后，只要听到这个声音，它就会向前行进。

（a）利用缰绳扶助让马把头转过去

（b）奖励马良好的应对表现

遇物体惊退   马遇到陌生物体惊退之类的本能行为，可以通过良好的训练纠正。假如马害怕某个物体了，让它的头转开，远离那个物体（图a）。这有助于它保持冷静，并使其注意力不再集中在那个物体上。奖励马保持冷静的行为（图b）。多次重复使用这个方法，马将会熟悉那个物体，不再害怕它马也了解自己做出的反应会带来怎样的结果。例如，它知道踢马房的门会得到食物；停止向前时，过紧的缰绳才会放松。喂食会使马初期的踢门行为得到正强化——喂食会助长这种不良习惯；放松缰绳则会使马初期停止前进的反应得到负强化——鼓励马匹对辅助指令做出反应，这样它嘴上所受的压力就会得以解除。

训练马

大多数早期的训练方法通常使用反射训练法和负面强化法。只要驯马师和年轻马之间建立起基本的沟通，一种指令便可快速被另一种指令所代替。在上马之前，驯马师会使用声音和地面定位给马发出指令。一旦马已经明白了声音指令，当驯马师坐上马鞍时，可以轻易地用腿扶助和缰绳扶助来代替这些指令。旧扶助与新扶助一起使用，然后循序渐进，驯马师只使用新扶助即可。例如，通过拉紧缰绳让马停止向前这类负强化可以立即改为使用如轻轻摩掌等正强化，以表示它反应正确。骑手的任务是快速完善这个过程，以便在保持稳定一致、不会给马带来不适的缰绳联系时，给予马轻微扶助。

通过反复刺激导致个体反应减弱被称为习惯化。例如，一匹马在幼年时期因为路上的车辆受到过惊吓，那就需要让它慢慢接触车辆，这样它才能习惯。通过恢复信心，马就能习惯路上的交通状况并克服恐惧，尽管它焦虑的后遗症可能仍然存在。无意识习惯化的一个明显例子是，当骑手持续使用强有力的腿扶助时，马的反应将逐渐减弱。

同样，通过逐渐增加刺激导致个体反应增强被称为敏感化。对于不再对一般腿扶助做出反应的马，骑手可以在要求马前进时使用马刺或马鞭配合腿扶助来使它变得敏感，并在马做出正确反应的时候给予奖励。渐渐地，随着马的敏感化，你可以开始减小扶助程度，不再使用马刺或马鞭。

慎用惩罚

马在训练中可能出现很多反应，你只需忽视不良反应。既没有奖励也没有惩罚的反应会逐渐消失。正惩罚应当慎用，比如在马拒绝跨越障碍后踢马体两侧。如果过度使用，

克服本能 由于猎物与捕猎者的关系，马本能地害怕狗。如果年轻马曾经被狗欺负，它会很难忘记这种经历。然而，通过定期接触，马会变得对狗不那么警惕，与狗相处时会很放松

它会与一种动作联系起来，反过来导致马很不情愿做某一动作。

作为惩罚，威吓往往就足够了，比如把腿从马体两侧抬起但不踢下去。不满意的反应不奖励，对训练有素的马来说也非常有效。

怡然自得的马

为了让马精神放松，乐意成为骑手的伙伴，马房管理必须尽可能考虑到马的自然习性。在合适的环境下，充分的锻炼和良好的训练会使马接受骑手，人与马之间的伙伴关系将会发展良好。如果马不能在其工作中安定下来，你要尝试找出问题的根源，以便可以解决马所有的行为问题并使其发挥真正的潜力。

适当的日常活动

通常来说，当驯养生活与野外生活相差不大时，马会感到更为安心。放牧和社交是重要的因素：狭窄的空间和无聊的生活会使马压力过大，养成不良习惯，出现肌肉萎缩——所有这些都会造成马闷闷不乐、身体欠佳。

每匹马都要被看作是独立的个体。一些马喜欢独处，另一些则喜欢同伴陪伴；一些马会因为不能经常外出而生气，另一些则在相对狭小的空间中更放松。通过观察马的行为和微小的调整就能够形成让马茁壮成长的马房管理系统。

接受骑手

骑手越是把马当作伙伴而非机器，马就越愿意付出。在骑手要求马工作时，马会感到十分愉悦。你会看到一匹马在跳越障碍时会发出愉快的嘶鸣，一群马载着骑手共同外出跑步时会表现出对生活最纯粹的热情。当马在做自己喜欢的工

在田野放牧　马的食物越天然越好。大部分马在青草和优质干草的喂养下茁壮成长，如果要它们具有良好的精神状态，我们可以给它们添加燕麦和坚果之类的硬饲料，并根据它们完成的工作和训练量进行喂食

马房恶习

　　当马生活在受限制的环境中或"与世隔绝"时，它们有可能出现反常的习惯——或是说是马房恶习。典型的马房恶习包括摇晃（头部左右摇晃）、咬槽咽气癖（咬一些东西并且咽下空气）以及马房逛圈（踱来踱去或是绕小圈子）。马房恶习会使马的大脑释放内啡肽——种自然产生的镇痛物质，而马有可能对这种物质上瘾，这会形成恶性循环。长此以往，这些习惯将会伤害马的身体。例如，咬槽咽气癖会磨损切齿，这意味着马的牙齿会磨损得更快。一些马天生有马房恶习，但无聊与单调的生活是主要诱因。如果马能够接近大自然、有同伴陪伴并有机会少食多餐，它很少会有马房恶习。通过从一开始就建立的良好的马房管理，你可以防止马养成马房恶习。

咬槽咽气癖

作时，注意它放松的耳朵、平静的眼神、正常的呼吸以及自如的动作——这些都是怡然自得的马的特征，它接受骑手，享受工作，愿意让人骑乘。

　　但是，马必须明白人要求它做什么，并了解自己所扮演的角色。如果没有满足这些条件，那么马就不是接受人而是屈服于人了——区别在于，前者知道它原本可以有不同的反应，但却没这么做；后者认为自己没有选择。如果马只是屈服于骑手，那么它将无法发挥最佳的能力。

有效训练

　　训练有素的马会展现出它的聪明才智。马是很敏感的生物，它们的注意力高度集中，意志力极强。它们能够根据不同的情况、要求、经验而改变自身的行为，加深和骑手之间的关系。对于在圈养状态下被驯化的马，骑手或驯马师有责任开发马的心智能力，培养它的独立性，并使它在工作中找到更多的乐趣。

　　马的某些所谓的"愚蠢"反应可能并不比惶恐的孩子的反应更愚蠢，我们绝不应该臆测马是故意放慢动作或冥顽不灵。当然，有些马确实反应很慢——是真的愚笨，却常常装作性情温和——但更可能是因为它受到了不良训练。如果骑手与马缺少交流，那么即使是最聪明的马也不知道它应该怎么做。

日常活动对比

不同的日常活动　野马要花许多时间寻找食物、吃草。在马单独饲养的马房中，马大多数时间都安静地站着，用很少的时间进食。这会导致马产生压力过大和肌肉萎缩的问题。然而，如果将许多马共同养在宽敞的马房里，它们彼此能看见并接触，可以在自己选择的时间里进食，日常活动不会与自然环境中的活动相差太远，这样它们会更为自得。

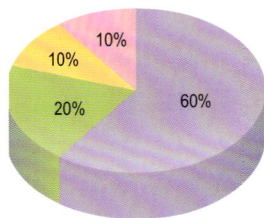

10%
10%
20%
60%

野马

3%
10%
40%
47%

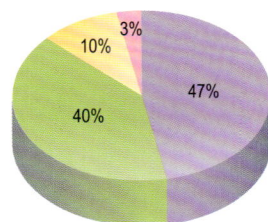

马房中合养的马

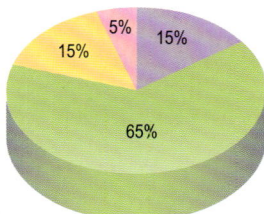

5%
15%
15%
65%

单独饲养的马

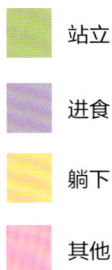

■ 站立

■ 进食

■ 躺下

■ 其他

抱有切合实际的期望

良好的训练有可能改善马的精神状态，开发其智力，使其发挥最大的潜能。然而，马能否达到你的期望由它的年龄以及训练水平所决定。

你对年轻马应抱有的最大期望就是它能保持沉着并充满活力，这样的马很可能性情温和并享受训练。把这些马和那些不积极的、呆板的马区别开来十分重要；后者总是难以驾驭并且脾气很差。

如果一匹新马受到鼓励之后，变得积极乐观，并且熟知分内之事，那么这匹马将成为乐意配合的好伙伴。在学着信任和理解骑手之时，它会享受所做之事。

经过充分训练的马自信满满、反应快速。它还见多识广、勇敢无畏，因为它富有经验和判断力，并能聪明地运用这些能力。看见马做出聪明的决定，在越野赛中袭步越过它和骑手都未曾见过的障碍，对你来说是一种回报；盛装舞步赛中马准确回应骑手的扶助，在两万名观众面前做出复杂表演亦是如此。这一切不仅需要马具备极大的勇气，还表明马做好了充分的思想准备。

解决训练中的问题

无论马的水平如何，你都会发现它在工作中有时会躁动不安。所有脾气不好或者态度突然转变的马都应该让兽医进行彻底的检查。对大部分难以相处的马来说，疼痛是问题的根源。原因常常是一些非常容易解决的事情，比如马具不合适或牙齿过尖。有时，马的问题更多是由长期或潜在的自然原因引起，比如神经痛或受伤导致的蹄子、背部疼痛。为了解决这些问题，需要一系列持续的治疗。

经过兽医和钉掌师检查，你有许多方法去解决马的一些典型问题。一般来说，亲近大自然、让马享受与同伴相处，对它有好处。但是，你得留意一起外出的其他马：提防马之间可能出现的欺侮行为，那可能导致马产生焦躁和不快。马越自信，就越需要有规律的锻炼。许多马房使用遛马机——一台旋转的机器使马必须保持慢步和快步行进——来进行日常训练。另外，通过日常梳理毛发和其他日常与骑手的亲密接触，大部分马能从中受益。调教索训练（见第54~55页）对改善马的精神状态以及帮助它变得更放松沉着特别有益。这

避免水勒和鼻羁的不舒适　注意马的头骨和下巴（见第50页），以及马头部神经的位置，对避免由于糟糕的佩戴或水勒及鼻羁的不合适造成不适或疼痛来说，是至关重要的。米克勒姆水勒正是为避免造成马嘴内的伤痛和神经的压迫而设计出来的

也是开展骑手和马之间交流的有效方法。

准确描述行为特点

花时间来评估马的性格特点（见右页表格）是一件值得做的事。这样不仅能使你制订一个合适的马房管理计划，而且能使你可以由此判断马是否适合某项活动，并根据其行为问题制订训练项目。评估马时，不要忘记反思你自己的态度和习惯，要确认其是否对马产生不利的影响。比如，有些人会因为马外形普通就把它和愚蠢联系起来；事实上，如果马被人视为愚蠢、反应迟钝，那么它真有可能变成人们以为的那样。

设计合适的项目

一旦你认定马有某个特殊的行为问题，那么就要设计一

个方案来解决这个问题。在许多案例中，这将意味着回到原点，你要通过鼓励，强化马的好行为。在所有案例中，你都要遵循常识，按照系统的程序进行。

• 情绪易激动的马需要系统清晰的方法、安静的环境以及漫长缓慢的工作。经常乘它外出，一直让同一位有耐心的骑手骑乘，是使它在工作时表现最佳的方法。这类马常常能从参加比赛时的旅行或外出兜圈中获益——这使它能够习惯环境。给予马时间，并由一名高级骑手骑乘，许多易激动的马就能完全安定下来了。

• 容易紧张的马需要一位富有同情心的骑手。它在受限制的环境里会更加开心。对待年轻紧张的马的最佳方式就是尽快开始训练。随着训练的开展，它会展现出巨大的变化——变得更加冷静并信任它的骑手。

• 如果马很沮丧，可能是疼痛、疾病、无聊或人类和其他马的恐吓引起的。如果马感到无聊，需要刺激性的环境以及大量的交流。富有爱心并充满活力的骑手能刺激迟钝与沮丧的马，并对它产生好的影响。

• 在早期课程或早期经历中受到过疼痛或不舒服影响的马，经常会生性多疑。通过在可控环境内的低级别的锻炼可以帮助马建立起信任感与稳定性。视力测试也是值得一做的——生性多疑的马一般有视力缺陷。

• 如果具有攻击性的马实际上并没有遭受痛苦，它可能是将攻击作为一种生存习性学习了。这种情况的典型例子就是，公马在马群的那种环境里产生了攻击性并将其带进了马场。面对这种情况时，骑手需要在训练时后退几步，这样就可以与马建立没有威胁的信任关系。

评估马自身的性格特点

行为特点可以通过积极或消极的方式展现。例如，对年轻马来说，平静是求之不得的品格，但平静到极点则可能意味着它思维迟钝或是困倦；这个特点的另一个极端当然就是害怕或者紧张。纠正性训练的目的是减少马产生极端行为，方法是首先要鉴定其行为，其次根据实际要求——需要增强还是削弱某一特点而设计有效的训练方法。

	极端举止	不理想举止	理想举止	不理想举止	极端举止
年轻马	害怕 好斗 亢奋 狂躁 性欲亢奋 肆无忌惮	紧张 任性 脆弱 烦躁 好动 没有经验	平静 温顺 沉着 警觉 友善 健康	困倦 懦弱 懒散 无精打采 害羞 生气	一动不动 消极 被迫安静 呆板 孤僻 生病
初级马	好胜 过度好动 愚笨 多疑 拒绝 愤怒	随心所欲 急切 胆大 多疑 抗拒 急躁	心甘情愿 热情 快乐 信任 乐于接受 平和	不情愿 冷漠 担忧 盲目 逆来顺受	顽固 呆滞 伤心 羊性 屈从 不合群
受过训练的马	霸道 过于敏感 行为古怪 迷糊 易变 危险	自大 敏感 反复无常 古怪 鲁莽 自鸣得意	自信 反应迅速 适应性强 聪明 勇敢 怡然自得	不自信 毫无生气 执拗 行动缓慢 拘谨 忧郁	困惑 反应迟钝 呆板 愚蠢 胆怯 消沉

骑手也是教练

　　骑手能从他的马身上学习，马也能从骑手身上学习。只要骑手骑上了马，二者的行为和表现必定互相影响，无论这种影响是积极的还是消极的。这就是为什么马术与其他运动有着根本的不同。马是骑手的学生，因此除其他技能外，每位骑手都需具备基本的训练技巧，这样他就能训练马并最大限度地发挥马的潜力。

附加技能

　　许多高级骑手都认为自己理所当然具有训练马的能力，因为这是他们所做的大部分事情，尽管他们称之为"马感"，或将之归结于经验。实际上，这种常识是可以学习的，并且是成为一名有效率的骑手的基础。职业教练所需的所有主要技能都是骑手需要的——倾听的能力、简单持续交流的能力、将事情分解成简单步骤的能力以及朝可实现的目标努力的能力。引导马正确行动并给予它奖励只是人类训练的一个重要部分，骑手还要了解使马在所有训练阶段都能圆满完成任务的重要性，这种重要性对激发它发挥潜能非常关键。其他运动项目的运动员并不需具备教练的技能，但对骑手来说这是非常重要的附加技能。

快乐工作

　　骑手可以想想他是一个孩子时在学校里的感受。在学校时，孩子是在安全、无压力的环境里，在值得信赖的老师和熟悉的课程表的帮助下学习的。这一切为孩子的学习提供了一个安全的天堂（见第45页方框）。马也需要类似的环境。马在一个权威并且平静的教练的持续训练下茁壮成长——如果它们相信骑手，成功的大门将会打开。

　　优秀的训练基于耐心和坚持，而不是强迫和暴力。在马术领域中，许多具有身体天赋的骑手因为缺少自控力而没有完全发挥出自己的潜能，而如果没有自控力，控制一匹马往往也是困难的。骑手必须沉着和宽容，把每匹马的独特需求和才能记在心里，还要避免引起马的焦虑与忧伤。

　　大多数骑手并不想变得无情，但是有些骑手习惯于准确掌控自己的身体和思维，当他最初遇到与不可预测的动物共同工作的困难时会感到沮丧。对骑手来说，在训练中必须与

快乐的年轻马　就像对待儿童一样，优秀的教练技能对于年轻马尤其重要、珍贵，因为它们最初所学将成为其终身记忆

马产生共情。这不仅使得二者可以进行精神交流，还是让马乐意训练的基础。

阿洛伊斯·波达伊斯基曾在1939~1965年担任维也纳的西班牙皇家马术学校的主管，他指出了共情的重要性："接触学生的世界的能力是训练的首要条件——我们应该尝试体验它们的世界，将我们自身融入它们的感官和思想中。"波达伊斯基所说的学生是人还是马？两者皆是。显然，那些学习像马一样思考，并通过它们的眼睛观察世界的骑手，比起那些将马看作机器的骑手，效率会高很多。共情能够避免骑手在训练过程中变得机械化和残酷。共情意味着骑手不会忽略马的个体需求，也不会对马的生理和心理要求过高。一件事情如果包含了"了解马"这个成分，本身就有可能实现（见第27页）。

好的骑手能使马的表现越来越好，因为共同训练时他们之间是一种伙伴关系，而不是驯养关系。另外，对许多骑手来说，这种亲密的关系最终将成为最好的嘉奖，这也是马术运动最激动人心的一面。伙伴关系一旦建立，马会非常努力来尝试理解并执行你的指令。对日常训练来说，这意味着要倾听它们的心声并理解它们的"语言"。你将学会辨别惊恐的马和调皮的马；困惑的马和不配合的马；接受的马和屈从的马（见第31页）。这反过来会大大提高你的驯马效率。

完美行事

训练的核心是积极的态度：无论人或马对消极的方式都不会有积极的回应。如果骑手对马的态度很积极，并且能发现马的优点，那么训练方法会更有建设性，并能树立起马的信心。就像对待孩子一样，不要告诉它不能做什么，而要告诉马你想要它做什么。因此，对马做出的那些你希望重复的行为，你要奖励它，为了这些行为变得"更多"而不是"更少"而努力。之后你的想法和扶助就会变得正面而有用，而不是负面和限制（帮助是扶助的旧称，而且毫无疑问是一个

学习交流　如果你在照料和训练马的时候表现得沉着宽容，那么你就会拥有乐意配合的马术伙伴。在你倾听的同时，它也会把你视作骑手和领袖来倾听并做出回应

更合适的词语）。

我们应该从可能的事情着手，进一步说，理想的训练方式是从我们能做得很好的事情着手。这是体育项目教练的黄金法则。练习使之发挥稳定，而不是完美。因此，如果训练的质量不高，就会使马产生坏习惯；而在某些阶段，如果要充分发挥马的潜能，马就有必要重新训练。比起一开始就正确地学习技能，重新训练要难得多，也会消耗更多的时间。然而，随着马接受了大量身体挑战后，人往往容易想让马挑战稍稍超出它能力范围的练习，这会导致训练效果欠佳，结果就是训练停滞不前。这种情况下，我们应该做的是让训练难度降低，或者是改变练习内容，充分发挥自身优势。皮帕·芬内尔是英国的国际赛事骑手，将她的经验归结于这一简单经验。皮帕曾经几乎连续在青少年级的国际马术赛事中获奖，然而她在成人职业生涯的前几年经历了一段困难沮丧的时期。结果，皮帕去看了一位体育心理医生，他简单地抓住了要点，告诉皮帕——要从自己的长处入手而不是短处。

正如皮帕所说："对于我们，尤其是我的马，这是一个巨大的改变。我改变了我的做法。不去苦心研究它的缺点，而是从它的能力和它能做的事着手，而不是它做不到的事。这是我成功的基础。"

人往往很容易从马的短处或做不到的事着手，但这往往导致马无法理解，不愿配合，做出"我不能，而且我不愿总做"的反应。从马的长处着手，马对于你让它做的每件事立刻就能产生一种"我能行"的积极反应。马会感觉到一切都在它的能力范围之内，它会习惯性地成功完成任务。所以，它将来对骑手的要求会做出更为积极和自信的回应。

马的自信与骑手的同样重要。到目前为止，树立自信最有效的方式就是让它先做一些能够轻松完成的简单任务。"小步骤"战术可能看上去非常简单，但是很多时候骑手经常会尝试做一些难度过大的练习，结果是导致马丧失自信。然而，当马自信且能很好地完成一些练习时，我们就可以轻松地向下一阶段的训练迈进了。比如，从左缰到右缰，从直径20米的圆圈到直径9米的圆圈，或从跑步练习到收缩程度。

简单是学习加速的基础，并且在一些涉及动物的运动中特别重要，它要求参与双方互相学习对方的语言。关于训练方法的一个关键问题是："这个指令容易理解执行吗？"一个人可能有两万的词汇量，但一匹马用于交流的能力却小得

奖励马 当马圆满完成了工作和每次练习课之后，要轻抚它，让它知道自己已达到了你期待的目标。这将鼓励它下次好好表现

多。不要用太复杂的方法或使用太多词语和指令使马感到困惑，这点很重要。过于频繁的扶助会导致马无视你的指令，就像你会逐渐无视一个话痨成天说的毫无意义的话。

骑手的方法越复杂，马所发挥的潜能就越小。简单的方法帮助马从一开始就理解你的意思，最终使你能进行高级别的训练。正是因为它的简单性，初学者应该能够在数分钟内学会与马交流的基本技巧（见第10页），常量和变量（见第108页和114页）是使用这种可贵的简单方法的另一个例子。

用未来视野观工作

用未来视野观工作是所有教练的职责。这个未来可能是骑手或者马目前不会关注的，这是一种当他们到达某个阶段时才会拥有的视野，但这并不意味着它不重要。如果要一个学生充分发挥其潜能，那么他必须在开始的时候就被引向正确的道路。如果骑手和马能够进

确保质量 把每一阶段的事情做好是训练过程加速的关键。当骑手过于专注于跳越障碍练习时，他就牺牲了马的平地训练。建立良好的习惯需要高质量完成每个阶段的练习

步，那么训练进展就会顺利，他们就不用重新训练（这对马来说会更难）或改变训练方向。

因此，骑手既需要自我钻研，也需要更有经验的教练指导，从而尽快看到更广阔的世界。他们需要"站在巨人的肩膀上"，还要记住：最有价值的课程往往就是直接参加比赛，并观察各个级别的最佳骑手的表现。这样，骑手将有一个很好的机会引导马充分发挥它的潜能，而不会迷失在一堆试验和错误中。成功者将成功看作一门科学，而对教练来说研究成功非常重要。

有人可能说，这只是高级骑手的兴趣所在，但是没人能确定马以后能有多大的发展空间。你可能开始只是为了享受骑马的乐趣，或只是做了一些初级训练，但是后来发现马很优秀，在骑乘方面很有天分。初级马和骑手很有可能取得不俗的进步，但要做到这一点，你有必要了解这本书中强调的良好的基础练习和训练过程。确实，条条大路通罗马，但是

能使马术达到高水平的有效方法并不多。例如，如果马在初期训练时所接受的扶助系统，正是你们几年后在奥运会盛装舞步赛场上使用的扶助系统，那么训练就是有效的。

同样，你会发现，如果给予马的训练能让它参与不止一项活动，并能与许多不同的骑手磨合，马将具有更长的职业生涯和更大的价值。所以，灵活性训练就是通过更高级别的练习，不同的项目，不设限制，使个体发挥最大的潜能。对教练来说，保持思想开放、寻找新的想法和微弱的有利条件才能获得竞争优势。

在实际操作中，优秀骑手和教练的标志不是他们必须要为学生做多"多"，而是能为学生做多"少"。学校教师的主要目标是使学生能够独立，同样训练有素的马也应该知道自己在每种情况下应该怎么做。它们应该在困难的时刻照顾骑手，从精神上支持骑手所做的事情。这样，骑手才会更安全，事半功倍。这是具有良好教练技能的骑手才能够做到的。

评估你的优势与劣势

如果你想成为好的马术教练，那你就要了解自己的优势和劣势。询问自己和其他熟悉你的人以下这些问题是很有用的。这些问题可以突出你需要努力的地方或是成为更优秀的教练的优势。角色扮演也是提高这些技能的有效方法（见第343页）。教练的技能分为三个主要方面。

快乐工作：始终保持沉着、冷静、可靠和宽容；牢牢记住每匹马的独特需求和天赋，创造一个安全的学习环境，避免使马沮丧或使用暴力。

完美行事：积极、简单是教练工作的核心。这能带来自信和竞争力，是所有教练技能中最具力量的一项。

用未来视野观工作：优秀的教练是灵活的，因此根据骑手的目标，马可以参加不同的活动，并随着时间的推移提升到更高的水平。更优秀的教练可以利用他们的知识广度和深度来确保学生为未来做好有效准备。

快乐做事	把事做好	带着未来的眼光去做事
• 你有耐心吗？	• 你靠力量工作吗？	• 你是否看重效率？
• 即使在压力之下你也能保持冷静吗？	• 你的基础正确吗？	• 你是否会提前计划，设定目标？
• 你善于观察吗？	• 你有建设性吗？	• 相比较限制，你是否会更关注机会？
• 你将每匹马当作独立个体看待了吗？	• 你把简单放在首要了吗？	• 你是否擅长优先顺位？
• 你与马有共情吗？	• 你是否使用渐进的小步骤？	• 你是否会从宏观角度看问题？
• 在训练时你避免使用暴力了吗？	• 你是一丝不苟的吗？	• 你是否做不止一样的马术活动？
• 马的福祉是否比比赛的成功更重要？	• 你善于分析问题吗？	• 你是否会向其他的赢家学习？
• 你讲方法吗？	• 化繁为简是不是一个首要条件？	• 你是否会寻找获胜的优势？

第三章

调教马

　　对初级骑手来说，骑未经调教的马并不合适，但经验丰富的驯马师可以提供帮助。了解调教阶段的要求将帮助新骑手更好地评估他们的马，如果早期调教不够扎实，马容易出现行为问题。在任何阶段，处在任何年龄段的马如果表现出迷惑不解或开始出现不良习惯，训练者应在继续常规训练前重新进行这章的调教。

　　本章介绍的内容是很好的马的调教方法，包括使年轻马熟悉与人接触、牵行马、用调教索调教马、介绍马具以及使马为第一次载人做好准备。本章还简述了如何对马进行平地训练与跳越障碍的基础训练，以便使马为更多高级训练做好准备。

调教用具

马所受到的早期教育主要就是调教，调教需要的主要装备有调教笼头、调教索以及调教鞭。调教背包以及汗垫也是让马习惯马鞍与肚带触感的必需品，侧缰会使马熟悉缰绳联系。合适的衔铁是让马感到舒适的关键，同时也要适合连接调教用具。

驯马师的服装

调教没有经验的年轻马时，驯马师要穿着不刷刷作响、便于活动的服装，与经过调教的马相比，未经调教的马的行为是难以预测的。护腿与柔软的衣物是理想之选。背心在夏季尤其有用；棉背心能给你极大的活动自由，让你可以在需要时快速反应。即使在进行调教索调教时，你也应该一直佩戴马术头盔，结实的手套是在马突然跑开时避免牵引绳或调教索给你带来擦伤的必要装备。

调教笼头和水勒

在初期调教期间，让马尽可能地一直保持冷静与轻松的状态，这一点至关重要。因此，所有的装备要避免给马带来疼痛与摩擦感，佩戴舒适。一种十分重要的调教用具是调教笼头（这种笼头的鼻羁中填充有厚厚的软垫，通过底部革带与衔铁相连），它需要与马头贴合。调教笼头的鼻羁中间有一个能让调教索穿过的环，它还设有后绑带以防止颊革上滑挡住眼睛。马习惯调教笼头后，你应该马上加上额革，用以固定顶革并使它习惯水勒的额革。调教年轻马时，常遇到的

马术头盔

胸带

调教笼头

后绑带

侧缰

马术手套

调教索

护腿

焦特布尔短马靴

侧缰使马习惯缰绳联系的感觉

年轻马和驯马师　这匹3岁的纯种骟马正在进行第一次为期两周的调教。它佩戴着调教所需要的所有装备，不仅仅有基础的水勒和马鞍。驯马师穿着焦特布尔短马靴、护腿，戴马术头盔和薄皮革马术手套

无衔铁水勒

应该尽早配备无衔铁水勒以使年轻马听从简单的指挥。它也会使马习惯水勒的感觉。给马佩戴无衔铁水勒时要解开边扣，这样顶革就不会压到马耳朵——在最初不使用额革。

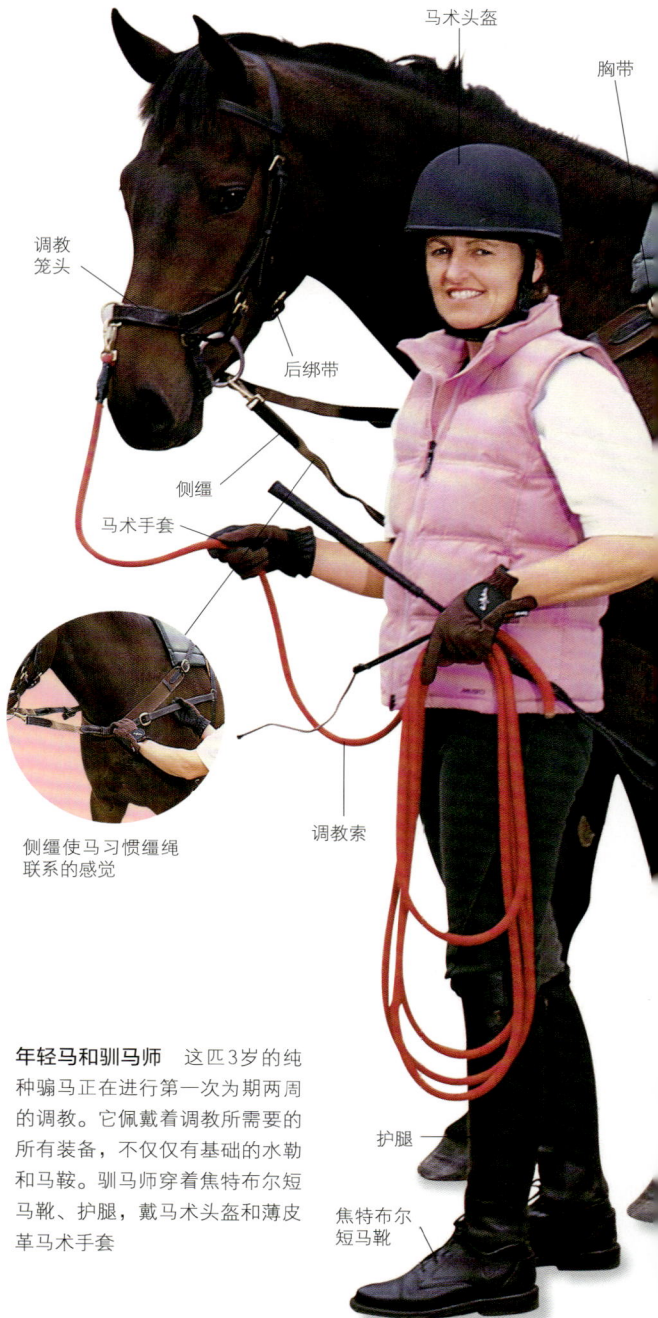

一个主要问题是如何寻找足够强韧并能使马感到舒适的水勒或调教笼头。大部分马的不适感来自嘴巴内部，无论有没有使用衔铁。不适感主要是由马的脸颊的敏感组织被牙齿和鼻羁挤压引起，这是因为它的上颌比下颌宽（见第50页）。这

一定要在调教开始时将调教背包上下松动一下。调教背包中的弹性衬垫使马不会被突然系紧的调教背包吓到

调教背包　　　汗垫

调教鞭

防磨护腿

可能导致马摇晃或倾斜头部或颈部。一种融合了水勒以及调教笼头特点的新型复合水勒，解决了这个问题——把鼻羁设计成避免直接接触下巴敏感区域的样式（见第376页）。

调教索和调教鞭

一条柔软的约9米长的绳子或调教索，与调教笼头上的环相连接，用以在调教时控制和引导马。与传统的带状调教索相比，绳子的一个巨大的优势是不会随风飘动或是被吹走。调教索用于控制马走的圆圈的大小，调教鞭用于鼓励它前进。调教鞭要很轻，驯马师要用它做划圈运动，或不时轻触马尾。鞭杆要足够长，这样鞭梢就能离你的脚远一点儿。

调教背包和汗垫

调教背包通常与汗垫一起使用，目的是使马熟悉肚带以及马鞍的触感。因为很多马的行为问题可以追溯到第一次给它上鞍时，可以说调教背包是最重要的调教用品。调教背包带有胸带，用以避免在最初几日调教中松动或向后滑动。

调教背包只能在一段时间后渐渐变紧，因为肚带突然施加的压力可能导致马非常痛苦。即使肚带没有扣紧，如果马突然注意到肚带也会觉得其非常紧：一种让马不自觉地扩张胸腔、屏住呼吸的痛苦。因此，作为额外预防措施，调教背包内侧应该设有弹性衬垫，而且调教背包的下半部分应该使用柔软的材料制作，比如灯芯绒。一旦调教背包能在完全不使马痛苦的情况下扣紧，你就可以放置一块柔软的泡沫垫在马背上用它扣住，模拟马鞍的触感。

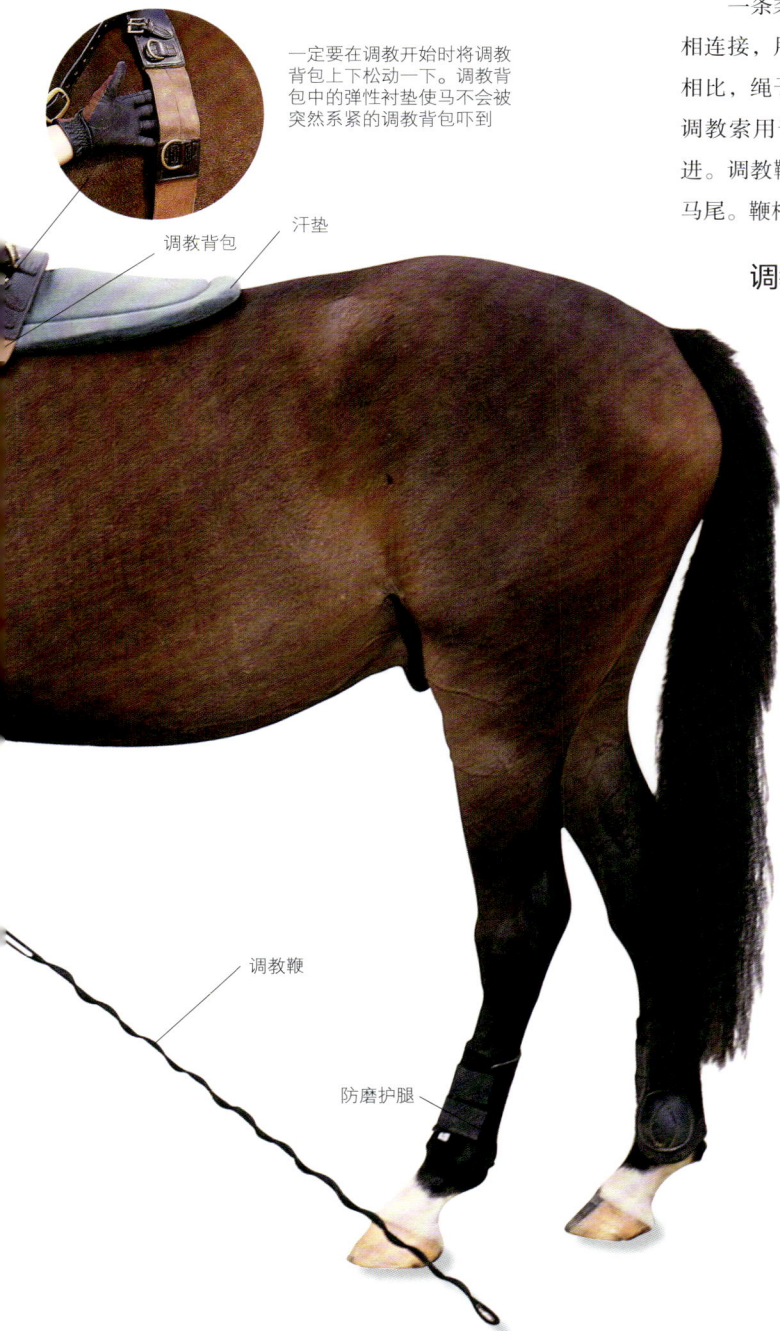

侧缰

调教背包的另一重要功能，是承受与侧缰相连的衔铁上圆环的拉力。侧缰是一条可以调整长度的革带，用于让马感受缰绳联系，也可用于防止马的颈部向内或外过度弯曲。侧缰不能太短，否则会影响马头的自然姿态。

侧缰一般由皮革制成，但需有一定弹性，来确保传递非常轻微的指令。侧缰太轻的话，容易破坏缰绳联系的连贯性，太重又会惹恼马。一对标准的侧缰在调教背包到衔铁之间的长度为90~120厘米，并且需要跟随调教进度适时调整（见第58~59页）。

选用合适的衔铁

不可否认，衔铁安装是否到位，是影响马舒适度的重要因素。因此，要给马舒舒服服地上衔。记住，在使用衔铁之前，必须检查马的牙齿状况。锋利的牙齿会给马造成一些不适，干扰衔铁。某些马还会有狼齿（退化的前臼齿），因为这会引起马疼痛，所以应该拔掉。

马平静并且背部放松时，会出现白嘴——嘴边有少量分泌的天然唾液。这是理想的受衔状态。这说明马不但非常适应衔铁，而且和骑手沟通良好。在佩戴无衔铁的水勒时，如

固定环小衔铁

D环小衔铁

调教用衔铁　对大部分马来说，无论它们调教到什么程度，都需要一个比马嘴宽约1.25厘米的固定环小衔铁。D环小衔铁与固定环小衔铁有着轻微的差异，前者与马脸颊接触的区域更大一些

果马和骑手配合得很好，有时也会产生白嘴。经证实，白嘴并不需要那些复杂的衔铁，或是千奇百怪的小工具。对许多年轻马来说，解决嘴部问题并不在于更换衔铁，而在于改变沟通方式；但对沟通方式已经定型的老马来说，很可能需要更换衔铁。

衔铁的功能

固定环小衔铁主要作用于马的舌头和齿龈。因为这种衔铁常常压在舌头上，舌头相对于下颌越大，压力也就越大。马的头部越偏离垂直线向前倾，衔铁对嘴角的作用就越大，而不是舌头和齿龈。

马的头骨和下巴

马的上颌比下颌宽得多。传统的卡夫圣鼻羁特别不舒服的原因就在于此——马嘴内的敏感组织被裹挟于上颌臼齿外缘和鼻羁之间。衔铁置于马齿龈上，横在切齿（用来吃草的前牙）与臼齿（用于咀嚼的后牙）之间。马齿龈的形状就像一把钝刀，且表层覆盖着一层易损的组织。

切齿

齿龈

成年马才有的三颗后臼齿

上下颌合在一起

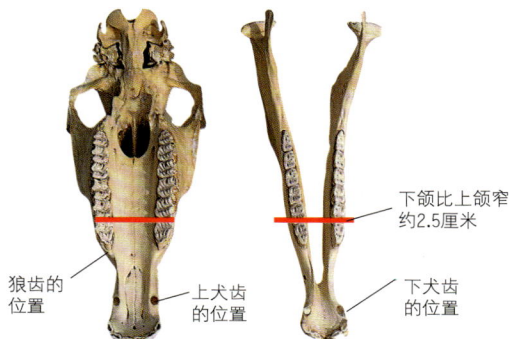

狼齿的位置

上犬齿的位置

下颌比上颌窄约2.5厘米

下犬齿的位置

上颌　下颌

活环小衔铁和固定环小衔铁的功能有所不同，特别是衔铁额外承受了一些缰绳的压力时。向后拉缰绳会抬升衔铁，迫使颊带承受向下的压力，并且向项部施压，这就是活环小衔铁的功能。环越大，衔铁的作用就越强。

相对于直杆橡胶衔铁，活环小衔铁更好一些。因为前者常常会挤压到舌头，导致马会抬起舌头来减少衔铁的压迫感，这是一种难以纠正的错误。如果马有抬舌头的倾向，吊杆衔铁（贝琦尔小衔铁或富尔默衔铁）可以抬高其在马嘴中位置。衔铁也可以直接连接鼻羁或复合型水勒，以减少马舌头承受的压力。

马护腿

马的四条腿都应该佩戴护腿，以保护关节和肌腱不会因两蹄相擦而受伤。当马的蹄子踢到它对侧腿的球节或其上方时，它就会受伤。这类情况常见于上了蹄铁的马，没上蹄铁的马很少发生。有多种护腿可供选择，但防磨护腿最适合调教中的马。

马要从膝盖以下开始佩戴防磨护腿，在内侧直到球节下方，在外侧则到球节上方。防磨护腿内置了加强护垫，作为额外的保护装备。为了保护胫骨，后肢护腿要比前肢护腿长。

理想的场地

调教年轻马的理想的场地规格大约是30米长、20米宽。同时，它应与供训练的场地相邻（见下图）。调教年轻马的场地的拐角应该是圆弧形的，方便驯马师用调教索能够轻松地控制马。场地还应配有2米高的围栏，注意围栏不应是实心的。这样可以让马提前适应大马场。

大马场

15米
20米
15米

调教年轻马的马场

调教设施

不是每匹马都有自己的调教场地，但为了安全和效率，有必要为马寻找一块设施配置合理的场地。通常来说，大型马房是最安全的，因为它能给你和马足够的活动空间。最重要的是，马房外最好能配备一块小场地，方便你利用调教索调教，甚至是不用调教索和其他调教用具进行调教——自由调教。这是一个与马建立良好沟通的好办法，因为没有任何东西去限制或牵制马。

另外，最好有一块四周设有良好围栏的小场地，以及一片宁静的外出区域。只有当马积极向前，接受训练时，才算完成了它的基础调教。

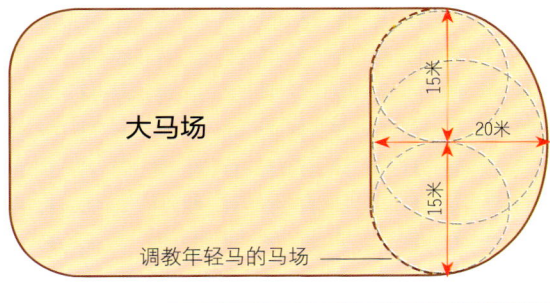

附加空间　与马房相连的小型场地，可以给马提供额外的活动空间，有助于它保持放松。场地最好是圆形的，也可用于在马进入调教场前佩戴调教用具

调教年轻马

马刚出生时，经验丰富的驯马师便能驾驭它，使其听从人类的指令。初期调教的核心在于建立沟通与信任。在刷洗马以及钉掌师检查马蹄时，要教会1岁及以下的年轻马接受牵行并学习安静站立。当马2岁时，有必要进行调教索调教，通常5~10节课就能完成。

印刻效应

毫无疑问，马和人类一样，年幼时能学得更多（学得更快）。马刚出生时会有敏感期，这期间的经历会深远地影响它的行为。在马驹出生后的头三个小时，如果你愿意花时间去陪伴它，并且在接下来的三天里每天都这样做，那你就很有可能与马驹建立起亲密的关系——明显强于两个物种之间的普通关系。这种建立关系的过程就是印刻效应。在这个时期，抚摸马驹头部、颈部、躯干、腿部的动作要轻柔，你也可以使用马刷。

佩戴无衔铁水勒

一开始，你需要一种特别的马驹用的无衔铁水勒——马唇颈圈。刚出生的马驹就可以立即佩戴它，并且你也能在驾驭马驹时使用。马唇颈圈能使你更容易地控制马驹，特别是它在接受兽医检查时。通常来说，除非马驹很难驾驭，一般不给马驹佩戴马唇颈圈或者水勒。这是因为如果水勒束缚住了马，它会本能地用力挣脱，这可能造成它颈部损伤。如果一匹马很难控制，应该先用调教索调教（见第70页）。

马唇颈圈必须是柔软的，而且必须紧密贴合马驹的头部，这样就不会束缚它。无论马驹多么难控制，千万不要给它带上衔铁；在它及其敏感的小嘴上带上衔铁，会引起疼痛，甚至给它造成一些伤害，并可能导致它永久厌恶衔铁。

牵行

沟通是进行一切训练的出发点。因此，与刷洗、梳毛时让马保持安静站立相比，如何教一匹马前进和停下来更重要，这是因为前者不需要直接交流。

在马房里，通过让年轻马在左侧缰绳的牵行下前进一两步，再停下来，建立早期沟通。如果它不愿意，轻轻地使它的头部朝向你，并退后一步鼓励它跟着你。一开始可以给予它奖励。一直这样做，直到在一侧缰绳的牵行下，年轻马能十分轻松地前进或停下。这可能需要5~10分钟。当天晚些时

牵行年轻马 牵行马时你必须佩戴手套。你要站在靠近马肩的位置，为了避免它从你身边跑开，要引导它沿着围栏行进。先要跟它说话，同时拿一根能碰到它后躯的木棍；这样你就能轻触它的后躯，鼓励它向前（不要吓到它）。当它向前走时，马上奖励它。尽可能不要强迫它

候，在另一侧缰绳的牵行下让年轻马重复练习。循序渐进，将年轻马的活动范围渐渐地扩大到马房的外围，如果它同样顺从的话，就可以进入调教场地了。两到三天，年轻马就能适应牵行了。如果你不能保证每天带它到调教场地，就每过几周重复一下这些练习。

刷洗马

在调教期间，骑手可以第一次刷洗年轻马了。抬起马蹄检查，注意，必须与马建立沟通与信任后再进行尝试。由于对未知的恐惧，年轻马可能对刷洗保持高度警惕。

适应人类的接触之后，大部分马就会开始享受轻柔的刷洗了。慢慢刷洗，并时刻关注马的反应，特别是触摸它腹部及脸周围的敏感区域时。把空出来的那只手一直搭在马的身上，以便更快察觉到马的反应。如果马有任何突发的不适，先停下来安抚它再继续刷洗。

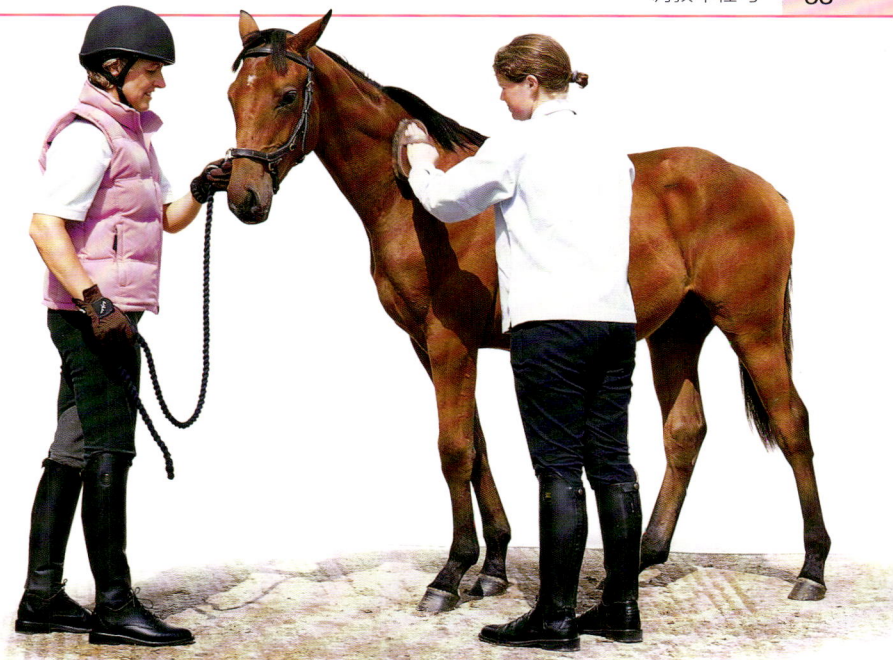

刷洗年轻马 一开始刷洗时，不要把马拴起来；请一位能安抚它的人牵着它，让它安静地站立并听从指挥。使月柔软的马刷，空出来的手与马保持接触

抬起马蹄

即使是年轻马，兽医也会定期给它修整马蹄，因此第一次与马接触和抬起马蹄的准备工作十分重要。如果你没有经验，或是马还没有安定下来、没有适应牵行和基础刷洗之前，不要试图抬起马蹄。最后一点，每天都要检查马的四蹄。

前肢 让经验丰富的人牵着马。面对马站立，用内方手顺着马肩抚摸到马腿。这样可以避免惊吓到它，即便它移动，也要与它行动一致，这会更安全。然后，将手从马腿前部向下移动，扶住马的膝盖后面（图a），接着用外方手握住它的骹骨（图b），内方手轻轻向前拉动膝盖，外方手将马蹄举起（图c）。当你检查马蹄时，用你的内方肩膀抵住马，使它保持平衡（随着马的移动）。

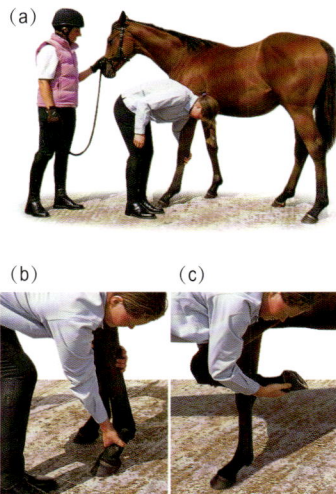

(a)

(b)　(c)

后肢 你的手要从马肩开始，轻轻抚摸马的躯体，以便靠近它，这样它移动时也会知道你的位置。为了不被马踢到，你的手要从前向后移动（图d），靠近它站立，它就只能推你而不会踢你。轻声讲话安抚它，并吸引它的注意力。用内方手顺着马的大腿一直摸到它的小腿前部。用手指握住马蹄的内方，向前拉动飞节下部，轻轻抬起马腿（图e），抬起它的腿时，你的左手要扶住它的大腿（图f）。

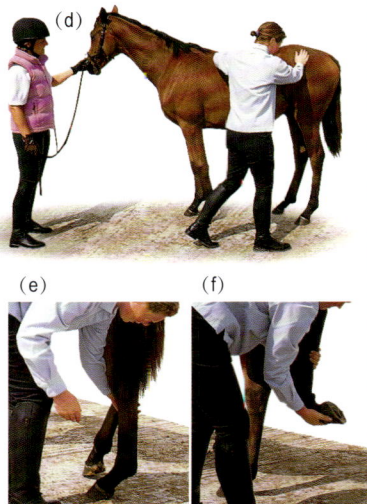

(d)

(e)　(f)

开始调教

除了建立沟通与信任之外，调教还可以帮助你对马的行进方式和精神状态进行评估，但是2岁的马生理尚未成熟，无法进行任何高难度的训练。如果你的经验并不丰富，在调教年轻或没有经验的马之前，必须先练习用调教索去调教成熟

握调教索

当马身体左侧朝向场地中心（左里怀）时，驯马师要左手握调教索，右手握调教鞭。将调教索绕成大环套在手上，以免需要将其放长时缠在手上或是放不出来。在右手上缠绕好调教索，然后转到左手，身体右侧朝向场地中心（右里怀）则相反。当缩短调教索时，将调教鞭指向下方或后方。

一些、非常平和的马。

牵行训练之后，就需要进行调教索训练（然而，对那些不守规矩的马来说，在牵行它们之前，先进行调教索训练会比较简单，因为这有利于建立沟通）。在一个小型的封闭场地里，两三节课之后，大部分的马都能很好地适应调教索调教。没必要拼命训练。对一匹2岁的马而言，仅需要让它理解你，能根据指令前进或停下，并且愿意往任何方向慢步、快步，甚至是跑步。最好使用直径为15~20米的圆形场地。在调教时，如果遇到困难或是难以控制马速，你可以暂时缩小场地的大小，这可能有帮助。

第一节调教课仅需调教笼头、调教索以及调教鞭。确保使用防磨护腿来保护马腿（见第49页）。进行调教的头两三天里，也可以使用调教背包，但衔铁在这个阶段没有任何帮助作用。确保各种课程的时间在10分钟左右，否则马会精疲力竭。

调教时的位置 从上方观察，驯马师、马与调教索的位置会构成一个三角形。三角形的第一条边是从驯马师的内方肩膀到外方肩膀，然后顺着调教鞭直到马的后躯；第二条边从马的后躯到马鼻；第三条边从马鼻出发，顺着调教索直到驯马师的手及内方手肘

变换里怀

下图，马的右侧为内方，因此调教鞭在驯马师左手中。变换里怀时，缩短调教索并利用围栏让马停下。将调教鞭放到身后，再换到你的右手（图a）——让鞭尖指向地面。走向马（图b），轻轻地用调教索控制马（图c）。你到达马的身边后（图d），将马鞭放到右侧，引导它到圆圈中央（图e），换手重新缠绕调教索，这样马的左侧变为内方。

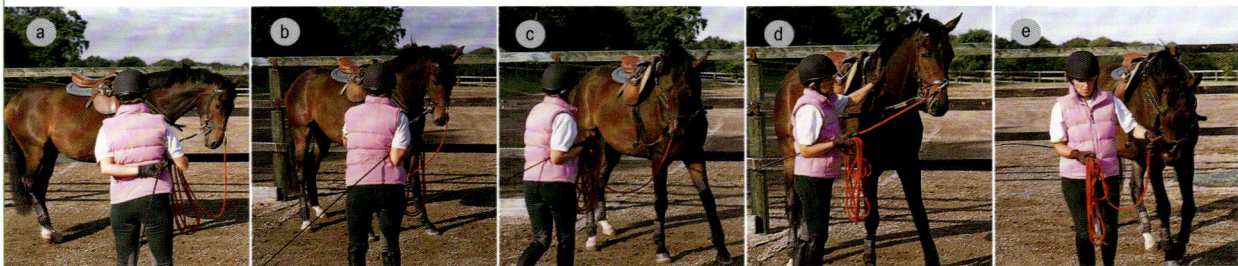

如何调教？

许多人被灌输一种观点——调教马时肩部要与马体平行，然而这不仅没用，还非常危险，因为这样做很容易让你被自己的脚绊倒。用这种姿势，你既不能和马一起行进，也不能教它跳越障碍。相反，你要面向马前进的方向，这样你的外方肩膀和拿马鞭的手臂就会贴近马的身体，而你握着调教索的手臂的姿势，与骑乘时握缰绳的多多少少也有些相似。

如果马在前进时受到调教索的限制，那你就尝试贴近它的后躯，减小调教索与它之间的角度。这样做会强迫你走得更快，来保持绳索的长度不变或是放长绳索。如果马的速度太快，你可以往相反的方向移动，增大角度，使你处于相对靠前的位置。

声音扶助

声音是调教时的主要扶助，并辅以马鞭和驯马师的位置。减速时，要求使用低沉柔和的声音；加速时，则要求稍高一点儿的、间断的声音。下面是一些常用的声音扶助，在不同的驯马师之间，这些扶助可能有轻微的差别。马首次载人时也会用到同样的声音扶助，所以这些声音扶助至关重要。

加速

• 停止到慢步："慢步"
• 慢步到快步："快—步"
• 快步到跑步："跑—步"

减速

• 跑步到快步："快—步"
• 快步到慢步："接—下—来—慢步"
• 慢步到立定："接—下—来—吁"

使用调教鞭

在调教马时，用调教鞭靠近地面的那端绕过马，马会慢慢地熟悉它，不会受到惊吓。坚决地向马的后躯挥鞭，这会强化声音扶助所传达的信息。如果没有得到回应，你可以用鞭子轻触马的尾巴根部。但很快，你就不需要这样做了，因为马会将调教鞭的动作与"向前"联系在一起。为了区分不同的声音扶助，你下令跑步时，要举起你手中的马鞭。

使用背部

当马为骑乘做好准备，挺起背部并能载人时，调教就算成功了。对骑手来说，上马一般不是什么难事，难点在于如何确保马做好载人的准备。

为了能够轻松地承载骑手的重量，马背需要像桥那样拱起。为了保持这个姿势，马的后躯到项部的所有肌群，要像锁链那样连接在一起。它的后肢会踏入身体下面，这就是所谓的后肢深踏。颈部向前弓起，背部拱起并摇动，马拥有动力——马后躯产生的力量及能量。

作为调教的一部分，马需要有前进的想法。这种"前进"主要指的是马愿意向前行走，不需要骑手不断刺激。身体僵硬的骑手或是下塌的马背，会迅速消磨掉大多数马前进的想法。

使用马具

一旦人与马建立起沟通和信任，使用马具就简单了。马具可以确保骑手的安全，给马带来舒适感和愉悦感。只有当马安定下来后，才能慢慢而平静地给它装上马具。应该让马逐渐适应每种新装备。使用任何新马具之前，最好复习一下前面的步骤。

时间点

每匹马适应马具的时间都不同，但大多数马都可以在一周之内适应所有的马具——甚至是搭载一名骑手（见第62页）。除此之外，在马准备好搭载骑手的前一周到三个月里，它应能适应几乎所有的马具；确切的时间点取决于马如何学会使用背部和调教的方式。马初次使用任何马具都应该在封闭场地或小型场地内进行，决不能在马房中进行，因为一旦出问题，人和马都面临着受伤的风险。每天两节，每节20分钟的训练比长时间的训练效果更好。

顺序

下面是一匹3岁的马首次使用马具的顺序。一开始可以先使用调教索，但驯马师必须一直戴着手套。一开始，先佩戴没有衔铁和额革的水勒（图1），这匹马应该已经熟悉无衔铁水勒了，对水勒也就不害怕了。如果你选用一个非常合适的

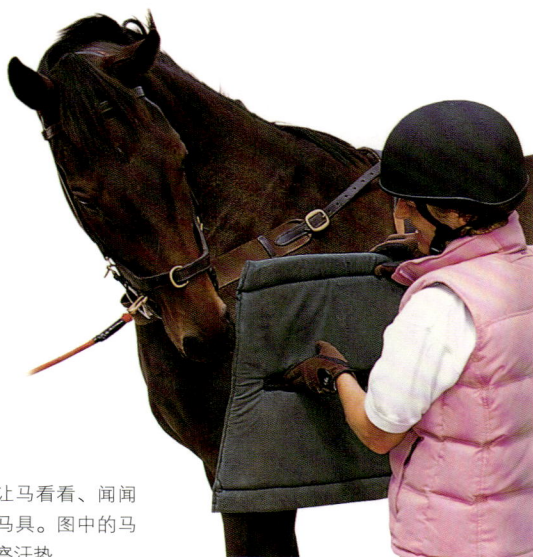

汗垫 让马看看、闻闻每件新马具。图中的马正在观察汗垫

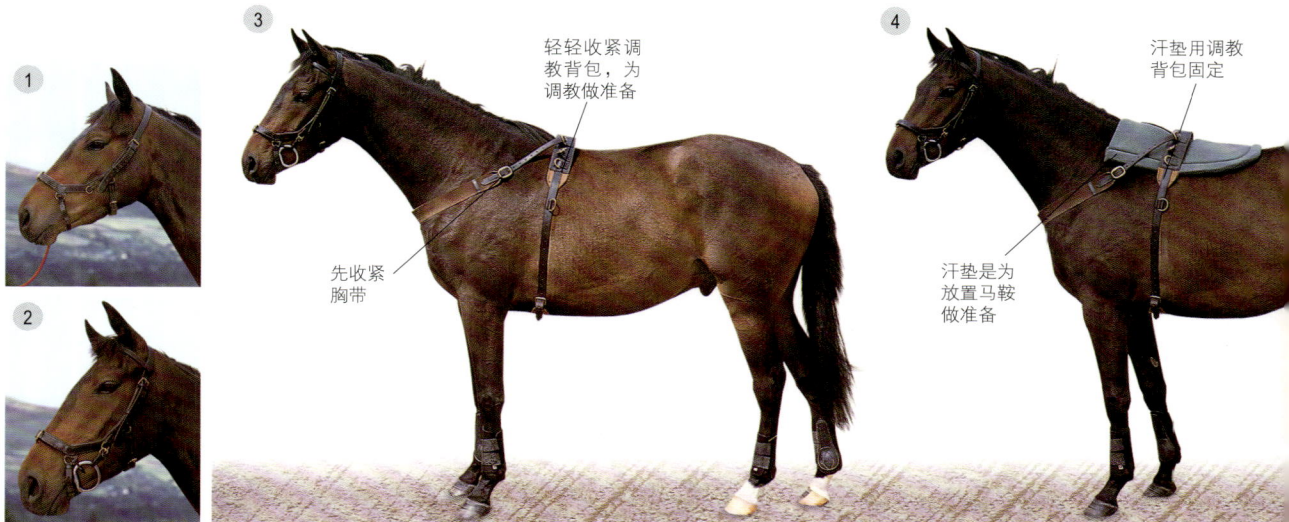

① ②

③ 轻轻收紧调教背包，为调教做准备

先收紧胸带

④ 汗垫用调教背包固定

汗垫是为放置马鞍做准备

使用水勒

首次在马嘴里安放衔铁时，你必须给马佩戴好水勒的其他部分后，再放入衔铁。只要马习惯了口里含着口衔，你就可以将衔铁与水勒系在一起了。首先，将口衔放入马嘴。然后，轻轻抬起顶革，越过马的耳朵。最后，系好水勒底部的带子。

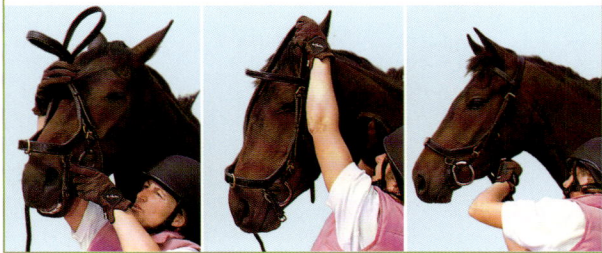

固定环小衔铁（图2），通常不会有什么问题。在马能够安静地接受衔铁、不咀嚼它之前，不要往衔铁上系任何东西。

将衔铁放置在复合水勒或传统水勒的一侧，然后用拇指按压马上唇部的下方，使马放心地张开嘴，然后平稳地将衔铁放进马嘴中并系好。如果你在这个过程中遇到了困难，那就要检查一下马的牙齿。

过段时间，应该就能使用调教背包和调教胸带了（图3），在系紧调教背包之前要系紧调教胸带（在卸下调教胸带前先卸下调教背包），这样调教背包就不会向后滑动。一定要慢慢地系紧调教背包，在系紧调教背包后，一定要先带马走几分钟，即便是系得比较松。对系着调教背包的马进行调教索训练，等它舒服了再使用马鞍。这个过程可能需要三四天。

使用马鞍

放置上汗垫后（图4），立即用调教背包将其系紧。如果汗垫没有系紧，它可能会滑下来吓到马。在这一阶段，可以将侧缰连接到调教索上（见第58页）。随后，用马鞍和胸带替代调教背包和调教胸带，汗垫仍使用以前的（图5）。理想状态下的马鞍，应该是非常平整的。该阶段不使用马镫，安全肚带（一条环绕马体的革带）应该牢牢固定住鞍翼，以防其飘动吓到马。安全肚带应有弹性的衬垫。

最后，取下安全肚带，加上马镫和缰绳（图6）。调教时，缰绳可以卷起，塞入调教胸带顶部。一开始，应该固定住镫铁，以免吓到马，之后可以慢慢地把它们放下来。先调整好镫铁的位置，使之不低于鞍翼。选用一根柔软的绳子，从马腹下方穿过，将两侧的镫铁连接起来，将它们绑在一起。渐渐地，你可以将它们放到适合骑乘的长度。

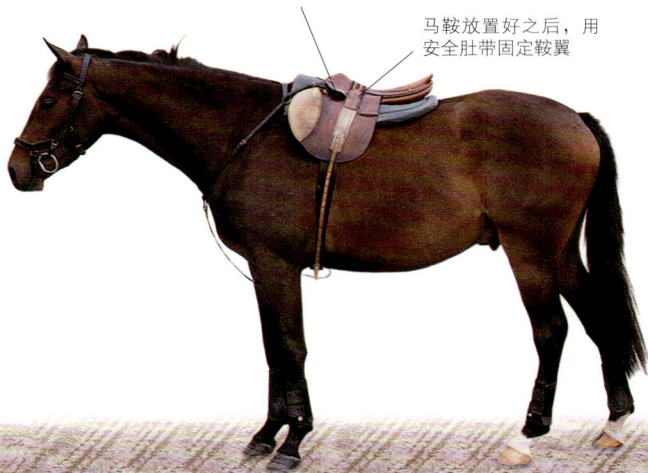

5 调教背包被一个平整的马鞍所代替
马鞍放置好之后，用安全肚带固定鞍翼

6 将镫带缩短并且其固定镫铁
现在可以加上缰绳

准备载人

马应该做好搭载一名骑手的身体准备，所以只要马习惯了马鞍与水勒，可以让马挺起背部并使用背部载人。有一些马能够轻易做到这点，但大部分马需要通过调教来做到。如果马有足够的力气，后肢能够深踏，同时能保持冷静，积极向前，那它就拥有了动力，能够连接背部并用上背部的力量。

使用侧缰

侧缰连接起肚带和衔铁，用于通过衔铁给马施加一些压力，并防止它颈部过度弯曲。使用侧缰时必须小心。如果你不确定，那就在你觉得合适的长度基础上，再加上一个带孔的长度。一开始调教时，马可能会因为狂躁而尥蹶子。因此，为了避免伤害马嘴，最好一开始你先把侧缰的末端系在马鞍的D环上，而不是系在衔铁上。一旦马安定下来，你就可以把侧缰系在衔铁上了。如果你选用了复合水勒或威尔士调教笼头，你可以直接将衔铁系在鼻羁前端。这样，所有的压力就不在马嘴上，而是在马鼻子上。花些时间让马先安定下来，让它在两侧缰绳的控制下安静地慢步、快步以及跑步。如果它不愿意向前，你可以尝试下跑步，自信地使用扶

没有连接背部 这匹马很冷静，并且积极向前，但它的后肢并没有深踏。因此，它现在还没有完全做好载人的准备，只能在站立和慢步时载人

学会连接背部 训练两周后，这匹3岁的马第一次学会运用背部力量

助，并随时奖励马的积极回应，直到它适应调教索控制。侧缰应该系在马鞍上较高的位置，以防垂下来绊到马，但也应该保持适度宽松。

随着马的进步，两侧缰绳可以降低到肚带的位置，直到与地面平行。在慢步时，缰绳应该足够长，以便马可以运用头部和颈部做出自然的点头运动。在快步时，马的头部会变得更稳，你可以将缰绳缩短一点儿。缩短后，让马尽量以最小的步伐慢步。如果你想花更多的时间练习慢步，就应该放长侧缰，或者直接松缰，把它重新系到马鞍的D环上。此外，在调教索训练时，马的身体会有小小的弯曲，常见的做法就是放长外方的缰绳，让它比内方的长一两倍。

就像大多数人更擅长用右手或左手一样，马往往也会偏向于某一侧，通常表现为更愿意在特定一侧缰绳的控制下行动。它们不能自如活动的那一侧就是僵硬侧。然而，当调教索系在鼻羁正中时，即使是在僵硬侧，也无法给马嘴施压。这是这一阶段调教的优势之一，尤其适用于那些嘴已经不太敏感的训练有素的马。良好的调教能快速让马的两侧在缰绳的控制下变得更加平衡，也能帮你养成良好的沟通能力，从容面对大多数马。

连接背部

经过数天调教之后，马会对你的向前扶助和减慢扶助有所回应，并开始理解奖励制度——如今，它已经习惯了表现好时你用温柔的声音夸奖它"真棒"。在这个阶段，当它接受了你，适应了马具，并且平静地前进时，它就已经做好了理解扶助的准备——这也是它对扶助有所反应，使用背部回应扶助的时候。轻轻运用侧缰联系，马会更加开心地前进。这样，你就可以渐渐缩短侧缰。如此一来，在快步时，侧缰就会与马嘴保持轻微的联系。你没有必要把侧缰缩短到比右图中的长度还短。

在觉得最舒适的侧缰控制下，马会按照它最好的行进节奏（通常是快步）前进。然后，它会减慢速度。确保马的步伐要一致，必要时使用声音扶助并挥动马鞭，使它增加一点儿动力。如果马行进得越来越快，马上让它慢下来，并重复这个训练。它很快就学会用后肢发力：它的背部线条会变得圆润，背部的摇动将加剧，呼吸将更加平稳，并且看上去也会很从容，嘴角会有少量的唾沫。马会开始向前伸展身体，

尝试衔铁联系；这使得它颈部、背部以及后躯的肌肉得到了伸展，从而形成令人满意的背部线条。你可以通过放松侧缰来检查马是否学会了连接背部：马的体形不应有太大的变化，但是颈部会稍微长一点儿、低一点儿。然后，更换方向，重复训练。

当马感到轻松自在时，可以让它开始跑步。顺利训练了两三周之后，它就做好了以同样的方式前进并搭载一位轻量级骑手的准备。然而，大部分1岁左右的马，生理上还不够成熟，不能进行高强度的训练。

长缰驾驭

长缰驾驭，是一种骑手用两侧长缰绳同时驱使马前进的技巧。通常，这是为马拉马车之前而做的传统准备，但在其他方面有时也有帮助，如骑手在马后鼓励马前进，训练马习惯缰绳扶助时。遗憾的是，长缰驾驭很难操作好，因为你很难保持缰绳与马的轻微联系。因此，只有经验丰富的驯马师才能小心翼翼地运用这个技巧。拙劣的长缰驾驭，会导致马产生嘴部问题或不自然地缩短颈部。

一开始训练马适应长缰驾驭时，让另一个人先在马的左侧牵着马，同时你在马的同侧系上长缰绳。当马安定下来后，将缰绳穿过调教背包侧面的圆环里，这样能防止缰绳垂落得过低。然后取下左侧的缰绳，在右侧再重复这个训练。长缰绳应在10米左右，并且重量要比普通的调教索轻，末端不需要把手。在长缰驾驭时，如果马松懈了，可以用这两条绳子提醒和警示它。

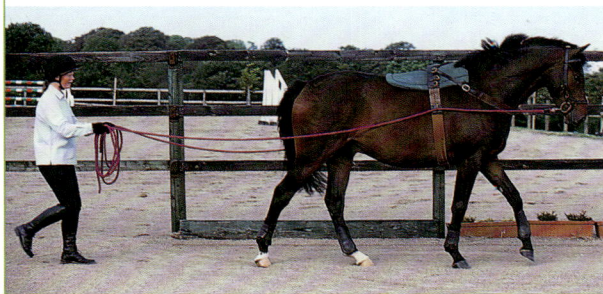

空载跳越障碍

　　马喜欢跳跃，人们喜欢看它跳跃。跳过障碍或是完全松开调教索，是鼓励马跳跃，并评估它们自然习性的有效方法。一开始，你应该设置一道简单的障碍，稍有一些挑战难度，帮助马建立自信。在它接近障碍和落地时，监测它的速度十分重要。黄金法则就是，不要对马的要求太高，只要它能在侧缰的控制下跳越障碍。

在调教索控制下跳越障碍

　　在调教索控制下跳越障碍，马需要调教良好，并且身体已经成熟。确保使用的横杆很轻，起跳处的地面硬实且干燥。在马尝试跳越障碍时，如果它的后肢在湿滑或松软的地面上打滑，那么这会严重打击马的自信心。控制调教索的人必须足够专业，行动敏捷，及时缩短或放长调教索。

准备障碍

　　最开始仅需要在地上摆放两块相隔2.75~3米的木板，一段时间后将第二块木板换成一道小的交叉杆障碍——放一根横杆在地上充当起跳线。首先，在跳越第一道障碍前，让马沿着一个直径为10~12米的圆圈快步行进；然后，在它跳越障

在调教索控制下跳越障碍　这匹3岁的马正在右缰的控制下跳越障碍。许多人更习惯用左缰控制马，但必须让马适应在两侧缰绳的控制下跳越障碍。对马要尽可能地简化障碍，降低难度，只需要使用较轻的横杆，也不需放置填充障。添加障碍之前，确保它们和马处于合适的距离（图a）。这个复合障碍练习是为了评估马的跳跃技巧，而不是要它尽可能跳得更高

碍时，小心地放长调教索。你不要试图跑动，通过调教索给予马足够的自由就可以。当马可以用稳定的跑步速度越过交叉杆障碍落地时，你就可以在地上放置另一块木板了，木板离障碍10米。这块木板可以渐渐改为第二道小型障碍——垂直于地面的小型障碍——最后换成双横木障碍（见第176~177页）。要一直留意马跑步时的速度与步幅，这样，马就能在

（a）添加障碍之前，确保它们和马处于合适的距离

马的后肢应位于木板和交叉杆障碍的中间

马拥有运用颈部的良好本能

在添加第二道障碍前，马落地时的跑步应该是连贯的

马应该有自信但要直视障碍

障碍间保持合适的节奏（见第196~197页）。在这一阶段的训练中，一道非常小的双横木障碍就足够了；长一点儿的90~120厘米的双横木，可以在第三阶段或第四阶段的练习中使用。

在每一阶段的练习中，你都要分别使用两侧缰绳控制马来练习跳越障碍。在练习的任一阶段，没必要让马跳越十道以上的障碍。

评估跳越障碍的姿势

在没有载人的状态下，大多数马会跳得更好，因为它们不会被缰绳联系所限制。当马跳越障碍时，它应该保持平静，并积极向前。它应在地杆与交叉杆障碍的中间位置起跳。如果它离交叉杆障碍很近，那它快步的速度可能过快。如果它离交叉杆障碍太远，那你就要稍稍缩小木板与交叉杆障碍之间的距离。在两道障碍之间落地时，马都应该保持稳定的跑步速度。如果它有快步的趋势，那它可能不太愿意积极向前，要么就是你要求它跳越过难的障碍。如果它跑得很快，那表明它还没有做好跳越障碍的准备，在再次要求它跳越障碍前，先让它在平地上多多练习。

马的后肢应该同时离地。如果没有的话，你需要变换里怀，并在它离地时观察是不是内方后肢在前。如果是，停止练习，让马回到平地上练习，直至它的动作在两侧缰绳的控制下变得更加平衡。如果现在另一侧后肢在前，随着障碍难度加大，两侧后肢就有可能保持同步。在马后肢离地时，你要观察它的颈部向前伸展的情况。马的肩部与肘部应该向前，在跳过障碍顶端时，大腿应该平行于地面。

自由跳越障碍

自由跳越障碍，是指在没有任何调教索的控制下让马跳越障碍。在只有一位驯马师的情况下，选择合适的场地（见第51页）才能让马进行自由跳越障碍练习。不然的话，一位驯马师可能需要两名助手。与调教索控制的跳越障碍相比，在自由跳越障碍时马身边没有驯马师的行动干扰，许多马会跳得更直。如果马没有安定下来，千万不要进行自由跳越障碍练习。除此之外，自由跳越障碍与调教索控制的跳越障碍十分相似。如昊有必要，在地杆前6米处放置一道交叉杆障碍，并且在双横木前约60厘米处添加一块木板，因为马会跑步冲向障碍中间，而不是快步。很多马在没有绳索控制时会跳得很好，这充分说明在马跳越障碍时，骑手必须保持稳定平衡，不要做大幅度的动作，这样才能激励马全力以赴跳越障碍。

马从地上一跃而起，轻松跳过障碍

调教索要足够长以给马充分的自由

跳越障碍后的跑步速度应与跳越前的一致

第一次上马

骑手第一次上马前，需要做好前期的准备工作，并且要在经验丰富的驯马师的指导下进行，以确保安全。虽然两个人就能完成上马，但是三个人——一名骑手、一名驯马师以及一名助手是最理想的选择。随着新装备的使用（见第56~57页），第一次上马必须分以下几个步骤进行：骑上马背、坐直、牵行和调教。在场地上骑乘时，可以先不用调教索骑乘一小会儿。

准备

你可能需要花上一天，甚至一周的时间来学习上马。如果是性格不好的马，你可能需要更久。在每个阶段，马的接受性和自信心都有可能下降，驯马师必须做好回到早期调教的准备。第一次上马时应选择在小场地或小型马场里进行。骑手所穿的衣物不要太过宽松，以免飘起来干扰、惊吓到马，这一点十分重要。另外，鞋子要轻便舒适。必须佩戴好头盔，注意不要使用任何拆卸式的头盔，以免头盔掉落惊吓到马。

骑手应保持体态轻盈。一开始，骑手可以在马的左侧练习弹跳（见右图），以及上马和下马的手部动作：右手抓住前鞍桥，左手抓住胸带以及缰绳末端。在上马时，双手要始终保持在这个位置（在马的另一侧时，手则是相反的位置）。驯马师应站在马的前面稍靠边的位置，自始至终地牵

弹跳　一开始，先在马的左侧轻轻跳几下（几厘米高）。随着马渐渐放松，可以跳得更高一些，然后换到马的右侧，重复这个步骤

好马。三个人都应在马的同一侧，马和围栏之间的距离应保持在3~5米，以免骑手上马时碰到头部。

骑上马背

助手要小心地帮助骑手上马（依靠他人帮助上马）和下马。例如，给骑手抬腿时，每次都要抬高一点儿，直到骑手横跨到马上，由马支撑她身体的绝大部分重量。然后，骑手在马的另一侧重复这个动作（马应转向另一个方向，这样它就能在人与围栏中间）。如果一切顺利，跨上马背的骑手就可以指挥马慢步向前了，先向左边，再向右边。重复这个练习，直至马对此近乎厌烦。这样一来，马就做好第一次载人的准备了。

坐直

在骑手左侧帮助她抬腿。骑手用右手支撑自身重量，尝试在马背正上方把腿伸直。注意，不要立即坐上马鞍，继续回到地面，重复这个步骤两到三次。如果马很乐意，骑手就可以坐上马鞍，把腿放下，直接将脚蹬进马镫。如果马不是

俯在马背上　驯马师将马牵到一个直径15米的圆形场地内。随着马渐渐放松，骑手可以开始尝试一点点弯腰俯在马背上。如果骑手足够健壮，可以不需要助手

使用调教索

对马进行调教时，它的行进方式是对骑手的准备工作首次真正的检验。一开始，马应接受骑手，并在慢步和快步时后肢深踏。当马被牵行时，骑手应该让马习惯她的身体和腿的动作。在调教时，这个步骤也要重复。渐渐地，骑手控制住了马，直到在没有调教索的情况下，马也积极向前并会自觉停下来。对骑手而言，这个阶段是判断什么时候可以首次不用调整索，进行自由驾驭最好的时机（见下图）。随后，骑手应使用腿部联系和缰绳联系，这样马就能开始理解腿扶助和缰绳扶助的意思了。

牵行 在两侧缰绳的控制下，这匹马正慢慢地行走、停下，不断重复。骑手要抓住胸带和前鞍桥，之后可以只抓住胸带。随着骑手多次使用动作和声音扶助，她已经控制住了马

太配合，骑手可以稍稍抬起臀部或是直接跳下马。

在行进时，马更容易适应骑手的重量。所以，驯马师应该让马向前走一两步后停下。重复数次这些步骤后，助手就可以离开了。与调教一样，骑手使用同样的声音扶助，渐渐地，骑手应该自己掌控马，而不是依靠驯马师。

自由驾驭 当骑手认为可以自由驾驭马时，驯马师可以取下调教索。注意，一开始骑手应继续绕着驯马师骑乘，以便保持对马的控制

驯马师继续手持调教鞭鼓励马，直至马对骑手的扶助迅速反应

当马围绕驯马师进行调教索训练时，骑手与马保持正常的缰绳联系

骑乘

当马头一次不用调教索自由行进时，最好有一匹成熟马陪着。这将帮助马建立自信，并适应结伴而行，在任何需要帮助的时候，成熟马能给予它引导。采用这种方法，马的平地训练会进步得很快。马会很快适应腿扶助和缰绳扶助，除了表扬它以外，你可以不用发出其他声音。到这时，你可以选配一根马不会害怕的短鞭，用于加强腿扶助。此外，对盛装舞步鞭来说，这时也是一个良好的引入契机。首先，安静地把马鞭从马的一侧换到另一侧，让马习惯这个动作。用马鞭在马的肩膀下和你的腿后部的马身上轻轻摩擦。然后，用你的腕部挥动马鞭，轻敲你的腿后部的马身，或偶尔敲敲马肩。如果马做出任何符合你期望的行为，一定要奖励它，这样马就知道需要它做什么了。

随着马的不断进步，你可以尝试让马在两侧缰绳的控制下快步和跑步。这时，要选用大的场地，绕着圆形场地的外侧蹄迹线骑乘。放轻松，保证充足的休息。马会接受骑手，并且保持冷静，积极向前，平衡地运用好身体两侧。期间，它还会用背部回应扶助——理解扶助。任何动作你要保证高质量地完成，这非常重要。只有这样，马才会养成正确使用背部的好习惯。在马场训练时，应尽快开始骑乘，训练时间持续20~30分钟。如果马的身体不够成熟，或是它的前进方式不对，那么你就要停下场地内的训练，更换为调教索训练。对一匹4岁马来说，每周在场地内进行3次训练就足够了。

慢步   第一次骑马进训练场地时，如果马在长缰绳控制下一直慢步的话，应该给它足够的时间休息

快步   这匹4岁的马，展示了一匹年轻的马应如何起步、接受骑手、使用背部、保持冷静以及积极向前

跑步   马跑步时，你要看看它的四蹄是否有腾空期。如果没有，尝试让它跑得更快一点儿。否则，就要回到快步，改善马的动力

场地外骑乘

当你开始在场地外骑乘时，一定要多加小心，让马熟悉路面状况（见第22~25页）。要求它前进时，先让它花时间观察一下交通状况。大多数马会对场地外骑乘感到开心，但是如果先前有不好的经历，那它们可能需要花很长一段时间来重拾自信。

在这个阶段，一小段1~2小时的外出骑乘可以使马保持精神愉快。另外，在田野里骑乘以及跑步上坡时，马应该走直线。无论何时，马都应该表现良好，并保持开心和舒畅的精神状态。经过大约2~4周的场内骑乘和外出骑乘后，马就做好第一次载人跳越障碍的准备了。

野外骑乘

野外骑乘时，年轻马应该由一匹成熟马引导。这将提升前者的自信，并帮助它适应结伴而行。第一次野外骑乘时，最好从狭窄的上坡道开始。在出行前，一定要确保有人知道你们要去哪里，什么时候回来。

跑步上坡 上坡时，马必须非常努力才能避免表现不佳。骑手要使马的头部保持在稍高的位置，避免它的头部下垂导致拱背猛跳

载人跳越障碍

　　只要经过合理的训练，所有的马在跳越障碍时都不会感到害怕。要想顺利进行一次跳越障碍练习，骑手必须富有经验，还要充分做好平地上的准备工作。任何障碍组（比如复合障碍）设置的关键在于后退式搭建——使训练一开始引入的障碍成为障碍组的最后一道障碍。必须确保马能从容自信地跳过最后一道障碍。

合适的骑手

　　要想驾驭年轻马跳越障碍，骑手必须富有经验、体态轻盈，并且体格强壮。骑乘情况复杂多变，骑手需要清楚地了解骑乘情况，并灵活机动地应对一切。小小的差错或路线偏移对一位优秀的骑手不会造成太大影响，但这可能使一位初级骑手陷入一连串困境。即使是一位经验丰富的骑手，有时也需要抓住马的鬃毛或颈带，特别是骑乘一匹没有经验的马时。但是，如果有优秀教练一直帮助训练马，在半年到一年后，经验较少的骑手也能驾驭脾气温和的年轻马。

使用快步板　　如果单独放置一块木板不能起到跳线的作用，那就在这块木板前1.4米和2.8米处各添加一块木板。这会帮助马形成正常的快步步幅

骑术训练

　　除非马保持冷静并且愿意前行，否则练习跳越障碍没太大意义。如果马很兴奋，你必须推迟练习，直到它安定下来。如果它在跳越障碍时，仓促地冲向障碍或是十分紧张，多花些时间，让它冷静下来。如果马不想前行，可以偶尔试试在场地里跑步、爬爬小坡，让它精神振奋。如果没有山坡，可以沿着场地的长边快步，也能在跳越障碍前达到相似的效果。

初始训练

　　尽量简化障碍，避免地面过多的横杆分散马的注意力，让它感到困惑。木板比横杆更安全，因为如果马不小心踩上

跳过土堤

　　这种小小的、坚固的土堤非常适合年轻马。尽管是这匹马第一次见到土堤，但它将自信心与细心完美结合，成功跳过了。在跳越障碍之前，应该让马保持快步，并给它时间观察障碍，让它想明白需要做什么。注意，马的后肢需要同时起跳——这是最理想的状态，这个跳跃动作会非常干净利索。骑手可以用小腿保持身体的稳定。

去，横杆更容易滑动，从而造成危险。重复调教阶段的练习（见第60页），让马一开始先慢步，然后快步通过一对相距2.7~3米的木板。接着，在横杆末端放上两块翼板和两个塑料压桶，用来取代第二块木板。两桶之间要设有让马通过的距离，这能引导它通过障碍。也可以帮助马熟悉填充障的用途，节约在长跑中的时间。如果马在一开始就习惯了填充障，后期就不用再熟悉了，你会发现这既节省时间又有利于

训练，除非障碍训练的进度过快。你需要一个助手帮你设置障碍。

准备跳越第一道障碍

每次跳越障碍时，马必须平稳、笔直地前行。你必须确保马快步接近障碍，但落地后应以稳定的跑步速度前进。这是进入下一个阶段（跑步跳越障碍训练）的必备训练。

（a）马快步跨过放置在地上的木板，从两桶之间穿过

（b）加了一根横杆，打造斜面障碍

使用障碍和填充障　这匹4岁的马第一次载人跳越障碍。它之前经过了一个月的平地训练，会在调教索控制下跳越障碍（见第60页）。一开始先要求它慢步，在两个塑料压桶前2.7米处放置一块木板（图a），然后快步。接着，加一根横杆，逐渐将它提高到塑料压桶的高度（图b）。最后，缩小两个塑料压桶之间的距离。很快，你就可以添加第三个塑料压桶。如果马不能轻松跳越障碍，就不要抬高障碍，直到马很轻松跳过障碍

这匹马很好地使用了背部，但应该在离障碍更近的地方起跳。使用快步板有助于达到这个目的

骑手穿着护甲，这是所有人在马跳越障碍时必备的基本安全防护

骑手的缰绳联系允许马的头部和颈部自如活动

跑步跳越障碍

当马能够自如地跳过塑料压桶后，可以在桶前10米处，放一道带有地杆的交叉杆障碍以及一块木板。让马快步跳越交叉杆障碍，落地后跑两步，最后跑步跳过塑料压桶。然后，可以将障碍之间的距离缩减到一步。但是，两三步的距离可以给骑手一定的时间，进行任何必要的调整。

最后，在塑料压桶上横向添加一根横杆使障碍变为双横木（见第176~177页）。现在跳跃的最高点在双横木的中间，这相当于延长了障碍之间的距离（见第195页）。因此，需要适当进行调整。

在跳过障碍时，双横木能鼓励马保持良好的身形。在接下来的几周内，只要认真完成这些练习，马很快就会获得自信和力量。再次强调，起跳时要留意马是不是总有一侧后肢比另一侧靠前。这个问题很常见，但如果在训练早期没有解决，后期则需要花很长时间来纠正。

左领跑和右领跑

跳越障碍最关键的基础练习，就是在跳过障碍后，要引导马轻松地向左或向右跑步。要想跳过障碍后使马左领跑，骑手要向左看，双手轻轻向左拉两侧缰绳（不要向后），并在左侧马镫上施加更大的力量。想要马右领跑时则反过来。如果在某一侧遇到困难，需要多在平地上做训练。最终，即便在跳过障碍后直线跑步时，骑手仅靠施加在马鞍上的重量变化，也能如愿地使马左领跑或右领跑。

设置障碍 首先，快步跳越压桶障碍。其次，在第一道障碍前，距离其两步的地方，加一道障碍。这样搭建障碍，可以避免马跳越失败

小心谨慎地控制方向

在最后一步时保持轻柔、宽松的缰绳联系

向左、右跑步

如果骑手没有指示马向特定的方向落地，马往往会偏向同一侧。长久下去，这会使马失去平衡，更加倾向这一侧。在马落地时，要教它向左或向右跑步，并开展相应的平地训练。最终，在进行直线跳越障碍落地后，马可以同样轻松地向左或右跑步。如果马总是偏向一侧跑步，那你需要更频繁地使用另一侧的缰绳。如果这种情况迟迟没有得到改善，那你就得停止跳越障碍训练，重新回到平地训练。即使复合障碍是笔直设置的，也要尽量去了解马在障碍之间跑步更偏于哪一侧。如果它总是偏向某一侧，你需要检查自己的平衡能力，并重新回到平地训练。

使用自然障碍

如果马能在马场中完美的跳越障碍了，那么这对它来说可以算作一个激动人心的阶段。这时，它可以跳越野外那些小型的自然障碍。野外骑乘是越野训练的入门之路。设身处地地为马着想，到目前为止，它可能一直生活在为数不多的几个小围场里或在训练场中度过的：所有的野外骑乘都是一场大冒险，它需要时间来习惯不同的景象和声音。当它变得更加稳定和冷静，你可以开始带它爬爬路上遇到的斜坡、跨过小土堤或壕沟。这能极大地帮助马建立自信心、发展协调性与本体感觉（见第35页）。当马开始信任骑手时，它会去挑战那些原来不敢独自尝试的障碍。马与骑手的伙伴关系也就真正确立了。

不断前进

从小的自然障碍开始，你可以慢慢去尝试跳越所有的小型野外障碍。与马这样一块尝试，好处无穷：如果它有跳过野外障碍的愉快经历，在后期的越野训练中它会自信满满；但是，如果马跳不过越野障碍，再返回来尝试就很难会成功了。唯一需要注意的是，马起跳时是不是总有一侧后肢比另一侧靠前。马快步或以较慢的速度跳过土堤时，很容易发生这类情形。如果是的话，你得再等等，让马多做做平地训练来加强它较弱的一侧。

你会发现，年轻马在跑步时会本能地进行空中换腿——交换领先肢。当然，你也可以有意伸长颈部，身子向新方向的一侧稍稍倾斜，轻轻地前后摆动外方腿，要求马改变方向。这有助于马在收到命令时迅速换腿。

将你的重量压在腿上并且抓住马鬃毛

允许马自然地跳跃

添加后面的横杆　这匹年轻马第一次搭载骑手跳越双横木障碍。准备工作做得很充分，因此马可以一步跳过障碍

调教中的问题

问题	可能的原因	解决方法
不愿被牵	● 鲁莽	● 如果你不能轻易地牵住马，就没有必要紧跟着它了。短期的解决方法是，想办法让它进入马房，然后牵住它。如果有必要的话，再叫一个人来帮忙。一旦你牵住了马，就给它一个奖励。根本的解决方案则包括调教索训练（见第54~55页）和自由调教。自由调教时，你不能用任何马具来调教马，这种方法特别适合没有接触过马具的年轻马或成熟马，还有那些被惯坏了一直反抗马具的马。 理想来说，你应该先在直径约为15米的圆形开放场地内进行自由调教；在狭小的空间里，马很快意识到它没办法逃跑。要求它慢步和快步前进、改变方向以及立定，通过这些练习来和马进行沟通并建立信任。最终，它会开始熟悉你并跟着你走。在这个阶段，你就很容易牵住它了。如果在场地内反复练习了好几次，你也可以试着在野外牵住它。用调教索调教也可以达到同样的效果。不过，如果马还没有接触过调教索，它可能感到害怕。若要达到同样的效果，对驯马师的技术和灵敏度的要求也会更高。
	● 畏惧	● 如果马受到了惊吓，以上方法也同样适用，但需要花更多的时间才会奏效。
拒绝被牵行	● 害怕	● 如果马害怕，调教索调教（见第54~55页）或自由调教会是最快的解决方案。一旦马知道有与人沟通的可能性，恐惧感就会逐渐消失——特别是它的呼吸会恢复正常。
	● 不理解	● 如果马根本不明白它需要做什么，就得回到早期的调教（见第52~53页）。你要用外方手拿一根细而坚固的木棍。当你想要马前进时，用它触碰马的后躯。让它向前走一两步，再停下来奖励它，而不是让它一直走下去。尽量在靠近马肩部的位置，避免马踩你的脚。
	● 不情愿	● 如果马不愿被牵行，最好在圆形开阔场地或小型场地进行训练。特别是对年轻马来说，当有人在它跟前时，就别再指望它前进了。

问题	可能的原因	解决方法
后躯朝向你	● 疼痛	● 如果马一直后躯朝向你，试试调教索训练（见第54~55页）或自由调教。大部分难以驯服的马，都有过疼痛或其他不好的经历。如果骑乘会弄疼马的脚部或背部，你就能理解为什么马会想方设法逃避了。经常让兽医给马做全身检查。在马房里时永远不要走到马后面去摸马的头。让马向前绕半圈，直到它到门口面对着你。
	● 敌对心理	● 上述方法同样适用。
调教时转身	● 害怕	● 如果马害怕调教，在你停下来后，它往往会转身向后，远离你。如果你和它建立了良好的沟通方式，并奖励它符合预期的行为，这种情况会马上消失。给马前进的空间，让它清楚应该往哪个方向前进。如果它做到了，你就表扬它。
	● 偏爱一侧	● 在调教时，有些马会转向它们偏爱的某一侧，因为它们知道这会打断或中止训练。改变调教索的位置，减小调教索和马之间的角度。这样你就有更多的时间留在马的身后，更容易用一侧缰绳来控制它了。对这类调皮的马，可以偶尔用调教鞭轻拍它的后躯。马完成指定动作后，要迅速给予口头奖励。
	● 顺从	● 如果马还没有与人建立良好的关系，这很正常，经过一段时间的调教索调教后，它会突然表示"我要加入你的团队"。在这个阶段，它会自然地转身面向调教者。在这种情况下，它并不是没礼貌或难以相处——事实上，它这个态度应该得到奖励。但是，你不想让它逃避调教，必须让它停止并改掉后躯向外的习惯。所以，当马转身时，你要与它面朝相同的方向。在它停下来之前，悄悄地靠近它。这样你和马才可能接纳对方，而不是等马停下来后，让马走向你。从这一点来看，这种做法让马更容易停在调教索的末端，而且不需要它移动。如果你希望它在安装马鞍后也习惯一开始就停下来保持安静，这也是一个好办法。

调教中的问题

问题	可能的原因	解决方法
颈部过度弯曲	● 调教时的圆圈太小	● 你位于调教时的圆圈中心时，有时很难发现圆圈的大小有问题。通常来说，调教时的圆圈直径多为15~20米。这会减少马腿上的压力从而避免不必要的伤害。
	● 调教索过紧	● 如果马知道可以不断拉扯调教索，这样它就会始终将颈部向内弯，从而跑到圆圈外面。最初你需要让马在一个贴近场地围栏的大圆圈里调教它。这样它就没有什么可以拉扯的，反之它会挺直颈部。随后，要求它向前行进。
	● 马不想前进	● 鼓励马一心向前——比如，果断地要求它继续快步或跑步，即使它跑出了场地的门。你很快就发现它会停止身体外倾和颈部向内弯。如果你的马相反，颈部向外弯，身体下陷，它变得冷静后这种状况也会改变。 对于颈部过度弯曲的马，使用折返缰（见第377页）将有助于控制它颈部的弯曲程度，不必向内拉它头部或使它不自然地缩着颈部。折返缰就像侧缰（见第58~59页），位于马肩隆的前面，系在马衔上。两侧交叉，分别系到调教背包的对侧（通常是连接胸带的位置）。使用折返缰也是安全引入侧缰的理想方式。
抬起舌头	● 舌头上的压力过大	● 许多马不喜欢衔铁所带来的压力，会尝试抬起舌头推开衔铁。压力也可能是侧缰太紧或一侧长缰绳太重造成的（见第59页）。可以使用普通的固定环小衔铁减小马舌头承受的压力（直杆衔铁和法式衔铁反而会增大压力）。
	● 习惯	● 一些马学会抬起舌头后，继续这样做就像是简单的习惯，而且常常没有什么理由。在一段时间内不使用衔铁就可以解决问题，但最重要的是要避免在舌头上施加过大的压力。连凌衔铁的皮带以及在复合水勒上的鼻羁对减小嘴部压力十分有效。

问题	可能的原因	解决方法
一直抬头	● 没有经验	● 对一匹没经验的马来说，抬起头来扫视地平线，并弹跳着大步前进是很自然的。这是马感觉良好的证据——等待它安定并冷静下来。这种情况可能不会在第一节课时发生，你要给予马足够的时间。只要它没有疼痛感或害怕，它最终会放松并放低头部。
	● 嘴部不舒服	● 如果马感到嘴部不适，它将拒绝衔铁。将衔铁从马嘴里取出，如果马的情况马上改善了，那你就可以确信是衔铁的问题。检查马的牙齿查看它是否有尖牙或狼齿。即使马没有牙齿问题，在接下来的一段时间里也最好不要给它使用衔铁。如果一匹马能很好地适应调教索，即使没有衔铁它也会出现白嘴（见第50页）。如果你使用缰绳时马又变得不高兴，你可以通过将衔铁连接到鼻羁上以减小它嘴部的压力。对于一直有嘴部问题的马，最好尝试使用无衔铁的水勒3~9个月后，再重新尝试使用衔铁。
	● 缺少动力	● 如果马能够后肢深踏和拱起背部，它自然就能降低头部。这反过来能更好地促使它拱起背部。如果有必要，通过调教使马拱起并使用背部。

调教中的问题

问题	可能的原因	解决方法
舌头在衔铁上面	● 习惯	● 一旦马开始抬起舌头，很快它就会学会将舌头放在衔铁上，而这会变成一种习惯。大部分马形成这种习惯的原因是衔铁令它不舒服。使用与"抬起舌头"（见第72页）中提到的相同的解决方法。
	● 舌头上压力过大	● 将口衔向前和向上，以45°放置在马齿龈上，使舌头受压。这也使得马难以把舌头穿过衔铁。任何大衔铁，比如盖革衔铁，具有相同的效果。另一种补救办法是将舌头系在下面（如同许多赛马一样），但这更像是压抑症状而不是解决问题。
打盹（想要回家）	● 疼痛	● 尽管指令合理而明确，但马在执行时经常打盹，你必须安排兽医检查它有没有问题。
	● 害怕	● 如果兽医检查马没有任何问题，那马可能是害怕了。像孩子一样，马会害怕很多我们觉得平常的事物。一道影子、一些声音或灌木里的动静都可能吓到马，引起马打盹。惩罚并没有什么效果。循序渐进的训练以及调教会十分有效。让一匹更有经验的成熟马陪伴它，在这种情况下也能有与众不同的效果。
	● 调皮	● 如果疼痛或恐惧看起来不是问题，打盹可能是一种学习行为。要求过高、指令不清楚或使马困惑的扶助会使马忽略并抗拒骑手的指令，最后打盹。在纠正这个行为的过程中，使用简单的练习指令并给予明确的奖励至关重要。此后，你应该逐渐更加果断地下达马不太抵抗的指令。例如，可能有必要对马不能正确使用腿部的问题给予重视，通过更有力地使用腿扶助或用马鞭轻拍马的后躯来纠正它。在做之前应仔细考虑，在任何时候都不应该反复或愤怒地使用马鞭，因为这会起反作用。如果马缺少经验，处理这种问题是很困难的。增加带它外出的次数，使用遛马机（见第40页）都会有所帮助。

问题	可能的原因	解决方法
后仰	● 被绊到和吓到	● 在野外遇到危险时，马自然而然地会做出转身逃跑的反立——只有当它们感到会被绊到时才后仰。防止后仰的办法是当马因为感受到威胁后仰时，让它向任何方向前进——马在向前时无法后仰。在前进时用你的声音赞扬它，并轻轻用手摩挲它的颈部。然后，让它做更简单的练习，慢慢地建立起你们之间的信任感。
	● 条件反射	● 如果骑手要求过高并强迫马时，马会后仰。当马发现后仰是抵抗某些指令的有效方法时，它将继续这么做。然而，如果训练使它很享受，特别是在有马陪伴下时，它会忘记后仰。马总是寻求最舒适的环境，如果它能马上感觉到顺从骑手时生活会更轻松，它更有可能变得温顺听话。严厉的惩罚很少有效，并且如果在马后仰或奖励完立即使用，很容易产生反作用。唯一能对马严厉的时机就是它后仰之前，但这需要经验来预测。
尥蹶子	● 没有经验	● 当马没有经验的时候，尥蹶子和尖声嘶鸣是很自然的事，所以你没什么好担心的。对没有经验的马驹来说，最好不要给它装马鞍，否则它就学会尥蹶子来反抗肚带。
	● 反抗肚带	● 年轻马在试图反抗固定肚带时，很容易吓到自己：它的自然反应就是尥蹶子。肚带越靠后，这种情况发生的就越多（这就是为什么竞技马的后搭腰被称为弓背带）。使用胸带，绝对不要在一开始就上紧肚带，确保使用有弹性衬垫的肚带，以便给予马一点儿活动空间。
	● 条件反射	● 如果马知道一旦把骑手甩下马背，就能马上结束工作，它会很快意识到尥蹶子的优点。在这种情况下，重要的是重新让有经验的骑手尽快骑乘它，以避免这种情况再次发生。可能需要额外的调教工作（见第58~59页），并重复使用一些较早的调整办法，但这些都可以在同一节课程中完成。
	● 对骑乘没做好准备	● 不要急于求成，不要忽略任何步骤，并且始终由经验丰富的教练指导。烈马需要用专业知识来驯服，但人身安全第一。

第四章

骑乘平衡

　　良好的平衡是顺利骑乘的关键。本章讲述了如何在马鞍上保持良好的基本骑姿。一旦掌握了基本骑姿，你就可以通过延长或缩短镫带，迅速适应不同的马术项目。例如，在盛装舞步赛中，骑手的身体重心应落于马鞍上，因此骑乘时需要调长镫带。但是，对场地障碍赛来说，骑手要轻轻坐在马背上，并把身体重量放在两腿上，这就必须调短镫带。保持平衡的关键在于始终与马的动作保持和谐统一，这样就可以有效使用扶助，并保证人身安全。

　　想要成为更好的骑手，你要与马产生共情。感受它是如何动作的，理解所有的练习，并与它保持良好的沟通。练习本章所介绍的技巧，可以让你从初级骑手成为成熟骑手。

理解平衡

在骑乘时，你需要注意三个平衡：自身的平衡、马的平衡以及你和马之间的平衡。采取怎样的骑姿，取决于你正在训练的项目。对盛装舞步赛和场地障碍赛来说，马的受训程度决定了它的平衡程度。你与马之间建立有效伙伴关系的关键在于，理解平衡是如何起作用的，以及作为骑手的你又将如何影响平衡。

马的自然平衡状态

站立的马的自然重心大约在鞍翼下——马肩隆和马肚中间接近肚带的地方。它近60%的体重落在前肢上，其余40%落在后肢上，对一些强壮的马来说，比例分别能达到66%和34%。这只是在站立不动的状态下，了解马在运动时的平衡也十分重要。由于脊柱的活动能力受限，马的重心移动范围小于其他动物。对一匹飞驰的赛马来说，尤其是在冲刺阶段，它的重心会微微向前移动。在盛装舞步赛中，一匹受过良好训练的马，其后肢可以承受超过自身体重一半的重量。

骑术训练中的平衡　在骑术训练中，骑手通过骑姿保持平衡。骑手的肩膀、臀部和脚跟保持在同一直线上

骑手对平衡的影响

当骑手骑在马上时，骑手和马整体的重心会比马单独站立时的重心高10%左右，但它们仍在同一直线上。同时，马的前肢和后肢承受的重量比例并不会改变，如果不是这样，那么马自然的节奏和行进方式会因背上的骑手而发生改变。如果骑手轻轻骑在马鞍上，他自身的大部分重量就会通过腿

跳越障碍时的平衡　在跳越障碍时，骑手将身体重量放在小腿上以保持平衡，膝盖中心与脚掌保持在同一直线上

分散在镫铁和镫带对应的马鞍部分上。镫带与前鞍桥下面的镫带扣相连，所以骑手身体的大部分重量都落在马肩隆附近。一个大小合适的马鞍会分散一些重量，但骑手身体大部分的重量依旧靠前。

锻炼马的后肢

在马术训练时，不要被马的自然步伐所约束，应让马后肢承担更多的重量，从而使其前后肢承载的重量达到平衡。这样在马快步时骑手的坐姿会更加轻松，即使这种步伐会让骑手的重心稍微后移。随着在训练中骑手的重心不断调整，马的重心也会稍稍后移。在这个阶段，骑手如果将身体的重量集中落在马鞍上，对马来说会更轻松。盛装舞步赛也一样，骑手的重心也应该保持在马的重心的正上方。然而，在场地障碍赛中，骑手则必须将更多的身体重量放在腿上，以保持自己的重心与马的重心在同一直线上。

直线骑乘时，马的前后肢也应保持平衡，骑手和马在竖直方向上也必须保持平衡，他们身体两侧的重量都要相等。马完成了一轮比赛后，会将自身的一些重量移向内方。骑手需相应地重新分配身体的重量，这样马才可以保持自身平衡（见右框）。

骑姿

为了保持良好的平衡，你的臀部和马鞍必须在马背的中心位置，骑手身体失衡和松弛的肚带，都可能造成骑姿不正确。即使马在经过拐角时会倾向某一方，马鞍也要保持在中心位置。骑手偶尔需要句马内方施加压力，让它明显感到你想要它去哪个方向。但是，这样的行为会影响马的平衡，作为相应的代价，它不得不往相反的方向倾斜。

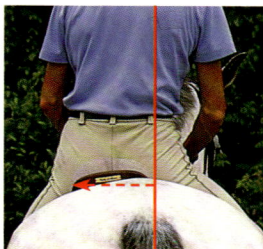

马鞍偏向内方

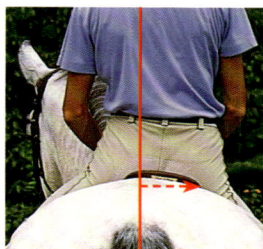

马鞍偏向外方

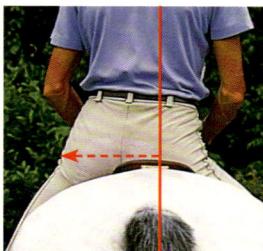

臀部偏向内方

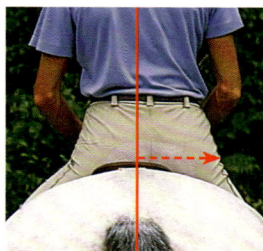

臀部偏向外方

训练水平

一匹初级马经过训练可以保持前肢与后肢的重量平衡，并可以搭载骑手进行快步练习。通过循序渐进的训练，马可以用后肢承载更多的力量，前肢就会更加轻松，所以它看起来就像在爬坡（见右图）。在跳越障碍时，即便是初级马，也需将身体重心后移。

经过训练，马的自然重心稍稍后移

这匹盛装舞步马的身体轮廓有所缩短

初级马

高级马

调节马镫长度

选择马镫长度的原则就是实用。在骑术训练中，骑手的大部分重量都落在马鞍上，所以平衡点也相应放在臀部。如果镫带很长，骑手的腿可以保持自然舒展的状态，他会更容易保持平衡，这就是长镫骑乘。但是，骑手小腿必须贴放于马肚两侧，因为腿扶助是通过这种联系使用的。

在场地障碍赛或越野赛中，骑手的重量并非总是落在马鞍上，而是在他的腿上。当马跳越障碍时，为了保持重心平衡，骑手应用小腿支撑自己的身体重量，不能坐在马鞍上。因此，这种情况下就有必要缩短镫带。通过缩短镫带，骑手将重量压在腿上以达到平衡。骑得更快时，就要更加注意安全，更有必要缩短镫带，骑手要采取近似蹲坐的骑姿。这种骑姿可以提升骑手的稳定性，因为与直立状态相比，骑手的重心会降低。与场地障碍赛中的镫带长度相比，在越野赛时你可能需要将镫带缩短2~3个孔位；而在盛装舞步赛时，又要放长2~3个孔位。缩短或放长镫带的长度，也取决于马身的宽度。腿短的骑手骑体型较宽的马时，不需要大幅度调整镫带的长度。

给予扶助

为了让马理解指令，选取腿扶助的位置是十分重要的。让马前行，需要始终在马身同一位置给予腿扶助。当镫带长时，骑手通过小腿传递指令。当镫带短时，自然地放低腿部以传递指令。个子矮的骑手骑大马时，为了在同一个位置传递指令，需要将腿稍稍前倾。

短镫错误骑姿

当你缩短镫带骑乘时，为了保持身体平衡，你的小腿需要提供安全可靠的支撑。图中骑手的膝盖过于靠前，脚跟过于靠后，力量集中在脚趾。这样会让身体前倾，腿扶助就会给得太靠后，马就很难明白指令。

长镫和短镫骑乘

盛装舞步赛的镫带长度　此时腘窝的角度应保持在120°~130°，膝盖和脚趾朝前。如果镫带过长，你的小腿就不可能与马身保持接触了。如果马体较宽，你需要缩短镫带

场地障碍赛的镫带长度　腘窝的角度应保持在105°~115°。在马跳越障碍时，这种较低的姿势可以使你通过腿部更容易保持平衡。如果你个子不高但马却很高大，那么将镫带再放长一些

越野赛的镫带长度　腘窝的角度应保持在90°~100°，短镫的不利之处是，你的腿部会承受更多的重量，这会加大使用腿扶助的难度。镫带越短，脚跟的位置就要越低

对平衡的误解

人们对平衡有两大误解，这使得许多骑手和马不能充分发挥潜能。第一个误解是，骑手可以通过缰绳联系支撑马，以此防止它失去平衡。要认识到是马载着我们，不是别的。从身体上来说，骑手不可能支撑马保持平衡，然而我们可以鼓励它采用合适的速度和动力，来帮助它保持平衡。

第二个误解是，不管马的前进方式如何，我们都可以通过在马鞍上向后大幅度移动来改善马的平衡。事实上，这样会妨碍马拱起背部并使用背部。极端情况是，当骑手的重量压在马的后驱时，会导致马的后肢负担过重，不能正常活动。让马的后肢承担更多重量的唯一方法就是，通过循序渐进的训练提升马的运动能力，增加动力，这会使马和骑手的重心作为一个整体明显后移（见第79页）。

如果马失去平衡，它自然会减速以找回平衡，骑手需要引导马来保持平衡。马用四肢前进，即使它过于前倾，也可以完美地保持平衡。不幸的是，这也会加重前肢的负担，从而增加人或马受伤的风险。

当马学会更加稳定地保持平衡时，前肢受伤的风险就降低了，它的运动生涯也会得到延长。对马来说，爬坡练习可以有效降低前肢的运动损耗，改善平衡能力。爬小山坡是帮助马达到自然平衡的有效途径。

自然平衡

初级骑手在骑乘过程中，臀部离开马鞍时，膝盖自然会超出脚尖，而非在双脚正上方。尽管赛马骑师的臀部事实上已经离开了马鞍，但他会用一个近似丛在马鞍上的骑姿以保持平衡和安全。这意味着他可以降低重心，调整膝盖和髋关节去适应马的动作。滑板运动员和滑雪运动员也会采用这种姿势以减少颠簸所产生的震动。当调短镫带时，你应放低小腿的位置。

短镫骑乘　如果镫带和图中的一样短，赛马骑师的小腿也要保持和图中同样的姿势。尽管镫铁会在脚掌后，脚跟也要保持向下。这有助于双腿像弹簧一样跃动

赛马骑师的臀部和膝盖保持在同一水平线上，这样他的重心就会非常低

平衡与骑姿

为了保持平衡，你需要改变骑姿——或者说你在马鞍上的位置。如何保持平衡，取决于你所进行的训练要求。但是，一旦你掌握了基本骑姿，就可以相应地进行调整。在任何情况下，膝盖和脚掌要在同一条直线上。这个准则可以确保你的腿始终贴于马肚两侧，保证安全。

适用于所有训练的骑姿

良好的基本骑姿可以极大地保证我们在长镫（适用于盛装舞步赛）或者短镫（适用于越野）骑乘时能轻松自然地前进。小腿可以沿着一条直线（见右页图A线）上下移动，但依旧要贴于马肚两侧。无论使用哪种马鞍，肚带都应放在相同的位置——在马身上最窄的部分。将双腿放在肚带处，是指不管马镫的长度，小腿都应贴放在马体两侧的敏感区域或附近区域，这些敏感区域是使用腿扶助的理想位置。

举例来说，当使用综合鞍参加盛装舞步赛时，骑手的肩膀要在马鞍中心的正上方，膝盖和脚掌保持在一条直线上，这条线还要与肚带平行。这种骑姿是初学者的基本姿势，双腿贴近马体两侧的敏感区域。如果你加长镫带，你的腿会在马体上较宽的位置，这样小腿就不能有效地贴放在马体的两

侧。然而，对盛装舞步赛来说，你可以选择长镫，这样双腿依旧会在马肚最窄处。这是因为盛装舞步鞍会较为前倾，采用这种骑姿时，你的肩膀、臀部和脚跟会在同一直线上。

调整马镫

当你为了跳越障碍而缩短镫带时，你的臀部会稍向后移，肩膀就会稍向前倾——这是场地障碍赛中经典的骑姿。在越野赛中，镫带需进一步缩短，你的膝关节和髋关节之间的角度更小了，但是肩膀依旧和膝盖保持在同一条直线上——大致在膝盖上方，从马的角度来说，这两种不同的骑姿其实是一样的：因为骑手的重心放在了相同的位置。

对骑手来说，马镫的长度则更加重要。镫带越短，马急转弯时，骑手越难控制平衡，使用腿扶助就越难。反过来道理也一样，镫带变长的话，当马跳越障碍时，尤其在马起跳或落地时，骑手保持平衡会更加容易。就算马撞到了障碍，骑手也会较为安全。

障碍赛马 这项运动包括以最快的速度跑过一段有斜桦树障碍的比赛路线。由于没有急转弯，骑手们用非常短的马镫来帮助他们保持越过障碍时的平衡

各种保持平衡的骑姿

1.基础盛装舞步赛的骑姿　图中展示了一种适用于障碍鞍或综合鞍的良好骑姿。如果你稍微前倾，并将身体更多的重量放在腿部，就会掌握如何在轻快步时保持平衡的技巧

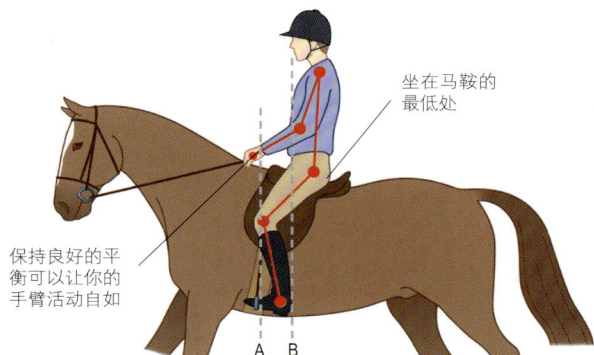

坐在马鞍的最低处

保持良好的平衡可以让你的手臂活动自如

A B

2.高级盛装舞步赛的骑姿　马镫变长，腿需要伸展。使用盛装舞步鞍时，骑手的肩膀、臀部以及脚跟都要在同一条直线上

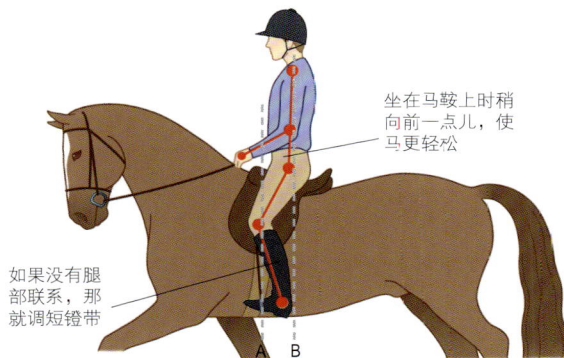

坐在马鞍上时稍向前一点儿，使马更轻松

如果没有腿部联系，那就调短镫带

A B

3.经典场地障碍赛的骑姿　保持这种骑姿时，骑手的肩膀会在膝盖的正上方，从而将身体重量由臀部转移到腿上，有时这种骑姿被称作两点式骑姿

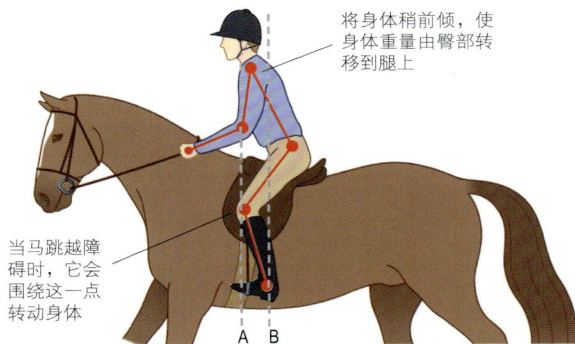

将身体稍前倾，使身体重量由臀部转移到腿上

当马跳越障碍时，它会围绕这一点转动身体

A B

4.场地障碍赛的骑姿　当马有了进步，后肢能承受更多的重量时，你可以将身体的重量放在马鞍上

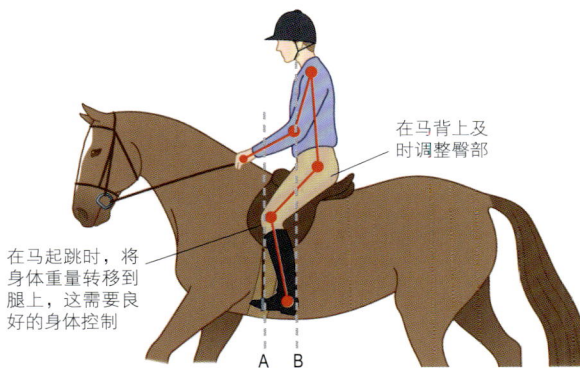

在马背上及时调整臀部

在马起跳时，将身体重量转移到腿上，这需要良好的身体控制

A B

5.越野姿势　使用较短的马镫，可以让骑手在跳越障碍时更安全，也能更好应对下坡处的障碍，但这不影响小腿与脚掌在一条直线上

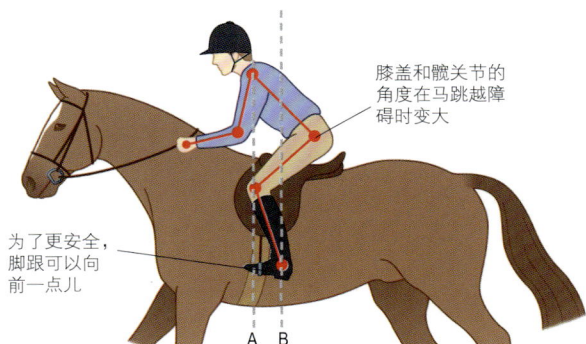

膝盖和髋关节的角度在马跳越障碍时变大

为了更安全，脚跟可以向前一点儿

A B

6.越野安全姿势　在下坡时，采取相应的高级盛装舞步赛的骑姿，增大膝盖和髋关节之间的角度

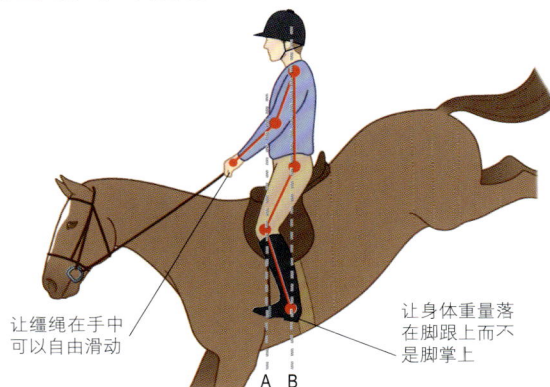

让缰绳在手中可以自由滑动

让身体重量落在脚跟上而不是脚掌上

A B

随马而动

在骑乘中，只有人和马保持动作一致，才有可能在马鞍上持续保持平衡。这种身体上的协调一致，对允许和鼓励马的自然律动、使用扶助以及保证骑手安全，都是十分重要的。如果你与马没有保持动作一致，你会发现你与马沟通的效果会大打折扣，甚至感觉到要被颠下马。根据不同的步伐，你需要改变马的运动节奏，以及你的运动节奏。

慢步

慢步时，你要随着马的背部、头部以及颈部的动作而动作。马的后肢移动会使马背晃动，所以马每走两步你的臀部会自然地前后轻摆。随着马身的摇摆，你得移动臀部。马会随着后肢的移动而点头。让你的手臂跟随这种运动，打开、合上你的肩关节和肘关节。如果你的手臂静止不动，缰绳联系会改变，从而限制马自然地前行。为了让马的头部更自然地运动，缰绳要稍微松开一些。

快步

快步时，马头的动作较小，所以保持持续的缰绳联系很容易。在轻快步时，与马步调一致并不困难，随着马背拱起，你会将臀部抬离马鞍。然而，在马快步时，如果骑手一直坐在马上，能与马动作一致，则需要骑手的下背部有良好的控制力。大部分初级骑手每节课只能做一会儿快步练习。马背拱起时，许多骑手通过微微弓背来适应这个动作，但是在马蹄离开地面时，这样做反而会给马背增加更多的重量。也有一些骑手会向后倾，将臀部固定在马鞍上，但是这样又会打乱马的快步。快步练习得越好，马的后背就越会轻柔地拱起，骑手坐在马上就越舒服。

一双好手的魔力

顶级骑手总是被认为有一双"好手"。这意味着不能粗暴，要使用马愿意接受的和反应良好的缰绳联系。伟大的一双手也被称为"魔法之手"。这种"魔力"是由两个主要因素实现的：第一，良好的位置平衡，使骑手可以自由地使用他们的手臂和手来"跟随"马嘴运动。第二，避免对抗、寻求合作的态度。除非有一个柔和、和谐的缰绳联系，否则是无法给出有效的缰绳扶助的，而这种缰绳联系是为了和马沟通，而不是支撑它。一些专家说通过缰绳联系来支撑或平衡马，但骑手是重荷，马匹承载重荷，因此重荷是不能支撑或平衡载体的。然而，拥有一匹平衡的马的目标是可以实现的，如果骑手的平衡良好，在马背上允许和训练马逐步保持平衡。引导马找到平衡的一个关键部分是要允许马头和脖子自然地运动。魔术之手能确保这种形态的发生，这也是创造一匹平衡和快乐马的主要因素。

腿联系　用腿沟通是最重要的。处于正常位置的腿要求马向前走。为了有效地做到这一点，腿应该保持接触，并与马侧身的运动柔和融合。当马的肩向前移动，骑手的腿会进去一点，当肩回来的时候，腿便出来一些。这样才能清晰且轻松地运用腿扶助

跑步

　　在跑步时，随着马蹄离地并再次触地，骑手的身体需要跟着马背的起落一起动作。如果骑手的身体和马融为一体，马跑步的质量也会得到改善。所以，当马蹄进入腾空期——四蹄都离开地面的时候，骑手需要抬起臀部；当马蹄再次触地时，骑手坐回马鞍。在调教时，骑手要抓住前鞍桥，学会做这个动作。试着让臀部在肩膀的正下方，这样整个身体就不会摇晃。同时，在腾空期时，马的头部和颈部会微微向前伸，所以让你的手也跟随马的这种动作。

跑步中的轻骑座　帮助骑手跟随马跑步—并鼓励马使用它的背部，用轻骑座通常是有效的。这需要骑手上身稍微向前倾斜，并通过腿部承担部分或全部重量。对于大多数跑步新手来说，这是一个舒适的平衡，也是热身的好方法。此外，对于马和骑手来说，这是一个很好的跳跃准备

成为更好的骑手

如果你掌握了平稳、灵活的骑姿，在马鞍上你会感到更轻松，更有安全感。良好的骑姿会使训练更有成效，因为这样你就能自主地使用腿扶助和缰绳扶助。一旦你开始理解并尝试各种形式的骑乘训练，不断提升自己对马的意识和动作的感觉，你的骑术就会迅速进步。

简单的进步

每个初级骑手要学习如何在马鞍上保持稳定的平衡，以及如何将身体重量分散到腿部，因为这对场地障碍赛和轻快步十分重要。当你已经达到一个安全的平衡状态，你就可以开始跟随马的动作而动作，这意味着你们是协调一致的。当你达到这个骑乘水平时，你的训练会立即变得高效、和谐，这也意味着你能更好地理解马在做什么——比如说在马快步时你能意识到马用的是哪对对角肢，以及意识到要使用哪种

掌握良好的骑姿

保持良好的体态
体态是骑手骑姿的形态——躯干、腿、手臂、手以及手指。
每种马术运动所要求的骑姿都有所不同，但是脊柱中立对齐对所有动作来说都很重要，这会让骑手更好地控制马，简化动作难度，并高效呼吸。

保持自身平衡
平衡的骑姿可以让你轻松持缰，也可以让你的腿和手臂更自在，能有效地向马发出指令。盛装舞步赛中，你需要在马鞍上稳定地平衡好身体重量。在场地障碍赛和越野赛这样的短镫骑乘时，你的重量需要更多地落在腿上。

体态

平衡

和谐

安全

随马而动
想要马回应你的指令，动作不受限制，你必须与马保持动作一致。你的双腿应跟随马体两侧动作，臀部应跟随马背动作，双手跟随马嘴动作，这需要柔韧的身体和灵活的关节（见第328页）。

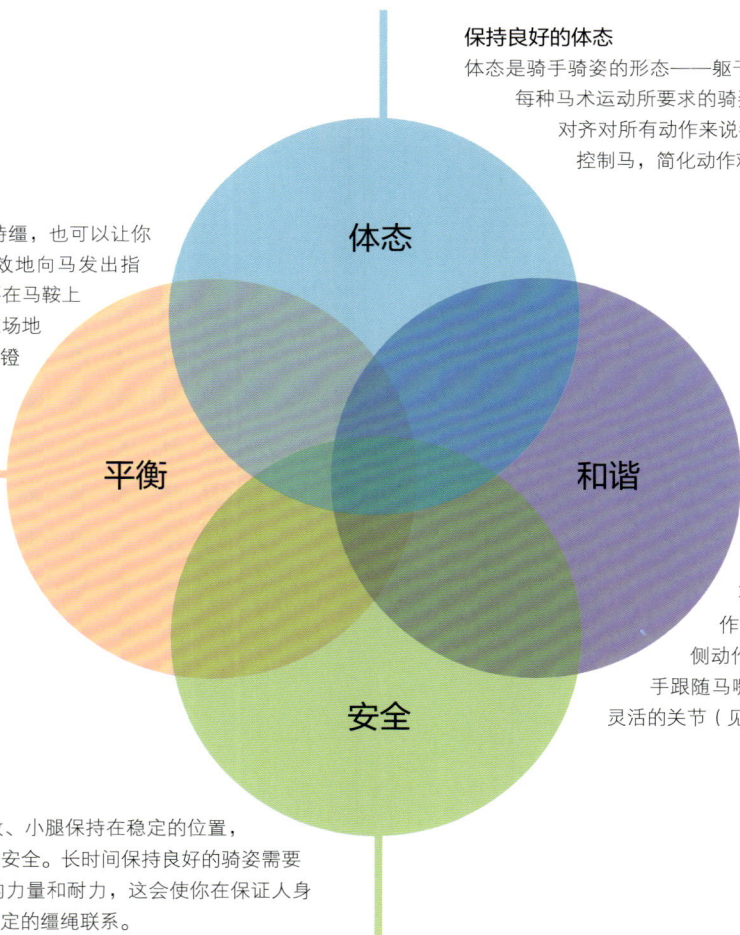

保证安全
良好的平衡、与马动作一致、小腿保持在稳定的位置，这一切能保证你在马鞍上的安全。长时间保持良好的骑姿需要结实的肌肉，所以锻炼你的力量和耐力，这会使你在保证人身安全的基础，能保持更加稳定的缰绳联系。

微小而准确的扶助。你要在对的时间给出对的扶助，并真正对马负责任。相反，缺乏配合会导致不连续的起坐、不均衡的腿部接触和缰绳联系，这只会让马困惑。

随着你的进步，最值得做的训练就是骑手的骑姿或者体态训练。努力使脊柱中立对齐（见第322页），同时也尽力使你的肘关节、手和马嘴保持在一条直线上，让你的手臂处于自然状态。这样你就可以保持持续的缰绳联系。

如果你能提升耐力，在马鞍上你会感觉更安全。如果有必要的话，你可能需要额外的体能训练（见第319～337页）。当你骑乘并观看他人骑乘时，你会建立起所有骑乘练习的知识体系，从调教动作到特殊技巧。你会开始明白，所有的练习之间是如何互相补充、联系的。持续的学习和经验，会让你和马产生共情。当你开始从马的视角看世界的时候，你会取得更大的进步。

当自己的教练

想成为更好的骑手，需要良好的心理素质和自信心，热情和乐观的心态也很重要。在骑乘训练中，永远记住，进步是循序渐进的，自身的努力和他人的帮助缺一不可。

有效骑乘

感知马的动作
在对的时间做对的事情，你应当通过身体感知马的动作，这样才可以与它保持动作一致。骑乘各种类型的马、进行不同的训练所带来的经验，会有助于你提升感知能力。

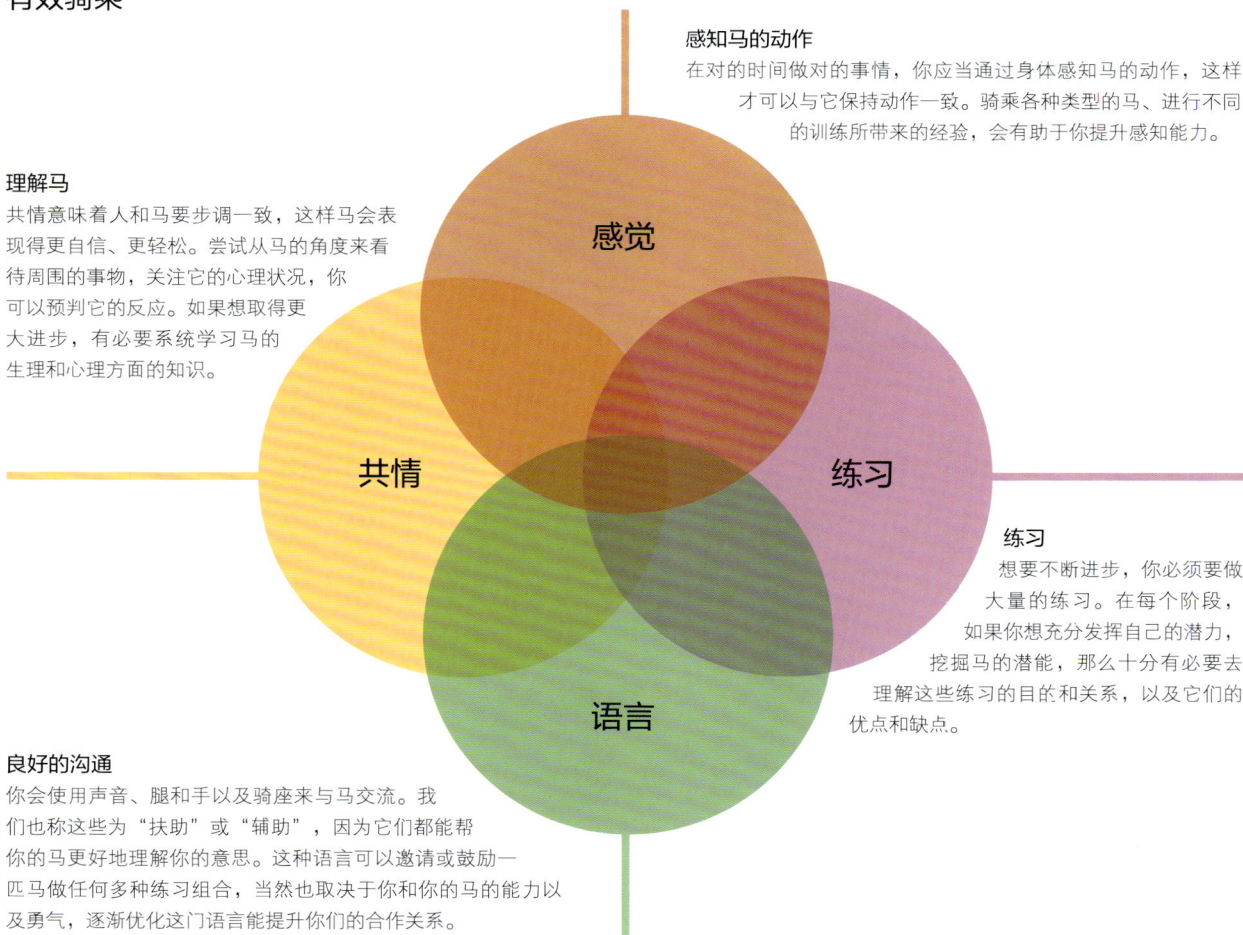

理解马
共情意味着人和马要步调一致，这样马会表现得更自信、更轻松。尝试从马的角度来看待周围的事物，关注它的心理状况，你可以预判它的反应。如果想取得更大进步，有必要系统学习马的生理和心理方面的知识。

感觉

共情

练习

语言

练习
想要不断进步，你必须要做大量的练习。在每个阶段，如果你想充分发挥自己的潜力，挖掘马的潜能，那么十分有必要去理解这些练习的目的和关系，以及它们的优点和缺点。

良好的沟通
你会使用声音、腿和手以及骑座来与马交流。我们也称这些为"扶助"或"辅助"，因为它们都能帮你的马更好地理解你的意思。这种语言可以邀请或鼓励一匹马做任何多种练习组合，当然也取决于你和你的马的能力以及勇气，逐渐优化这门语言能提升你们的合作关系。

掌握良好的骑姿

良好的骑姿可以使你成为高效的骑手。如果骑乘时，你不用再思考作为骑手要做哪些动作，也能下意识对各类变化做出反应，那说明你已经掌握了良好的骑姿。无论你的技术水平如何，只要按照标准来评估你的优势和劣势，你就可以树立准确的目标，努力改善骑姿。

改善骑姿

第一节马术课上，你知道长度合适的马镫以及膝盖和脚掌保持在同一直线上，可以使你在马鞍上保持安全的骑姿。这种骑姿适合慢步、轻快步和入门级的跳越障碍练习（见第18~21页）。如果在轻快步和跳越小型障碍时，你能够保持良好的平衡，那你的动作就已经和马的达到和谐一致了。这时，在封闭场地内骑温顺的马，你会感到足够安全，不会害怕。当你继续进行骑术练习和跳越障碍练习时，你要更加了解马的动作和需求，继续改善骑姿，从而能够更准确有效地使用扶助。

根据你的练习需求，选择适合你体型大小的马鞍很重要。教练可以给你一些选择马鞍方面的建议，并建议你在调教索课程时就养成正确的骑姿。这会让你的精力集中在体态和平衡上，而不是控制马。练习得越多，你就越容易掌握良好的骑姿。然而，在练习时你也可能无意间养成一些坏习

初级骑手 作为初级骑手，在骑姿方面尤其要注意的是，如何在轻快步时保持安全的平衡。使用良好的、支撑力强的马鞍，穿防滑马裤会有所帮助。一旦你能掌握平衡，你的首要任务就是让自己随马而动，与马的动作保持协调一致

惯，这会是你进步道路上的障碍。典型的问题就是端肩，是由下背部缺乏控制、高低肩以及身体缺乏柔韧性导致。改正这些问题的最佳方案之一，就是在马下做一系列有针对性的练习，包括身体柔韧性、力量以及平衡练习。

制订目标

下表可以帮助你评估自己的骑姿，并确定自己的优势和劣势。在比赛标准的基础上，了解自己要达到的技能水平以及进步的可能性，对制订目标和区分训练的先后次序很有帮助。然而，每位骑手都是独立的个体，也会形成自己的节奏。第一个目标是，能够在封闭的竞技场上控制一匹安静平和、训练有素的马。第二个目标是，骑着同一匹马或不同的马跳过几道小型障碍。这样你就会快速进步。在你骑乘的每个阶段，保持积极自信，采取自律务实的方法，都非常重要。

高级骑手　如果是高级骑手，你自然会达到几乎不用去想就能保持正确骑姿的程度。无论是上坡时跳越障碍还是跳越一系列有挑战性的障碍，你都会在不同情况下自动调整骑姿

骑姿标准

	比赛入门水平	比赛初级水平	比赛中级水平	比赛高级水平
体态	坐在马背上身体要平衡，不能卷骨盆或者弓背	坐在综合鞍上时，保持脊柱中立对齐	坐在盛装舞步鞍上时，保持脊柱中立对齐	保持良好的骑姿，甚至在危急时刻也可以
平衡	在轻快步和跳越小型障碍时轻松地保持持续的平衡	在慢步、快步或跑步时轻松保持坐骨平衡——甚至在不用马镫时也能这样	用短镫时轻松保持平衡（就像赛马骑师所做的那样）	能在平衡时做出细微的调整，采取精细的重量扶助
和谐	在综合鞍上具有良好的骑姿和腿部联系	在盛装舞步鞍和障碍鞍上保持良好的骑姿、腿部联系和缰绳联系	在马快步时，对下背部能有良好的控制	在高级盛装舞步赛和场地障碍赛中，能与马合为一体
安全	在一匹训练有素的马上能以普通速度安全骑乘2小时	在一匹比赛用马上安全骑乘3小时	在一匹年轻的烈马上安全骑乘4小时	复杂地形下，在马上安全且有活力地骑乘达5小时

提升效率

骑手的力量对骑乘效率的影响不大，给出明确的扶助才是关键。准确感知马的动作，会让你在对的时间给出正确的扶助。与马产生共情，会帮助你理解它的反应，同时有助于你评判需要尝试哪种练习及其所达到的程度。评估你当下的能力，设定目标，努力奋斗。

身体能力

随着能力的提升，你能够敏锐感知到马的动作和速度，从而分辨它的步伐并控制它。你将能在封闭场地里完成慢步、快步和跑步练习，并学会用腿扶助和缰绳扶助要求马起步、立定和转向。你也能开始从马的角度去看待世界。当你具备这些能力后，为了进一步提高骑乘水平，你要尽可能尝试骑不同的马，做不同的练习。多多和马接触，这样你就能知道它对于特殊情况是如何反应的。学着理解马的感受，这样你就开始明白，为什么马会对某些特定的障碍和物体有奇怪的反应。循序渐进地练习有助于提升你的骑乘技术以及和马沟通的能力，还可解决它可能存在的任何问题。你的目标应该是在相互信任的基础上，建立起运动所需要的信赖关系。

确保均匀地使用身体两侧十分重要，这样你就能利用好每一侧。从某种程度上来说，每个人都是左撇子或右撇子，马也一样，为了让它更平稳，你自己在马上也需要更平稳。在下马后多加练习，你的协调性将得到提升。当你获得更多经验时，你的训练也会更有成效，这样你就可以进行更高级别的骑乘训练。右页表格中的各种竞技标准规范有很强的指导作用。设立目标，并向这个方向前进吧！

初级骑手　作为初级骑手，你不得不依靠教练，但你能迅速提升腿扶助和缰绳扶助的效率，并开始学着感知马的动作

一个好的教练能够评估你的进步，并知道在什么时候应该增加或减少对马的命令。还有，你的教练知道你需要什么样的练习去提升你的效率。

心理素质

要想取得最好的成绩，达到目标，就要有自制力且自律，还要积极、乐观和自信。做好充分的思想准备，会帮助你激发身体的最大潜能，这不仅体现在训练中，还体现在比赛中。此外，要对马的动作和心理状况有天生的敏感性，这需要你积累经验，提高敏感度。专注力和对当下情况的分析能力很重要，在下马之后，你可能发现需要对此进行训练。为了找到最佳的进步途径，你要选择最灵活实用的方法。

高级骑手　作为高级骑手，你与马会达到高度和谐，你做出的扶助真正能达到准确而细微，甚至你在马鞍上轻微的重心变化，马都会做出反应。然而，提高效率的关键还是与马保持良好的关系

效率标准

	比赛入门水平	比赛初级水平	比赛中级水平	比赛高级水平
感觉	能够在快步时改变对角肢，在跑步时分辨出领先肢	发现马的步伐规律，对它60厘米以内的步幅形成感觉	感受到马的动力，对它50厘米以内的步幅进行评判	对马的动作有本能感受，对它30厘米以内的步幅进行评判
练习	精通盛装舞步训练和跳越障碍训练一级的练习（见第147页和第217页）	精通盛装舞步训练、跳越障碍训练和越野训练二级的练习	精通盛装舞步训练、跳越障碍训练和越野训练三级的练习	精通盛装舞步训练、跳越障碍训练和越野训练四级的练习
共情	对马的群居本能、基本需求有所了解	通过条件反射和强化训练，理解马的学习方式	与马保持同步，并了解它对不同情况的反应	先于马的反应做出准备，并采取相应对策
语言	达到独立运用腿扶助和手扶助，以及一些扶助组合的协调运用	完成独立骑乘，腿和手可以相互配合，使马能理解扶助	可以同时使用多种扶助，并能控制烈马	改善扶助，包括使用臀部和下背部

第五章

盛装舞步训练和比赛

　　盛装舞步训练不仅能提升马的力量和协调性，还能使其动作更为优雅。训练的目的在于训练马的思想和身体，使它和骑手能在各种马术项目中实现长期目标。盛装舞步赛是所有骑乘比赛（包括场地障碍赛）的核心，本身也需要骑手和马达到很高的水平。

　　在本章中，你将熟悉马的步伐和转换，以及各种动作和练习。你可以从圈乘、转弯、直线骑乘和弯曲开始学习，逐渐到更加复杂的动作，比如定后肢旋转和斜横步。你还可以得到关于准备各级别比赛的相关建议，问题部分还会帮助你处理出现的任何问题。

令人惊艳的盛装舞步

要经过多年的训练才能达到盛装舞步的最高水平。在音乐的陪伴下，骑手和马配合得如行云流水一般，给观众带来极致视觉享受。对骑手来说，盛装舞步既是一个巨大的挑战，也是一项有益的运动。就算你没有参加比赛的打算，盛装舞步训练也会让马更快乐，并给予更多的回应。训练的关键是骑手不要强迫马，马能积极响应、热爱运动，这也是所有骑乘活动所需的基础。

盛装舞步的起源

尽管盛装舞步的起源可以追溯到色诺芬生活的时代，但是它最早是从文艺复兴时期的古典骑乘中发展而来的。色诺芬是古希腊雅典城邦的军人、传记作家和历史学家，他所写的《论骑术》是马术领域中的名作。他曾说过："如果让马觉得载人可以接受，能展现它美的一面，那么马就会发现被人骑乘也充满愉悦、高贵自豪、卓尔不凡。"

这项运动仍在不断演变，甚至近百年来，盛装舞步及其训练方式都发生着戏剧性的变化。例如，1912年，盛装舞步赛在斯德哥尔摩首次被列入奥运会比赛项目。当时，皮亚夫和帕萨基（见第143页）还未纳入比赛动作，参赛选手必须跳过五道障碍，最高的有110厘米，最后是滚向马的木桶。

在现代，盛装舞步的难度已经达到新高度。当下，盛装舞步正处于转型期。伸长快步直接到帕萨基，皮亚夫和帕萨基动作次数必须展现出来，骑乘时要配上音乐，这就是当今顶级盛装舞步参赛选手必须要做到的三点。然而，保持不变

最终的合作伙伴 2021年的奥林匹克和欧洲杯冠军，杰斯卡·冯·布雷多-沃内特和TSF达蕾拉达成了真正的伙伴关系。杰斯卡只有1.68米，53公斤，证实了盛装舞步无关身高大小和体力

的仍是优秀的盛装舞步骑手所需要的那些基本素质。

艰难进步

没有多年的刻苦训练，就无法成就优秀的盛装舞步。耐心的训练可以使马形成自然的步伐和轮廓。马和骑手需要依靠彼此才能取得一定的成就，他们之间若没有真正的友谊便无法做到。盛装舞步训练要求马心甘情愿训练，并处于放松状态，骑手如果没有丰富的经验就无法做到这些。

在盛装舞步赛中任何因素都是重要的，尤其是在60米×20米的比赛场地中，一切无所遁形，这时人与马的细节观察力、自控力、一致性和协调性都是关键性因素。

展现真正的美

盛装舞步有一个终极评判标准，那就是它能让马的动作更漂亮吗？奥运会冠军达蕾拉，由杰斯卡·冯·布雷多-沃内特骑乘（见左图），在伸长快步的完全滞空期，还有瓦雷哥，两次世界冠军，由夏洛特·杜雅丁骑乘，在皮亚夫的滞空期，都是无比美妙的。

在盛装舞步中，马的优异表现令人难以忘怀。随着马背拉长变宽，马的颈部会向前伸展成弓形，这使得马的动作更为优雅、灵活；它的呼吸是有规律的，面部表情是心满意足的。对骑手来说，他应该是放松和舒适的，骑着这匹经过训练的马会感到很荣幸。

大众运动

优秀的盛装舞步是一种能力提升和天性解放，因此在所有的马术运动中，学习盛装舞步的人数增长最快，也就不足为奇了。它对所有水平和类型的马都很有帮助，包括年轻马。虽然年轻马在展现动作的幅度上处于劣势，但在比赛场地面积相应增加时具有优势。年轻马无法参加盛装舞步赛的说法是毫无根据的。

盛装舞步的所有比赛级别里，男女都是完全平等的同台竞技。这也成为残奥会的中心运动之一。盛装舞步真正算得上是一项全民运动、终身运动，而且初级到中级的盛装舞步是所有其他马术项目的基础。

西班牙舞步 维也纳的西班牙皇家马术学校，是著名的利比扎马的训练场地，一直保留着古典骑乘的传统。有些骑手也是世界上最受欢迎的教练，他们强调简单、渐进式的训练和对马的尊重。学校的成年公马还会表演令人印象深刻的古典跳跃或空中动作（莱瓦德、直立腾跃、原地腾跃），这些动作还没有纳入比赛

装备和比赛场地

盛装舞步赛的比赛服装一般是高筒礼帽和燕尾服，但在低级别的比赛中骑手一般戴现代骑士帽、穿骑士夹克。盛装舞步鞍可让骑手的腿伸得更长，同时在比赛中，高级别的马会配备双勒衔铁，带有两个衔铁：一个小衔铁和一个大衔铁。盛装舞步赛是在有字母标记的比赛场地中进行，这些标记以帮助、引导骑手完成各种动作。

骑手的装备

与其他比赛要求的实用性着装不同，高筒礼帽、燕尾服和马刺在顶级盛装舞步赛中主要是起装饰作用。燕尾服要搭配背心或是前面仿制成背心样式的外套。在低级别的比赛中，骑手一般都是穿标准骑士夹克、戴骑士帽。衣物通常都是黑色的，不过也有蓝色或棕色的。

用安全带固定骑士帽并非强制要求，但建议骑手在一般比赛中和所有初级比赛中使用。马裤必须是白色的，并且要很舒适，所以它们通常由弹性面料制作而成。在训练中可以使用盛装舞步鞭，但这在比赛中是不允许的。盛装舞步鞭约120厘米长，像马刺和双勒衔铁一样用于辅助人与马的人道交流，而非从生理上控制马。

双勒衔铁

盛装舞步鞍

小衔水勒

小衔水勒通常用在低级别的盛装舞步赛中，配以蛋形头小衔铁。衔铁上的接头可以让马觉得较为舒适，并使骑手能独立地使用各种缰绳。这里的鼻羁是一个水滴鼻羁，鼻羁的革带在马的鼻孔上方约一手掌的距离。

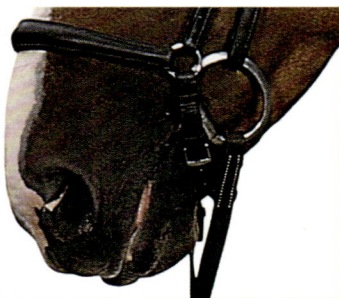

双勒衔铁有两个衔铁。小衔铁要贴合马的嘴角，杠杆大衔铁在小衔铁下面，杠杆大衔铁的大勒链在马嘴的后面

背心

白色马裤

白色手套

黑色长筒马靴

马刺

参加盛装舞步赛　戴着高筒礼帽，穿着燕尾服的骑手看起来十分优雅。马靴要尽可能长，这样骑手才不会压鞍翼。手套和马刺是强制要求用的，但马腿绷带却是在训练或者展示时用。马鬃毛通常编结成辫

马的装备

　　盛装舞步鞍旨在使骑手将身体的大部分重量放在臀部，而非放在腿和马镫上。为此，盛装舞步鞍的位置比障碍鞍的（见第174~175页）略微向前。盛装舞步赛要求长镫骑乘，并且鞍翼平直。但必须注意，当马镫过长，鞍翼又要保持平直时，你会被迫将腿后移，但这将减少小腿联系。在马鞍上的肚带部分要比一般肚带的长，这样较短的盛装舞步肚带才能在靠近马肘部系紧，骑手的腿部联系才会更加紧密。马镫会比平常重些，以保持下垂。

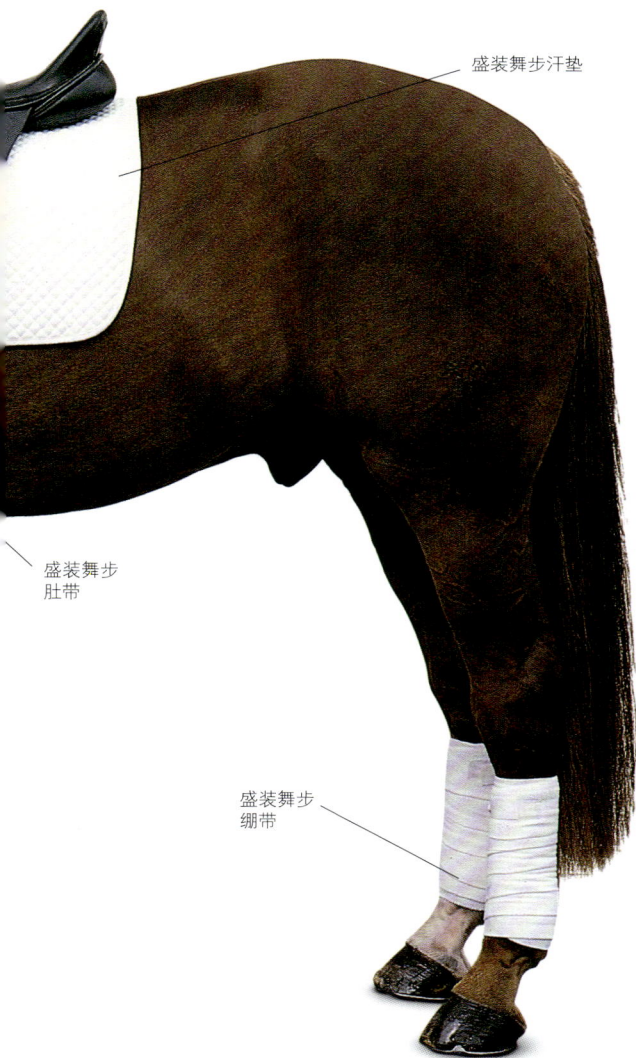

盛装舞步汗垫

盛装舞步肚带

盛装舞步绷带

绷带包扎法（给马腿打绷带）

　　绷带通常用于进行盛装舞步训练的马（下雨时，用护腿来代替）。但是，绷带不能用于比赛中。这些柔软的绷带和护腿一样可以单独使用或者是垫上棉布一起使用。目的是为了促进血液循环，避免关节液囊破裂，防止擦伤。包扎时必须小心，避开压力点。

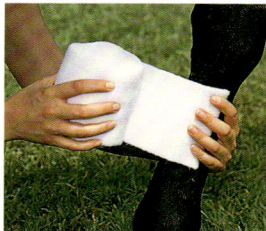

第一步　从马的膝盖下面、胫骨后面开始缠起，保持绷带平整。

第二步　使绷带保持一定的弹性，沿绷带起始处再缠一圈，确保其不脱落。

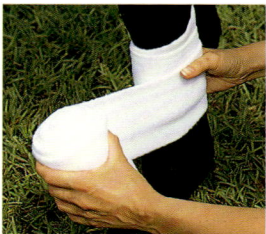

第三步　将绷带错开一定的角度、均匀向下缠，另一只手保持绷带平整。

第四步　当缠到球节后方时，轻轻将绷带往上拉，绷带会在马腿正面成V形。

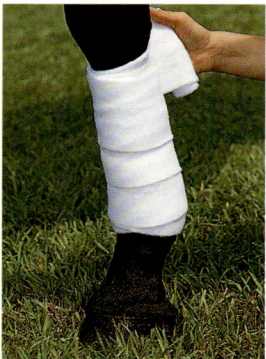

第五步　随后，再将绷带按原来的方式、均匀地向上缠。

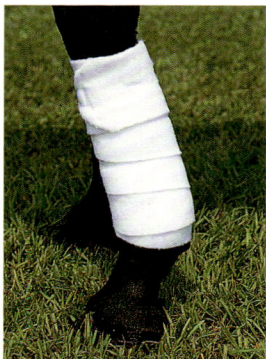

第六步　在绷带开始的位置结束。绷带应在腿部外侧系紧，末端朝后。

盛装舞步水勒

初级马通常佩戴带有复合鼻羁的活环小衔铁。但骑手们渐渐发现，复合鼻羁会导致马不适。因此，越来越多的骑手将水滴鼻羁和蛋形头小衔铁（见第96页）一起使用。这种衔铁与马的舌头、齿龈和唇部直接联系，其与水滴鼻羁一起使用效果很好。因为鼻羁下部的革带恰好在活环小衔铁的环下面。活环小衔铁具有与盖革衔铁类似的作用，施加在缰绳上的压力会使衔铁延伸到马的嘴角。环越大，衔铁的作用就越大。

双勒衔铁之所以如此命名，是因为它有两个衔铁：小衔铁和杠杆大衔铁。杠杆大衔铁位于小衔铁的下面，衔铁上的大勒链从马的下颏后面绕过，连接在另一侧的颊杆上。杠杆

大衔铁的颊杆越长，水勒的作用就越大，因为与衔铁相连的缰绳会使大勒链变成一个支点，最终给马的舌头和项部产生压力。大勒链不应该让颊杆向后旋转超过45°，否则衔铁会抬升，引起马的不适。施加在连接大衔铁的缰绳上的力量应该比小衔铁的小。佩戴双勒衔铁的马通常会表现得更好，但它们也应使用小衔水勒训练。

盛装舞步赛场地

盛装舞步赛场地有两种不同的规格（见下图）。在距比赛场地边缘大约50厘米的地方有字母标记，目的是引导骑手

两种盛装舞步赛场地 60米×20米的比赛场地是高级别比赛的标准场地；40米×20米的比赛场地是低级别比赛用的。1/4标记点——F点、M点、H点和K点距相邻底边的距离都是6米；在小型比赛场地中各点之间相距14米，大型比赛场地中各点之间相距12米

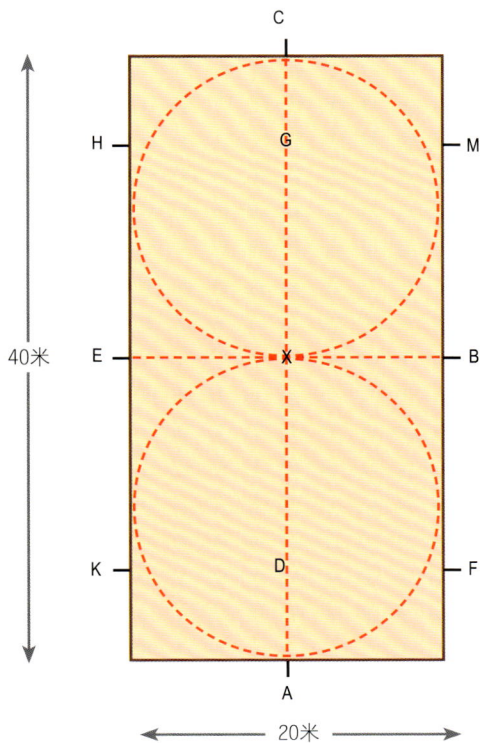

40米×20米的比赛场地

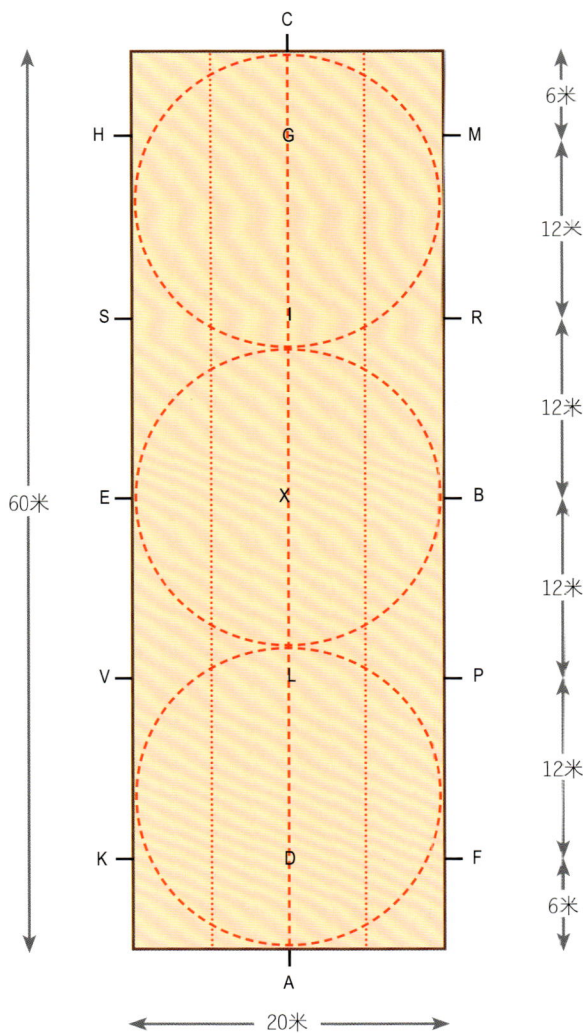

60米×20米的比赛场地

完成相应的动作。A点设置在较远的地方，使参赛选手和马有足够的空间进入比赛场地。场地边缘的挡板上标明了标记所指的精确位置。A点到C点的连线叫中心线，B点到E点的连线叫中线；长边和中心线中间的线叫作3/4线。骑手沿场地边缘骑乘时，要沿着外侧蹄迹线；离场地边缘2~3米骑乘时，则要沿着内侧蹄迹线。比赛场地应为连续或间断的围栏所围绕。如果连续围栏的高度不小于25厘米，那么马离开比赛场地，你们就会被淘汰。如果你离开比赛场地，你们就会在该动作上被记为零分。

在盛装舞步的比赛和训练中，所有的国际标准单位必须是米。

比赛场地的地面

骑乘场地的地面十分重要，因为它会影响马的前进方式和运动生涯。太硬的地面会给马的四肢带来额外的震动和冲击，不利于形成灵活的步伐。太软的地面又会减少马的弹跳力，而腾空期对快步和跑步又至关重要。

盛装舞步赛场地的地面会比场地障碍赛的松软些，因为盛装舞步赛中马没有大力起跳和重重落地的动作，但地面也不能过于松软。理想的地面犹如草地一般，比如场地以沙子和橡胶颗粒混合铺成，但二者要比例合适，否则马蹄无法迅速回弹或者会深陷其中。

比赛场地　这个60米×20米的赛场是在英国古德伍德镇专为国际赛事修建的。裁判台分别位于B点和E点附近，C点还有3名裁判。裁判台是马需要习惯的干扰因素之一，如果马发挥得不错，在这块场地上骑乘会有一种美妙的感觉

改善体态与平衡

　　盛装舞步赛要求的体态（或体形）旨在帮助骑手养成一种平衡的骑姿。这有助于提高骑手与马动作一致的能力，使马充分运用四肢——这两种因素都是提高效率的基础。所有骑手都要保持脊柱中立对齐（见第322页），从而能在骑乘时保持最好的柔韧性。但由于骑手之间和马之间有着巨大的不同，所以每个人的体态会有所不同。

骑手的姿势

　　骑手应该脊柱中立对齐，稳定地坐在马上。一旦脊柱弯曲，下背部的动作能力将受限。这几乎使得骑手在马快步时无法安稳地坐在马上，同样也会影响他灵活使用腿和手臂。

　　从侧面看，骑手的肩部、臀部与脚跟应在一条直线上，并且骑手的大部分重量应均匀分布在臀部。腿部的部分重量放在大腿上，抵着马鞍，最好在马镫上施加足够的重量使得脚触碰到镫铁。重量要平均分布在两脚上，脚趾和膝盖朝向同一方向。脚跟应略低于脚趾，但是不要低太多。

　　如果脚趾低于脚跟，那么你就是腿伸得太长或者没有坐进马鞍。

良好的体态　骑手的脊柱要中立对齐。骑手既不能腰背反弓、叉坐在马背上（图1），也不能驼背抵坐在后鞍桥上（图3）。骑手从肩部到臀部再到脚跟要成一条直线，另一条直线是从他的肘部到手部再到马嘴

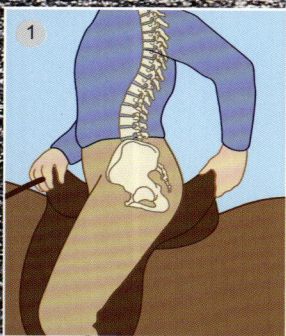

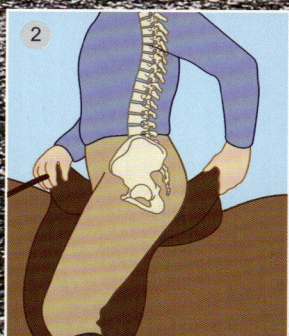

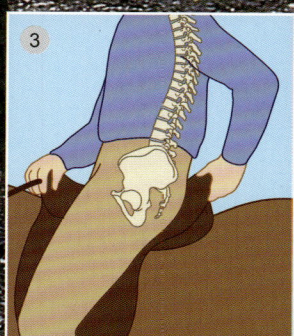

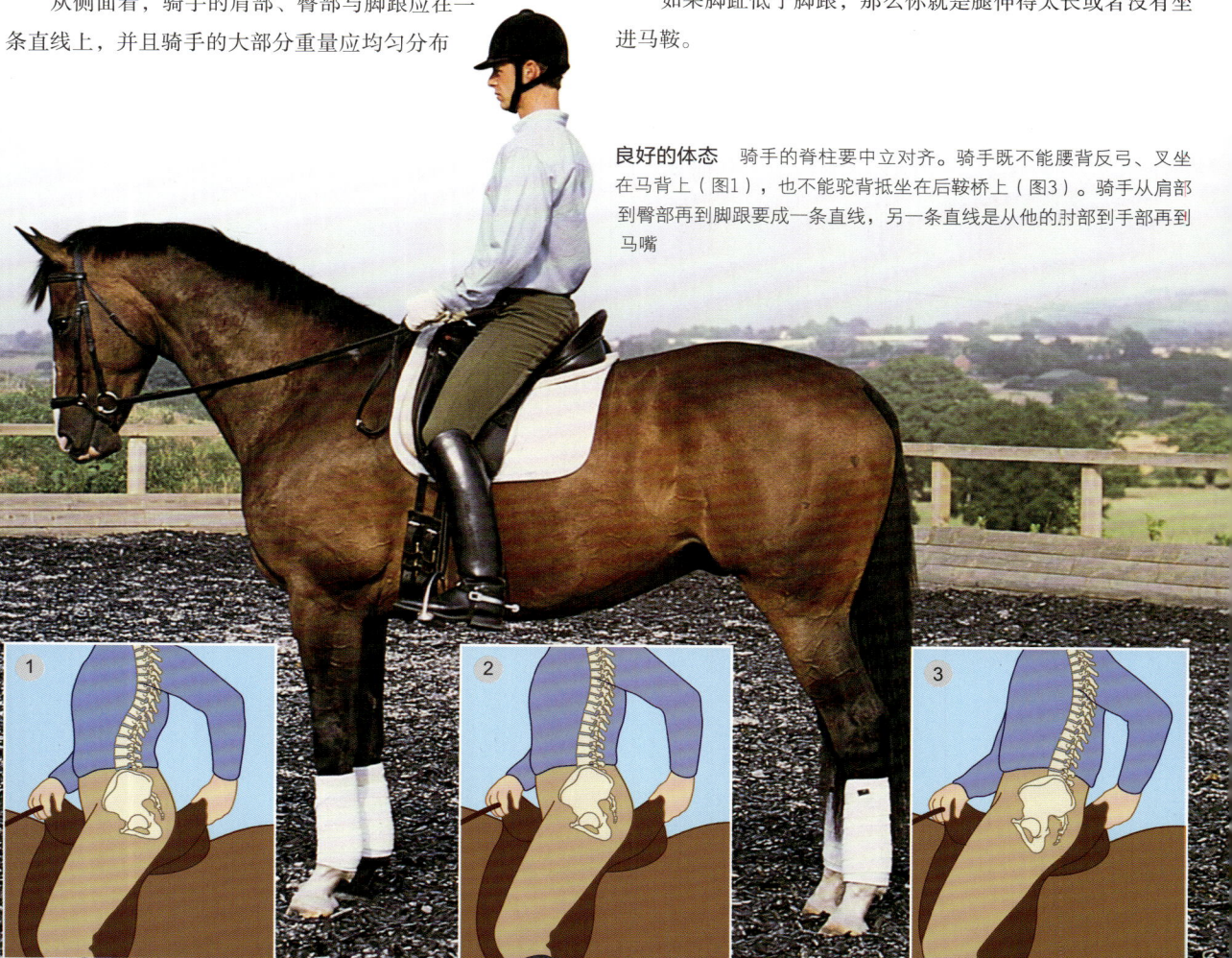

不同的骑姿

膝盖之间的距离与脚踝之间的距离相同

膝盖稍上提以保持小腿联系

体型宽大的马

减小两膝之间的距离对骑手来说很简单

膝盖稍放低以保持小腿联系

体型窄小的马

在骑乘时，你的腿部不能完全伸直，因为如果你小腿竖直悬垂会碰触到马的身体两侧，那你就不得不屈膝。最常见的结果就是，骑乘太久不利于腿部联系，使其与马体的距离拉大。

手臂的姿势

要想使手臂和双手处于自然状态，你要尝试以下练习。

• 手臂自然放于身体两侧。

• 轻轻握起拳头，手掌不要太用力，指关节成90°。

• 前后摇摆手臂，使手在身体前方10~15厘米处，让肘部和躯干在一条直线上。

• 双手成拳时，大拇指和食指应在最上端，尽管随着上肢的姿势变化，肩膀会愈加挺直，从而影响手部的动作，使得大拇指抬高。大拇指应微微弯曲，整个手部的姿势要使人感到舒适。缰绳应由手指间的力量控制，而非大拇指紧抓缰绳产生的压力来控制。这种方式可以使双勒衔铁的双缰更加容易控制，使大衔铁缰的控制更轻便。

骑不同体型的马　马体越宽，马镫必须越短。这是因为随着两膝间的距离拉大，骑手的膝盖和髋关节必须紧紧靠拢，才能与马体保持腿部联系。如果骑乘时间过长，会导致无法有效使用腿部联系

持缰

小衔铁缰（见左图）从无名指和小指之间穿入（小指在缰绳下方），再从食指和大拇指间穿出。至于双勒衔铁（见右图），仍按原来的方式持小衔铁缰，但是大衔铁缰从中指和无名指之间穿入，从持小衔铁缰的手指之间（食指和大拇指之间）或者食指和中指之间穿出。后一种姿势可以通过松开中指释放大衔铁缰带来的压力。

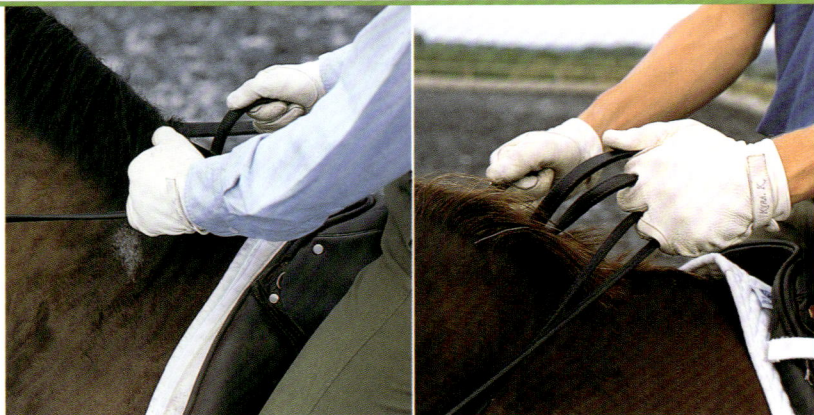

持小衔铁缰的方式

同时持小衔铁缰和大衔铁缰的方式

人马和谐

　　骑手与马必须保持动作和谐一致，原因有三：增加骑乘舒适度，鼓励马展现动作，给予轻微扶助。慢步时，骑手的臀部和手臂分别随着马的后肢和头部的动作而前后移动。快步和跑步时，骑手的臀部会随着马身体的起伏而抬起或落下。要求人马协调一致，原因就是要使骑手养成灵活舒适的骑姿。

协调一致

　　如果你感到舒适并循序渐进地改善自己的骑姿，那么你与马就能相对容易地保持动作和谐一致。但是，如果无法做到与马动作一致，你将发现自己只能靠夹紧双腿，弓起背部来完成缰绳联系。此类骑手会有许多缺点。以下图中的女骑手为例，所有像她一样的骑手，只要在动作一致性方面有小小的进步，骑乘的舒适度和表现就会有很大的提升。

马背安全

　　协调性和安全性是紧密相连的：你的动作与马的越一致，你在马背上就越安全。高级骑手在马背上比初级骑手更安全，正是因为他们更容易与马保持动作一致。这就使得他们在长时间的骑乘中甚至只是坐在马鞍上都会很安全。

慢步时骑手的动作　　马慢步前进时，骑手的臀部会随着马的后肢的移动而移动。如图所示，骑手臀部随着马的内方后肢摆动而向前移动（图1和图2）。接着，臀部向后移动（图3），为马外方后肢的摆动做好准备（图4和图5）。随后，骑手臀部再次向后移动（图6）。随着马后肢的摆动，马的头部和颈部同时也在摆动，因此骑手的手臂应跟着马嘴的动作而动作，与臀部动作保持一致

快步时骑手的动作　　快步时，马在腾空期能达到地面垂直最高点（图1）。对角肢抬离地面（图2），马再一次进入了腾空期（图3）。马每一次对角肢抬离（图4）地面，进入腾空期（图5），骑手脊柱的下半部分就会向前（如右图所示），然后随着马肢着地后再恢复原状（图6）。这就是在马快步时骑手要提高协调性必须要控制下背部的原因（见第322页）

脊柱运动

跑步时骑手的动作　　马跑步时，当它的外方后肢（图中是左后肢）离开地面时（图1），马就进入腾空期的上升阶段，接着对角肢离开地面（图2），再是领先肢（图中是右前肢）离开地面（图3）。当外方后肢落回地面，这时骑手臀部放低（图4），接着对角肢落回地面（图5）。最后，外方后肢再次离开地面，循环动作（图6）

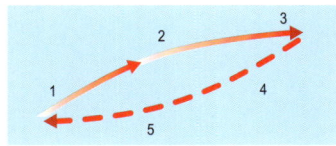

臀部运动

语言和感觉

骑手依靠声音、双腿、双手、重量和臀部发出指令和马交流，这些指令称为扶助。当骑手具有一定的感觉——因此与马动作协调一致——他就会在适当的时间使用合适的扶助。最终，如果骑手的技术达到较高的水平，那么观众根本无法看出骑手是通过扶助来使马完成动作的。简明是使用扶助的最终目标，这样马才能立即领会骑手对它的要求。

良好的沟通技巧

良好的沟通的前提是骑手需要保持与马动作协调一致的骑姿。臀部、腿部、缰绳与马的联系越紧密，马就越有可能理解骑手的沟通方式。良好的协调性可以培养出良好的感觉，这对于骑手给予精确的扶助至关重要。

学习使用哪种扶助以及如何运用它，其实并不难，真正难学的是何时使用扶助以及使用哪种扶助。从本质上来说，良好的感觉会促使你在正确的时间做对的事情。通常情况下只有高级骑手才具备这种能力，但只要初级骑手骑姿灵活，再加上教练鼓励他们去了解马的回应方

充分沟通 双勒衔铁可以帮助骑手精确地控制方向。但是，它的使用就像马鞭和马刺一样，是用来加强交流的，而非用来胁迫马

缰绳联系是交流点而不是支撑点

与马动作一致有助于马继续向前

骑手通过臀部感觉马的动作

施加在大衔铁缰上的力量要比小衔铁缰上的小

发出向前指令的腿扶助的位置

缰绳联系

错误的持缰方法各不相同，使得骑手无法与马配合以及给予良好的缰绳扶助。这里描述了一些错误的持缰方法，包括缰绳长度错误，双手、大拇指和手腕位置错误。正确的骑姿是你应该将小衔铁缰放在无名指和小指之间，靠近指关节的位置（见第101页），这样缰绳才会变成手的延长部分。手指需绕住缰绳稍微拢起，就像手里握着一只小鸟（如左上图）。要想找到大拇指的准确位置，最大限度地向外、向内转动拇指（转动时以肘部为轴），然后找到中间点。同样，当你开合手腕时，中间点是理想位置，双手要稍微向内。双手要位于侧向动作的中间位置，上臂稍微前倾。

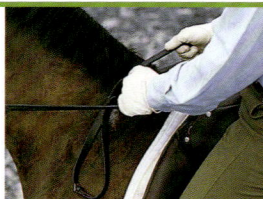
正确的持缰方法

缰绳过短

缰绳过长

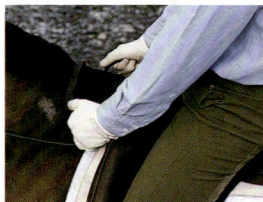
手太低

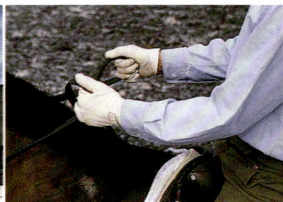
手太高

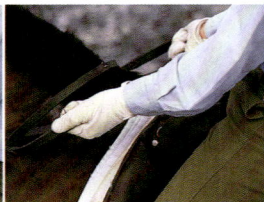
大拇指朝外

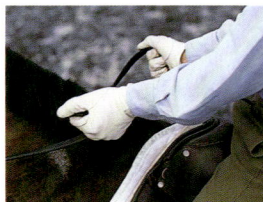
手腕外展

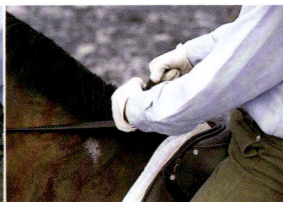
手腕内扣

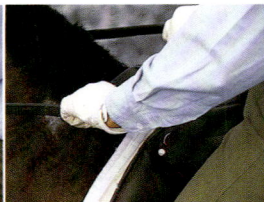
大拇指朝内

式和他们在骑乘中感觉到的一切，他们也能拥有这种能力。良好的协调性与感觉结合与马沟通的热切愿望——而非简单地命令马——那么这一切就意味着你正在成为一个更好的骑手。

简单的指令

扶助越简单越好。扶助应为轻轻施加压力，而后减小。不断拉扯缰绳和用腿部轻触马身不算扶助。如果马对温和的扶助没有反应，通常情况下你可以重复几遍，如有必要，可以加强力道。但是，尽量使用基本扶助，这样马才不会对骑手的命令无感。

正常骑姿中，腿扶助使用在正常位置——镫带与肚带平行的位置——代表"向前"。无论骑手使用双腿还是单腿，都代表着相同的意思。此动作由骑手腿部发出指令，由缰绳控制。内方缰控制方向，外方缰用来减速。

人工扶助

马鞭和马刺就是人工扶助。它们是帮助马理解腿扶助的工具，而非惩罚工具。马刺不宜太锋利，否则会伤害到马，使用方法是将脚趾稍微朝外转，使马刺转向马体。当抓着缰绳时，马鞭是靠转动手腕来使用的，它应碰到骑手腿部后方的马体。

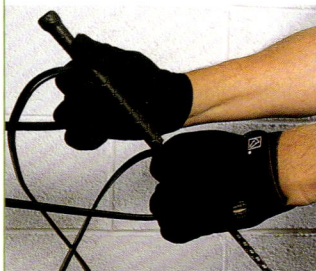
马鞭

马刺

腿扶助和缰绳扶助

骑手的腿和手可以以不同的方式应用于不同的位置，以丰富扶助语言。例如，通常发出前进指令的腿扶助是用腿在自然放置的位置轻轻挤压马体，但是有时也会在稍靠后的位置（比如要求马向侧前方前进时），也可以用腿前后轻轻摩擦马体（比如跑步和空中换腿需要用到外方腿时）。要求马前进时，既可以用腿部增大压力来给予扶助，也可以减小压力，或者腿部轻弯，持续施压（见第132~133页）。

通常缰绳扶助是允许缰——也就是说，骑手的手随着马的头部动作而动作。与之相反的是抑制缰或反向控缰。这经常用于强迫马倒退（见第135页）时，当你要求马向前走，但双手却没有随之动作，马就会倒退。

当你把一侧缰绳从马颈部移开时，这种情况叫作开缰；它增加了马嘴对侧向内的压力，一般用于让马转向时。开缰通常伴随着对侧手向马转向的方向移动，越过马的颈部（但不向后拉）——这叫作间接开缰。开缰和间接开缰共同使用，叫作颈上控缰，这是马球和西式骑术中主要的转向扶助。

当这一系列扶助与骑手的重量和臀部扶助相结合时，你就可以在练习中找到适合某种动作的个人适用的精确扶助。

重量扶助和臀部扶助

重量扶助旨在尽可能减轻马所承载的重量，使马更轻松。重要的是，马的表现不应因使用重量扶助而打折扣。所以，所有的重量扶助都是无形的。当骑手将重量放在内方，重量扶助的意思就是暗示马向内转（见第79页）。

如果马鞍内外的重量比例与马腿内外的重量比例不同的时间过长，骑手的重量就不再是一种扶助，反而会带来负面的影响。骑手的重量前移有时也可以看作让马前进的指令，但是重量回到中心并不能使马减速。

臀部扶助的使用则完全不同。骑手的臀部总是随着马背的摆动而移动，当骑手与马建立了更亲密的关系时，骑手有可能通过先于马的动作停止和开始骑坐动作使马立定和起步。立定是通过骑手控制或绷紧下背部来完成的。这一点绝不能被解释成向后倾斜，除非马背确实是拱着或摆动的。

改善扶助

一旦马明白了基本扶助，并学会后肢深踏和用背部工作，就可以说它理解了扶助。这种说法比我们常说的"受衔"更为准确、直白。因为"受衔"过于强调马的颈部和头部，而忽略了骑手应从后向前开始，从腿部再到手部。

此阶段可使扶助使用进一步精准，因此你应该开始用更少但更准确的扶助，有助于避免马错误理解指令。例如，中间快步和工作跑步所需的速度和动力（见第112~113页）极其相似，所以你有必要使用不同的扶助来帮助马区分两者。另外，如果你要用明确的扶助来开始一项练习，那它将同时结束之前的练习，你只能让马专注于一件事。

应该教导马专注于一件事，直到你让它做其他事情，无论是跑步、中间快步、斜横步。这意味着你可以减少使用扶助，只是根据需要增加或者忽略它们。例如，在帕萨基中，马在同时做许多不同的事情——向内弯曲，向前和侧向运动，还要保持一定的速度。一旦准备好开始斜横步，并指示（骑手的外方腿）马开始动作，训练有素的马应该在不需要任何额外扶助的情况下继续斜横步，直到骑手改变扶助，要求做下一个动作。

不同的驯马师使用的扶助系统的不同会给马造成一些困惑。在外方腿扶助下学会跑步的马不理解内方腿的扶助。如果改变扶助系统，骑手训练的效果将大打折扣。尽管我们必须承认有不同的扶助，但重要的是要尽可能保持扶助的一致和简单。这可以帮助我们向最优秀的骑手学习，因为他们所用的扶助会更少，也适用于所有级别的盛装舞步。

基本扶助与帕萨基　来自德国的娜丁·卡佩尔曼——2002年的马术世界冠军，正在要求她的马法本费尔外方肢侧向运动，同时内方肢前进。她用内方缰控制转弯，外方缰控制速度

常　量

所有的盛装舞步训练中，马都必须时刻具备一些常量，这包括接受、冷静、积极向前、身体正直和步伐规范。这些常量相互联系，当马具备这些常量时，它们的组合效果远超个体效应。这些常量的具备程度决定了你的训练质量，因此在训练中必须优先考虑这些常量。

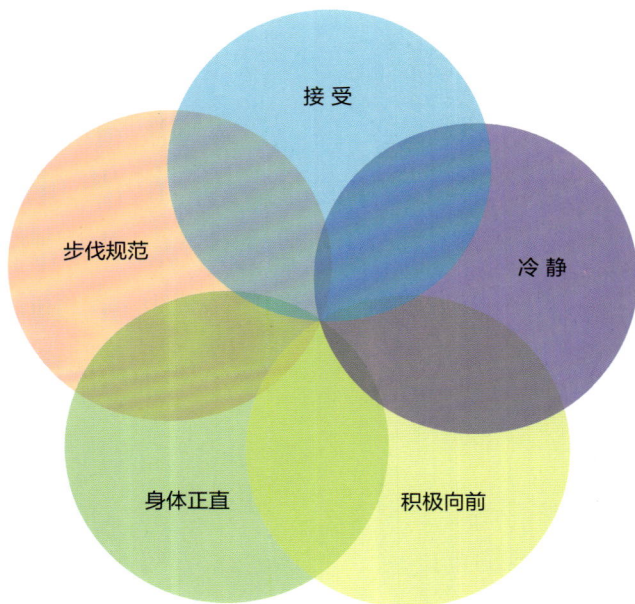

五大常量　为了高质量地完成训练，盛装舞步马身上必须具备这些常量。它们绝对是训练的重点，是所有盛装舞步赛的基石

有控制的动力

　　动力，指马能够做到后肢深踏并使用背部，包括力量、柔韧性、速度和弹跳力。它能使马行动更敏捷，而且在所做的事情上更放松，因此这是所有训练的主要目的。为了使马具有动力，马必须服从骑手，而骑手必须冷静。良好的动力需要马有前进的意愿，而从力学效率上来说，马的身体应该是正直的，是一个协调的整体。这需要步伐规范和身体具有自然轮廓。

接受与冷静

　　马必须接受——无论是身体上还是精神上——骑手的存在、重量、腿部、臀部和缰绳联系。接受会带来信任、和谐的伙伴关系和一致的动作，但马无法立即接受，因为它必须先了解骑手要求它做什么。你的目标和责任在于你与马之间要建立相互尊重的关系。若是缺少尊重，那就不是接受，而是屈从。接受和屈从之间的区别在于：接受是马知道它可以做出不同的反应，但选择不做，而屈从是马知道没有其他的选择。这是一种相当微妙的区别，但对马训练的投入程度产生了巨大影响。

　　为了避免精神紧张的麻痹效应，马必须保持头脑冷静。这将为它的工作提供不受约束的基础，使它表现得更自信。接受和冷静是相辅相成的。冷静的大敌是时间不够。所以，如果你花时间来做缓慢却稳定、渐进的训练，并且给马充分的休息时间和个体需要的时间，那么冷静将成为马在训练时的习惯。

积极向前与身体正直

　　积极向前涉及马对向前扶助的反应。无论它的速度如何，它都必须愿意向前行进。再说一次，这是一种心态。积极向前会帮助一匹马集中精力，当它将其与接受和冷静结合在一起时，它就有了发挥身体潜能的精神基础，训练中也就不会机械呆板。许多马不愿向前，因为它们感到痛苦，或是骑手所提出的要求大于自身的能力。骑手的任务是向马展示它能做到什么，而不是不能做什么，一直让马有所进步。这样，马才能积极向前。

　　身体正直指的是马迈每一步时身体均衡移动，特别是前躯要姿势正确。身体正直使马的运动具有对称性，使马的视野达到最大化。

　　你必须让马身体弯曲以保持身体正直，这看似十分矛盾，圈乘（见第126~127页）是身体正直的必要训练。无论是沿曲线前进还是沿直线前进，一匹身体正直的马总能保持其前驱与后驱在同一蹄迹线上。但是，几乎没有什么比强迫马身体正直更能快速限制马的步伐——所以，必须耐心地完成这一训练。

须依靠感觉工作，学习和理解马的步伐。

将这五大常量结合在一起会产生巨大的协同作用。它能产生有控制的动力，使马感觉良好，这是它加速进步和发挥潜力的核心要素。

步伐规范

规范指的是步伐的自然和正确：自然而有节奏的落蹄顺序、有腾空期以及身体、头部和颈部的自然使用。步伐规范使马表现完美成为可能，但这只发生在不同的肌肉群作为整体发挥作用时。许多年轻马天生步伐规范，之后却因不正确的训练或受伤而使步伐变得不规范。要培养规范意识，你必

具备常量　图中的马很放松，所有的肌肉群共同工作。它心甘情愿地接受骑手，并能保持冷静，积极向前，保持身体正直。它的行进方式自然且正确，快步时对角肢动作都保持同步

基本步伐

马有四种基本步伐：慢步、快步、跑步和袭步。每步大小一致，落蹄有一定的顺序。马快步、跑步和袭步时，还会有一段腾空期，即马的四肢都暂时离开地面。当被过度骑乘的时候，许多马会失去自然的落蹄顺序和腾空期，其自然的步伐受到破坏。在训练时必须对此加以纠正，因为步伐规范是盛装舞步的核心。

慢步　慢步的一步有四个节拍，每拍之间的间隔都比较均匀。慢步时，马至少有两肢触地，这使之成为最稳定的步伐。慢步不可或缺的因素是马的头部和颈部会随着后肢的移动而前后移动

第一拍：右后肢触地

第二拍：右前肢触地，左后肢离地

左侧两肢同时离地

快步　快步的一步有两个节拍，每拍是任一对对角肢移动，每拍之间还有一段腾空期。如果腾空期变少或没有，那么步伐的节奏会变快。每拍之间的腾空期应该是相等的

第一拍：右后肢和左前肢同时触地

左后肢和右前肢一起向前

四肢离地形成腾空期

跑步　跑步通常被认为是一种三拍步伐，一侧后肢和一侧前肢作为对角肢，在第三个节拍后有一段腾空期。若马背有人，可无腾空期。当对角肢分开运动时，通常被误认为是四拍跑步

四肢同时离地

第一拍：右后肢触地

第二拍：左后肢和右前肢（对角肢）触地

步伐分析

　　所有的步伐都有其特定的、有节奏的落蹄顺序（见下图），它有助于分析各步伐的差异。当对角肢分开动作时，跑步变成了袭步，马的四肢开始分别触地。因此，袭步有一个四拍顺序：外方后肢、内方后肢、外方前肢、内方前肢，然后是腾空期。这种标准的袭步叫作侧向袭步。有时，四肢的落地顺序相反：内方后肢、外方后肢、外方前肢、内方前肢。这叫作旋转袭步。无论是跑步还是袭步，马都有可能从任一侧后肢开始。但是，在圈乘的时候，应从外方后肢开始，这将使内方前肢成为领先肢。

　　倒退（见第135页）也可以看作是倒退慢步，它也被认为是一种步伐。然而，与慢步时马分别移动四肢不同的是，倒退时，马是分别移动对角肢。每对对角肢都应该同时触地。如果有很高程度的收缩（见第112~113页），随着动作的进行，后肢可能比前肢先触地。

第三拍：左后
肢触地

第四拍：左前肢触地，
同时右后肢离地

右侧两肢同
时离地

第二拍：左后肢和
右前肢同时触地

右后肢和左前肢
一起向前

四肢离地形
成腾空期

第三拍：左前肢（领先
肢）触地，右后肢离地

对角肢（左后肢和
右前肢）同时离地

左前肢离地
形成腾空期

步伐变化

改变任一步伐的步幅，可以从较短的缩短步伐变为较长的伸长步伐。此时，至关重要的是：保持步伐规范或正确，马自始至终能够接受骑手，保持冷静，积极向前，保持身体正直。步伐的质量比大小更重要。先使马学会工作步伐，再教它将步子缩短一点儿，然后教它伸长一点儿。

初级步伐变化

初级马一开始练习的是工作快步、工作跑步和中间慢步。初级阶段之后，大多调教动作都需要用缩短步伐或中间步伐。随着水平的提升，可以引入伸长步伐（马的最长步幅）。进行伸长步伐训练时，你可以从高度缩短步伐开始。这是高级水平比赛所需要的：如为圣·乔治大奖赛的跑步半定后肢旋转，以及皮亚夫和帕萨基的快步做准备。

因此，马有五种步伐变化：高度缩短步伐、缩短步伐、工作步伐、中间步伐和伸长步伐。每一步的精确长度因马而异，但同一步伐的步幅应该是大体相等的。开始工作步伐的训练之前，马必须理解扶助（见第116~117页）；它必须挺起背部，保持良好的水平平衡和动力。一旦达到此目标，你就可以使马开始放慢脚步，缩小步幅，进行较小的圈乘和肩内（见第134~135页）训练，以鼓励它后肢承载更多的重量。当通过稍微缩小步幅和改变平衡使马变得舒适时，马就可以开始加长步幅的训练。

持之以恒的练习，步幅变小将逐渐成为真正的收缩，马将更多的重量放于后肢，步子更圆润；步幅变大将逐渐发展为中间步伐。在缩小和加大步幅的同时，步子的节奏应该保持不变。

学习伸长步伐　这匹马的步幅很合适。然而，它的后肢需要承载更多的重量，这将鼓励它不再依靠缰绳。骑手向后滑了一点儿，脊柱不再是中立对齐，这让他很难与马保持动作一致

关节更弯，
后躯更低

缰绳联系很轻

缩短快步　左图中这匹马在收缩时明显地降低了它的后躯。这就是高度缩短步伐，是马学习皮亚夫的半步时所需要的。与工作快步时相比，马的颈部自然上升和缩短，步子变得更圆更短，更多使用飞节。在缩短慢步时，注意不要失去步子的规律性

缩短慢步

像收缩时一样，脊柱保持中立对齐

颈部与步幅等比例伸长

工作快步　这匹马的步幅比缩短快步的长了约30厘米，比中间快步的短了约30厘米。后蹄会覆盖同侧前蹄的蹄迹，相隔25厘米。马的背线比缩短快步时长。不存在工作慢步；但有种长缰自由慢步，它有利于培养慢步的规律性

自由慢步

马的腿比工作快步时伸得更长

缰绳联系使马感到舒服，易于接受

中间快步　这种步伐使马感到舒适自在，如同工作快步那样。每对对角肢的胫骨（绷带缠绕部分）与地面夹角相同。这匹马在中间快步中后蹄会超越前蹄35厘米。中间快步是盛装舞步赛中使用的基本步伐。伸长慢步（以及其他伸长步伐）与中间慢步有着明显的不同

中间慢步

变　量

方向、速度、动力、平衡和时机这些变量对所有训练来说都是必要的，但与常量不同的是，其要求根据情况有所变化。除动力以外，其他的变量都是绝对的对错分明。然而，动力取决于马所达到的训练阶段。只要训练在马的能力范围之内，各种变量的合理组合将产生良好的结果。

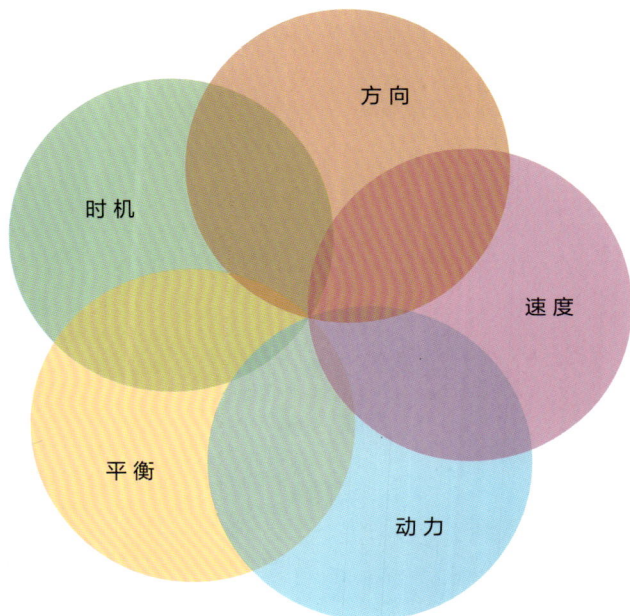

方向

时机

速度

平衡

动力

方向与速度

一旦马具备了良好的常量，那么你在任何盛装舞步赛或场地障碍赛中的首要任务就是要确保正确的方向和速度。

确保正确的方向是指你所走的准确路线、所用的那侧缰绳和所做的弯曲，都由你骑乘时的动作所决定。马就像一辆前轮控制转向、后轮驱动的汽车。你主要通过控制马颈部的弯曲程度和前躯的位置来控制方向。不同水平的骑手都会发现，如果自己总是看向想去的方向，就会更容易控制方向——因为身体也会跟着转向，从而能准确使用扶助。

速度是指动作转换时马前进的快慢程度，或是在某种步伐中步幅的缩小或加大。速度慢导致步幅变小，速度快导致步幅变大；有了正确的动力，步幅就能缩小或加大。

变量　在所有的盛装舞步的练习和比赛中，这些变量是可变的。一旦马具备了常量，你必须在比赛中优先考虑变量，因为它们是每个练习的基石和成功的关键

快步、立定和跑步　下图中这匹马正在沿直线进行工作快步—立定—工作跑步转换。此练习要求快步速度准确，准备立定时放慢速度，随后工作跑步时速度加快。马立定时动力减少，然后跑步时动力增加

一旦马全神贯注，就开始工作快步练习

在立定前放慢速度以要求马有一定程度的收缩

立定

产生动力　动力由马的后肢产生。动力应该向前穿过马背，由骑手的手控制或指挥。保持动力是将马的身体从后向前充分调动起来，这样才能充分利用它的力量

把变量与跳越障碍联系起来

在跳越障碍的训练中，大部分的工作都是在障碍之间的平地上完成的——跳越障碍也需要常量和变量，就像盛装舞步训练一样。有控制的动力对跳越障碍的马来说是必不可少的，五种常量也是必需的。但就像盛装舞步训练一样，马的首要任务是要保持正确的方向和速度。

至于方向，跳越障碍时的蹄迹线可以被认为是一系列盛装舞步动作路线。由于需要保持3.7米的步幅，跳越障碍时的步速要比盛装舞步时的更一致。合适的动力加上正确的方向和速度，就能达到合理的平衡。这样，就算马没有竭尽全力，起步的时机也会变得不太重要。

平衡与时机

马在工作快步时前躯会更加平衡，就像正在疾驰的赛马那样。收缩时，马后躯降低，前躯抬起。最终，马会出现在高级动作中所需的"坐姿"。达到正确的平衡主要是通过正确的速度和动力。马自然恢复平衡的方法是放慢速度。

时机指的是动作的转换、开始和结束的时机，以及骑手扶助的使用时机。它需要骑手娴熟地使用扶助。当其他变量具备后，通常情况下好时机就会随之而来。如果你只关注时机，将导致人为低效的动作。

动力

动力指的是马后肢产生的、支持并推动它向前的力量，这样它就可以作为一个协调的整体工作。有控制的动力是表现的关键要素，而合适的速度和动力可以产生优美的韵律和良好的节奏。

动力的程度取决于你所做的训练。例如，在伸长步伐和高度缩短步伐中需要更多的动力，而工作步伐则需要较少的动力。

在马具备常量之前，你只会获得更多的力量，而非动力。提升和降低力量水平以配合所需的速度是培养常量、使马理解扶助的一部分。

让马开始工作跑步练习

随着动力的增大，工作跑步速度加快

工作跑步

常量与变量

当你在基础训练中使马具备了常量（接受、冷静、积极向前、身体正直、步伐规范）时，马将能理解扶助，并且具有可控制的动力。随后，你可以对变量（方向、速度、动力、平衡、时机）有所侧重、循序渐进地逐一训练。以这种方法运用常量和变量将帮助你掌握所有训练适用的系统性方法。

良好的基础训练

没有两匹马是一样的，所以尽管训练应该是系统进行的，但是没有两个相同的训练计划。有了良好的基础训练，并考虑马的个性，运用常量和变量，绝大多数的年轻马很快就能较好地控制动力，理解扶助。

接受和冷静是有效训练的先决条件，但在不控制两种变量——方向和速度的情况下，你和马的水平是不可能提高的。即使是牵行，你也要让马冷静地服从你的指挥，同时以特定的速度朝着特定的方向前进。

调教索训练是非常重要的，可以帮助马同时培养接受和冷静，在训练时精确控制方向和速度。当马还没有连接背部（见第58~59页），还没有负重行走时，调教索训练优势明显。为了达到马前进所需的身体正直和合理的力量水平，调教索训练也是非常重要的。随着常量和变量已具备，马将开始使用背部并提供真正的动力，从而理解扶助。

让马理解扶助

如果你有良好的基本骑姿并使用允许缰，就有可能让未经训练的马理解扶助。首先，在封闭的场地中准确控制马的方向和速度。让它四处走动，改变里怀和转弯，对速度进行微小的调整，让马对你要求向前的腿扶助有所回应。当你这样做的时候，马的接受和冷静将得到改善。

其次，进行直径为15~20米的圆圈骑乘练习，缰绳联系要让马感到舒适。慢慢地走，不要让马不愿向前。随后，用腿扶助在马走每一步时给它增大一点儿压力，但是不要使它不服从或失去冷静。如果马没有积极向前，请稍等片刻，再次用腿扶助要求它向前。这么做，马将带着真正的动力理解扶助，并在有限的训练区域内接受缰绳。它会立即开始更轻松地呼吸，更多地使用颈部；你的手将被带向前，所以你的缰绳联系必须可控。慢慢地，你在另一侧的训练也更加得心应手，更舒适地控制马，它也将走得更快，能使用所有的步伐。这匹马将渐渐地挺起背部，并在新练习中保持可控的动力。

用这种方式让马理解扶助是人道的、自然的、持久的。作为骑手，你在适当的时候仍然可以果断给马下达指令，但这并不意味着你可以使用武力。

使用小工具

一些骑手可能使用坚硬的衔铁或各种各样的小工具，甚至只是加大力气来人为地使马弯曲和缩短颈部；有些人可能会用腿踢，或者用手托，希望马抬升背部。任何一种情况下，更有可能发生的是，马在缩短颈部的同时，后背仍无法抬升。

这些方法经常导致马的口部周围产生大量的白色唾液，因为颈部的缩短使它不能正常吞咽。这不应与表示接受的白嘴（见第50页）混淆。

任何人都可以用手、衔铁或小工具使马受衔，但这会导致它屈从，而非接受，除非马的前躯比较轻盈，否则这种做法将毫无用处。

马只有在后肢深踏时，前躯才会变得轻盈，背部才不会放低，真正具有了动力。随后，对衔铁的接受将使马自动处于良好的状态，马将寻求与骑手的手联系，这将使它的背部进一步挺起。

这种情况下，即使不使用衔铁，马也会产生白嘴（就像用无衔铁的水勒）。人们使用各种各样的特殊小工具，却忽略了一个关键事实，即马对于衔铁的接受与马使用动力来挺起背部存在着根本联系。

理解扶助　如果马没有理解扶助，它就不会产生动力（图a）。为了实现这个目标，必须具备适当的常量和正确的变量。下图中的骑手通过调整速度和放慢频率来使马理解扶助

（a）马并未有效使用后肢和背部

培养常量

五大常量——接受、冷静、积极向前、身体正直和步伐规范，互相影响，所以不应孤立看待它们。对它们进行分对和分组，将帮助你了解它们是如何起作用的，并使你能确定训练计划的方向和组成。培养常量是骑术训练的最初目的，马必须具备常量。如果马没有具备这些常量，你可能需要重复之前的训练。

接受和冷静

接受和冷静是所有训练的基础。缺少冷静的接受毫无意义，因为缺少冷静代表了紧张；缺少接受的冷静意味着马感觉它在骑手的控制下，无法接受骑手。同时具有接受和冷静，马才有可能产生可控制的动力。

年轻马首次训练之时，是接受和冷静同时明显起作用的时候。从牵行和调教索训练开始，骑手循序渐进地上马，马就有可能变得容易接受骑手且保持冷静。如果你在未与马建立起信任和理解的前提下强迫马，那么它肯定会失去冷静，并且在身心发展上都将受到限制。同样，如果年轻马很冷静，但拒绝牵行或者不让任何人来控制它，那么训练将无法开展。所以，接受与冷静两者缺一不可。

冷静、积极向前与身体正直

初级参赛马应该具备冷静、积极向前和身体正直等常量，这些常量一直被认为是最重要的。马如果冷静而不愿积极向前，那么将无法前进；马如果积极向前而不够冷静，那么会导致马急速前行，缺乏真正的动力。

冷静和积极向前的基础是理解。在某种程度上，这意味着骑手不应该让马做超出它能力范围的事情，也意味着骑手应不断地评估马并做出相应的调整。例如，如果你发现缓慢正规的训练能使马变得冷静，但马态度消极，那就让马与其他马一起外出，并向马提出更多训练要求。之后，如果马失去冷静，你可以再一次减少刺激性工作。这样，你就可以使马逐渐冷静并积极向前。当积极向前与接受、冷静共同作用

调教索训练   如若使用得当，调教索训练就是培养马的五大常量的极好方法。这匹年轻的母马展示了一种自然的轮廓和步伐、接受和冷静，所有这些都是在不使用小工具的情况下养成的。使用调教索可以很容易地让母马前进，使其均匀地用身体两侧工作，达到身体正直

时，年轻马会在你提出要求之前就保持身体正直。

　　马向前走的时候，它的身体自然不是完全正直。然而，当你通过骑乘小圆圈，利用肩内的角度努力纠正它时（见第134~135页），很有可能马的前进速度会减慢。所以，你有必要在马向前行进和使马身体正直之间不断调整，直到你可以骑着身体正直的马前行。这个过程可能需要几个月的时间。

　　长远来看，你必须持续改善马的身体正直的情况。积极向前和身体正直使马可以成为一个关联的整体，马体两侧可被平等使用。

步伐规范

　　步伐规范，不仅是指常规步子，还包括马的自然轮廓和前进的方式（见第110~111页），是动作和训练的关键。培养其他常量时，你必须时刻注意保持马的步伐规范。训练开始时，不是积极地提高步伐的规范程度，而是巩固已有的训练成果。因此，如果马在跑步中没有腾空期，那么你就应该从最小步伐的跑步开始（只要能让马向前就可以），否则你就会犯错——练习是为了保持稳定，而非追求完美。如果正确的节奏和步子的规律性只存在于工作步伐中，那么你必须在训练中注意这些方面。

　　无论你做什么来培养常量，你必须始终使马保持步伐规范。以下的训练技巧不能采用，因为它们导致了马的步伐不够规范：使用小工具使马屈从（这可能产生一种不自然的前进方式）；快步急向前（步幅变小）；强迫马保持身体正直（失去步子的规律性或腾空期）。

　　如果任一常量缺乏或不足，那么马将无法控制动力。在日常训练中要经常审视常量。在每一次训练时，在热身过程中，使马重新具有接受和冷静，然后在进行需要所有常量的训练之前，先确保在灵活性训练中使马具有前进的意愿和保持身体正直。在比赛中，优先考虑变量（见第114~115页），因为马此时应该完全具备常量，无须骑手有所要求。

提升常量

接受	接受开始于马房和其他非骑乘活动。牵行、调教索训练和刷洗使人与马相互尊重，能够沟通和理解彼此。对于骑乘，舒适的马具和柔软灵活的骑姿是必不可少的。进一步来说，你要考虑马的智力，使它能做简单的动作、改变方向和转换步伐，马就基本接受了你。
冷静	冷静的基础是安全的环境，尽可能保证自然、有规律的训练，充足但不过量的喂养。在下达新的指令之前，你需要给予马充足的时间来适应。因为调教索训练是不断重复的，所以这很有用。同样有用的是暂停，经常休息，释放缰绳，让你自己冷静下来。不要滥用马的信任，也不要下达超出马自身能力的指令。
积极向前	如果马能理解什么是需要做到的，并且对自己的能力有信心，它就很愿意为人类做事。这是积极向前的基础。调教索训练表明年轻马或难以驯服的马需要积极向前。结伴出行、跳越障碍、跑步以及野外出行时同样需要马积极向前。同样，没有什么比温和热情的骑手更能鼓励马积极向前。
身体正直	任何四肢动物都无法保持身体正直。只能通过让马的身体两侧平衡发展，控制马的前躯，把整匹马作为一个运动整体来考虑。如果你自己身体不平衡，或者对马要求过高，那么马就无法做到身体正直。圈乘、蛇形骑乘和肩内练习是有用的。当被牵行时，确保马能向两个方向转向，身体两侧交替被引导。
步伐规范	为了保持步伐规范，马的背部必须连接为一个整体并能摆动。如果它背部僵硬，通过调教索训练、轻快步、轻骑坐跑步训练，再加上简单的练习，就能使它后肢深踏，并具有动力。一旦你这样做了，你所做的每项训练都必将使马养成规范的步伐，并不断改善。不能进行任何损害马的步伐、自然轮廓和前进方式的训练。

运用变量

任一变量都不会起太大的作用，因为变量之间互相影响。每种骑乘运动都需要特定的变量，而且为了得到更好的结果，每种变量都必须适合特定的运动。如果你考虑过这些变量如何成为一个整体、相互关联，以及如何运用它们，那么你将理解为什么它们是比赛成功的决定项。你还能将它们与你所做的常量培养联系起来。

方向、速度与动力

当你进行骑术训练时，或者当你压力很大时，你应该关注正确的方向和速度。如果你这样做，其他所有的事情都将变得有序发展。这种方法比较简单，对初级骑手来说非常有效，但对高水平的骑手来说效果更好，因为无论骑手选择什么样的速度，训练有素的马会自动产生正确的动力。

首先，如果常量不发挥作用，那马就无法产生可控制的动力，只能产生能量。这是一个事实，速度越快，马就需要越多的能量，反之亦然。然而，当马理解扶助，需要真正的动力时，就有可能只增大动力而不加快速度，这就是皮亚夫要求的（见第143页）。皮亚夫要求马在慢步时增大动力，直到它初次弹起，然后原地踏步。然而，伸长快步是速度最快

的快步，需要非常大的动力，中间快步需要较小的动力，而工作快步需要的动力就更小了。因此，在训练马的同时，降低速度来配合可用的动力往往比增大动力来得容易。

缺乏动力最明显的表现是步子的节奏加快和快步与跑步中的腾空期减少。在初级练习时，为了确保正确的方向、合适的速度和动力，需要做大量艰苦的练习。这样马将理解扶助，且能够参加相应水平的比赛，并为收缩和更高水平的训练工作做好准备。

精良的装备　像这样跳越障碍需要准确的方向、速度和动力，以产生正确的步幅和起跳点。盛装舞步训练也需要用同样的方法：你需要确定每项运动的具体变量

动力、平衡与时机

合适的动力和平衡是盛装舞步训练的核心所在。平衡是随时变化的，它将根据训练阶段和练习需要而进行调整。例如，发展收缩需要逐步改变马的平衡，这样它就能用后躯承载更多的重量（见第142~143页）。有了平衡，最终会使马在做皮亚夫时后躯下沉，以及热身时的水平平衡成为可能，不同的练习有不同程度的平衡。

合适的平衡主要来自合适的速度和动力——降低速度和提升动力。你先要做的就是使马在工作快步或跑步中放慢动作的速度，但是保持同样的动力，相对来说，这样马将拥有更大的动力。后来，随着马变得更强壮，你可以要求更大的动力。如果马没有足够的动力，总是会出现错误的平衡。例如，可以教马在没有明显后坐情况下做皮亚夫动作，但这不是自然平衡；换句话说，缺乏动力使马无法在皮亚夫中达到适当的平衡。同样，为了在缩短快步或跑步中取得更高级的平衡，必须要有足够的动力。

适当的平衡和动力为好时机奠定了基础。这是因为，如果马对扶助有真正的反应并接受，它可以把动作和步伐转换做到完美，从而形成高水平的表现。这是一种自然而持久的驯马方法，它使小工具变得多余。

德式训练法

德国教练将所有的盛装舞步训练都建立在六个基本要素上，它们分别是韵律、放松、联系、动力、正直和收缩。韵律是指步伐规范；放松意味着冷静和愉快；联系是指马接受腿部和缰绳联系；动力意味着跳跃和有所改进的腾空期；正直是指身体正直；收缩意味着身体的收缩。训练又进一步分成三个阶段：熟悉阶段，韵律和放松优先；承载力发展阶段，动力、正直和收缩优先；动力发展阶段，六个基本要素都要具备。右表显示常量和变量之间有着很强的联系。

提升变量	
方向	方向和身体正直是紧密相连的，所以控制其中一项的训练会提高另一项的水平。对方向的精确控制来自你的心态：允许有不足的心态会使你难以纠正错误。精确的控制不需要力量——你必须事先考虑并做足够的练习，以确保你有稳定的控制力。例如，考虑每一圈的每一段对骑乘来说很重要。
速度	速度的微小变化可以立即改变马的前进方式。与方向一样，它需要良好的沟通和使用清楚的言语，而非身体操控。你必须培养一种心态，也就是"准确的速度十分重要，我要不断优先考虑它"。第一步是有规律的、小小的改变速度，然后感觉和比较结果。
动力	具备了五大常量，你就可以在马运动时控制它的动力：用正常的训练方法（包括所有的缩短和伸长步伐）锻炼马的身体素质，训练之前要进行短时间的热身和柔韧性练习。骑手更高效的向前扶助和更自信的态度将变得十分重要。
平衡	这指的是平衡变化，而非失去平衡或保持平衡。要改变平衡，你必须能够轻易地调整速度和动力。骑乘较小的圆圈、步伐转换、侧向运动训练和有规律的休息时间将有助于控制速度和动力。利用渐进式训练开发马的运动能力，将改善它的动力和平衡状态。
时机	良好的感觉使你在正确的时间做正确的事情，因此它是好时机的基础。感觉来自以协调和合作的方式培养的使用扶助的能力，为此你需要在日常生活中分别练习使用双腿和手臂。这也有助于我们使用扶助，开始一项新练习或按不同的次序进行练习。

训练计划

制订训练计划，需要从长远目标来倒推。你可以用最好的方法来实现这些目标——每天设定一个训练小目标。制订合适的每周计划是基础，这样你最终可能达到最高水平。每匹马都不同，所以重要的是别生搬硬套；当你更好地了解马时，期望就会变得更合理。

长期计划

从长远来看，一切皆有可能。如果你一开始就以参加奥运会比赛为目标，那这是完全有可能实现的。但如果你只是心血来潮，那这个目标就不太可能实现。国际盛装舞步赛中，就有圣乔治大奖赛到中级一级和二级测试、大奖赛、特别大奖赛、配乐自选动作（库尔）等循序渐进的级别。配乐自选动作已经成为大多数锦标赛的亮点，盛装舞步赛骑手必须设计独特的动作，并找到合适的音乐，准备好马。参加如此高水平的骑乘活动，需要一定的付出——时间和金钱，一

旦下定决心，骑手常常会惊讶于目标的快速实现。

制订长期目标后，你需要制订一年的计划。有了坚实的基础，大多数马和骑手都能以一年一级的步伐进步，所以年度计划应该是你计划的一部分。你还应该考虑特定的目标，在教练的同意下写下来。盛装舞步赛分数总是以百分比表示，而总分是10分，这有助于使设定可量化的目标成为可能。总分（见第145页）尤其重要，因为必须始终优先考虑工作的质量。

短期计划

如果马进步了，它将需要每周在比赛场地进行4~5次的心理适应训练。一旦马安定下来，这项训练应辅以野外骑乘和跳越障碍训练，以及尽可能多的同伴陪伴训练。你能做的最有价值的事情就是有意识地制订每天的骑乘训练计划。骑乘训练可分为四个阶段：

- 热身和放松练习；
- 灵活性训练；
- 高强度训练；
- 缓和运动。

热身和放松练习有益于身心，需要15~30分钟。野外骑乘是最佳的选择，但如果马没有完成基础工作，调教索训练也是一种不错的替代方式。

马在热身时，以及更积极地开始工作之前，可以进行轻快步或短时间的跑步训练。如果马跑步时腾空比较好，或者你想跑得快一点儿，让马一直向前的话，应该进行跑步训练。如果马紧张并屏住呼吸，那么跑步也会很有用，因为这种步伐会迫使马每步都呼吸。你还可以进行大量的动作训练，可能的话进行偏横步训练。

下一步应该是针对马的灵活性的训练，这将需要15~30分钟。为此，马必须理解扶助（见第116~117页），连接背部。

初级水平　让一匹初级马做好训练准备，很可能比进入下一阶段更困难，也更有意义。这是因为这一阶段的训练是所有后续工作的基础

在进行圈乘和蛇形骑乘时使用工作步伐，结合渐进的步伐转换、稍微缩小和加大步幅，以及肩外和小角度的腰内训练。不要引入新的训练，也不要使马竭尽全力。即使是高级马，其训练时也会在欠发达的身体轮廓和不平衡的情况下进行。

初级马或是重新训练的马，灵活性训练之后安排缓和运动。而其他马在灵活性训练之后就可以开始更高强度的训练了。在2~5个长4~5分钟的练习之间要让马休息1~2分钟，只要马能保持冷静，你就应该让它在各种练习中都尽力发挥最大的身体潜能。在高强度的训练阶段，如果你做高度收缩的训练，要求马有最大的动力，那么完成这部分的练习后，马需在做缓和运动之前进行放松。

中级水平 骑手的正确位置、马良好平衡的身体，以及马接受骑手，意味着人与马已经建立起伙伴关系，准备好迎接更高级的盛装舞步训练的挑战

高级水平 即使是水平较高的马，有时也需要进行稍低水平的训练。马必须学会如何在做皮亚夫时后躯下沉

步伐转换

转换是一种步伐到另一种步伐的转变。从一种步伐转变为下一种步伐，比如从慢步转换到快步，这是渐进转换；如果省略中间步伐，比如从跑步到慢步，这就是直接转换；如果接着再变回跑步，就是简单转换。步伐转换也可以在一种步伐内进行，比如从中间快步转变到缩短快步。无缝转换要求转换前后马的服从以及高质量的步伐。

创造良好的转换

良好的转换是很有用的，因为它改善了马的动力和它与骑手的联系。为了完成转换，马必须理解扶助。步伐转换前要检查步伐质量，给予马正常的向前扶助，并期望它在接下来的步伐中立即做出反应。只要骑手有合适的速度和动力，再加上臀部的必要调整（见第103页），马就会完成所需的转换。在转换前后，马的步伐必须规范。为了清楚起见，下面将介绍更具体的扶助。例如，将你的外方腿轻轻向后挤压，再向前伸，作为跑步的指令。相反的动作（腿向前挤压，再向后伸）可以用来表示要转换为慢步。如果你使用正常的腿扶助，马就会明白这是转换为快步的指令。

快步到跑步 在快步中，马的内方后肢和外方前肢一起向前。利用腿扶助，骑手向马发出指令，马变成跑步，从外方后肢开始，接着是内方后肢和外方前肢，最后是领先肢（内方前肢）

开始快步

向马发出指令变为跑步

变成跑步

简单转换 此顺序显示的是简单转换，它指的是从跑步到慢步的转换（中间没有快步），然后又直接转为跑步。在转换之前，它需要一定程度的收缩。跑步以领先肢（图①）结束。慢步的第一拍是用外方后肢（图②）。迈出一步（图②、图③）后，马用外方后肢（图④）转为正常的跑步

骑手保持背部竖直，有助于马弓起背部

良好的圆润的步伐能够带来良好的转换

① ②

在慢步时能立即使用它的头和颈部

半减却

半减却提高了马的平衡力和对扶助的注意力，是一种短暂的、协调的、几乎不可见的扶助。骑手先用腿获取一点额外的推动力，再用抑制缰，告诉马不要向前走。再重复一次，让马向前走。把这半减却看作走一停一走的过程。在马理解扶助之前，你不能使用半减却。半减却的持续时间必须为1~2秒。刚开始使用半减却时，可以持续10~15秒，然后逐渐减少时间。

跑步到快步 在使用转换为快步的扶助之前，重要的是先让马的领先肢（内方前肢）回到地面。随后，快步的第一拍是外方后肢和内方前肢同时动作

开始跑步

完成一步后，发出快步指令

快步第一拍

3　骑手没有用腿向内挤压马体给予跑步扶助，所以马体能够保持正直

4　让臀部随着马的跑步而抬起或落下

5　步伐正确，但马在跑步时有一点儿紧张

转向和圈乘

圈乘是所有练习中最重要的，因为其他的练习都是建立在它的基础之上。圈乘也是提高马身体正直的基础，因为这可以帮助它学会身体两侧相同程度的弯曲。圈乘的扶助可以在所有训练中使用，圈乘会帮助你建立起易于马理解的扶助系统，这个系统也适用于调教索训练。

圈乘的扶助

圈乘的时候，最重要的是要看向你要去的方向，并确保你的臀部和马鞍都不会向外方滑落。为了做到这一点，你需要把些许重量放在内方。然后，用你的外方腿防止马移动到圆圈外面，同时用内方缰来实现弯曲。有了正确的弯曲，马的后躯很少会外摆。

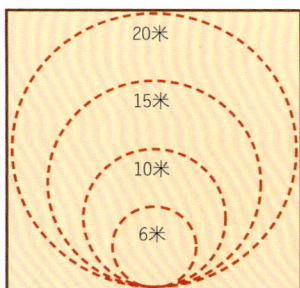

随着马的移动，看向你要去的方向

内方前肢和后肢在同一蹄迹线上

20米

15米

10米

6米

标准的圆圈

较大和较小圆圈的骑乘 当你开始训练初级马时，最好进行大量的直径为20米和15米的圆圈的快步和跑步训练，以及少量的直径为10米的半圆的快步和慢步训练（见上图）。右图的骑手正在练习骑过直径为10米的圆圈，用锥筒来引导马。她用外方腿来控制马的弯曲（图a），并保持良好的缰绳联系（图b）

实现正确的弯曲

在圈乘时，沿着蹄迹线走是最重要的。尽管想象外方有一条线（图a）是一种自然的事情，但这也有风险，马有可能偏离原来的路线。这是因为马的前躯比后躯窄，这样它就会自动把前躯悄悄地放在圆圈的外面。为了改善这点，许多骑手会把想象中的线看作是马的脊柱（图b），但你要控制马的肩膀和身体正直的更好的方法是在圈乘时想象你的内方有一条线（图c）。这将自动使马的肩膀略朝内，并形成正确的弯曲。

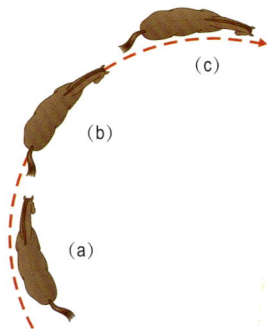

(c)

(b)

(a)

使用你的内方腿来要求动力，外方缰和声音来控制速度。这些是所有训练使用的必要的扶助。

保持正确的弯曲

所有的圈乘应在你想象的一条内方的线上（见左页下框）进行。这有助于解决两个常见的问题：由于马的前躯到了圆圈外方，骑手会无意中歪歪扭扭地骑在马上；大多数马靠近场地边缘。把锥筒放在圆圈内，有助于你养成想象内方

暂时将双手移到内方，以确保肩部在圆圈的内方

允许马使用它的头部和颈部

蹄迹线的习惯。有了锥筒作为向导，你会发现你的手有时会自动向内移动一点点，而非向后拉。这会鼓励马将前躯停留在圆圈的内方，也可以避免你频繁使用内方缰——否则会造成马的颈部过度弯曲。

所有的马在弯曲时某一侧总是比另一侧更灵活，所有的骑手都必须努力使马僵硬的一侧变得更为灵活。你的扶助要清楚，但不要强迫马改变弯曲。首先，所用的缰绳必须使马感觉舒适；然后，让它理解扶助；最后，使用更硬的缰绳。

骑乘较小的圆圈可以短期改善马的弯曲、灵活性和初级收缩。然而，如果你在马拥有足够的收缩和灵活之前尝试骑乘较小的圆圈，你就会迫使它缩小步幅，摆动后躯，或者斜着移动整个身体。但是，随着马的收缩（见第142~143页），你将轻松地骑完一个直径6米的圆圈。

（a）骑手的外方腿阻止马的后躯移动到圆圈外

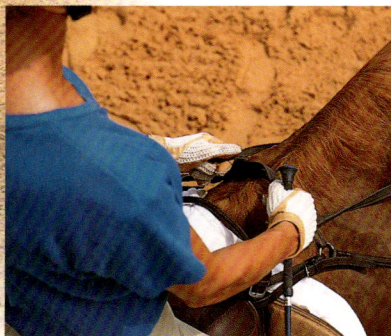

（b）骑手灵活的手臂和平稳的缰绳联系形成有效的缰绳扶助

拐角和弯曲

骑乘拐角是圈乘的一部分。因此，圈乘时的圆圈大小说明了你骑乘拐角的水平。反过来，能骑过的圆圈的大小又取决于你的骑乘能力和马的学习水平。最有用的训练是蛇形骑乘，圆弧连接在一起形成蛇形骑乘路线。这种路线要求你不断转弯，能有效提高马的灵活性，使其身体正直，有助于骑手保持骑姿，这些对直线骑乘也很重要。

改变弯曲

当你改变骑乘方向时，首先要做的就是计划好你的路线，你要决定蛇形骑乘的路线；然后看向你想去的方向；最后逐渐减少现在的弯曲角度。当你开始这样做的时候，想象你自己已经改变了方向，在新的弯道上前进。通过这种思维方式，你会发现你能自动地使用一些扶助，使马向反方向弯曲：内方缰控制方向，外方缰控制速度；外方腿控制马的后躯，内方腿控制马的动力。

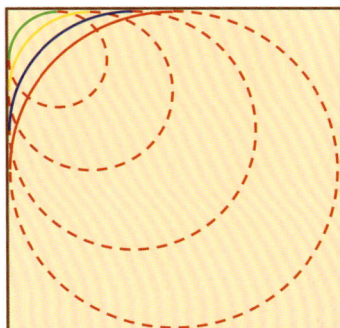

蛇形转弯

不是直线骑乘而是向右拐

弯向左边

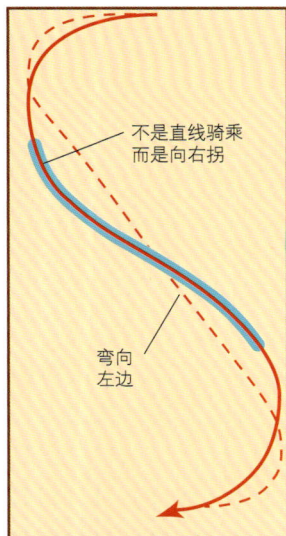

骑乘蛇形路线时改变方向　直线最难骑乘，所以改变方向时先向相反的方向转，慢慢回正后，立即开始向另一个方向转

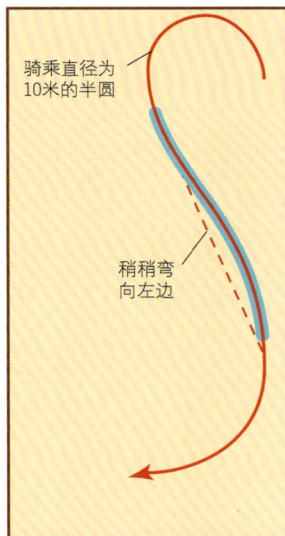

骑乘直径为10米的半圆

稍稍弯向左边

半圆和蛇形　一旦开始转弯，你就很容易拉紧缰绳。先骑乘直径为10米的半圆，改变方向将变得更容易

拐角　初级马在跑步通过拐角时只能跑出直径为20米的圆圈上的弧线，而在中间慢步时则能轻松跑出直径为10米的圆圈上的弧线。马要经常做拐角训练，但要始终保持步伐的质量

你应该慢慢将身体重量移到新的弯道或者圆圈内方，要自觉地将缰绳从你所在的路线内方变到你将要骑的路线内方。刚开始时，你必须集中精力做这件事，但通过练习你会很自然去做。

蛇形路线

蛇形路线（见右页）有三个优势，这使得它成为年轻马和初级骑手改变方向训练最有用的路线。

首先，蛇形路线鼓励你频繁地转弯，因为这种路线对马来说很舒服，而且易于骑手骑乘。弯道的频繁变化是很有用的，因为这会鼓励在横向弯曲时马的主要肌肉群交替收缩和放松（见第132~135页）。这有益于改善马的灵活性，防止它肌肉疲劳和僵硬，并且骑手用一条缰绳就可以实现。

其次，蛇形路线没有直线。这一点很重要，因为直线骑乘可能是最困难的事情。直到马两侧均衡发展，你才能开始正确地骑直线。然而，如果你用圆圈和蛇形路线来使马循序渐进地改变弯曲，将使马两侧均衡发展，并使它有可能直线前进。

最后，最重要的是，蛇形路线可以使你逐渐减小弯曲，然后逐渐进入新的弯道。当在传统8字形路线（见下图）上改变方向时，必须立即从一个方向转到另一个方向，这样难度更大。

循序渐进地改变弯曲可以更容易地控制马的肩部。如果马的颈部突然弯曲或者弯曲太多，很有可能它的肩膀会微微向外移动，然后肩部继续往外掉。通过慢慢改变弯曲，减少了发生这种情况的风险。此外，你还会有时间专注于弯曲时的内方线。在一段时间内，这将有助于把马的肩部定位在内方一小片区域，消除肩部向外方翻的常见问题。许多大师级驯马师一直都在谈论骑手们的"肩前的思维方式"。定位于内方，并想着肩前会产生相同的结果。

黄金蛇形路线

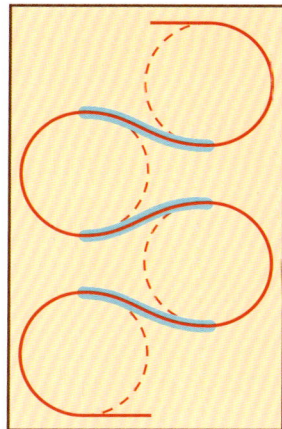

这种蛇形路线需要与三圈蛇形路线相同的直径为13.3米的半圆。但是，黄金蛇形路线需要更宽的场地——约25米。它又多了一圈，更容易通过，而且益处更多。额外的场地宽度给你更多的时间来逐渐减少弯曲程度，然后逐渐进入新的弯道。初级马的前躯往往会在通过半圆时滑到外面，但它会在新的弯道上处于正确的位置。你也可以在进入新的弯道时，将双手向内移动5~10厘米，以使马保持在正确的路线上。

蛇形路线

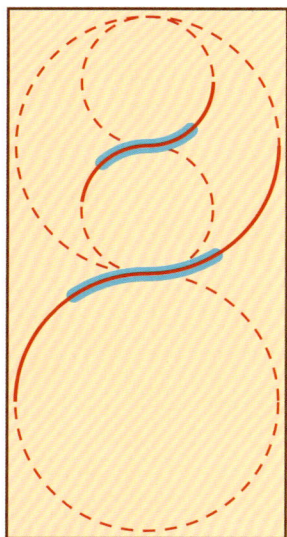

8字形　8字形转弯十分困难，因为它要求马立即从一个方向转向另一个方向。折中方法是直线骑乘变换步幅

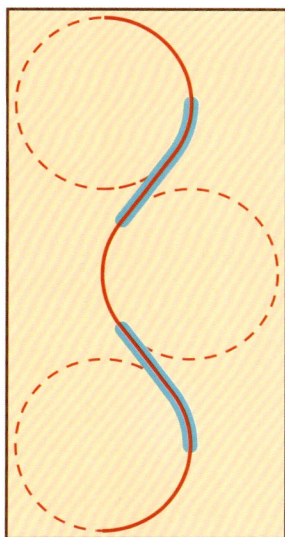

三圈蛇形　即使三个较小的、直径为13.3米的半圆，也比两个直径为20米的圆圈更容易使马改变方向。通过这些圆圈时马有更多的时间减少弯曲程度，进入新的弯道

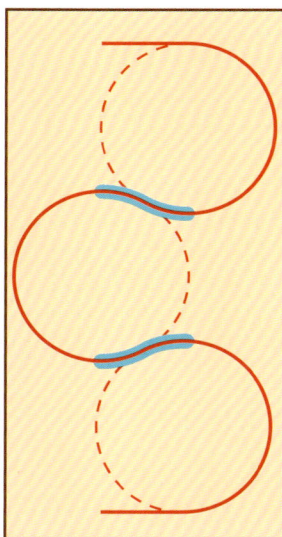

浅环　这种路线在中心线上或在场地的长边上，并不像它看起来那么简单。它有两个弯道的转变，比之前三圈蛇形路线所需的时间更短

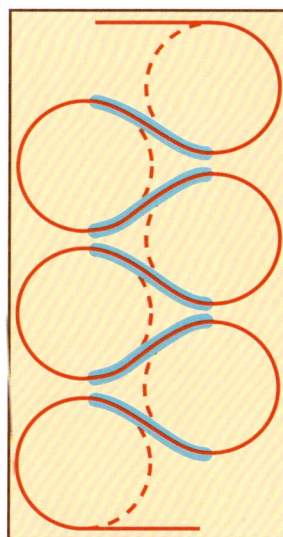

灯泡蛇形　这种蛇形路线对马来说是种非常重要的灵活性训练，并使骑手便于控制方向和速度。如果马改变弯曲太慢，需要在重新进入蛇形之前要完成直径为10米的圆圈的骑乘

直线骑乘和弯曲

初级马和初级骑手训练良好的关键标志之一就是能正直向前。当你骑过比赛场地的中心线时，如果你的身体和手是歪斜的，那么你在外侧蹄迹线上直线骑乘更为困难。直线骑乘和弯曲必须一起训练，因为正确的弯曲有助于马体正直。当你开始将圈乘和直线骑乘结合在一起时，你就可以开始练习盛装舞步动作了。

沿外侧蹄迹线骑乘

在所有的骑乘路线中，最难的是外侧蹄迹线（靠近比赛场地边缘）。比赛场地的挡板或者训练场地的墙壁，似乎对马有磁场影响，促使马的前躯稍稍向外。马的前躯比后躯窄，这就加剧了这种趋势。当沿着比赛场地的拐角骑乘时，因为马有太多的弯曲或者通过拐角的方式不合理，骑手的身体歪斜也很常见。

马沿着外侧蹄迹线行进时，首要的是保持肩前（见右页方框）的姿势。骑手也必须要记住完成每个拐角的骑乘。所以，当马的前躯开始沿着比赛场地的下一条直边前进时，骑手要让马继续转弯，直到后躯也到同一直线上，并且前躯稍微向内。

沿中心线骑乘

只要马的身体两侧均衡发展，你就能保持正确的骑姿，就可以直线骑乘了。然而，当沿外侧蹄迹线骑乘时，要想做到这一点，你可能仍然需要考虑使马做肩前动作，或者骑姿稍偏向内。

当你沿着比赛场地的中心线骑乘时，你要一直试着向前看，朝着一个固定的方向前进，而非像走钢丝一样，试图把

直线

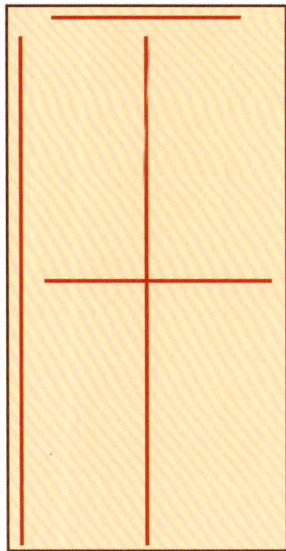

基本线　在外侧蹄迹线上直线骑乘比在中线和中心线上骑乘要困难得多

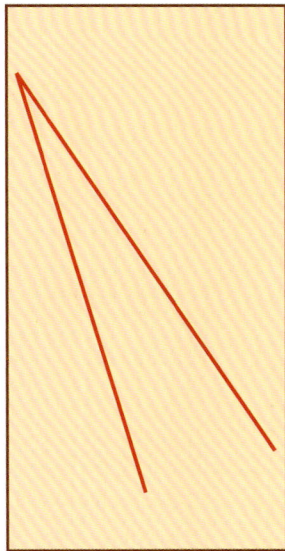

长对角线　如果马紧挨着蹄迹线，很难开始走这些线。你必须想着"肩前"来完成这些训练

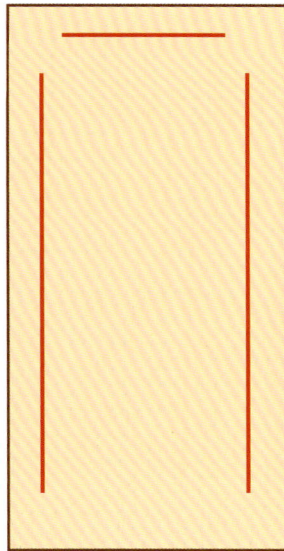

内侧蹄迹线　马将在内侧蹄迹线上直线向前。在内侧蹄迹线上骑乘有助于使训练更多样，所以尽可能多地使用它

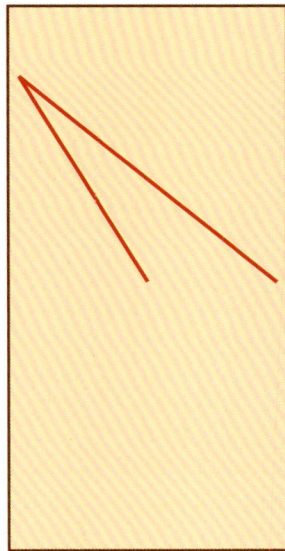

短对角线　这些更难开始和结束，因为肩膀向外翻的可能性更大

马控制在一条线上。任何时候，如果马走直线，那它的前躯将移到它最喜欢的一侧，所以野外骑乘时，你尤其要注意这一点。一般来说，通过使马放正前躯来让马身体正直，而非试图推它的后躯。这更容易，也能避免马产生困惑；试图推后躯来使马身体正直，会使扶助系统变得不一致。

强迫马走直线是最不可取的，因为这不可避免地会让马抽筋并限制马的步伐。因此，从工作快步开始训练，因为工作快步的节奏非常匀称，它的规律性最不可能被打破。然后，可以在慢步的时候做更多的动作，但要小心保持马的头部和颈部的自然运动。在马跑步时要特别小心，因为它在做长时间弯曲时有可能身体歪斜。逐渐地纠正问题，并不断地将快步、跑步、改变方向、圈乘和直线骑乘（见下图）结合在一起训练。

直线和转弯

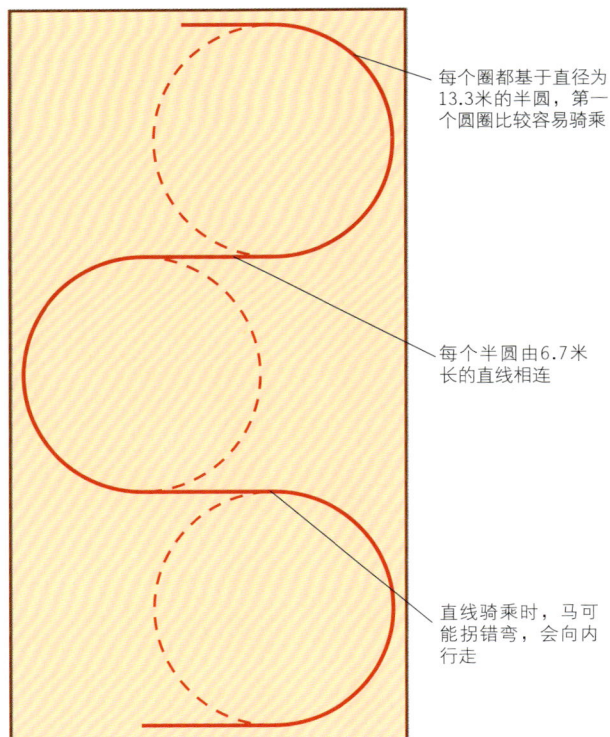

每个圈都基于直径为13.3米的半圆，第一个圆圈比较容易骑乘

每个半圆由6.7米长的直线相连

直线骑乘时，马可能拐错弯，会向内行走

三圈蛇形带转弯的直线骑乘　这种路线通常需要在40米×20米的场地内进行，比灯泡蛇形更难，因为这种路线需要在半圆之间直线骑乘近7米。马常会误判方向，然后拐错弯

肩前

结合蛇形骑乘和圈乘，肩前练习有助于马体正直。做肩前练习时，马的前躯会稍微向内，而后躯仍保持在蹄迹线上。没有足够的弯曲就不能做到这一点。所以，如果通过拐角时还保持这个姿势，过拐角的时间比正常时间长一点儿。随后，沿着蹄迹线走时，你要控制着马的肩膀，在必要的时候把你的手移动到内方或外方。肩前主要是马控制肩部的练习，但这也会使它内方后肢承受更大的重量。图中，马的腿在四条不同的蹄迹线上——外方后肢、外方前肢、内方后肢、内方前肢。这为肩前骑乘所需要的角度给出参考。

用你的内方腿命令马向前，而不是向一侧

用你的外方腿阻止马的后躯外摆

偏横步

　　"侧向运动"这一术语是指马的前后肢在不同蹄迹线上运动，包括肩内、腰内、腰外和斜横步。侧向运动的基础练习是偏横步，马的四肢服从于骑手双腿，同时向侧方和前方移动。马在慢步和快步时可以做偏横步，但不能在跑步时做。与之相关的练习是定前肢旋转：马在慢步时，它的后躯围绕前躯旋转。

侧向运动

　　偏横步是所有自然训练的基础，常用于初级马和需要重新训练的马在练习侧向运动之前。它还用于热身，在马准备做收缩训练之前，有利于马放松和提高马的接受性。

　　在偏横步练习时，骑手要将一条腿向后移一点儿，以使马体正直。随后，马会侧向退让，以减轻你的腿部施加给它的压力，同时向前走。随着马的退让，它一侧两肢分别在另一侧两肢前交叉。最初，有必要让马通过练习定前肢旋转来让后肢交叉（见下图），这时马的后躯（而非全身）会避开骑手双腿施加的压力。为了减轻马前

定前肢旋转

　　从慢步开始，降低速度，然后把你的右腿向后移一点儿，轻拉右缰使马向右弯曲。马将避开你的腿部施加的压力，从右向左移动后躯，前肢则在一个直径为0.5米的圆圈中移动。

偏横步　图中马慢步从右向左移动，从场地3/4线向外侧蹄迹线移动。骑手要求马避让她右腿的压力时，马体近乎正直，除了颈部（图1）稍有弯曲。她坐得笔直，看向自己想去的方向（图2、图3）。如有需要，骑手的右腿还可以稍微向后移（图4），让马的后躯移动得更多些。在靠近比赛场地挡板前，骑手完成练习，并在内侧蹄迹线上向前骑乘（图5、图6）

肢的压力，最好让它慢步，直到它完全熟悉动作。

偏横步的训练地点

训练场地中有许多地方可以进行偏横步训练。但因为马喜欢走向场地的边缘，你可能发现从3/4线（见第98页）向比赛场地挡板方向练习偏横步最为容易。你也可以反方向，向远离挡板的方向进行偏横步练习，但大多数马起初都会不太配合。最常见的偏横步是沿着场地的长边进行，马体与比赛场地中心线的角度大约为35°。马的后躯沿着场地的长边前进，并且前躯朝向场地内方运动。反过来也行，马的头部朝

向挡板，后躯朝向场地内方，尽管这有助于控制马，但经常会让马感到困惑，特别是在刚开始训练的时候。这两种不同的偏横步也可以在训练场地的对角线上进行。要做到这一点，骑手应该把对角线想象成场地的长边。

有一种不同的偏横步是沿小圆圈前进，然后沿一个大圆圈进行侧向运动。马很乐意这样做，因为大圆圈的训练比小圆圈的更容易，但它不是经典的偏横步，因为马将向圆心稍微弯曲。还有一种不常见的偏横步是马体与圆圈成一定的夹角，后躯始终在圆圈的外面，这需要后肢向侧向运动的幅度更大，以便跟上前肢的动作。这个动作和定前肢旋转相似，两者之间有紧密的联系。

右侧肢与左侧肢交叉

缰绳避让

缰绳避让类似偏横步，是一种基本的接受练习。一旦将马教会，骑手则很少使用，除非马需要更好的接受。一条缰绳上压力增大的同时，另一条缰绳上的压力会减小（见下图）。当马避让缰绳压力（甚至很轻微）时，你可以将给缰当作奖励。随后用两侧缰绳恢复正常的缰绳联系。最好是在慢步或快步时偶尔做这种练习，不要持续地做，否则马可能在前进时东张西望。

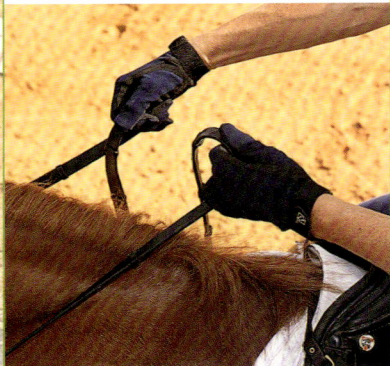

肩　内

　　肩内意味着马在前进时，前躯向内，马体均匀弯曲。当弯曲角度较小时，肩内更多的是一种肩部的控制运动。但是，随着训练的深入，肩内还能改善收缩，因其使马的内方后肢承受了更多的重量。当你在练习肩内骑乘时，收缰和给缰是一种很好的训练方式，使骑手保持柔软、灵活的缰绳联系。

肩内　俯瞰图（见左图）清晰地显示出马在后肢不向外移动时，它的肩膀是如何向内弯的。这里的弯曲度相当于马通过一个直径为10米的圆圈时的弯曲度，马体与圆圈的夹角约为25°。后躯的位置在蹄迹线上——马体弯曲的程度比角度更重要。只有当正确的弯曲与正确的位置相结合，马的内方后肢才会在马的身体重心之下

运用肩内

　　大多数的马在行进时都有前躯朝外的情况。这种情况在两侧都会发生，尽管一侧的错误可能比另一侧的更严重。这常常在训练场地骑乘时被证实，因为马往往会靠近挡板，而且正如之前提到的，马的前躯比后躯窄会加剧这种情况。

　　为了让马体正直，你需要在不牺牲步伐质量的情况下，使它的前躯在后躯正前方（如果你强迫马体正直，它的步伐就会变得僵硬）。肩内练习非常有用，因为它能使骑手更好地控制马的前躯。除了作为马体正直的练习之外，肩内也是有用的收缩练习，因为马沿着身体的中心线前进时，内方后肢要承受更多的重量。这些优点意味着，如果练习肩内或肩前（即更小角度的肩内），那么几乎所有的其他动作都能得到改善。肩内通常用快步练习，因为这种速度使马保持动力更为容易。

肩内的角度

　　保持步子的质量比保持特定的肩内角度更为重要。角度将取决于马的弯曲程度。假设一匹马在通过直径为20米的圆圈时，你可以使它的前躯与圆圈内方的夹角为10°左右，以达到一个小角度的肩前；通过直径为15米的圆圈时，使马以20°的夹角来做肩前；通过直径为10米的圆圈时，使马以25°~30°的夹角完成肩内。如果角度太大，马的后躯就会转向外面。这会产生相反的效果，因为马的后躯必须保持在蹄迹线上，否则内方后肢将向外移动而非向马的身体中心线移动。肩内时，马的前肢通常只是在后肢内方。

针对肩内的扶助

你可以从训练场地的任一边角开始肩内练习。练习时，经过拐角的时间要比通常所需的时间长，直到马的前躯稍微向内。随后，用外方缰防止马沿着圆圈继续前进，同时将你的双手暂时移到外方，以表明肩内是必须做的。像往常一样用你的内方腿示意马继续向前。重要的是，你不要用内方腿将马向侧方推，因为这就变成了偏横步练习。如有需要，你的外方腿可以阻止马的后躯向外，而你的手可以暂时稍微内外移动，以保持马的肩膀位置不变。你的重心应该保持不变，鞍座不能向外滑动。

倒退

在倒退时，这匹马向后移动了3~5步，它是用对角肢移动。要小心地进行这项练习，因为强迫容易使它对角肢受伤、缩短颈部和错误地理解指令。从立定开始，温柔地命令马慢步向后，但不允许用手，以防它向前移动，然后马就会倒退。从倒退一两步开始练习。起初，你可以通过稍微向后移动腿来补充这些扶助。最后，前进并给予马奖励。

收缰和给缰　在马走一两步时要给缰，再收缰，随后开始正常的缰绳联系，这样你可以测试马的自我承载能力。给缰的时候，马应该保持其平衡和轮廓。这是一种非常有用的练习，可以用来提醒骑手和马，缰绳联系是一个沟通点，而非支撑点。给缰还可以作为一种奖励，这种做法不仅用在训练时，也可以用在比赛时

放松缰绳后，将双手移动到马的颈部，直到没有缰绳联系。马会将这看作一种奖励

空中换腿

空中换腿是指马在跑步时，改变领先肢。这并非人为指使，而是马的自然动作。如果空中换腿在特定的步数之后重复，则被称为连续换腿。对空中换腿的扶助与从快步转换到跑步是一样的，所以如果马能够理解扶助，并且跑步质量良好，那么任何水平的骑手都能使马做这个动作。

独立换腿

在马完全理解跑步扶助或者学会直线跑步之前，不要尝试让它空中换腿，否则它在改变领先肢的时候会侧向跳跃。它必须能够在跑步时达到第一级的收缩，并乐于反跑步（见下图）。场地障碍赛选手在障碍之间利用空中换腿来改变他们的方向，通常比盛装舞步赛骑手做得更好。以他们为榜样，用较轻便的骑姿开始独立换腿更为有效。

要有耐心，先练习反跑步——紧张和期望会起到反作用。如果你骑马跑步穿过训练场地，在对角线上改变方向，马可能很容易完成换腿。但下一次在这种场合，它可能期望这个练习或者变得兴奋。先在训练场地上反跑步，然后在准备好，马也很冷静的时候，发出换腿指令。让马体正直，

独立空中换腿　以马向左跑步开始，骑手给出换腿扶助。马在腾空期完成空中换腿，落回地面，跑步向右，并且左后肢开始第一步的第一拍

两步空中换腿　这五步的落蹄顺序展示了两次两步空中换腿——迈步、换腿、迈步、换腿、迈步。马跑步时时的领先肢是右侧肢（图①）。骑手用外方腿给出换左侧肢的扶助指令（图②）。马在跑步时以左前肢为领先肢（图③），骑手给出换右侧肢的扶助指令（图④）。马以右侧肢结束跑步（图⑤）

①

骑手用右腿给出空中换腿的指令

②

在马空中换腿后，将小腿放回正常位置

③

反跑步

在开始空中换腿练习之前，马要学会反跑步。实际上，反跑步是故意用错误的四肢顺序跑步——马的外方前肢为领先肢，而非内方前肢。例如，向左前进时，它会用右前肢作为领先肢。要想以反跑步经过比赛场地的拐角，需要马在跑步口有一定程度的收缩。必须确保马始终保持稍微向外弯曲的姿势，这有助于它理解反跑步是必需的。此外，骑手的重心要稍向马的领先肢那侧偏一点儿。如果你要让马在特定的步子中进行空中换腿，而不是让马自己选择时间换腿，那么进行反跑步练习是必要的。右图是一些反跑步的练习。

反跑步　去向左边，马的领先肢为右侧肢

练习1　在回到反跑步的路线上时，骑乘直径为10米的半圆

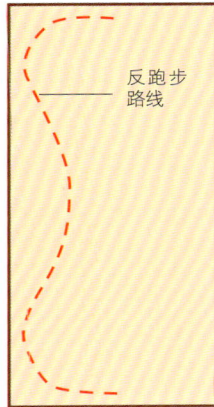

练习2　一条长5米的跨线对于反跑步的预备性训练很有用

然后想象马在新的方向上快步，用你的外方腿要求马跑步，接着立即给予奖励。换腿的步幅应该和跑步时的步幅相同。

连续换腿

如果你花费大量的时间要马做高质量的独立空中换腿，那么连续换腿将变得相对简单。两步连续空中换腿都是在第二步时换腿（见下图）。因为换腿也被视为正常的一步，实际上，每次换腿之间只有一步。而独立空中换腿，每一步都有一次空中换腿，所以在每一步时都要给予马下一步换腿的扶助。先做两次五步的连续空中换腿（每五步做一次空中换腿），然后跑十步，再做一次五步的空中换腿；随后重复。开始在两次空中换腿之间省掉步数，直到你最终完成四次五步的连续空中换腿。为了帮助你集中注意力和保持节奏，每一次空中换腿你都要数。在五次三步空中换腿中数每一次空中换腿，以及每一次空中换腿后的两步："一、二、三；二、二、三；三、二、三；四、二、三；五。"

用左腿给出空中换腿的指令

在空中换腿时，马的颈部始终保持正直

腰内、腰外与斜横步

　　腰内、腰外与斜横步都是同一动作的变体，都要求马同时向前方和侧方移动。然而，它们是在训练场地的不同地方完成的。如果做得好，斜横步十分规整且令人印象深刻，但它需要马对动作有很好的理解，因为角度稍有变化，就会对步伐的规律性和动力水平产生不利的影响。做斜横步练习的关键是，一开始要像腰内那样行进。

腰内与腰外

　　在尝试斜横步之前，你要做好腰内练习。腰内可以被认为是肩内的反向动作，因为它需要马的后躯向前方、向内方运动（见右图）。马将正直地朝蹄迹线上看，这样其前躯就会与挡板成直角。它的头部到后躯弯曲，使得后躯转向内方。因为它的弯曲是从颈背部开始，所以前肢也微向内移。

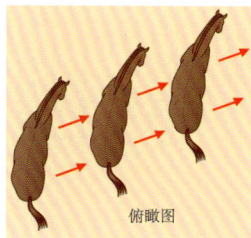

俯瞰图

右斜横步　这是一种高级斜横步，但动作的质量比角度的精确更重要。如果马摇摇晃晃或者步幅不均匀，你可以通过减小角度来让练习更容易

使马向右弯曲，将你的外方腿后移一点儿

用你的外方腿使马向侧方移动，用内方腿使马向前方移动

如果继续移动时，马的步幅有规律且平稳，那它将能保持动力

将你的身体保持在前进方向上，图中马鞍略向左偏了

为了改变弯曲，骑手要想象在做肩内练习，然后向前骑

这种弯曲程度是类似于通过直径为10米的圆圈，角度大约是30°。但你应该从一个更小的角度开始训练。

要开始腰内练习，先使马沿训练场地的短边以慢步进行一定程度的收缩练习。随后通过拐角，使马形成腰内练习所需要的弯曲。当马的头部接近比赛场地的长边，后躯仍然在拐角处时，用你的外方腿来使马保持后躯姿势不变；然后使马沿着长边前进，继续保持后躯向内。一旦马理解了练习，就可以以快步进行练习。始终记得在整个练习过程中保持快步的规律性。

与以往一样，用内方缰控制方向，外方缰控制速度，外方腿控制马的后躯，内方腿控制动力。在这个练习中，外方腿是最重要的扶助。你要将身体稍向内倾；避免滑到外方——这是最常见的姿势错误。马的颈部很容易弯曲，所以要用外方缰来控制弯曲度，做出一切必要的改变来防止出现这个问题。

腰外与腰内本质上是相同的动作，只是在训练场地的不同位置。所以，你可以想象一下正在做腰内的马，被转移到训练场地的另一边，这就是腰外。马所采用的姿势是相同的（见右图）。在腰内练习中，马的前躯在外侧蹄迹线上，后躯朝向内方，大部分身体向内弯曲；在腰外练习中，马的前躯在内方蹄迹线上，后躯朝向外方，大部分身体向外弯曲。腰外在让马的肩部远离外侧蹄迹线上具有很大优势，所以应该经常用来代替腰内。

做腰外比做腰内考虑得更多。你可以在进入拐角后转一个浅浅的弯，一旦马开始弯曲就开始腰外，或者以进入蹄迹线内的姿势开始练习。最好的方法是做肩内，然后保持马在相同角度的同时，改变弯曲。

斜横步

斜横步的关键是一开始就要像腰内那样行进。为此，想象一下训练场地旋转了一下，它的长边与现在场地的对角线平行（见右框）。然后，在斜横步练习之前通过拐角，确保马沿着对角线看时，才开始斜横步练习。这样，马就永远不会后躯领先（常见错误），你会发现保持马体弯曲很容易。为了确保马在斜横步中保持足够的动力以及步伐水平，再次用斜横步前进之前，将弯曲角度变小，一次只前进几步。随着马水平的提高，马体与前进路线之间的角度要大于30°。此

时，斜横步略有不同，因为虽然角度增加了，但弯曲程度不变。它会导致马不能朝前进方向看（见左页大图）。如果它能看向前进方向，那说明它弯曲得太多了。当角度增加时，确保马的对角肢侧向移动的距离相同，否则它的步伐就会变得僵硬。

斜横步和腰内

腰内是最简单的练习之一，因为马保持一致的弯曲程度和角度相对容易。然而，当马以斜横步前进时，它往往会以后躯领先，无法保持姿势。因此，骑手想象自己在做腰内是有帮助的。如果腰内的角度增至30°以上，那么马将无法直看向蹄迹线。这也是一种高级斜横步的姿势。

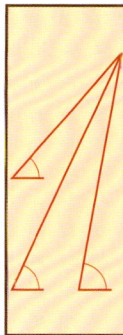

斜横步的角度

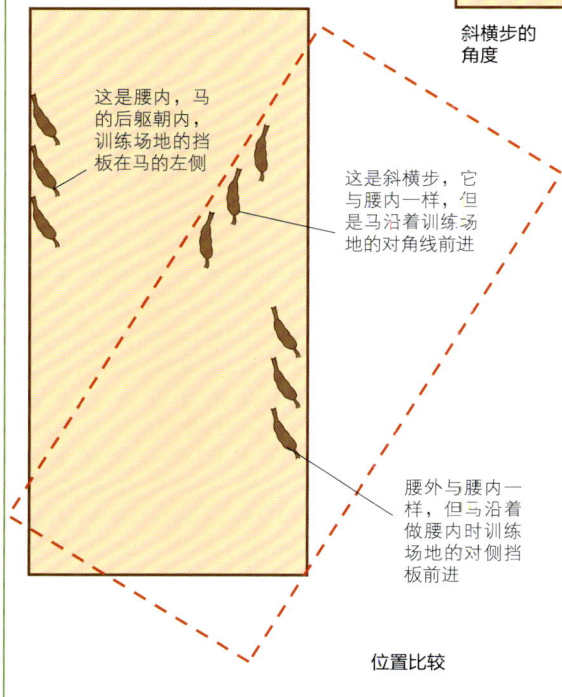

这是腰内，马的后躯朝内，训练场地的挡板在马的左侧

这是斜横步，它与腰内一样，但是马沿着训练场地的对角线前进

腰外与腰内一样，但马沿着做腰内时训练场地的对侧挡板前进

位置比较

定后肢旋转

定后肢旋转是指马的前躯绕着后躯转动，而后肢几乎保持在同一位置。这是一种代表马有良好水平的经典动作，十分精彩。这种动作需要高于正常水平的收缩，以便马稍微降低后躯，以减轻前躯的压力。跑步定后肢旋转要以慢步定后肢旋转为基础，从马服从基本扶助开始练习。

慢步定后肢旋转

慢步定后肢旋转要求马有一定程度的收缩。就像做腰内开始时一样，马的后躯要向内（见第138~139页）。开始时要远离蹄迹线，在慢步时稍微收缩。马的身体向内弯曲，相当于使马走过一个小小的圆圈，你的重心要偏向内方一点儿（图1）。然后，使马保持腰内姿势但前躯直接向内方移动，将你的双手移向内方再放回原位。用你的外方腿控制马的后躯（图2）。在整个动作过程中，注意不要让身体向外滑动（就像图3那样）。使马定后肢旋转几步后，前进，随后给马奖励。当它水平更高时，它的后躯将在一个地方停留更长的时间。你可以停止做腰内，想着用外方腿阻止马的后躯向外移动。

你可能发现在方形场地上骑乘很有用，在每个拐角都可以做90°定后肢旋转。然后，你还可以在三角形场地里骑乘，在三个拐角处做120°定后肢旋转。

跑步定后肢旋转

跑步定后肢旋转是一种非常高级的运动。它要求马在跑步中高度收缩（见第142~143页）。刚开始练习时可以让马在一个圆圈内以腰内前进几步，随后慢慢缩小圆圈，直到最后能做一两步的跑步定后肢旋转。很少有马能在跑步时保持腾空期，但经过良好训练，也是可以做到的。

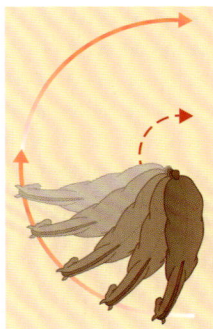

慢步定后肢旋转 首先，让马的后肢沿直径为1~3米的圆圈走几步；然后，在几个月的时间内逐渐缩小圆圈。马的步子必须保持正常的慢步规律

跑步定后肢旋转 来自德国的妮科尔·乌普霍夫和她的马伦勃朗正在做跑步定后肢旋转。要完成360°转弯，这匹马需要跑6~8步。缰绳联系必须轻盈，否则马就会坐于后躯，无法保持合理的平衡。这需要马能高度收缩（见第142~143页），只有经过几年循序渐进的训练才能做到

收缩与伸展

缩短步伐和伸长步伐分别被称为收缩和伸展。在马熟悉了工作步伐后，可以使其先开始稍微缩小步幅，再加大一点儿。随着马的动力和承载能力的增加，这种缩小和加大步幅导致了真正的缩短和中间步伐，最终达到高度缩短和伸长步伐。如果马始终是轻松自如的，那么这说明训练效果显著。

缩小与加大步幅

在缩短步伐中，马的步幅较小，后肢要承受更多的重量，而在中间步伐中，马的步幅会更大。步伐的节奏应该始终保持不变，每一步的落蹄顺序也应保持正确。要做到这一点，马就必须降低缩短步伐的速度和加快中间步伐的速度，并且不能失去足够的动力控制。这只能在马接受、冷静、积极向前和身体正直的情况下才能实现。良好的收

缩是由轻盈的缰绳联系实现的；伸展是指步伐的质量。中间步伐尽可能大也可以实现伸展，但这将无法区分中间步伐和伸长步伐，它们之间应该有明显的区别。马是不一样的，所以很难一概而论。慢步、快步和跑步的中间步伐与伸长步伐的步幅差分别应为20厘米、30厘米以及60厘米，区别明显。

这同样适用于区分中间步伐和工作步伐、工作步伐和缩短步伐（见第112~113页）。

马的颈部变短，但它更自在轻松

中间快步　良好的中间步伐或伸长步伐会使马弹离地面，使它看起来就像在工作步伐时一样毫不费力。高水平动力的需求让运动能力变得至关重要

后肢深踏带来了更高级别的平衡

后躯产生的力量使前躯更轻盈

高级收缩

随着收缩程度的提高，马的"站立时间"（四蹄接触地面的时间）会变短，腾空期会变长，这有时被称为节奏。有了节奏，马就会从地面上弹离，并且四蹄变得轻盈。

收缩的最高等级是高度收缩。高度收缩最容易在快步中得到提高，要从慢步开始练习，因为马通常在慢步时比较冷静，而且没有平衡问题。增加更多的动力，但不要让马快步向前，直到它自然地跳上几步缩短步伐（称为半步）为止。重要的是，这些步伐和平常的快步一样，对角肢有一段腾空期。这是皮亚夫的开始（见下图）。尽管缩短快步可以发展为帕萨基，但马照样可以从皮亚夫向前发展成帕萨基。最重要的是，要时刻注意步伐的一致性和动力。这些高级动作从来都不是技巧，而是基础动作的合理发展。

高级伸展

高级伸展是力量和轻盈的表现。它源于良好的收缩、动力和运动能力。记住，不是所有的马都有伸长快步所需的运动能力。高质量的伸长快步不难做到，因为马将通过背部来保持柔软和灵活。

组合训练

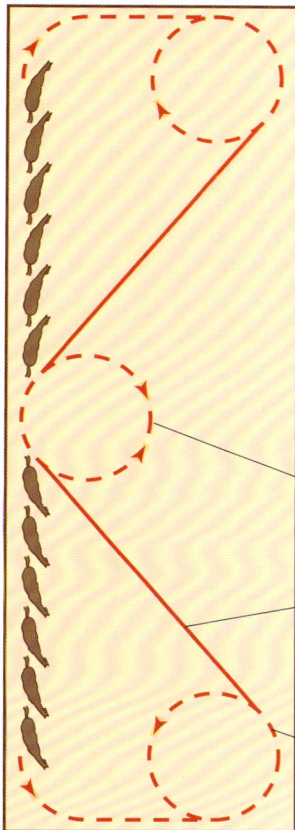

运用收缩和伸展　收缩练习是伸展练习的先决条件，但伸展练习也有助于提高动力水平，进而帮助收缩。有许多练习可以同时提升伸展和收缩，但左图中的练习是一个经典练习。通过肩内和小圈乘组合来练习缩短快步、中间快步或伸长快步，再辅以规律性的方向变化，可以改善马的收缩和伸展

在这点到外侧蹄迹线开始斜一横步

此处用高质量的中间快步比伸长快步好

在沿着对角线向外侧蹄迹线行进之前用缩短步伐或伸长步伐骑乘一个小圆圈

帕萨基与皮亚夫

这些动作使观众受到了震撼。它们是高级收缩和动力的结合。二者都包括极高难度的快步——膝关节和飞节充分弯曲，再加上跳跃。但是，马在做帕萨基时缓慢前进，而在做皮亚夫时是原地快步。皮亚夫要求马后躯微沉，保持动力，这样就不会失去腾空期。你要用不同的扶助手段来帮助马区分缩短快步、帕萨基和皮亚夫。做帕萨基时骑手双腿同时施加压力，做皮亚夫时骑手双腿轮流施加压力，是针对这个问题的一种解决方法。

帕萨基

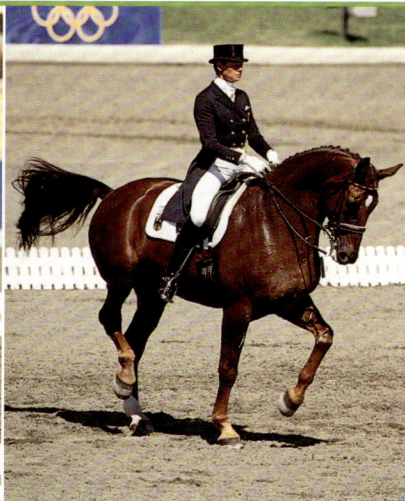

皮亚夫

综合练习

准备盛装舞步赛时，你应该进行综合练习，包括步伐、转换、调教动作和侧向动作。这些将反映出马的进步程度。有必要清楚地分辨恰好互相引导的动作，以及不同却互补的动作。例如，侧向运动和小型调教动作相互衔接，而缩短步伐和伸长步伐是相辅相成的。

步伐练习

所有的盛装舞步赛都是用慢步、快步和跑步等中间步伐进行比赛。当我们混合和匹配这些元素组成盛装舞步时，从步伐中形成的马的自然轮廓和落蹄顺序至关重要。

最简单的混合和匹配练习就是在两个方向上使用三种步伐。为了均衡发展，马必须在所有方向上都能行进，而且这三种步伐应该结合起来，以发挥它们的优势。例如，慢步可以让马有更多的时间理解扶助并做出反应，有更多的时间休息和放松，但对产生动力的作用却不大。因此，你可以使马快步或跑步。快步通常比跑步常用，因为它更容易保持步伐的规律性和马体正直，但有些马需要用跑步前进。最初，在保证步伐规范的情况下，通常跑步比快步更容易加速。如果马需要积极向前，那就去加强跑步练习，而非快步练习。如果用这种方式训练，你可以把它们看作是互补的一组练习。

一组练习

训练时，你会发现每个练习的优缺点，然后试着将它们组合起来，这样它们就能互相补充并得到提升。例如，小圈乘虽然有利于马保持平衡，但不利于它积极向前；中间快步有利于马积极向前，却对平衡不太管用。

于是，这就有了像拼图一样的组合练习，因为它们恰好互相引导。其中最明显的就是简单的递进：从良好的工作快步到缩短快步和伸长快步，从直径为15米的圆圈到直径为10米和20米的圆圈，从肩前到肩内。

场地运用　当你在训练场地里设计自己的自由式练习时，要富有想象力，尽量使用整块场地。当然，你所使用的每种骑乘路线都应对马的行进方式有益，但许多人在训练过程中缺乏创造力，从而阻碍了马的能力发展

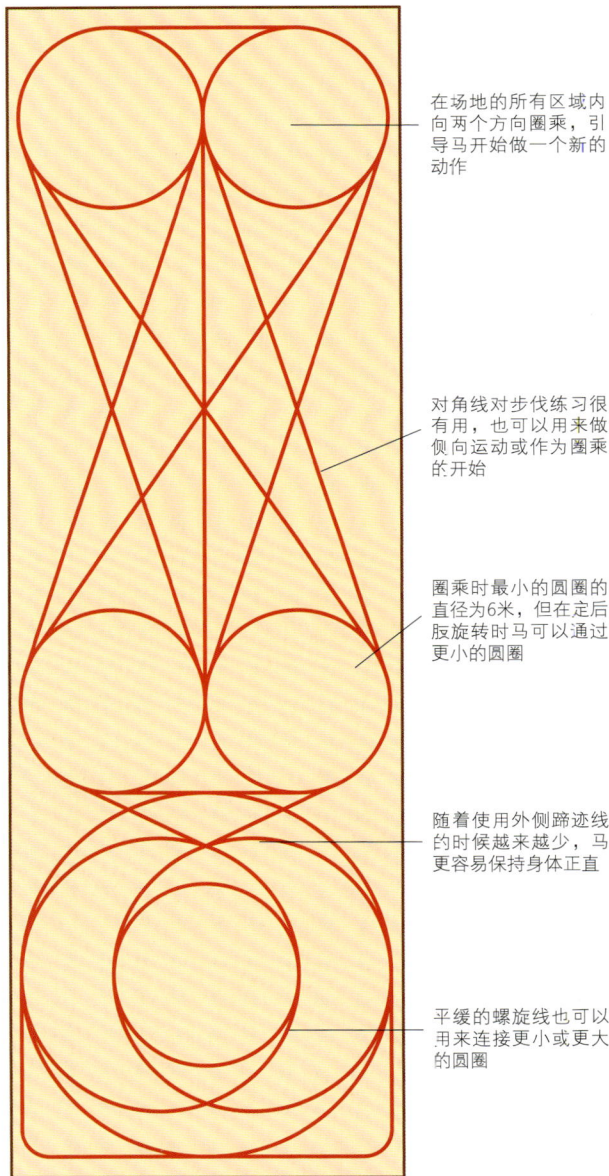

在场地的所有区域内向两个方向圈乘，引导马开始做一个新的动作

对角线对步伐练习很有用，也可以用来做侧向运动或作为圈乘的开始

圈乘时最小的圆圈的直径为6米，但在定后肢旋转时马可以通过更小的圆圈

随着使用外侧蹄迹线的时候越来越少，马更容易保持身体正直

平缓的螺旋线也可以用来连接更小或更大的圆圈

综合练习

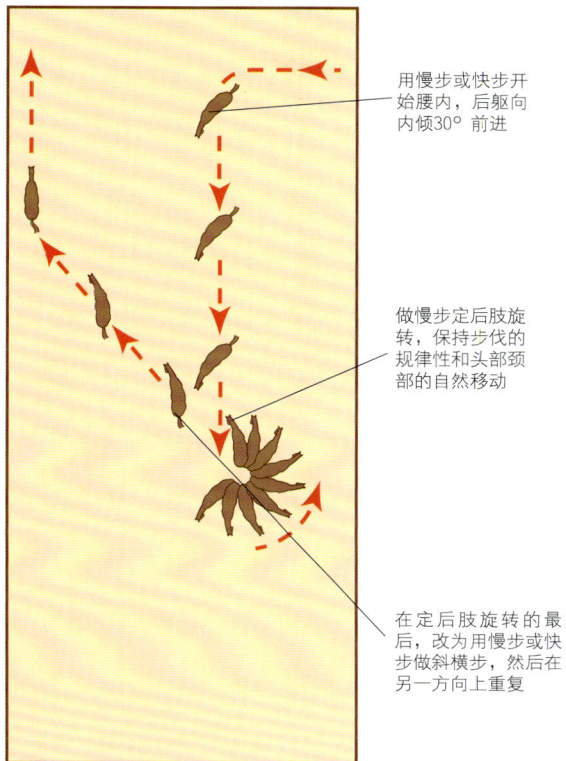

用慢步或快步开始腰内，后躯向内倾30° 前进

做慢步定后肢旋转，保持步伐的规律性和头部颈部的自然移动

在定后肢旋转的最后，改为用慢步或快步做斜横步，然后在另一方向上重复

从腰内到定后肢旋转，再到斜横步　上述练习中，马在弯曲时都是外方肢在内方肢前方与其交叉，这使得它可以从一种练习无缝转换到另一种练习。重点仍然是马对练习的理解和步伐的质量

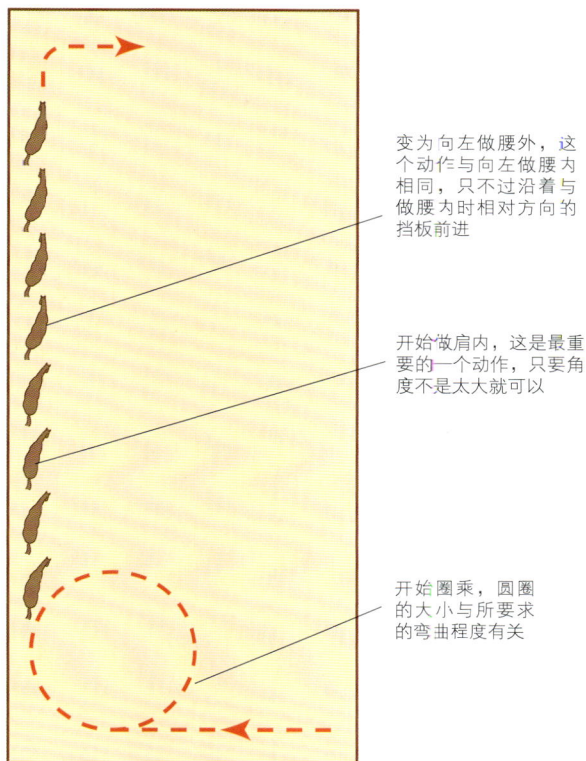

变为向左做腰外，这个动作与向左做腰为相同，只不过沿着与做腰为时相对方向的挡板前进

开始做肩内，这是最重要的一个动作，只要角度不是太大就可以

开始圈乘，圆圈的大小与所要求的弯曲程度有关

肩内到腰外　从肩内无缝进入到腰内、斜横步或定后肢旋转是不可能的，因为马的两肢交叉的方向相反。但我们可以从肩内无缝进入腰外，所需要的只是改变弯曲程度。这是最佳的练习方式之一

　　还有不同训练可以无缝衔接，比如半圆和蛇形、腰内和定后肢旋转，以及肩内和腰外。在侧向运动中，可以很容易地将所有的腰内、斜横步和定后肢旋转组合在一起，因为它们要求马的四肢以同样的方式交叉。此外，这些练习都需要一定程度的收缩，所以它们也能与较小的圆圈和半圆骑乘很好配合。

　　当你开始理解练习之间的关系时，你就有可能在练习组合时更具想象力。这意味着你将能够以一种有条理的方式将分组练习结合在一起，并在盛装舞步赛中取得好成绩。

总分

　　就像你把练习组合在一起，按如下常量评估训练一样：接受、冷静、积极向前、身体正直和步伐规范。最后，在国家级竞赛中，裁判会给你打出总分。这些得分项包括：步伐（规范）、动力（基于冷静、积极向前和身体正直）和服从（接受）。还有一点，就是骑手的骑姿和效率。总分清晰的标示出了训练重点，反映了总体的训练和骑乘质量。这些重点比执行动作或转换中的不精确要重要得多。然而在FEI（国际马术联合会）国际比赛中，只有一个对整体印象打分的总分。它包含"骑手/马匹的和谐表现，以及骑手的姿态和骑座"。

训练概述

步伐、转换、动作和练习可以逐渐混合在一起，比如在直径为20米的圆圈上，从快步变为跑步时空中换腿，并确保每一步都在圆圈上。知道什么时候开始引入哪个练习，无论是倒退还是跑步定后肢旋转；理解动作的优缺点；明白动作之间的关系，这是成为一个高效骑手的重要组成部分。

步伐及其变化

步伐的描述和定义是基于对自然的慢步、快步和跑步的客观分析。然而，步伐变化的描述和定义则是一个更为主观，且仍在发展的过程。这种变化指的是一种步伐不同的步幅和平衡。

许多人把缩短步伐、中间步伐、伸长步伐的步幅差看作是等距的，而工作快步则是用来热身和训练初级马的变体。这并不是在盛装舞步赛场上所用到的步伐的真实反映，在赛场上，中间快步显然更接近于伸长快步，而非缩短快步。同样明显的是，皮亚夫或慢步定后肢旋转所需的收缩远远大于斜横步所需的。

两颗心合二为一

盛装舞步训练对马的思想和身体发展来说起主要作用，也可以帮助马与骑手之间建立伙伴关系。单个练习是机械的，但整体训练必须建立在感觉、共情、服从、一致、冷静、自信和积极向前的基础上。这些机械元素和精神元素的结合反映在马术运动的管理机构——国际马术联合会的宣言中："盛装舞步赛是马的形体和能力的体现，它不仅使马冷静、柔软、放松、灵活，而且使它自信、细心、热心，由此实现马与骑手的完美沟通。正因如此，马所做的动作才与骑手要求的一致。"练习要能被成功的运用，前提是它得是一套尊重马生理的整体方法的其中环节，尤其还要尊重马的心理。这被FEI的标语"两颗心合二为一"良好的概括了。

因此，将每种步伐分为五个等距的级别更合理——工作步伐处于中间，有两个更高的级别（中间步伐和伸长步伐），还有两个较低的级别（缩短步伐和高度缩短步伐）。

虽然很多骑手的工作步伐都接近中间步伐，但这更多是因为骑手的竞争本性，试图超越他们的竞争对手而非规则的要求。务必记住，你应该从缩短步伐和中间步伐开始训练，如果训练的质量很高，成果是非常显著的。

转换、动作和练习

千万不要忘记，转换、动作和练习都是从一种步伐到另一种步伐，或者是在某种特定的步伐内完成的，它必须保持真实和正确。如前所述，渐进转换是有中间步伐的转换，比如从慢步到快步，再到跑步；而直接转换总是跳过中间步伐，比如直接从慢步到跑步。同样的定义适用于每一种步伐的变体。你先在缩短步伐、工作步伐、中间步伐和伸长步伐之间依次转换，但稍后你可能直接从收缩转换到伸展。

在表中所有的练习要求（见右页）皆为各个等级骑乘能力的最高水平：一级近似于比赛入门水平；二级近似于比赛初级水平；三级近似于比赛中级水平；四级近似于国际大赛的入门水平。这些标准将帮助你决定如何提高训练难度，这是进步的关键。

还要记住，综合训练计划对马来说有多么重要，应该包括在户外起伏不平的地面上跳越障碍和骑乘，以发展全面的运动能力和适应能力，并使它保持对训练的兴趣。尤其是跳越障碍和有助于马的肌肉的无氧运动（见第307~309页），对盛装舞步马来说至关重要。

盛装舞步训练标准

训练	一级	二级	三级	四级
步伐	• 自由慢步 • 中间慢步 • 工作快步 • 加大步幅的快步 • 工作跑步 • 立定	• 缩短快步* • 中间快步* • 缩短跑步* • 中间跑步* • 倒退 *仅一级水平	• 缩短慢步 • 伸长慢步 • 缩短快步 • 伸长快步* • 缩短跑步 • 伸长跑步* *仅一级水平	• 快步的半步 • 伸长快步 • 高度缩短跑步 • 伸长跑步
步伐转换	• 立定到慢步 • 慢步到停止 • 慢步到快步 • 快步到慢步 • 快步到跑步 • 跑步到快步	• 停止到快步 • 快步到停止 • 慢步到跑步 • 跑步到慢步 • 倒退到缩短快步	• 在慢步、快步和跑步时练习缩到中间步伐和中间步伐到收缩 • 倒退到缩短跑步	• 在慢步、快步和跑步时练习收缩到伸展
动作	• 快步和跑步通过直径为15米的圆圈 • 慢步或快步通过直径为10米的半圆 • 在40米的场地内快步通过四圈蛇形 • 给缰和收缰 • 直线骑乘	• 用中间慢步通过直径为10米的圆圈 • 用缩短快步通过直径为8米的圆圈 • 用反跑步通过直径为20米的半圆圈	• 用中间跑步通过直径为20米的圆圈 • 用缩短快步和跑步通过直径为6米的圆圈 • 用反跑步通过直径为15米的半圆	• 用反跑步通过直径为10米的半圆
侧向运动	• 朝向内方的姿势 • 定前肢旋转 • 偏横步	• 肩前 • 小的腰内和腰外	• 肩内 • 腰内和腰外 • 斜横步（20°）	• 斜横步（30°） • 数快步时空中换腿的次数
定后肢旋转		• 慢步定后肢半旋转	• 慢步定后肢旋转	• 跑步定后肢半旋转
空中换腿			• 独立空中换腿	• 5×2次和5×3次空中换腿
其他项目	• 跳越障碍，一级（见第217页）	• 跳越障碍，二级（见第217页）		

新手水平测试

新手水平测试旨在鼓励骑手提高基本的盛装舞步赛技巧。这涉及工作快步、跑步、中间慢步和渐进式步伐转换，使马动作连贯流畅和身体正直。马必须展现规律、从容和自然的步伐，理解扶助，保持冷静、积极向前和身体正直。作为骑手，你必须保持平衡的坐姿，独立地使用手臂和双腿，且不要让扶助太明显。

测试分析

当你等待铃声响起、准备开始的时候，让马僵硬的那侧紧贴热身场地边缘行进。这有助于它的颈部伸直，这样你就可以直接进入比赛场地的A点了（见右页图），并在中心线上做出干脆利落的动作。

花点儿时间想想自己的战术。在快步通过直径为20米的圆圈的后半程时，你的目标应该是在比赛场地X点处，额外移动1米。这将使你提前半个马体的长度回到蹄迹线上。这样从裁判的角度来看动作会更准确，也有助于你进入随后的直径为10米的半圆。在中心线上直走一步，再走第二个直径为10米的半圆，它比原本的路线多半米，这样你就可以在中线标记处回到蹄迹线。你也应该在快步、慢步，以及快步转换的过程中，经过比赛场地的拐角。这将有助于向下转换，并表示你知道如何使用比赛场地。

当跑步通过最后直径为20米的圆圈时，你要看向你想去的方向，这样你就不会骑到圈外。为了在对角线上跑步时给缰和收缰，你可能需要使用之前的拐角来帮助减速和重新平衡（裁判希望你在到达X点之前完成动作，很多骑手在该处动作太明显）。目的是两步给缰，一步在X点之前，一步在X点之后。

慢步的倒数第二个动作是长缰自由慢步，但你的手要随马嘴而动，这样马的颈部才可以自由运动。在训练中，最后的立定应该在地上的一对木板之间练习，这将帮助马体正直。

裁判评分

每个动作和总分都是10分制。有些裁判是否定型的，从10分开始扣分。但最好还是从0分开始加分，对做对的事情给予奖励。优秀裁判也会用评论来解释分数。你的目标是最低分要5分以上。如果你没有达到相应的水平，在比赛前就要多做一些训练。

0—没有执行　　　　　　6—较好
1—很差　　　　　　　　7—好
2—差　　　　　　　　　8—优良
3—较差　　　　　　　　9—优秀
4—不足　　　　　　　　10—完美
5—合格

达到新手水平　如图所示，当马理解扶助，你已经达到了新手水平。如果比赛时，马没有竭尽全力，你的进步就会很慢

新手水平测试路线图

　　你会提前得到路线图来练习（见下图）。从左到右，每个动作直接进入下一个动作。以比赛场地上的字母标记（见第98页）作为向导，这将帮助你记住测试的每一部分。虽然在比赛场地上没有标记，但X点指的是中心点（见下面第一张图）。在你准备的过程中，着重要练习的是快步、快步到

慢步的转换、慢步到快步的转换，每个动作中都涉及这三项。最难的动作是在沿中心线行进开始和立定时，因为你需要保持马体正直。另一个动作是通过X点，依靠两个10米的半圆改变方向。其他的所有动作都是直线前进。

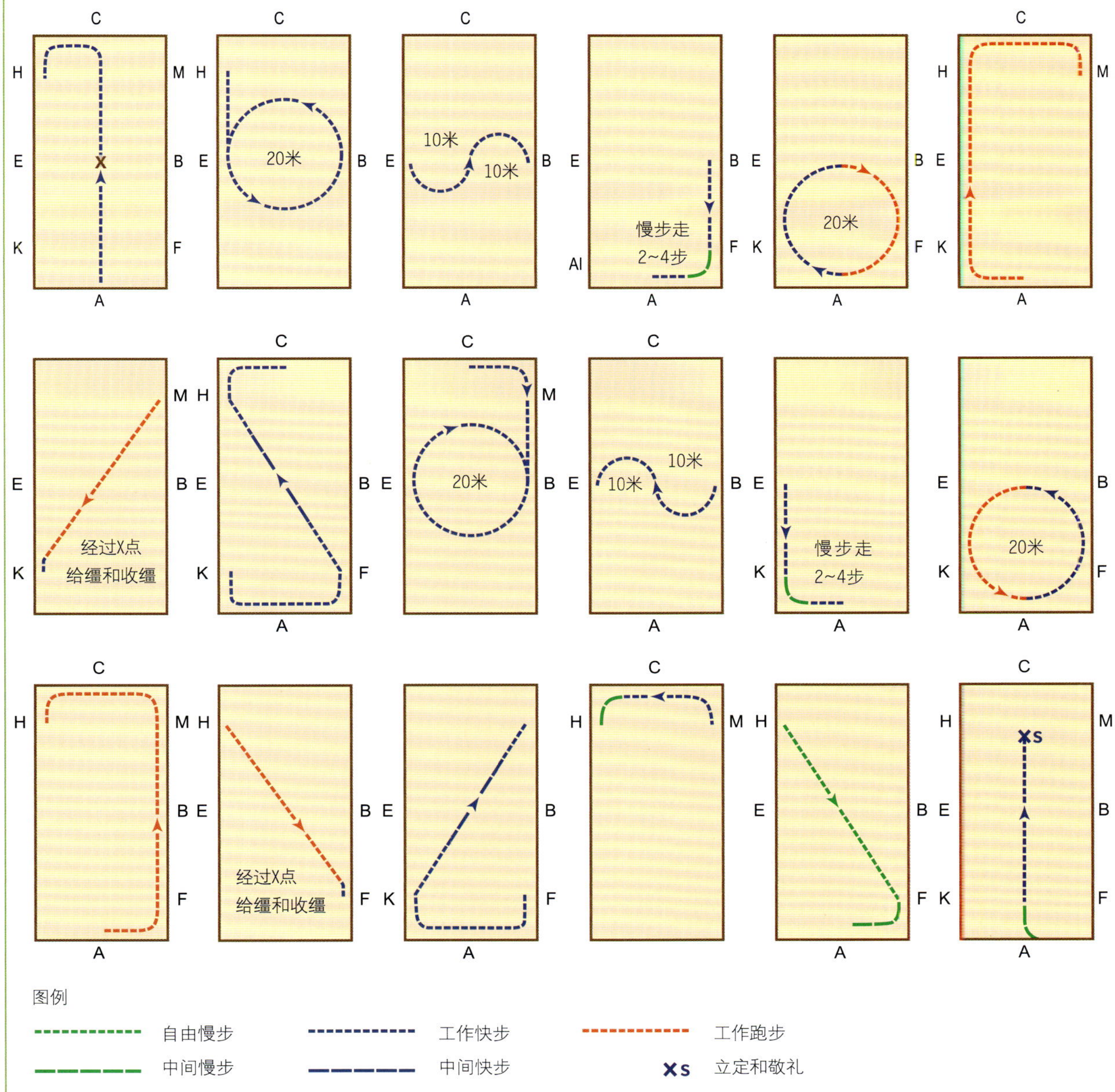

图例

- 自由慢步
- 工作快步
- 工作跑步
- 中间慢步
- 中间快步
- **xs** 立定和敬礼

初级水平测试

当你通过高质量的训练达到初级水平时，你就会感觉到更高一级的测试（中级水平测试）尽在掌握之中。初级水平测试所需的缩短快步和中间快步只是初级程度的，但需要在每种动作开始时都清楚地展示出来。到这个阶段，你的马也会展现出肌肉发育更佳以及推进力更强的状态，并且能够轻松应对要求更高的动作。

测试分析

骑乘之前，一定要分析测试（见右页图），想想你的主要战术。在A点开始通过直径为10米的圆圈时经常容易出错。裁判很容易就能看到你是否越过了3/4线，所以在圈乘练习时需要让其他人帮忙检查。一个小窍门是当你看向A点时，分辨出外侧蹄迹线和中心线的中间区域，然后穿过中心线。在两步中间快步返回到第一条蹄迹线，进入反跑步的时候，早一点儿回到蹄迹线上。反跑步时，马可能想做空中换腿，这时非常危险，所以关键是你的外方腿要缩回一点儿，与马保持稳定的联系。不要试图掰直马的颈部。

立定和倒退分开计分，所以要确保马在倒退之前立定。从A点到直径为20米的圆圈的起始处，短时间内的跑步也是分开计分。骑过拐角，以使马的后躯到达长边的外侧蹄迹线，而非比赛场地的长边P点或V点的内方。

初级水平　下图中这匹马有着很好的自然轮廓，并在工作快步时表现出良好的动力。骑手保持良好的平衡，人与马形成了良好的伙伴关系

初级水平测试路线图

　　这个测试是国际马术联合会盛装舞步赛的例子，在一星级的三日赛中使用。这要求马在做动作时有很好的平衡，而且快步和跑步的计分几乎一样。对经验较少的马和骑手来说，中间快步比较容易，因为它可能是快步或轻快步。转换到中间跑步或从中间跑步开始转换都可以慢慢完成，所有的转换都是循序渐进的。跑步会使连续动作变得更容易。你需要获得75~80分才能胜出。如果你能高质量做好这一阶段的练习，那么进行下一阶段就相对容易了。

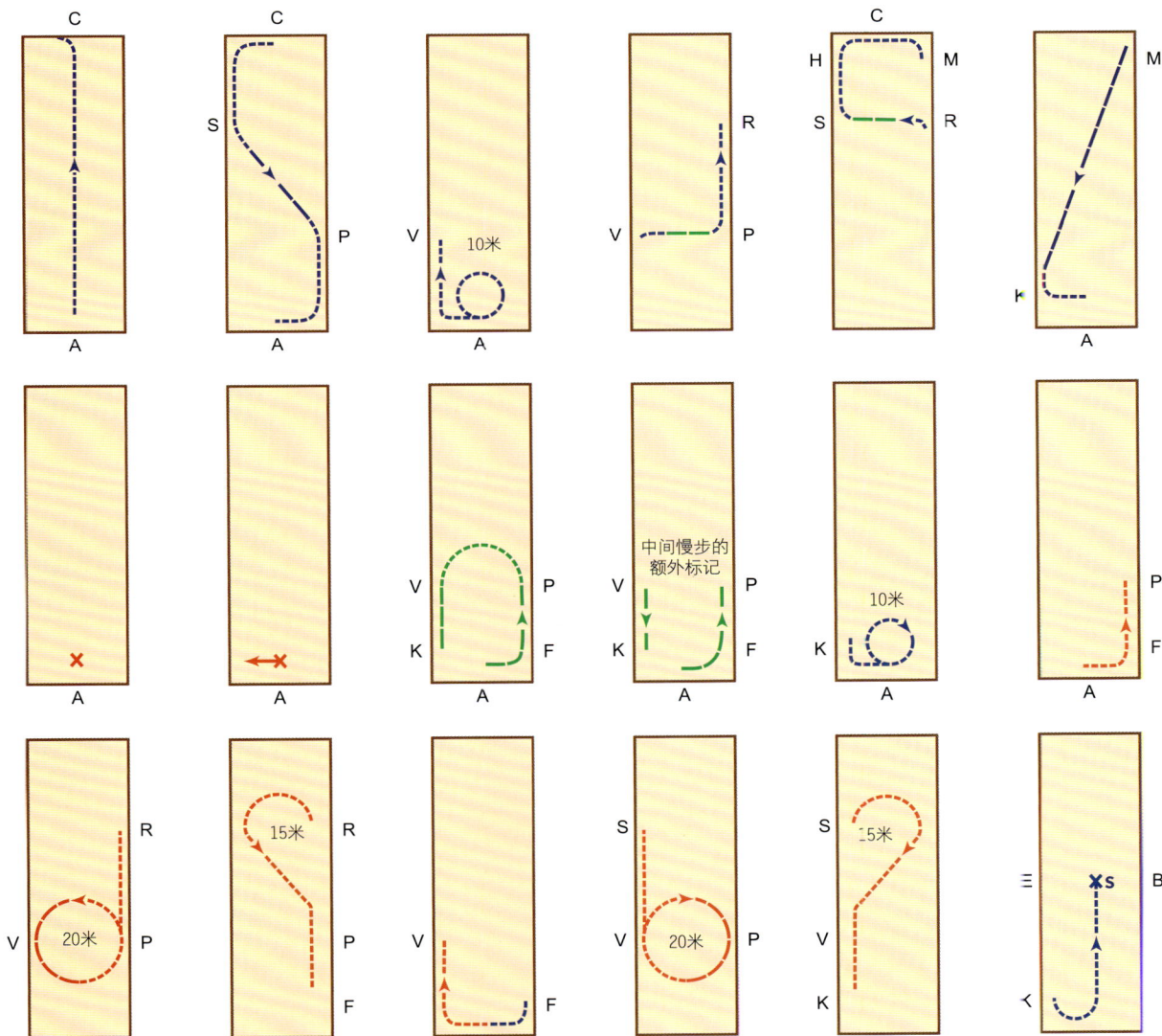

图例

- ----------- 自由慢步
- ----------- 工作快步
- ----------- 工作跑步
- ←✕ 立定和倒退
- ━ ━ ━ 中间慢步
- ━ ━ ━ 中间快步
- ✕s 立定和敬礼
- ✕ 立定

中级水平测试

在初级水平测试之后是中级水平测试，也是你有机会首次展示真正的缩短步伐和中间步伐以及一级伸长步伐。马必须在跑步的时候完成单次空中换腿，在慢步中进行完整的定后肢旋转。中级水平测试需要马展示进一步提升动力，并且全程用更轻盈的步子，表现更轻松。如果你能通过中级水平测试，且训练质量有保障，再多点儿时间，你就能达到圣·乔治大奖赛水平。

测试分析

在骑乘前（见右页图），要确保你已经准备就绪。在测试中，避免总是在中心线上做独立空中换腿。蛇形路线与圆圈相连（见第129页）有助于防止马提前空中换腿。

跑步进入比赛场地时展示马体正直并不容易，但你可以选择方向。你需要展示从跑步到立定，从立定到快步的直接转换。对训练来说，在中心线上做肩内是一种很好的测试——确保不要把马的后躯推到外面来保持这个姿势。随后应该无缝进入直径为8米的圆圈，然后准备开始斜横步。等到马头指向1/4标记点，就开始斜横步。如果你做侧向运动时动作不够规范，那么可以先做更简单的工作，以提高马的动力水平。

你还要能使马熟练进行每种步伐转换。如果马转换的质量提高，这可能让你在伸展中获得90分以上的分数。

中级水平测试　这匹马展示了中级水平所要求达到的肌肉发展和力量，以及缩短快步时的良好平衡。随着马的后躯承载了更多的骑手重量，马的颈部缩短，头部提升。缰绳联系要轻盈

中级水平测试路线图

这个级别测试的重点是跑步，因为只有1分是考查慢步。但是慢步的质量也反映在步伐的总分中。这是连贯的测试，动作都是互补的。快步和跑步的分开使测试变得更容易。但是，你只有展现高质量的独立空中换腿，才能获得高分。

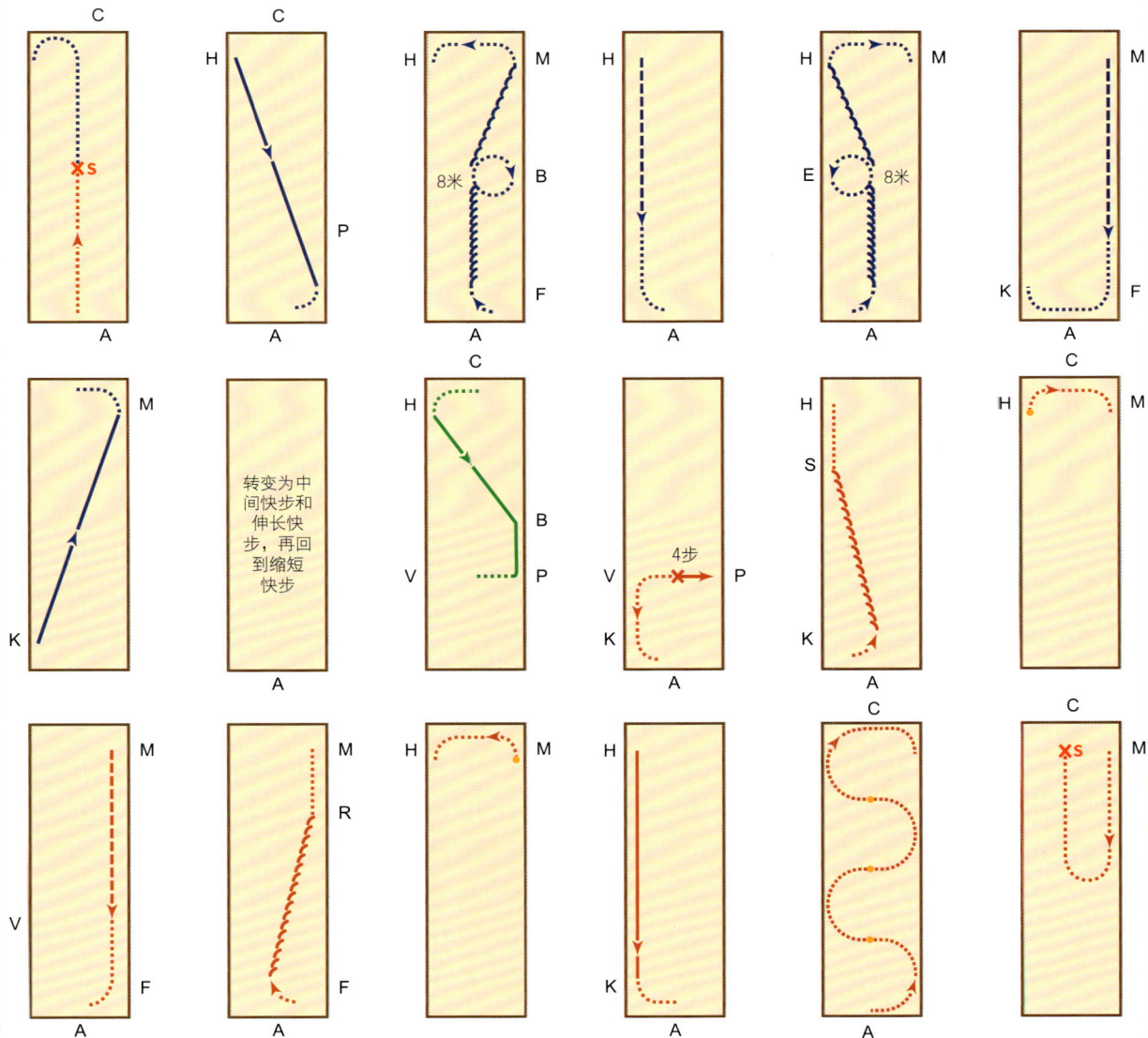

图例

.... 缩短慢步　　............... 缩短快步　　................ 缩短跑步

– – – – 中间慢步　　– – – – 中间快步　　– – – – 中间跑步

———— 伸长慢步　　———— 伸长快步　　———— 伸长跑步

✕ 立定和倒退
✕S 立定和敬礼
肩内
斜横步
空中换腿

高级水平测试

当你达到高级水平后，你就不仅仅是在骑乘了，更多的是在表演，展示马的最好能力。从这个层面上来说，跑步空中换腿和定后肢半旋转是两个令观众感到惊喜的加分项。裁判们期待马能够从缩短步伐立即转换到伸长步伐，再到倒退，并且能够以轻松优雅的方式从地上弹跳起来。

测试分析

对于这个测试（见右页图），你要确保准备充分。跑步时要求做反跑步，用斜横步从1/4标记点走到X点，在X点进行空中换腿，然后回到1/4标记点。为了更容易地完成这个动作，要在X点之前完成第一组斜横步，并且有一个小的弯曲。快到X点处，骑手要轻推马的后躯，以确保马体正直，再要求马空中换腿，最后又回到斜横步。轻推马的后躯也将阻止马提前空中换腿。在准备做跑步定后肢半旋转时，应使马保持身体正直，而非提前移动后躯。在连续空中换腿时，你可以通过数每次空中换腿的次数来为更高级别的测试做准

备。如果马独立空中换腿很好，服从扶助并能直接转换，那么你会发现连续空中换腿也很容易，只要你和马保持冷静就可以。

高级马 进一步的收缩使马可以降低后躯，飞节下沉，给人一种马的前躯抬高的印象。这种伙伴关系轻松、安逸又愉快

高级水平测试路线图

这是国际马术联合会圣·乔治大奖赛的测试，是国际大赛的入门测试。慢步有4分，在定后肢半旋转之前和之后的缩短慢步有额外得分。有两组连续空中换腿，但每组只有1分，所以这里的错误不会对你的分数产生太大的影响。

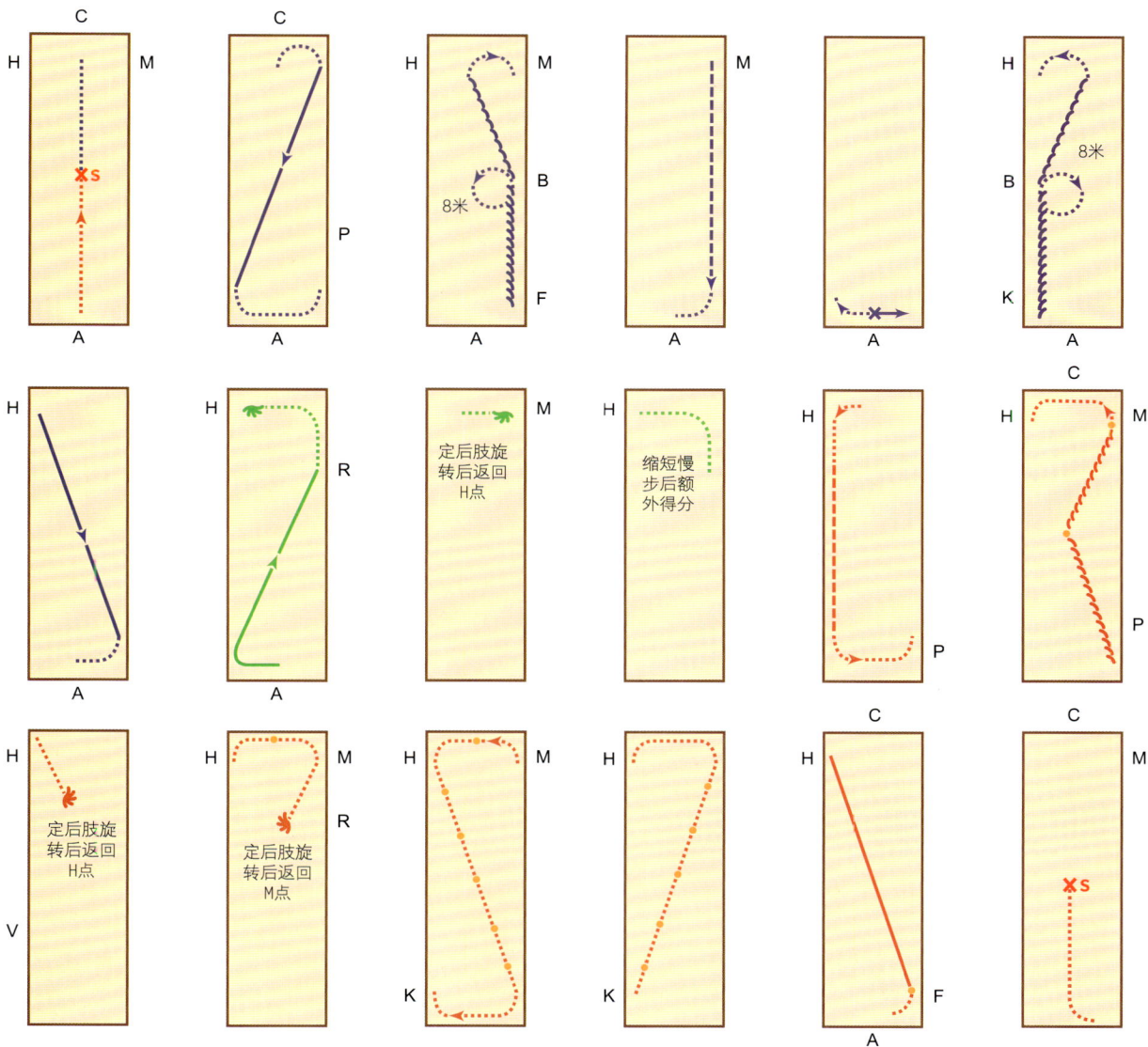

定后肢旋转后返回H点

缩短慢步后额外得分

定后肢旋转后返回H点

定后肢旋转后返回M点

图例

- ········ 缩短慢步
- ········ 缩短快步
- ········ 缩短跑步
- ━✕ 立定和倒退
- ─ ─ ─ 中间慢步
- ─ ─ ─ 中间快步
- ─ ─ ─ 中间跑步
- ✕s 立定和敬礼
- ─── 伸长慢步
- ─── 伸长快步
- ─── 伸长跑步
- 肩内
- 斜横步
- 慢步定后肢旋转
- 跑步定后肢旋转
- 空中换腿

比　赛

　　在比赛时，每个人都需要一点儿运气，但事实上，成功来自充分准备和把握机会。比赛提供了机会，能否充分利用它取决于你当日的表现——包括知道如何让马进行充分热身，记住测试路线，知道如何积极地使用练习时的经验。你也需要知道从裁判的角度看，如何展示自己和马最好的一面。

为比赛做准备

　　在参加比赛之前，你需要设定自己的目标。为了达到目标，你需要有计划地选择最合适的热身活动，分析盛装舞步赛，看看是否有什么会影响到你的准备工作。设计良好的测试应该在快步和跑步之间达到平衡，但偶尔也会不平衡。准备和热身需要教练特别的指导，以充分发挥你的能力，同时记住测试动作和你的目标。

热身

　　每匹马都不尽相同，但在训练时你就要试着让马习惯从马房出来后立即投入训练，随后给它一段休息时间。如果你和马养成了花两小时准备的习惯，那么你们都不会处于最佳状态。马会失去热情，你也不会觉得新鲜了。如果马有不安定的倾向，带它去参加一些非竞争类的比赛，只是为了让它适应这样的环境。

　　热身时，要留出足够的时间让马到处走动，这样它就能放松，适应比赛氛围。花半小时静静地站着，看着正在发生的一切，总比花半小时在热身场地和它的注意力搏斗要好。

　　开始热身时，先要让马接受和冷静；练习大而轻松的动作，比如轻快步或者轻骑坐跑步。当你和马开始更密集地热身时，从能做得很好的事情开始准备。接下来，把几个动作放在一起。

　　许多马不喜欢热身场地，这与它糟糕的经历有关，所以要记住，应该提前训练，而非在比赛那天进行。大多数马都能在热身的最后10分钟积极前进，这意味着你可以直接进入比赛场地。

　　最后，在赛后分析你是如何热身的，以及如何进行测试是至关重要的。写备忘录，并准备下次做一些优化。在分析时，试着去分析一切顺利或不顺利的原因，重复那些能产生好结果的情况。

投入表演　进入比赛场地时，你需要准备好表现和展示自己。你可能需要即兴发挥，计划可能需要调整；马并不是机器，没有两次表演是一样的。图中为珍妮·罗瑞斯顿-克拉克，她是英国首位赢得国际盛装舞步赛的骑手，也是最先开始盛装舞步配乐表演的先行者之一

配乐自选动作

　　配乐自选动作成为马术运动中越来越受欢迎的运动，顶级水平称为库尔或自由式音乐伴奏，其中产生了一些精彩纷呈的表演，在冠军赛中成为观众的最爱。当你准备比赛的时候，第一步是设计测试动作，其中会有一系列强制规定的步伐和动作。评估那些你和马做得很好的动作，设计与能力相符的动作，并且顺序合理。再添加独特的小元素来获得额外的分值。配合着音乐，头部额外的一个小动作或一个微笑，可以让一切变得有所不同。螺旋步和卷曲的动作都可以成为

惊喜元素，又不牺牲动作质量。圈乘具有一定的灵活性，圆圈大小可变，以便你们与音乐合拍。马有独特的节奏和速度，所以找到合适的音乐比较难。养成在训练时播放音乐的习惯。很明显，如果音乐适合马，那它就会反应良好。

　　要注意每种步伐的节奏。步伐节奏应该保持不变，即使步幅改变了——在你配乐骑乘的时候，也要记住这一重点。记住，训练时马在快步和跑步时的腾空期可能增长，导致速度减慢。

完美时刻　双人组合和四人组合开创了新的盛装舞步比赛方式。无论是个人还是团队，动作都需要与音乐在时间上完美契合

比赛小技巧

你要知道，在比赛场地上有两大视错觉。第一，当马从裁判面前经过时，它看起来有些歪斜，它的前肢稍向外展（如下图所示），尽管同一匹马在返回时看起来身体是正直的。这是由马的后躯的宽度和裁判的视角造成的。因此，每当从裁判面前经过时，马要养成前肢微微向内收的习惯，这要在训练中练习。

第二，远离裁判穿过比赛场地，返回蹄迹线时，看起来总是比实际回的晚一些（见下方小图）。如果裁判看着场地外方0.5~1米的字母标记，而忽略挡板上字母处的红线标记，那么这就会被放大。因此，要在骑乘对角线或者圆圈末端返回蹄迹线时提前半个马身。你离裁判越远，就愈应该做这件事，所以要提前到达1/4标记点。

马术表演技巧指的是通过扬长避短展示你和马最好的一

背向裁判的骑乘 下面两张图是同一时间不同角度拍摄的。大图是从裁判的视角拍摄的，看起来马的前肢有些向外展，而不是身体正直。但是，从小图上看，很明显马的身体是正直的。因此，当经过裁判面前时，最好做肩内动作

使马的前肢稍向内，这样在裁判看来马的身体是正直的

（a）马在外侧蹄迹线上前进时，身体是正直的

马的后躯更宽，从这个角度看，后躯更为明显

面。这对成功有着重要作用，因为它帮助你得分，还帮助你取得胜利。比赛小技巧在比赛中不容忽视，它必须成为训练时的习惯，否则在比赛时过多地考虑这些会使你的表现欠佳。

针对裁判的骑乘

最根本和最重要的规则是，盛装舞步赛是一种表演，而非训练。即使是在训练场进行，你也必须坚持做完全部动作，并把训练场地想象为赛场。在比赛中，裁判不一定能看到所有出错的地方，所以不要用过于明显的纠正动作或拉着脸来强调错误。如果你需要做纠正动作，背对裁判，朝向比赛场地的A点。如果只有一名裁判，他也会发现，当你站在一个圆圈上与裁判平行时，他们很难看清你所在的位置。这时你就可以偷偷进入额外的直径为0.5~1米大小的圆圈，这有助于你更好地表现。

如果你和马与世界和平共处，看似很享受比赛的这段经历，这会给整体印象加分。裁判就喜欢这种表现。反之，则表明你的训练有问题，还有可能丢分。

在场地里骑乘之前，避免让裁判看到你做得不好的动作。相反，你可以展示一些能给他们留下深刻印象的动作。举个例子，如果马在一侧过度弯曲，那就在对侧前进。

表演从你进入比赛场地、绕着比赛场地圈乘开始，直到裁判打完总分，你从C点离开比赛场地结束。因此，敬礼之后，在慢步中调整骑姿并奖励马。如果慢步不是马的最佳步伐，那么可以用快步离开比赛场地。

必须记住，即使是最高超的比赛小技巧也不能代替高质量的表现，所以你的主要工作应该是让马正常表现，用比赛小技巧来锦上添花。

记住测试动作

练习时，在地上画出一块小型的比赛场地，或者在纸上画出动作，这样你就可以把它们想象出来。在重复的动作中熟悉测试动作。例如，首先做一两个动作，然后一起做两三个动作，最后一起做三四个动作。这一方法能确保你记住每个动作之后的动作。

记住测试动作很大程度上取决于信心。如果你积极思考，大脑将会更好地应对比赛。练习积极思考，制订应对压力的战术，反复对自己说"冷静"或"前进"等，这一切可能有效果。试着做腹式呼吸，呼气时说"停止"。如果你感到有压力，那就将事情简单化，只专注于方向和速度。最重要的是，为自己能达到比赛水平而自豪，享受当下。

完成对角线骑乘后，使马的前肢朝内收

适时回到外侧蹄迹线

（a）从裁判的角度来看，骑手骑过拐角的时间稍晚

回到外侧蹄迹线　当在比赛场地末端的A点回到蹄迹线，背向裁判时，看起来似乎马的前肢总是向外展，并且回到蹄迹线的时间稍晚（图a）。这是一个视错觉，可以通过提前半个马身到一个马身进入蹄迹线来避免，然后骑手的骑姿稍向内倾。这也有助于你开始下一个动作

骑手的问题

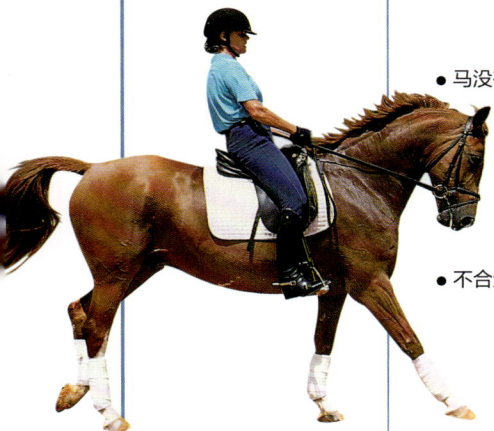

问题	可能的原因	解决方法
快步时摇晃	● 缺少柔韧性	● 你要想身体随马的动作变得足够柔韧，需要有良好的骑姿以及控制好下背部，这需要花时间努力练习才能达到。锻炼你的背部也很有用（见第318~337页）。
	● 马没有使用背部	● 马对背部的使用越好，对它来说快步就越容易。马的后背越僵硬，那么骑手就会越摇晃，这反过来导致马的背部更加僵硬。在马慢步和快步时多花点儿时间训练，争取有更多的机会来练习你的骑姿。
	● 不合适的马鞍	● 使用盛装舞步鞍时，如果你坐得太靠后，你会叉坐在马上（见第100页），导致下背部变得僵硬，让马快步变得更加困难 要是坐得太靠前，后面的汗垫就会留出太多，这也会让快步变得不协调。
失去腿部联系	● 腿伸得太长	● 骑手为了使小腿与马保持联系，他的膝关节就必须足够弯曲。失去腿部联系最典型的原因是镫带太长了。马体越宽大，骑手的镫带必须越短。
	● 不合适的马鞍	● 如果马鞍的前面越直，就会迫使骑手的腿伸得太长。结果就是，良好的腿部联系变得困难，所以要选用合适的马鞍。
	● 缺少柔韧性	● 对一些骑手来说，不良的腿部联系不过是因为马鞍和臀部太紧贴。特定的背柔韧性训练会立即有效（见第328~331页）。
抑制缰	● 缺少理解	● 缰绳联系是一个交流点，不是一个支撑点。一旦骑手理解了这点，他就会加强与马之间的缰绳联系。
	● 缺乏平衡	● 如果你感觉需要缰绳联系来支撑自己，就尽力在短时间内移除缰绳联系，以提高平衡能力。
	● 身体柔韧性不够	● 一些骑手很容易变得肩部僵硬，或者发现下臂无法承载重量。这些通过规律练习很容易纠正（见第332~333页）。

问题	可能的原因	解决方法
只使用身体一侧	● 单侧骑手	● 大多数人会发现，转向一侧比另一侧要难得多。无论是你在马上还是马下，刻意练习身体较弱的那侧，都会取得很大进步。比如，分别沿着两侧的蹄迹线跑；使用你较弱侧的手去拿杯子、开门和拿手机，很快你的双手就同样灵活了。这对有效骑乘至关重要。
	● 单侧马	● 和其他动物一样，马也有较僵硬的一侧。最终，这会使得马鞍和骑手偏向一侧，并大大增加骑手在马的僵硬侧使用手和腿联系的次数。意识到这一点以及做一些训练，使马的两侧均衡发展有助于改善马的情况。这对经过良好训练的马和走路歪歪扭扭的马都能有所帮助。
歪斜的坐姿	● 缺少柔韧性	● 这就是骑手或马的身体偏向于某一侧的主要原因。将臀部放在最轻松的那侧的外方，额外的重量放于不易调节的腿上。与此同时，保持一侧肩部向后，致力于改善马和骑手的平衡。
	● 马过于依赖缰绳	● 如果马向缰绳一侧倾斜或者反方向拉骑手，那么造成的歪斜是很夸张的，不过这种问题的纠正方法和缺少柔韧性是一样的。要记住只有当你创造马依赖的条件，马才会依赖你。记住，要建立更好的缰绳联系。持续给予缰绳扶助。
感觉不好	● 缺少平衡	● 这会使你紧握缰绳，并且让你无法感受到胯下发生的事情。你可以通过体能练习和调教索课程来增强平衡能力（见第326~327页）。
	● 缺少一致性	● 臀部随着马背而动，双腿放在马体两侧，双手随马嘴而动。
	● 缺少理解	● 加深对落蹄顺序和每种步伐前进方式的了解会有所帮助。在教练的帮助下，不断对学习内容进行评估，并自问是何种感觉。当你对不同的感觉做出比较和对比时，你的感知能力就会提高。

骑手的问题

问题	可能的原因	解决方法
错误使用盛装舞步鞭	● 手的位置不对	● 盛装舞步鞭应该紧贴骑手的大腿和膝盖处，这样的话，鞭梢才会将你的腕部与你腿后的马体相连。用鞭梢轻击打马体，不是很重的拍打。在得到正确的回应时，要立即给马奖励。下一次，单独使用腿扶助，确保马不会拒绝缰绳联系。
	● 持鞭手指不对	● 一些骑手发现盛装舞步鞭不好用，因为它太长了。这很正常，因为骑手用四根手指环绕住了它，而非将它置于大拇指和食指之间。这也会使手部变得僵硬，且进一步妨碍了手指扶助。手放在正常的位置，握住盛装舞步鞭，让其越过你的大腿根部。
	● 态度恶劣	● 态度恶劣的骑手可能使用盛装舞步鞭时力气过大，这是不可原谅的。可以使用更加结实、不像盛装舞步鞭的棍子。
比赛中热身无效	● 时间不够	● 不要花大把的时间打扮马，要重视热身场地的骑乘。大多数的骑手和马都能在正式比赛前的20分钟的慢步中有所收获。在热身中留下10~15分钟的休息时间，这样你就有时间进行最后的整理。
	● 无法分辨优势和劣势	● 如果你专注于自己觉得很难的练习，那么你和马都会变得紧张，并且所有的事情都会往坏的一面发展。可以在小型场地中做高质量的动作。一旦马具备了常量（见第108~109页），那么所有的事情都会变得顺利。
	● 忽视测试分析	● 提前分析测试会对热身产生积极影响。将关注点放在马的优势和赛事的匹配程度上。
在做测试动作时不够活跃	● 太过紧张	● 尝试保持积极的心态（见第350~351页）并冷静。分析导致紧张的原因，比如不切实际的期望等。制订长期计划和树立长远目标会有所帮助（见第348~349页）。
	● 过于关注外表	● 一些骑手过于关注自己的外表，从而影响自己的表现。要时刻谨记，骑姿和效果是环环相扣的，静止不动的位置不是好位置。
	● 马太敏感	● 一些骑手很被动，因为他们总是担心马的反应。虽然有些马你不得不小心骑乘，但如果你对它们进行合理引导，它们就会表现得很好。

问题	可能的原因	解决方法
做测试动作时过于活跃	● 用力过猛	● 新骑手很容易过于活跃，因为用力过猛。只要能从错误中汲取经验教训，这就不是事。因此，让教练盯着你做测试动作的好处是显而易见的。要认真看盛装舞步测试的评分。
	● 准备不足	● 你在准备和训练中做的要比比赛要求的更多。
	● 缺少感觉	● 在比赛中，你必须自己做决定，所以感觉良好是最基本的。通过与马和谐相处，在尽可能多的活动中骑尽可能多的马，偶尔骑高级马，这些都会提升你的感觉。大多数骑手因为压力都会失去一些感知能力，因此你要努力保持冷静。
忘记测试动作	● 心理障碍	● 这通常是神经紧张所致，要保持积极的心态。
	● 准备不充分	● 在比赛之前也要提前几天练习测试，熟悉动作。在地上画一块小型的比赛场地，这样你就可以模拟测试。
	● 注意力不集中	● 一些骑手过于关注马的前进方式或者猜测裁判的想法，这样他们的注意力就不够集中。正如前文所述，变量（见第114~115页）在比赛中得优先考虑，排在前面的两个变量就是方向和速度。当你走进比赛场地时，你要保持正确的方向和速度。
比赛发挥不好	● 事情没有先后顺序	● 如果你没有分析测试或者从你的优势出发，你就不可能做到按优先程度依次排列各种事情。例如，你需要知道该怎么热身；在测试中你要自己决定对马下什么命令。
	● 消极心理	● 追求个人的最好成绩，而非努力赢得每一场比赛——这样的想法才会让你变得更加积极。
	● 不切实际的期望	● 确认和评估你的优势。把注意力集中到你在测试中得到的分数，而非最后的结果。将你所得的分数和你的目标进行比较。训练的强度要比测试的稍大，这是很正常的，因为大多数马在赛场上多多少少会有些心烦意乱。

马的问题

问题	可能的原因	解决方法
缺乏接受度	● 沟通不好	● 调教索训练的关键是让马学会与人沟通并使用背部（见第58~59页）。确保你向马提出的要求没有超过它所接受的训练程度。
	● 骑手身体僵硬	● 提高身体柔韧性。如果你是因为神经紧张而身体僵硬，尝试做些精神练习来让身体放松（见第340~357页）。
	● 不舒服	● 不舒服通常是马不会使用背部造成的，而这又是因为骑手身体太僵硬、不会和马配合引起的。马也会因为锋利的牙齿，以及不合适的衔铁、鼻羁和马鞍而感到不适。在寻找其他原因之前，永远都要先检查马具。
不够冷静	● 准备不充分	● 在训练初期就要训练马冷静，使其变成一种习惯。调教索训练是有效的方法，要尽可能地结合日常的马房管理工作（见第36~37页）进行。很多马都不太安定，因为它们在马房中消磨了太多的时间，饮食也不够合理。你必须要有足够的耐心开始一步步改善，这样马肯定会安定下来。
	● 过于兴奋或不舒服	● 一些骑手过于激进，在骑乘时过于兴奋，从而使得马太紧张。有些马紧张是因为塌背造成不适，而这又是缺乏训练或者不合适的马具引起的。
不愿积极向前	● 缺乏自信	● 很多马都很不情愿被贴上这个标签，事实上它们缺乏来自训练给予的自信。可以把训练分解成简单的几步。
	● 缰绳联系受限	● 很多马不愿前进，是因为它们并未接受到来自骑手腿部给予的向前的指令。相反，它们被缰绳控制，骑手努力通过不自然的手段来缩短它们的颈部。这会造成马的困惑和不适。
	● 不舒服	● 造成不适的其他原因是来自马前肢的疼痛和背部使用受限。请兽医对马进行检查。如果马的背部疼痛，你可以换用新的马鞍和新的前进方式。调教索工作也是非常有效的。

问题	可能的原因	解决方法
马体不够正直	● 在圆圈外方的线上行进	● 偏向某一侧骑手会让马体歪斜，就像在圆圈外方的线上行进一样。想象和顺着圆圈内方的线向前（见第126页），而非外方的线。马体就会自动正直，你也会向前骑乘。想着做肩内也会有所帮助（见第134~135页）。
	● 一侧缰绳联系过于频繁	● 一直想着肩内，有规律地使用两侧缰绳。蛇形骑乘是一项极好的练习，可以促使马保持身体正直（见第128~129页），它还能使马的颈部既不会过度弯曲，也不会弯曲太少。此外，蛇形路线也会让马学会侧向弯曲。均衡使用马的两侧，提高马的前躯"放"在后躯前方的能力，可以使马体正直。
步伐不够规范	● 头部和颈部活动受限	● 头部和颈部使用过少会造成慢步不够规范。这主要是由缰绳控制受限引起的。出于这个原因，盛装舞步赛中允许骑手在伸长慢步中微微放松缰绳。
	● 背部活动受限	● 在快步中，步伐不够规范通常是由于动力不足导致腾空期减少而引发的。这经常是骑手在有能力随着马背做动作之前让马练习了太多的快步引起的。如果马在跑步时，完完全全没有腾空期，则是因为它缺少动力和骑手过早进行组合训练。步伐规范是所有骑术训练的核心（见第110~111页），没有了它，所有的动作将无法完成。循序渐进的训练将形成和保护这种自然步伐，所以这类问题就不会出现。
缺少动力	● 不够冷静和不愿积极向前	● 要想使马的动力有控制就必须将接受、冷静、积极向前、身体正直和步伐规范这些常量处理得当（见第108~109页）。但是，不够冷静和不愿积极向前是造成马频繁缺少动力的原因。
	● 缺乏坚定和自信的骑乘	● 马缺少动力，也可能是因为骑手太过消极。骑手扶助清楚和积极骑乘是非常重要的，尤其在马无聊或昏昏欲睡的时候。要发掘马的潜力，你必须偶尔对马要求得稍高一些。通常情况下你会因马产生的动力而吃惊。

马的问题

问题	可能的原因	解决方法
抗衔	● 受限于骑手	● 不合适的鼻羁或者锋利的牙齿带来的不适都会引起马的抗衔。但是，更常见的原因是缰绳受限或过度使用马丁革。永远要记住缰绳是被马控制的，而非被你控制的。马的头部和颈部不自然的姿势都会对马的行进产生不利的影响。将马头固定在特定的位置会使得马焦躁，结果会造成它本能地张开嘴。
	● 缺少动力	● 如果马拥有足够的动力，就会对受衔和缰绳联系起到直接且积极的影响。提高五个常量（见第108~109页）有助于马获得更好的动力，更好受衔。这就是优秀的骑手使用的衔铁类型少的原因。
	● 坏习惯	● 不幸的是，一旦马养成了抗衔的习惯，它就会一直这样。再次强调，如果基础训练扎实，那这个问题就不会出现。用无衔铁水勒骑乘六个月可以使马改掉这个坏习惯。
马无法理解扶助——塌背	● 不舒服	● 如果马觉得骑手的动作方式或者重量令它不舒服，那么它就很难理解扶助。在马空载的情况下，调教索训练能克服这些问题。
	● 缺少动力	● 专注于提高五个常量（见第108~109页）。如果必要的话，将训练暂缓进行。
	● 坏习惯	● 对一些马，特别是老马来说，这样做已经成了很难纠正的坏习惯。在这种情况下，暂时使用沙邦（见第372页）可能有用。沙邦应该仅用于调教，它只是辅助用具，从马的前肢间穿过到头部，再穿到衔铁底部。这给马的项部增加了压力，使得它头部变低，颈部伸长。在这一阶段开始，你可以让马向前并让它使用后背。但所有的辅助用具也只能暂时使用，或者是在利大于弊的情况下才能使用，否则马会以一种不自然的方式前进。

问题	可能的原因	解决方法
不理解 扶助——缩短颈部	● 马具的不当使用和缰绳联系受限	● 马的颈部十分灵活，它在不使用后背的情况下单独缩短颈部是很容易的。当马这么做的时候，它会避衔，这就使得你很难控缰。马的这种反应也是过度使用折返缰和缰绳控制受限之后的典型反应。避衔是一个严重的问题，因为它无法提高真正的动力。 　　使用配有沙邦的调教索可能有所帮助。此外，可以让马上、下小山坡和跳越障碍，使得它能自然地使用头部和颈部。这冲方法也很有用。马必须明白运用头部和颈部，并将头向前伸是一件好事，因此你必须快速掌握正确的方向。
	● 疼痛	● 请兽医给马做检查，确保马没有身体疼痛。
在做测试动作时畏惧	● 缺少动力	● 如果马真的理解扶助，你会发现它大多数的胆怯行为都没有了。它会将注意力集中在要去的地方，接受骑手，并不易受到干扰。
	● 过去的经历和有限的视野	● 如果马被比赛场地中的某些东西，比如被风刮起的塑料制品吓到，那么它会记住这个。另外，当马的颈部呈现圆形轮廓时，这会导致它的视野受限，使它更容易受到惊吓，因此它会更胆怯。物体突然移动到马的视野之内会吓着它。如果马开始变得胆怯，不要责备它。相反，要让它远离使它心烦意乱的事物，快速向前。
前冲	● 缺少与骑手的配合	● 如果马出现较短、向前冲的步伐，这说明它的步伐不够规范。通常这是由骑手和马的配合不够默契导致的——尤其是在快步时骑手的臀部不随马背的动作而动作。
	● 缺少动力	● 这是缺少一种常量所致（见第108~109页）。
	● 坏习惯	● 如果骑手在马换对角肢时骑姿不平衡，马就会在经过比赛场地X点时习惯性地缩小步伐。在轻快步时通过腿部给马施加压力，使其从X点不断改变对角肢。

马的问题

问题	可能的原因	解决方法
快步或慢步中止	● 不够冷静	● 如果马不够冷静，那它的步伐就会乱。优化训练流程，使日常生活贴近自然，减少喂食硬饲料。
	● 缺少动力	● 有了充足的动力，马就不会打乱步伐，而它通常会做出最简单的选择。
	● 行进时过于兴奋	● 马也可能因为骑手要求过多而打乱步伐。这通常和骑手僵硬的骑姿有关。所以，良好的感觉、柔软的身体和协调性才是长期可行的解决方法。
立定后不挺直身体	● 身体不够正直	● 如果马的身体两侧发展不均衡，它的身体就会歪斜，停止时身体也会歪斜。调教索训练就成了不可或缺的部分。
	● 立定时被轻拍	● 如果马的前躯承受的重量大于后躯，它的后肢就会分开。如果你用盛装舞步鞭轻轻拍马的左后肢，你会发现左后肢太靠前了。如果你轻拍它的对侧肢，那匹马就像马戏团中站在鼓上的大象，后肢都太靠前了。初级马在立定后，后肢自然会微微分开。只要它的身体两侧仍能承载相同的重量，这就不成问题。随着进一步的训练，它的后肢会承载更大的重量，在慢步后其中一侧后肢会自然地向外跨出半步，立定后保持身体正直。在快步和跑步时，马必须至少向前跨出一步才能在立定后保持身体正直，并不是用前肢立定。
动作不准确	● 准备不充分	● 动作不准确是由于骑手没有事先考虑。骑手需要先在纸上画出动作，清楚地知道该做什么。动作不准确的一个经典例子就是在60米×20米的比赛场地的B点和E点做直径为20米的圈乘时，如果圆圈太大，就有可能触碰到RS和VP线（见第98页）。但是，对直径为20米的圆圈来说，圆心的X点到这些线应该分别有2米。尽力提前为步伐转换和回到蹄迹线做好准备。
	● 不理解视错觉	● 为比赛场地视错觉产生的影响做一些补救措施（见第158~159页）。

问题	可能的原因	解决方法
在反跑步中换腿	● 不够冷静	● 如果马很紧张，跑步时它就会容易将领先肢换为内产肢。不要惩罚它，与它合作时你要更冷静。
	● 不理解跑步扶助	● 一旦理解了扶助，它只会在你要求时换腿。加强马对于跑步扶助（也是空中换腿的扶助）的反应（见第136~137页）。
	● 不舒服	● 反跑步（见第137页）要求马在初级收缩时能保持平衡。如果反跑步开始得太快，马就会感到不舒服，并且容易在骑手没有要求的情况下换腿。
后肢领先	● 动作做得太早	● 一些骑手发现在帕萨基中这是一个频繁出现的问题，不过这个问题很容易纠正。确保动作不要做得太早，等到马头朝着你想去的方向再开始。然后，想着做腰内而非斜横步（见第138~139页）。
侧向运动中缺少动力	● 缰绳联系受限和人马动作不一致	● 有时，马缺少动力是骑手动作幅度太大以及缰绳联系受限造成的，还可能是骑手和马的动作不协调造成的。骑手的动作幅度要小一点儿，经常练习，确保开始训练前马就具有动力。
	● 动作进行得太快	● 高质量的快步不应破坏侧向动作。但是，有些马被要求快速做大量的侧向动作，结果就是它们无法应对，影响快步表现。特别要指出的是，缺乏动力还会造成腾空期减少。引入侧向动作练习时，你可以通过仅向侧方移动和每次向前几小步来降低难度。

第六章

跳越障碍训练和比赛

骑马的时候的确会有飞的感觉，尤其是在跳越障碍时。对观众来说，一系列的障碍看起来简单，但对骑手来说，这是一场靠知识而不是靠力量取胜的心智游戏。本章会向你介绍跳越障碍时使用的装备、跳越不同障碍时的正确骑姿，以及如何估测和调整障碍之间的距离。本章还会告诉你如何制订训练计划，从简单的新手级练习到高级比赛路线——需要以一定的角度跳越障碍或者在圈乘时跳越障碍。通过阅读本章，你会明白如何制订最佳路线，以拥有赢得比赛的优势。最后的问题部分能帮助你解决可能面临的任何问题。

激烈的场地障碍赛

场地障碍赛可以将很多骑手聚集在一起，就像其他任何运动一样。他们聚集在一起的初衷不仅仅是对马的热爱，更是对骑乘的热爱以及对迎接挑战的渴望，这是一项既令人兴奋又充满高难度的运动。无论你是新手还是合格的场地障碍赛骑手，观看优秀的马和骑手在跳越高大、技术性的障碍时的表现都会使你收获更多。

场地障碍赛的挑战

场地障碍赛既是一门科学，也是一门艺术。科学体现在你理解重心和上升角度，以及判断步幅和起跳点的能力；艺术则体现在你勇于挑战时所呈现的风格和天赋，以及如何和马保持良好的关系，这能让你在这项运动中达到巅峰状态。

找到跳越障碍的正确起跳点不仅要有对马精确的控制能力，还要有判断距离的能力。顶级骑手总能将起跳点控制在预期位置的30厘米误差范围内，而初级骑手可能勉强将这个距离控制在1米以内。许多人认为这种能力是一种天赋，但其

赤脚传奇 瑞典的佩德·弗雷德里克森骑乘"全力以赴"，两次奥运银牌得主——2016年里约和2021年东京奥运会，全力以赴就是以裸蹄跳跃而闻名的

实这种能力是可以后天学习获得的，特别需要注意的是一开始你就要进行正确的训练。如果你一直接受保持一致步幅和寻找恰当起跳点的训练，你的准确判断距离的能力就能不断提高。

争时赛常常分秒必争，所以能找到场内最佳的有效路线、在最短的时间内完成比赛是场地障碍赛骑手需要培养的最关键的技能。

跳障碍路线的马

一匹跳跃障碍的优秀马匹需要许多特质。首先也是最重要的是：它是可被教育的。一匹马从新手进阶到大奖赛水平至少需要大约七年的时间，所以一匹听话、充满意愿的马是必不可少的。它需要运动能力来跳过大的障碍，还需要速度和敏捷性来"与时间赛跑"，才能快速跳跃而不撞到障碍。马的先天良好的结构和健康之间有着直接的关系，一匹年轻的马需要通过全面的兽医检查，以确保它是健康和健全的。

毫无疑问，遗传因素是有作用的，而且育种是一项国际性的、高价值的业务。过去人们常说，大型欧洲温血马，比如汉诺威，是障碍骑手的必备马匹，因为它们体型庞大、力量强大。然而，现如今大家想要更快的速度，现在大多数顶级骑手更喜欢选择带有纯血血统的优质马匹。

技术技能

系统的训练是必不可少的，特别是现在的跳跃障碍路线需要比过去做的更加精确。例如，杆子更轻更短，放置杆子的托杯更浅。这意味着杆子更容易掉下来，所以马必须更加小心。马需要能够应付障碍之间的各种距离，但仍要能到达一个良好的起跳点。为了实现这一目标，它们必须具备运动能力并训练轻松伸长和缩短步幅的能力。这样，马就有可能

以均匀的步幅跨越大多数距离。

全面均衡发展

不进行骑术训练，你就不可能参加场地障碍赛。在一轮只有90秒的最高级别的场地障碍赛中，一匹马只能在空中停留15秒。剩下的在平地上的时间才能决定比赛的输赢。能同时参加最高级别的盛装舞步赛和场地障碍赛的马是很稀有的，但有时我们会在场地障碍赛中看到很棒的盛装舞步表演。英国的本·马赫和他的神奇的马"爆炸W"激励了许多人。爆炸W不仅跳得很漂亮，而且它的步伐，它的平地工作，以及它的训练标准和准备的水平都是出类拔萃的。它甚至比许多盛装舞步马能更良好地缩短和伸长步伐，而且它总是显得充满意愿，又能超级轻松地跳跃障碍。另一个这样的组合是爱尔兰的约翰·雷丁汉和基巴哈，一匹爱尔兰传统运动马。它们本可以在盛装舞步和野外骑乘中极具竞争力。

袖珍的障碍马 美国的劳伦·霍夫骑着她的15.2掌高的母马"噢啦啦"赢得了多次胜利，包括2017年在佛罗里达州惠灵顿举行的100万美元大奖赛

世界级领导 2021年东京奥运会上，英国极具风格的本·马赫骑乘在他的完美障碍马"爆炸W"上获得金牌

装备和马具

场地障碍赛选手会花费大量的时间进行骑术训练，所以场地障碍赛大部分的装备和盛装舞步赛的一样，主要的区别在于马鞍的形状以及马匹为防止跳跃时受伤所穿戴的安全装备方面。还有，你需要有合适的训练场地和设置必要的障碍。

骑手的装备

你的衣服必须舒适，并且能让你自由活动。靴子要有防滑底，并且可以使脚踝灵活活动。同时，靴子贴近马体的那侧应该相当轻薄，这样才能让你的腿和马体有亲密的接触。马刺是为了加强腿扶助的，但是绝对不能过于锋利或者对马的身体造成伤害。初学者不宜使用马刺，马鞭可以加强你的扶助。

场地障碍赛骑手在马鞍上的动作比盛装舞步赛骑手的大很多。为了防止衣服被夹在骑手的臀部和马鞍之间，骑手应该穿短夹克。肩膀部分应足够宽松以让你不受限制地活动，尤其是在跳越比较大的障碍时。一顶合适的帽子也很重要。

马的装备

场地障碍赛的马鞍比较平，这样你就可以使用短镫（见第80页）以抬高你的臀部或自由地坐回马鞍上。这种马鞍安全性不如有较深鞍座的马鞍，所以保持一个安全且平衡的骑姿很重要。

汗垫要放在马鞍下，以确保马鞍前后在同一水平线上。汗垫不能沿着马鞍两侧放下来，如果这样，骑手的腿就很难

环形马丁革可以防止缰绳越过马头

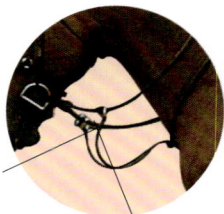

环形马丁革

墨西哥式交叉鼻羁

有帽带的帽子

D环小衔铁

皮挡圈

手套

场地障碍赛夹克

马鞭

护腹肚带

护腹肚带可以避免防滑钉让马受伤。这种情况通常发生在马屈起前肢跳过障碍时，尤其是在马没有接受过如何正确使用肩部的训练的时候。

比赛装备　场地障碍赛骑手必须穿着夹克、衬衫、马裤、靴子，戴手套和帽子。马的装备包括专用的马鞍、水勒和护腿

靠近马体两侧。松紧肚带可以让马更自由些，并能防止马鞍滑动。

墨西哥式交叉鼻羁用来代替卡夫圣鼻羁，以避免挤压到马嘴里的敏感组织并对上面的臼齿造成压迫。如果缰绳掉

障碍鞍的鞍座稍平，这能保证骑手在马跳过障碍顶部和落地时紧贴在马身上

汗垫

有弹性的肚带

后肢护腿

前肢护腿

蹄碗

了，一条环形马丁革可以防止缰绳乱甩或越过马头。环形马丁革不能用来拉扯马头，也不能戴得太紧而限制马。缰绳上的皮挡圈可以防止马丁革的环被衔铁夹住。连接简单的D环小衔铁是在比赛和训练中使用的：D环能防止衔铁从马嘴里滑落，帮助骑手更加准确地驾驭马。稍微结实点儿的衔铁，比如说铰接小衔铁（见第370页），同样可以应用于比赛中；至于是否应用更结实的衔铁，比如盖革衔铁和佩勒姆衔铁，教练可以给你建议。然而，训练马时还是多使用普通小衔铁。

为保护前肢后面的肌腱，应该给马穿前肢护腿以防马在跳过障碍落地时踩到自己；为了保护前蹄，应该给马穿蹄碗；为了避免后蹄擦到后肢上的球节，应该给马穿后肢护腿。

合适的场地

室内场地在天气糟糕时非常有用，但是很少有室内场地可以满足跳越障碍的训练需求。60米×30米、四角是圆弧形的场地比较理想。场地的地面要很硬实，硬实到足以支撑马的起跳和落地，并且能够快速回弹，仅留下马蹄的轻微印记。如果地面太过柔软，马会丧失自信。

使用防滑钉

防滑钉可以插入马蹄铁里，起到防滑的作用。它的大小取决于地面情况。在一场比赛中，可能需要更换不同的防滑钉，例如，如果雨后地面变得湿滑，在比赛过程中可能就需要更换防滑钉。骑手根据经验决定什么情况下使用什么样的防滑钉，但总体来说，大点儿的防滑钉多用于前蹄。地面更硬，意味着更滑，这时需要使用稍尖的防滑钉；而在泥泞的场地，则要使用比较大的防滑钉。场地较滑时，马的四蹄可能需要四种防滑钉。路用防滑钉可以在路上使用或者作为填充物保护防滑钉洞。

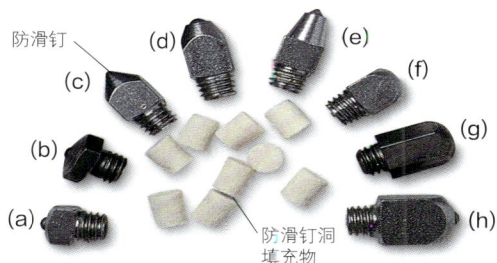

防滑钉　(c)　(d)　(e)　(f)　(g)　(b)　(a)　(h)

防滑钉洞填充物

障碍类型

不同类型的障碍给马和骑手带来了不同的挑战。为了达到既定的训练目标，你要使用多种类型的障碍。在场地障碍赛比赛中，一条路线中的障碍包括垂直障碍、三重障碍和双横木障碍（见右页下框）。

训练场地里不需要准备所有不同类型的障碍。但为了进行最主要的训练项目，你需要大概30根长3.7米的横杆，以及一套16根的支柱（以架起横杆），还可以用铅笔支柱或是更宽更坚固的翼板。翼板的优点是它可以把马引到障碍中间，防止马不服从或为了逃避而绕着障碍转圈——这称为拒跳。在跳越双横木障碍的时候，你只需要在前面的障碍处使用翼板，后面的横杆可以用铅笔支柱支撑。

如果你用的是塑料横杆，要用沙子填满其内部，这样横杆就不会被风吹走了。如果你骑着年轻马去跳越很高的障碍，那么就使用轻质木横杆，因为一旦马踢到了横杆，它就很容易受伤。横杆应该放在安全托上（见右页上框）。

木头和塑料制作的横杆都可以，而且有很多颜色可以选择

障碍 当把障碍组合在一起的时候，要确保横杆足够重，这样它们就不会被轻易吹倒，同时将填充障也固定在地上以确保安全

翼板可以让障碍更宽，防止马拒跳

把填充障涂成砖墙的样子，是为了看起来更稳固

训练用障碍

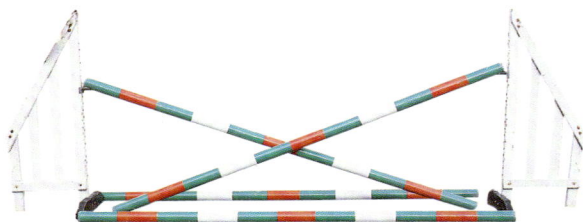

交叉杆配地杆 使用交叉杆是为了鼓励马从中间跳过，地杆则可以帮助马判断正确的起跳点

垂直杆配地杆 训练中，使用这种障碍可以帮助马判断起跳点，使它跳跃的时候身体成圆形

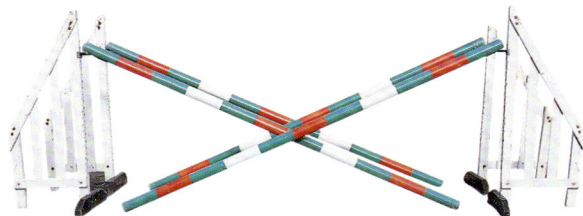

交叉杆双横木 交叉杆双横木鼓励马从中间跳过障碍，它的宽度让马在跳越时身体能保持正直，以防在空中改变方向转向一侧

塑料压桶 马需要去习惯多种颜色的填充物，比如塑料压桶。如果马被新的填充物吓住了，那就先不要使用压桶

填充障

填充障多用在障碍的横杆下方，提供一个基准线帮助马判断自己的高度和速度。填充障的形状、颜色各异，通常是木头或塑料制作的。

填充障应该足够结实，这样才不会被风吹走，同时也不能有尖锐的边缘。小的孔洞有时很危险，因为马蹄很可能卡在里面。塑料压桶安全且有用，但是它需要和两边的横杆连在一起，以确保不会滚走；卷盖式的填充障有弧形的侧面，且不会滚动。半墙（被涂成砖墙的木制障碍物）特别有用，因为它们让障碍看起来非常牢固，这会使马认真跳越障碍。1.8米长、60厘米高和45厘米宽的半墙比较理想，但是搬运起来有点儿重。

安全托

安全托用在所有双横木障碍后面的横杆的下方和较宽的障碍上，这样在受到撞击的时候横杆很容易掉落，马就不会跨坐在障碍上导致受伤。还有，安全托的边缘应该是圆形的，以降低骑手受伤的风险。

木板

跳越障碍训练还需要6块左右的放在地上的木板。木板比放在地面上的横杆更安全，因为横杆会滚动。万一马踩上去的话，将伤害到它。这些木板上不能有金属附件。横杆如果足够重或有一个防止滚动的扁平边也可以使用。在购买任何场地障碍赛的装备时，要确保骑手或马不会受到伤害。例如，铁桶和钉子凸出的木板就很危险。

比赛用障碍

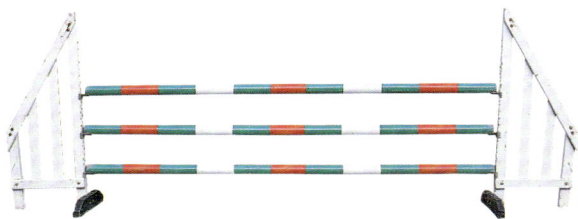

垂直障碍　这对马来说是最难判断的一种障碍类型，因为马在越过有坡度的障碍时会跳得更自然。在底部使用填充障会让障碍看起来更容易跨越

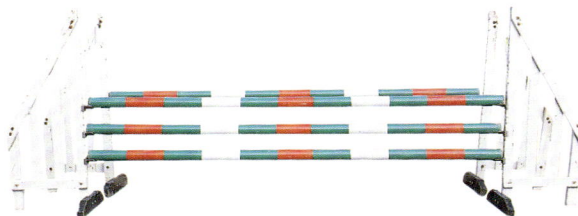

三重障碍　这种看起来难度很大，但是对马来说却是最简单的一种，因为它符合马的自然跳跃方式

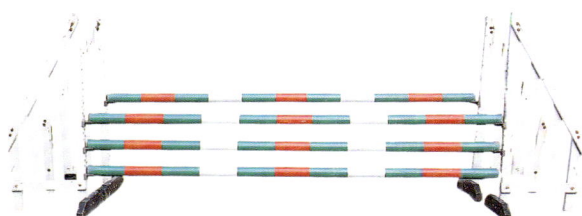

等高双横木障碍　越过这种障碍需要马受过良好的训练，因为马在跳过障碍中间时，身体要达到跳跃时的最高点

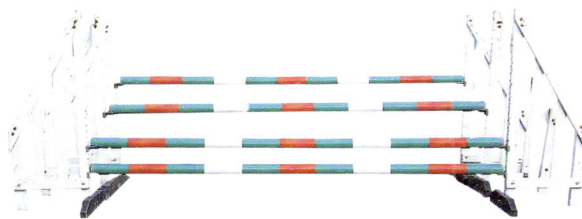

递增双横木障碍　对马来说，这种障碍比等高双横木障碍更简单，因为有坡度的形状适合马的自然跳跃方式。跳跃时马身体的最高点刚好位于后横杆前

骑手的骑姿

在所有的马术活动中，骑手的骑姿和效率是紧密联系的。影响场地障碍赛骑手骑姿的主要因素有骑手的平衡能力、和马保持动作一致的程度、身形，以及马鞍的安全程度。如果这些你能做得更好或者提升得更多，你就会成为一个水平更高、更灵活、更高效的骑手。

达到稳定的平衡

如果骑手能持久地保持平衡，马会表现得更加轻松——稳定的负载物相对来说就是轻松的负载物。如果骑手失去平衡，马会很快意识到骑手重量分配的变化并受影响。作为场地障碍赛骑手，你的首要任务是找到阻止你的重心偏移的方法，以防影响马的自然运动。

当骑手的重量落在马鞍上时，马跳越障碍的效果不会好，对骑手来说这么做也不轻松。这是因为，如果你的臀部落在鞍座里，你就不能和马的运动保持协调一致。马跳越障碍时，你必须将自己的重心和马的重心保持在一条直线上。因此，场地障碍赛骑手应该保持轻盈的坐姿，臀部只和鞍座轻轻接触即可。

骑手的重量通过他的腿传递，其中一些重量通过与马保持联系的腿向内分散，其他的落在马镫上。否则，鞍座会分担重量。所以，只要马能感觉到骑手的重心恰好在它的肩隆，它就会将自己的重心与骑手的保持在同一条直线上。

保持平衡

你可以把腿伸直，直接站在马镫上以达到平衡，马不会因此感受到任何异常。然而，你的重心将变得很高，骑姿也会变得不稳定。想象一下，将一把可伸缩的梯子拉到

最高。在这种情况下，它很难保持平衡。然而，如果你将梯子各节压在一起，它就会变得更加紧凑稳定，即使它的重量没有改变。骑手的膝关节和髋关节的角度越小，他的重心就会降得越低，他在马上就会更加稳定。

为了获得更低的重心和稳定的平衡，你需要将镫带调整到比盛装舞步用的镫带短3~5个孔位才可以。通过尝试去找到最合适的镫带长度。谨记，如果马镫过短，在转向时你会很难保持平衡，并且也很难去使用腿扶助。使用较短的马镫，

马的重心

骑手的重心

良好的跳跃平衡 骑乘时用较短的马镫，让臀部抬离马鞍可以降低骑手的重心，并将重心持续保持在马的重心上方

在平地上　即使是在平地上训练，场地障碍赛骑手也要保持平衡，臀部轻轻接触马鞍，身体依旧跟随马背运动

和马保持动作一致

通过保持稳定的平衡，你才有可能与马的动作保持一致（跟随马的动作）。即使你的臀部只是轻轻接触马鞍，你的动作也要和马背的动作保持一致，不然就会撞到鞍座。你的首要任务就是保持你的手和马嘴动作协调一致。很少有什么事情能比在马跳越障碍时你拉扯缰绳更能引发问题，最糟糕的情况就是马会停止跳越障碍，最乐观的情况也是会对跳越障碍有所限制。在盛装舞步赛中，应该时时保持缰绳联系，这通过骑手打开肩关节和肘关节来实现，而不是张开手指让缰绳滑动。如果你的手指是张开的，那在马跳过障碍落地的时候缰绳可能会掉落，并且你要花费很久来重新获得对马的控制。有些骑手将手放在马颈的顶部，以跟随马的动作。但是最直接的方法是让手沿马颈的两侧移动（见下图）。

最初，对初级骑手来说，马跳越障碍时完全放松缰绳会更好，同时为了安全，骑手要紧抓马鬃毛和胸带。之后，骑手应该在不抓任何东西的情况下完全放开缰绳。当你真正达到平衡时，你的手可以和缰绳保持轻轻的接触。然而，即使是高级骑手，有时也需要在马跳越障碍时松开缰绳（比如说在跳越大障碍时）。所以不管怎么说，这都是一个值得练习的技巧。

你就可以更轻松地使用膝关节和髋关节，踝关节会像弹簧一样吸收跳跃的马的动作和力量。打开和闭合这些关节也可以减少你的头部摆动幅度。你的平衡感来自大脑从眼睛和耳朵接收到的信号，所以最好让头脑尽可能地保持静止。

跳过障碍时的缰绳联系

大多数马如果不受缰绳的限制，会跳得更好。当你使用缰绳时，你的手必须跟随马的嘴部、头部和颈部的自然运动而移动。只有一些高级骑手在跳过障碍时还能保持缰绳联系。然而，所有的骑手都应该去学习这个技巧，以便在争时赛中节约时间。为了保持缰绳联系，你可以让手离马鬃毛更近些，这样在需要的时候，你就可以获得更多的支持，并有所准备，或者你可以降低手的位置——和马嘴保持在一条直线上，后一种骑姿更适合专业场地障碍赛骑手。新骑手抓住马鬃毛作为支撑的时候，需要完全放开缰绳，更多高级骑手在越过更大的障碍时会将他们的手放得更低并松开缰绳。

（a）手放高——保持联系

（b）手放低——保持联系

（c）手放高——没有联系

（d）手放低——没有联系

骑手的身形

在马跳越障碍寸，骑手的小腿需要和地面保持垂直。然而，骑手的身形或动作会随着跳跃阶段的不同而变化，尤其是髋关节和膝关节在马体上升和下降时都要打开，并且这种关节的打开和闭合会改变骑手身体的角度。如果你不这么做，在马体上升时就不能和马的重心保持在一条直线上；在马体下降时，马鞍会碰到你的臀部。在这两种情况下，你很有可能失去身体平衡。随着马跳跃的幅度越来越大，这种关节的打开和闭合就变得尤为重要，因为上升和下降的角度会增加（见右框）。

当接近一道障碍时，你的身体重量要落在腿上（图1）。在马的身体上升的过程中，你要稍微打开髋关节和膝关节（图2），让马可以以你的两个膝盖为轴转动（图3），这需要你将膝盖微微后移。接着，在障碍上方最高点，你要闭合

跳越更高的障碍

随着你开始跳越更高的障碍，你将不得不更多地打开膝关节和髋关节，以适应更陡峭的起跳和落地角度。为了使骑手的重心几乎完美地保持在马的重心正上方，右图中的骑手需要在马上采取一种几乎垂直于地面的骑姿。

跳过一般的障碍　　　　跳过更高的障碍

跳越小型障碍的骑姿　为了达到理想的骑姿，你的重心要刚好在身体的基础支撑（腿）上方。理想情况下，这里的两条红线要几乎对齐。当马以你的膝盖为轴转动时，你的小腿需要保持竖直，同时你的髋关节和膝关节需要根据不同的跳跃阶段而打开和闭合

1 努力将你的重量落在腿上，而非马鞍上

2 将重量落在腿上

马体上升时，打开你的膝关节和髋关节

3 将你的重心保持在马的重心上方

髋关节和膝关节（图4），并在下降时再次打开（图5）。

让脊柱保持中立对齐也很有必要（见第322页）。在下图的一连串动作中，骑手的背部姿势很不错（图4），但是在这个位置（图5）时有点儿圆了，这使她和马不能很好地结合为一体。

保持安全骑姿

骑手的安全很大程度上依赖于他的平衡能力和他能否与马保持动作一致，但是骑手也必须注意将身体的重量落在小腿上，并使小腿与地面垂直。如果场地障碍赛骑手使用长镫，那么在马落地时他就会不安全。这是因为骑手为了在障碍上方保持上半身平衡，小腿不得不在开始时向后摆动，而在马的身体下降时他的小腿不会再向前移动。如果骑手很健康和强壮，那么安全系数会提高——短镫骑乘要求骑手的两条腿和背部的肌肉足够有力量。疲劳会引发失控，因此安全系数也会比较低。

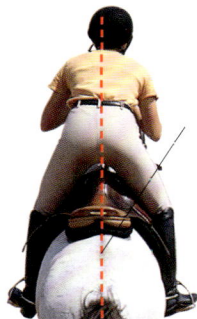

骑手的脊柱应该和马的脊柱保持在一条直线上

王直跳跃　骑手喜欢将更多的身体重量放在更强壮的腿上，这样会让马失去平衡。当跳过一道障碍时，要确保你的身体重量平均分配在两条腿上

4　在障碍的最高点闭合膝关节和髋关节

5　下降时打开髋关节

6　再次调整你的平衡——图中骑手的上半身太靠前了

感知步幅

为了达到更好的效果，场地障碍赛骑手需要学习与跳越障碍练习相关的知识以及如何使用扶助。最重要的技巧就是感知马的步幅，这样就能让马在跳过障碍时有正确的起跳点。这些进阶练习会帮助你理解马的运动方式，提高在一定距离内感知和计算马的跑步步幅的能力。随后，你就会很容易地找到正确的起跳点。

评估步幅

跳远选手明确知道到达起跳板时自己需要跑多少步，而不是在最后一刻突然调整速度和步幅——这样做效率很低，跳跃能力也会受到限制。同样，场地障碍赛骑手必须清楚马的步幅与障碍之间的关系，并根据需要做出最小的必要调整以达到合适的起跳点。当接近一道障碍，即使离障碍还有一定距离时，骑手必须清楚了解马的步幅：一名高级骑手可以提前判断需要六步还是更多的步数。

跳越障碍的起跳点在跑步结束之后。对垂直障碍来说，跑步结束之后的最佳起跳点在离障碍大约1.8米的地方。因此，骑手必须确定马的跑步步幅在最佳起跳点停止。就像前面提到的，高级骑手会将马和正确的起跳点之间的距离保持在30厘米以内，尽管记住这点很重要，但如果马跑步跑得很好，也比较有经验，并在它的能力范围之内，离理想点80厘

米起跳也可能很好。为了达到最佳的起跳点，保持连贯一致的跑步步幅比做出突然或更大的改变更重要。

优秀教练会做三件事帮助骑手增强对步幅的感觉。首先，骑手会在平地上与马步调一致。骑手与马一起跑得越多，就越容易了解马步幅发生的变化。

其次，教练会向你介绍如何使用复合障碍。复合障碍是一系列具有一定间距的障碍，这可以帮助你不断改进自己的骑姿，提升马跳越障碍的技巧。最初，你的教练会确保障碍之间的距离对马来说比较容易，并给马设计一个理想的起跳点。即使你专注于保持良好的骑姿，你也会下意识地注意到马的跑步步幅和起跳点，并且随着你的进步，这种意识会逐渐加深。

最后，在马快步和跑步时，你的教练会教你如何通过进阶练习计算步幅（见下文）。通过计算跑步步幅，你就能感受到马迈出的每一步，并开始使马保持一致的跑步步幅。

计算步幅

你的教练会为你安排进阶练习——指导马先用快步跳越固定的木板和障碍。接着，在地上放置一块跑步板来充当第二道障碍（见右页图）。摆成漏斗形的横杆可以给马做指引，让马保持直线前进。教练还会设置一些练习以确保马在跑步时保持着3.7米的跑步步幅——这是场地障碍赛的标准步幅。最初，跑步板会被放在离第一道障碍两步远的地方。

定期重复这种练习会提升你对步幅的感觉，但是最重要的秘诀是好好做这种练习，并大声地数步数。让马以快步接近复合障碍，在越过第一道障碍后跑步落地。落地时，你要说出"落地"二字。接着，大声地数出每一步，这能帮助你集中注意力。当你用跑步板找到正确的起跳点后，障碍和跑步板之间的间距可以逐渐拉长以增加步数，直到可以增加为

起跳点

通过用跑步板代替障碍，练习找到正确的起跳点。跑步板可以让你重复练习多次，且不会使马的体力透支。当你有了正确的跑步感觉和对步幅的感觉，你找的起跳点就会更加准确。

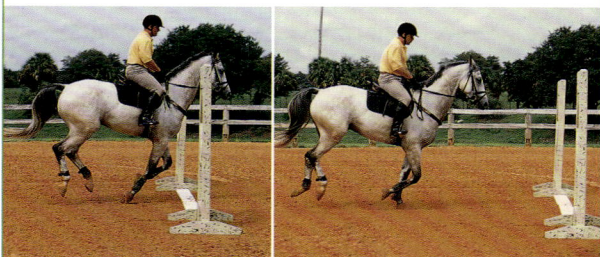

离起跳点太近

离起跳点太远

六步为止。

　　这种练习效果好的原因是3.7米的跑步步幅正好是马跳过垂直障碍时起跳点和落地点之间的距离。因此，即使不跳第二道障碍，跨过地面上的木板也能使马找到相同的起跳点，好像在跳真实的障碍一样。

下一步就是将固定板和交叉杆换成一块跑步板，使马跑步越过它们。从间隔7.4米的跑步板开始练习，考虑到起跳点和落地点，这样在两块跑步板之间就可以不用跳跃了。然后，重复相同的过程，每次增加一步（步幅3.7米）。

步幅　复合障碍已经设立好了，在跳过第一道障碍落地后，马必须用两步到达跑步板那儿的起跳点。摆成漏斗形的横杆可以帮助马保持直线前进。这是一个很有用的练习，可以帮助你提高判断马的步幅的能力

复合障碍俯瞰图

快步板　　交叉杆　　　　　　　　　　　跑步板

跑步落地，保持轻柔的缰绳联系

大声数出第一步

大声数出第二步

数步数的进阶练习

　　在离交叉杆2.7米处设有固定板，快步接近它。越过交叉杆障碍后跑步落地，在越过6.1米外的跑步板前使用无跳跃的步伐。

　　接着，将跑步板渐渐移远，一次只远一步，然后是两步、三步、四步、五步，最终是六步无跳跃步伐。

　　在每个练习中，数清每一步，并一直保持跑步的状态，这样渐渐地，你就能在跑步板处找到正确的起跳点。

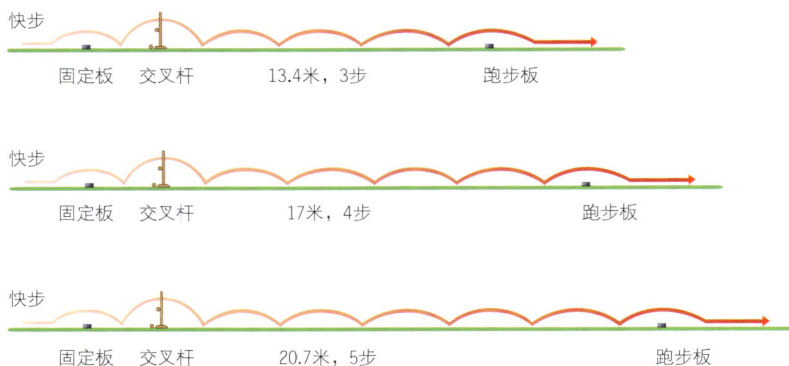

快步　　固定板　交叉杆　　13.4米，3步　　　跑步板

快步　　固定板　交叉杆　　17米，4步　　　跑步板

快步　　固定板　交叉杆　　20.7米，5步　　　跑步板

马的跳跃分析

就像盛装舞步马一样，一匹优秀的障碍马必须具备如下常量：必须永远接受它的骑手；必须在前进时保持冷静；要平衡使用身体两侧以保持身体正直。完美跳越障碍可能是一个难以企及的目标，但是加强对马跳跃时生物力学的理解有助于提升你的运动表现。

实现常量

场地障碍赛一轮的比赛时间可以和盛装舞步赛一个测试的相提并论。所以，场地障碍赛对常量的要求和盛装舞步赛是一样的：接受、冷静、积极向前、身体正直和步伐规范（见第108~109页）。这些因素会产生动力或力量——这对马跳越障碍是必要的，同时跳越障碍也需要自然、纯粹的技巧。

接受与冷静

马必须在场地障碍赛中接受它的骑手和骑手给予的扶助。如果不接受，骑手就不可能精确地控制马。紧张会让马发挥失常，所以骑手要让马冷静地跑向障碍，并在跳过障碍前后都保持冷静。在训练中，我们必须确保马在接受更深层次的训练前能够接受骑手并保持冷静。

积极向前与身体正直

马能自愿向前行走和跳越障碍是很重要的——这意味着它很积极。但是，如果骑手要求马做超出它能力水平的事，就会摧毁这种积极性。大多数马都很享受跳越障碍的过程，但如果缺乏积极向前的意愿，它会因此而缺乏自信，最终就会导致它失去享受的感觉——对骑手来说是一样的。

对马来说，除非在起跳时一起用上它的后肢并保持身体正直——在靠近障碍和跳越障碍时平衡地使用身体两侧，否则它是不可能充分调动全身力量的。

骑术训练如此重要的原因，是这可以帮助马的身体两侧均衡发展，并能教会马使用它的后背，这对马做到身体正直来说很重要。一匹在跳越障碍时只使用单侧力量的马会发现一切动作都很困难。

撑竿跳效应 在起跳前，马前肢会在肩隆前方伸出。这样做会降低它的前躯（减轻身体前部的重量）。当马的前躯越过前肢时，撑竿跳的效应将它推向上方

跳跃的纯粹性

由于受骑手缰绳联系的束缚和平衡的改变，许多马都不能自然、有效地跳跃（没有多余动作的纯粹跳跃）。

但是我们要知道，完美的跳跃几乎是不存在的。所有的马都有技术上的优势和劣势，但马如果想努力干净利落地跳越障碍，就会主动克服很多问题，特别是它对自己的工作感到愉悦与舒适的时候。良好的训练是关键。

尽管马的重心在各种不同的训练中只会移动一点点，但马在跳越障碍时屈挠得越厉害，它的重心就会降得越低，也就能更有效地跳跃。当马的重心比障碍的最高点低时，它就能和之前一样保持身体正直。

理解生物力学

跳越障碍这个动作由几个不同的因素组成，包括方向、速度、动力、步幅以及在不同时间施加的各种水平方向和竖直方向上的力。骑手和马在一起，更像是一个抛射体，受重力作用的影响，二者就像一块被扔出去的石头一样。

当载着骑手跳跃时，马的重心会提高大约10%。这就是为什么马载着骑手后会变得更不稳定。作为一个整体，马和骑手的重心必须在一条直线上，不然的话，马的自然跳跃、动作和平衡会受到不利的影响。想要更细致地研究这些细节，分析马跳越障碍的不同阶段会很有帮助（见第186~189页）。

起跳、上升和下降

当马跳越障碍时，上升的角度和下降的角度是一样的。理想情况下，马跳跃时形成的抛物线的中心在障碍的最高点。但是，如果训练得不好，马跳跃的最高点就会在障碍的最高点之后。这样就会降低工作的效率，而且由于马的落地点远于理想落地点，在障碍之间会产生距离问题。

距离障碍1.8米的起跳点，适用于1.2米的垂直障碍和1.8米的垂直障碍。当障碍越来越高，马就要以更陡峭的角度离开地面。这需要力量和良好的准备。一匹初级马开始练习跳越障碍时，它与地面的角度大约为20°，跳越1.2米高的障碍时会增加至30°，跳越1.8米高的障碍时增加至50°。当障碍更高时，马上升的角度就不会再增加了，所以它就会提前起跳。在下图中，马的起跳点离越障能力测试墙太远，所以上升角就小了点儿。

研究表明，起跳点和墙之间的水平距离几乎和墙的高度一样。当在跳跃一道2.1米高的障碍时，大多数马会在离障碍2.1米处起跳。因此，墙越矮，马的起跳点就会越近。

跳越障碍的阶段

跳越障碍这个动作可以被分为几个阶段：接近障碍、起跳和上升、空中前进、下降和落地、离开。在这几个阶段中，骑手必须将自己的重心保持在马的重心的正上方，这样就不会影响马了。

接近障碍

接近障碍的关键是马在接受骑手和扶助的前提下保持冷静、积极向前、身体正直。骑手不能限制马的头部和颈部的运动，所以靠近障碍时缰绳联系应该是轻轻的。接近障碍时要计时，这样在起跳前马就可以迈出标准长度的步幅（图1）。在这一步结束时，马的前肢就像撑竿（图2），在后肢接触地面前，前躯的位置抬高，这样会出现一次短暂的腾空。

一览图

起跳和上升

这是跳越障碍过程中最重要的阶段。在跑步接近障碍时，马的后肢分开落地（图1）；但是在起跳时，前肢会并在一起（图3），以提供足够的力量。马的后蹄要落在前蹄的蹄

从接近障碍到身体上升　在跑最后一步时，马将后肢收在后躯下，为跳越障碍提供力量

在接近障碍时马自然地抬起头

马开始它的最后一步

印前。为了做到这样，它需要弓起身体——如果马的身体过于僵硬，或者骑手太重就很难做到这样。当马离地起跳时，后肢关节开始打开（见下图圆圈）。在上升过程中，马会向前伸颈部，并将后肢蜷在身体下面（图4），跳过障碍。

马开始伸长颈部，并准备将后肢蜷起

在跳过障碍最高点后，马的头将逐渐降低

后肢着地，关节打开，身体被推向空中

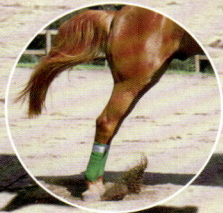

空中前进

当马跳过障碍最高点时，它将伸长颈部，后肢蜷在身下。它肩膀是向前的，同时带动肘部和膝盖向前（图5）。马的前肢和后肢是统一动作的，所以它的一侧膝盖和肘部不可能在另一侧的前面。

理想情况下，如果马能很好在使用肩膀，它的膝盖会比腹部高，这样马蹄铁里面的防滑钉不会打到它的腹部（见第174页）。

从空中前进到离开 落地是很重要的，因为落地的第一步是跳越下一道障碍的开始，骑手应该提前做好准备

马将后肢蜷在后躯下以跳过障碍

下降和落地

当马身体开始下降时，它开始放松它的后肢，并沿着腹线向后伸展——这对越过双横木后面的横杆尤其重要——然后抬起头准备落地。最初，马的重量都落在跑步时的领先肢上（图6），身体略微下降一点儿之后，马的重心也落在了领先肢上。由于压力，它的球节会压向地面（见右页小图）。如果前肢并齐落地，马很有可能跌倒，因为马的前肢有自动锁定系统——和马站立着睡觉时使用的系统一样。

5

开始下降时，后肢的关节开始打开

离开

　　马在前肢落地后，后肢回到地面之前，又会有一个短暂的腾空期——先是外方后肢，然后是内方后肢。

　　在迈出第一步时，马和骑手都应该恢复水平平衡的状态。这里，他们会稍有些不平衡，步幅就会比平时的更大（图7）。马通过用背部把后肢压在身下以再次获得平衡。

吸收冲击　当马的前肢接触到地面，肩隆下沉，它的球节就充当了减震器。在跳越大型障碍或高速起跳时，球节甚至可能触碰到地面

6

落地时，马开始抬高颈部以保持平衡

7

在落地后第一步，当马稍微失去平衡并向前跌时，它会放低颈部

领先肢的落地总要靠前一点儿，整匹马的重量都在领先肢上

跳越障碍时的变量

变量是不同练习间转换的因素。在场地障碍赛中，这些变量是：方向、速度、动力、平衡和时机，骑手需要对这五个变量有精确的控制。还有，要想表现出色，稳定性很重要，尤其是马保持步幅3.7米的能力，因为一切距离都基于步幅之上。保持正确的速度和方向就有可能达到这一步幅，所以速度和方向是两个关键变量。

控制方向

在场地障碍赛中，变量的变化比盛装舞步赛中的少，主要是因为马在场地障碍赛中步伐一致且速度不变。在场地障碍赛中，障碍与障碍之间隔了许多步，实际就是在有很多障碍的大型场地上进行的、包含了大量直线动作和曲线动作的盛装舞步测试。因此，正确的方向是最重要的变量，因为接近障碍的角度会影响马在障碍之间所需的步数。

要以正确的角度接近每一道障碍，并在障碍之间沿精确的轨迹前进。在场地障碍赛附加赛中，拥有正确的方向更为重要（争时赛时），因为节约时间很关键。许多骑手通过在设有许多障碍的场地中骑乘来提升方向感，旨在从开始到终点都能保持路线精准。

保持速度

在场地障碍赛中，速度的单位是米/分。合适的速度很重要，因为速度和步幅是紧密相关的。当马加速或者减速时，步幅会自然地加大或缩小。障碍马理想的步幅为3.7米，当马在以大约375米/分的速度跑步时，这就是一个恰当的速度。

如果马天生步幅小，你就要要求它跑得更快以达到3.7米的步幅。如果它天生步幅大，它就得前进得慢一点儿。但不幸的是，在这两种情况下，跳跃的质量都会受到影响。跑得更快意味着马的大部分动力会让它向前冲，起跳时所需要的竖直上升的状态可能就不太好。相反，跑得较慢意味着没有足够向前的动力将马从障碍一边带到另一边。速度放慢可能也意味着在按时间计时的比赛中，你会受到时间处罚。有些比赛在第一轮仅仅以速度评判，所以步幅大会是明显的劣势。

提升动力

动力是柔韧性、力量和弹跳力的结合，这需要马后肢的参与和正确使用背部，这样可以产生力量和能量。比赛级别越高，所需的动力越大。重要的是要给马足够的时间去提升动力，而不是在它还没有足够的力量和核心稳定性的时候让它去跳越大型障碍。只有具备了常量（见第184~185页），马才会产生受控制的动力。还有，马必须通过无氧锻炼来增强自己的力量和弹跳力（见第306~309页）。

保持良好的平衡

当在场地障碍赛中能保持始终如一的速度和动力时，马就基本不用调整平衡了。如果一匹马善用自己后背并将更多的重量集中放在后躯，那它自然就会保持平衡，从而高质量、强有力地完成起跳动作。如果骑手强迫马通过缩短身体轮廓来提升平衡，马背的动作就会僵化，马的身体也将受到限制。

为步子计时

必须对马的每一步计时，这样它才能在每道障碍前找到正确的起跳点。如果马每次都能在骑手不改变其速度的情况下到达正确的起跳点，它的自信就会提升，潜能也会被激发。尽管计时很重要，但是如果你不能把握好其他变量，它就不会起到大作用。同样，如果常量不存在，计时就失去了意义。

如果正确掌握了速度、方向、动力和平衡，只要马没有跳跃到它的极限高度，那么计时就不那么重要了。如果你有压力，那么就集中注意力让事情变得简单——把握好正确的方向和速度。

跳越障碍　在以正确的速度和动力快速接近这道2.1米高的障碍后，骑手只需和马保持和谐一致的状态，并享受这一刻

训练计划

　　一个精心设计的渐进性训练计划是很重要的，这会使你和马在生理和心理上共同成长。从设定你的长期目标是成为场地障碍赛选手开始——无论你是想参加初级比赛还是想在国际赛场上驰骋。根据长期目标设定你的中期目标，并制订中期训练计划，接着制订出每周的渐进性训练计划。

长期计划

　　在制订长期计划时，一切都有可能。如果以必须要实现目标的心态开始，你就有可能出现在世界杯决赛或是奥运会赛场上，但是如果你不为自己设立目标并为之努力，这就不可能了。不是每个人都渴望达到最高级别，但是如果你志存高远，那你就需要熟悉国际化赛事。

　　你可以将参加门级比赛作为目标。每个级别都会有最高障碍限制，从0.8米到1.5米不等。除了这些，国家杯（一个国际团队比赛）和一些主要的锦标赛都将障碍限制在1.6米以下。当然，在这些比赛中，障碍高度并不是仅有的挑战，比赛路线设计者会设置更多的挑战去考验马和骑手的技术，比如说给障碍设置角度，或是调整障碍的位置，让你不得不调整马的步幅。

初级水平　你不需要用奥运会级别的马来学习基本技术。正确的骑姿、良好的骑术基础以及简单的跳跃技巧都可以通过一匹普通的、没有特殊能力的马学习

中期计划

　　当你设定了长期目标后，你就可以设定中期目标并制订中期训练计划，以便每年都能稳定进步。显然，不是所有的马都能跳过1.6米高的障碍，但是大部分马都可以跳过1.2米高的障碍。当达到这个级别后，你就可以进行更深层次的训练，争取将跳过障碍的高度每年提升10厘米。（进入下阶段前）你每个阶段的目标应该是跳得更有质量且更轻松，这样你就可以为实现未来的目标打下基础。

　　向每个等级中最好的骑手学习，并多多提问。争取让有经验的教练或者是在各地进行巡回赛的骑手训练自己。

短期计划

　　为了不断进步，你需要每周制订不同的训练内容。只要骑手足够敏感并能使马平静舒适地进行训练，大部分马都愿意为之努力。一周四到五次的平地训练就足够了，可以加上两到三次的跳越障碍练习。然而，如果马状态稳定且不疲倦，你可以进行额外的练习。如果你只是参加常规比赛，你就不用私下进行额外的练习。

　　为了增强马的弹跳力，每次训练都要做短时跳跃练习。在改善你的骑姿和马的跳跃质量方面都要花时间努力练习——复合障碍是很有效的。这样做的意图是给马创造挑战，而不是用过度要求（比如说障碍太高）吓唬它们。是马自愿付出更多努力来完成训练课程，而不是你对它提出过度要求。

　　野外骑乘时重要的是要马习惯不同的周边环境和运动路线。就加强训练来说，一次40分钟足够了。如果你还想训练，休息一会儿会有更好的效果。如果训练场地距离马房有20~30分钟的路程也会有不错的效果，因为马能够有时间在意识上和身体上更轻松地进入训练状态，并在训练结束后有机会放松休息。当你在野外骑马时，你依旧在提升跳越障碍技

中级水平　技术水平逐渐提升，包括良好的稳定性和对步幅的感觉，会让你和马的关系提升到中级水平。你会在不同的距离中跳越更高的障碍，并找到更精确的起跳点

巧，因为马快步或跑步上平缓斜坡对你保持平衡是有益的训练。

　　每匹马和骑手的关系都不同，但是标准的周计划需要建立在良好的骑术训练基础上。在比赛前一个礼拜，你需要专注于平地训练，这样马就会更加顺从。比赛几天前，你需要做一些相对高要求的跳越障碍练习，在相关距离和小型障碍组上下功夫。一个好的教练会帮助你保持良好的平衡，随后你会发现每周取得的成绩会慢慢帮助你实现远大的目标。

高级水平　巴西场地障碍赛骑手罗德里戈·佩索阿——1998年世界冠军，就是高级骑手中拥有很好的协调性和感觉的最好榜样。图中他骑的马是巴鲁特·鲁埃。如果经过良好的长期训练，你也有可能取得这种成就

了解距离

　　如果你还是初级骑手，你就必须依靠教练的专业知识和经验，他会为你设置合适的障碍距离并为你制订训练计划。但当你越来越有经验后，你就要自己学着这样做了。这会提升你对马的反应的洞察力，并提升你作为骑手和驯马师的能力。在比赛中，这意味着你可以通过自己的步子来判断障碍间的距离并决定如何完成整段骑乘。

步测比赛路线

　　障碍可以以多种方式排列。例如，两道障碍间只留有一两步的距离。三重障碍也一样，只不过多了一道障碍。相关距离就是相邻的两道障碍间的距离，通常有3~10步。大部分相关距离都是以3.7米步幅为基础的，这在国家级比赛和国际比赛中都通用。

　　场地障碍赛选手要在赛前步测比赛路线，以确定障碍间的距离。为了达到这个目的，他们会将步幅调整为90厘米——这比人的自然步幅稍长一点儿。这样人走4步就相当于马的1步。当你步测时，记住马会在你离障碍2步远的地方落地，并在你离下一道障碍2步远的地方起跳。所以，如果你在两道障碍间走了16步，其中2步用来落地、2步用来起跳，剩下的12步就留在中间。12除以4等于3，那么马就要跑3步。所以，你走16步就意味着马要跑标准的3步。同样，你走20步就

步测　在地上标记出和马的2步等长的距离——约7.4米，并尝试步测。每天都练习步测距离，直到你走的4步和马的1步一样长

意味着马要跑标准的4步，你走24步就意味着马要跑标准的5步。

　　测量距离的原因并不仅仅是数清步数，而是去评估一段距离是长是短——这是比赛的一部分。如果你测出的步数不能被4整除，那么就意味着这段距离长或短了。例如，如果你步测某段距离时多了1步，你就要鼓励马加大步幅，以找到正确的起跳点；如果在步测某段距离时，4步中你少走了1步，你就要提醒马缩小步幅。如果你少走了2步，那就是马少了半

英制和公制的步幅

　　在跑步时，大多数马的步幅都是12英尺，大概是3.66米，这是一个难以控制的数字（本书中四舍五入到3.7米）。许多以公制计算的场地设计者用3.5米替代这个数字，也就是11英尺6英寸。因此，在阅读用英尺计量的书籍或者以英尺计量的场地骑乘路线时，要弄清楚这些距离是基于步幅为12英尺/3.66米，还是基于11英尺6英寸/3.5米来设定的。

常用步幅标准	运用于
12英尺标准 3.5米标准	场地障碍赛选手—— 初级到国际水平
11英尺标准 3.25米标准	马术俱乐部和训练赛的马以及体型较大的矮马； 复合障碍
10英尺标准 3米标准	训练——进行骑乘训练的矮马和体型较小的矮马； 复合障碍

不同障碍之间的比较

垂直障碍

双横木障碍

三重障碍

障碍比较 上图中所用障碍分别为1.3米的垂直障碍、1.1米×1.3米宽与高相等的双横木障碍，以及1.3米×1.5米的三重障碍。可以看到，跳越这三道障碍需要付出几乎同等的努力。这些图片展示了跳过障碍中间时马跳跃的轨迹，同时它在跳越双横木障碍时身体的高度应高于跳越同等高度的垂直障碍时的高度——至少要高23厘米

步。在这种情况下，你可以让马缩小步幅多走1步，也可以让马加长步幅少走1步（见第210页）。这对双重障碍和组合障碍不适用，因为这种时候马不能使用半步。

步测双重障碍和组合障碍

你可以用这种方法计算出双重障碍之间和组合障碍之间的距离，还可以掌握三种类型障碍（垂直障碍、双横木障碍、三重障碍）的不同起跳点和落地点。比较通过这些障碍时马的跳跃情况，能帮助我们理解双重障碍和组合障碍的障碍之间采用不同距离的原因。起跳点距垂直障碍最远，距三重障碍最近。

如果观察垂直障碍和双横木障碍（见左图），你会发现起跳点与双横木障碍的距离比到垂直障碍的距离要短60厘米。这表明，双横木障碍之间的距离应该比两道垂直障碍之间的距离短60厘米，以便马达到正确的起跳点。实际上，比赛路线设计者通常只将距离缩短30厘米，因为双横木障碍要比垂直障碍至少降低25厘米。因此，马为了越过相应高度，会在距离障碍稍远一点的地方起跳，并且采用与跨越垂直障碍时相同的起跳角度。

等到经验丰富之时，你就能更加准确地判断在不同情况下，马的起跳点和落地点了。例如，三重障碍太宽，马就会落在比平时离障碍更远的地方，尽管三重障碍的起跳点已十分接近障碍了。

改变起跳点和落地点

喜欢缩短起跳距离的骑手会发现改变马与垂直障碍之间的起跳距离（见左上图）往往有着令人惊奇的效果。把距离控制在30~60厘米，比平时更接近障碍，是训练马适应更陡峭的上升角的有效方法。然而，如果在比赛中，起跳点宜与障碍略近、起跳速度应略慢，这不仅能增加跳越障碍时的上升角，还能增加下降角，并可以增加到下一道障碍的距离。不过，这可能给跳越双重障碍和其他相关距离的障碍带来麻烦。再者，若马最后一步的步幅不够大，其跳跃能力将显著降低。所以，应该尝试更为积极地通过垂直障碍，使跑步步幅和速度更加一致。

用不同的距离练习

　　右侧的这张表格旨在使你的练习有一个好的开端，并说明后续可能的发展方向，但这并不是严格的规定。你和教练都要清楚马自身的优劣势，并据此在训练时做相应的选择和调整。考虑到马的性情和能力，训练的方式会有些许不同。

　　必须始终关注马的跳跃技巧和态度，如果其中任何一个方面开始变差，很可能是因为障碍高度或距离被改变得太多，那你就需要回到更简单的练习。永远公平地对待马，不管是在精神上还是身体上，并通过距离加速它的进步，而不是过度透支它的体力。

　　标准练习是建立在3.7米步幅的基础上的，但对于初级骑手所骑乘的马或者体型较小的马，以及在某些类型的比赛中，会采用不同的步幅。如果马的步幅较小，你就要根据这里显示的距离使它进行调整。必要的话，从教练那里寻求帮助。当你有了一定经验，哪种距离最适合马就会很明显了。

使用木板进行练习

　　最初，你的任务只是去了解基本的距离，而不是去担心那些棘手的情况。慢慢地，通过步测，你就能轻松地解决距离长短的问题了。这同样适用于相关距离的问题。越过地面上不同距离的木板，对马跑出规定的步数和骑手形成对步幅的感觉都是有意义的练习（见第182~183页）。

基础的复合障碍距离

　　设置复合障碍需要经验，从小型障碍开始，一次前进一小步。交叉杆的高度应该在50~70厘米，并且还要在障碍50厘米前设置地面起跳线。其他障碍的高度应该在0.7~1.2米。

练习	距离
慢步板	0.8~1米
快步板	1.25~1.45米
快步板到交叉杆	2.5~2.9米
单块快步固定板到交叉杆	2.5~2.9米
快步到垂直障碍，再用一步到交叉杆障碍	5.8~6.4米
两步从垂直障碍到双横木	9.8~10.4米
一步从垂直障碍到双横木	6.1~6.7米
快步从交叉杆到连跳障碍	3~3.3米
跑步板	3~4.25米

　　注意，跑步时马的步子的中心应该在木板正上方，当一块木板与下一块木板之间的距离固定时，这么做的重要性就很明显了。如果马起步时，离第一块木板太近，那么这就相当于缩短了到下一块木板的距离；如果离第一块木板太远，那么到下一块木板的距离就会加长。但是，在跳越障碍时，情况却是相反的。起跳点离障碍越近，落地点就离障碍越近（上升角和下降角会变陡），反之亦然，除非马不必跳得很高。

骑矮马跳跃　如果矮马和一般的马同时参加场地障碍赛，比赛路线设计者在设置障碍间的距离时通常会以3.3米的步幅为基础，而不是3.7米。你的教练会告诉你正在使用的障碍间的距离

比赛时的障碍距离

下表写明了一般情况下营用障碍之间的距离。这些距离都可以增加或减少15厘米。马在跳越双横木障碍时总是会离得远一些，并在离垂直障碍很近的地方起跳，这就是为什么障碍间的距离差别并不大。年轻马和初级骑手在尝试双重障碍和组合障碍时，不应在最后放两道连续的双横木或一道双横木障碍，因为出于安全考虑，最后应该为误差留有空间。同理，三重障碍只能用作双重障碍或混合障碍的第一道障碍。

第一道障碍	第二道障碍	中间距离
垂直障碍	垂直障碍	7.9米
垂直障碍	双横木	7.6米
垂直障碍	递增双横木	7.45米
双横木	垂直障碍	7.75米
双横木	双横木	7.45米
双横木	递增双横木	7.3米
递增双横木	垂直障碍	7.9米
递增双横木	双横木	7.6米
递增双横木	递增双横木	7.45米
三重障碍	垂直障碍	8.05米
三重障碍	双横木	7.75米
三重障碍	递增双横木	7.6米

不同的步幅

影响马步幅的不同因素也需要被考虑在内。当马跑得快、下坡、在大型场地活动或回到马房时，步幅会倾向于增大。如果马精力充沛，地面状况良好，障碍间距较大，且骑手允许，那么马的步幅就会增大。相反，如果马减速、上下陡峭的斜坡、在小型场地里活动、靠近令人畏惧的障碍或离马房越来越远时，它的步幅会缩小。当马劳累或身体僵硬、地面过软或过硬、骑手身体很僵硬或受限制时，马的步幅也会缩小。

使用复合障碍

使用复合障碍的目的是提升马的跳跃能力，而不是让它感到紧张。调整障碍的大小和距离必须是循序渐进的，方法应该是前后一致的，不然这些练习就会影响训练。每次距离改变保持在10厘米左右。

在跳越基础的复合障碍时，一般情况下马会快步到小型交叉杆障碍前，跳过障碍后以跑步落地，再跑一步可以到达小型垂直障碍，或跑一两步到达双横木障碍。这个距离会比比赛中的距离略短些，因为这种情况下是以快步的方式接近障碍而不是跑步，这意味着跳过障碍后马跑第一步的步幅会缩短大约60厘米，并且因为障碍相对较小减小了起跳和落地的距离。在尝试技巧性障碍练习前，马一定要经过基本的骑术训练和跳越障碍训练。

训练时障碍的距离

训练时的障碍距离可以参考下表设置。永远以马认为轻松的距离开始练习。当它快步跳过障碍后，落地后跑第一步的步幅会比跑步接近障碍时的要小，因此障碍间要设置不同的距离。在使用跑步板时，将其等距离分开以充当两道垂直障碍。

步数	快步接近第一道障碍			跑步接近第一道障碍		
	交叉杆到跑步板	交叉杆到一道双横木障碍	交叉杆到复合障碍中的双横木障碍	复合障碍中交叉杆障碍到交叉杆障碍	跑步板到跑步板	垂直障碍到垂直障碍
1步	6.1米	5.5米	5.45米	5.5米	7.3米	7.3米
2步	9.75米	9.15米	8.8米	9米	11米	11米
3步	13.4米	12.8米	12.2米	12.5米	14.6米	14.6米

跳越初级复合障碍

通过将不同障碍在特定距离下组合，你可以根据你的能力，定制适合你的训练并提升马的跳跃能力。从热身训练开始，在完整的跳越障碍训练前，你可以将简单的复合障碍拆开为单道障碍进行训练。当马能够轻松跳越这种障碍，你可以尝试跳越更大的障碍或者更难的复合障碍，以进一步提升自己和马的能力。

热身

对你自己和马提出的要求要现实一点儿。很多马会被高难度的复合障碍吓到，所以你需要逐渐增加障碍的难度。

比如说，在初级马训练时使用不同的填充障，这种做法很有用。但是，在训练快结束时，你不能突然使用一种新的填充障，尤其不能在最后一道障碍处使用。这是因为马的注意力会被填充障吸引，那么它在跳越障碍时就会犯错。在练习开始时，将第一道障碍下的填充障加入马的热身练习中，这样马就有机会适应它了。

在下图的复合障碍中，最后的障碍中包含两道卷盖式的填充障。热身时，在小型障碍外使用一道2.7米的固定障碍，并使用两道卷盖式的填充障作为边翼。多次跳越障碍，快步接近它，直到马能够跳过这道障碍。接着，将卷盖式的填充障放在障碍下。随后，你就可以设置复合障碍，认真练习，直到马可以稳稳地跳过障碍。

设置复合障碍

设置复合障碍的目的是为了让骑手保持良好的平衡和稳定的缰绳联系。让马先以慢步越过放置的木板，再快步，这可以帮助马形成一致的步幅。设置交叉杆障碍（图1），让马以跑步落地，再在一步远的地方设置垂直障碍（图2）。最后，在离垂直障碍两步远的地方设立双横木，这个距离可以给你足够的时间调整马的速度和方向（图3），你就可以在跳越双横木时找到正确的起跳点（图4）。在距双横木两步后，将两根横杆摆成漏斗形，并放一块跑步板（图5），这有助于马保持平稳的步伐。一旦马可以轻松地跳过复合障碍，且能在没有缰绳联系时继续保持平衡，你就可以提升障碍高度了。

马和骑手的视角

跳越复合障碍　一旦马能够自信地跳过每道障碍，就可以准备去跳越完整的复合障碍了。你需要集中注意力，保持平稳的步伐，并在必要的时候调整马的速度和方向

保持手臂的灵活性　　看向下一道障碍　　尽量不要改变步幅　　保持一个良好的平衡　　保持跑步的步幅

① ② ③ ④ ⑤

俯瞰图

快步板　交叉杆障碍　　6.1米，1步　　垂直障碍　　10.1米，2步　　双横木　　10.1米，2步　　跑步板

跳越双横木　如果马起步良好，并保持良好、一致的跑步步幅，那它在双横木前会找到正确的起跳点。使马跑步落地并专注于复合障碍的终点。只有感觉马在自信地跳跃时，你才可以增加双横木后面的横杆

各种级别的复合障碍

双横木很有用，因它能激励马在跳过障碍中间时正好跳到最高点，并训练出良好的技巧。两道双横木的距离变化（见下图）可以帮助任何级别的马提升跳跃水平。从小型障碍和轻松的距离开始，对马的起跳点和落地点做标记，并分析它的技巧。训练的首要目标是使马达到对称的跳跃，接着你就可以用较短的距离和较大的障碍提升马的竞技能力。每道双横木之间横杆的宽度可以一次增加10厘米，最大可达到1.5米。

两道双横木复合障碍　这种复合障碍先有一道垂直障碍，再有两道双横木，双横木之间的间隔为2步。一旦马可以很好地跳过这种障碍，你可以将两道双横木间的距离增加30~90厘米，这样就可以设置一个更高级别的复合障碍

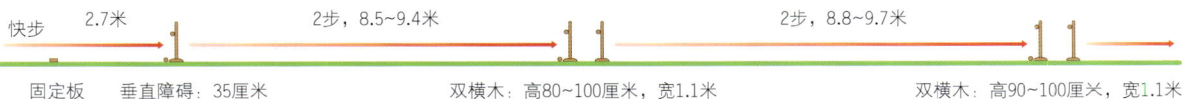

快步　2.7米		2步，8.5~9.4米		2步，8.8~9.7米	
固定板	垂直障碍：35厘米		双横木：高80~100厘米，宽1.1米		双横木：高90~100厘米，宽1.1米

缩小距离　将到第一道双横木与垂直障碍之间的距离缩小至一步，并渐渐增加双横木障碍的宽度。将双横木前面的横杆后移，后面的横杆前移，这样障碍的中心就不会变。这么做会增大马起跳时的上升角，提升马的竞技能力

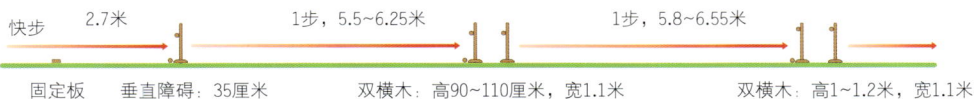

快步　2.7米		1步，5.5~6.25米		1步，5.8~6.55米	
固定板	垂直障碍：35厘米		双横木：高90~110厘米，宽1.1米		双横木：高1~1.2米，宽1.1米

提高马的跳跃能力

你熟知了马的优劣势，就可以提高它跳跃的质量。使用固定板和快步板可以使马保持稳定的状态，找到正确的起跳点。用不同的障碍和复合障碍来提升马在特定方面的技巧，比如说上升角、前肢的使用，以及跳跃的弧度。尤其是在起跳时，后肢并齐对跳跃至关重要。

达到连贯性

跳越复合障碍的关键是以合适、一致的速度接近障碍。为了达到这个目的，你可以在跳越第一道障碍前，在地面上放置快步板或者固定板（交叉杆比较理想）。这有助于马保持均衡的步幅并找到正确的起跳点。马的后肢应该在最后一块木板和障碍之间距离的中点处起跳。落地点与障碍的距离应该与起跳点与障碍的距离一样。

确保稳定地通过复合障碍的有效方法是，在固定板或快步板前以8字形前进，骑乘直径为10~15米的圆圈。在复合障碍前圈乘，可以让马和骑手有机会找到平衡，那么他们就可以在接下来的练习中保持下去。用轻快步的方式完成跳越障碍会让你感觉不那么僵硬，激励马保持快步而不是回到慢步或跑步的状态。快步同样可以帮你保持轻松的骑姿，这对在起跳时即将失去平衡的骑手来说很有效。

使用不同的障碍

一旦马能够连贯地接近并离开交叉杆障碍，尝试在2~3步外再放置一道障碍（在障碍之间只留1步，这样你就可以节约调整马的速度和方向的时间。如果有3步以上，使马的步幅保持完美的一致以达到正确的起跳点是比较困难的）。

使用双横木作为第二道障碍，将激励马走出对称的蹄迹线，这样它跳越障碍时的最高点就会在障碍中间。递增双横木（见第177页）可以使马树立自信，因为这符合它自然的跳跃动作。但是，这也会让跳跃的最高点接近后面的横杆。等高双横木（见第177页）几乎可以提升马跳跃的每个部分，尤其是可以要求马在离障碍更近的地方起跳。有地面起跳线的垂直障碍在复合障碍的起始处和终点都很有用，因为这对马来说比较容易。当马能高质量连贯地跳越双横木时，它跳越垂直障碍时就可以不需要地面起跳线了。

8字形

在障碍前快步圈乘有助于马能够以平静的态度面对障碍。这也可以让你延缓跳越障碍的时间，直到马安静下来。尝试向一个方向走几圈，再向另一个方向走几圈。

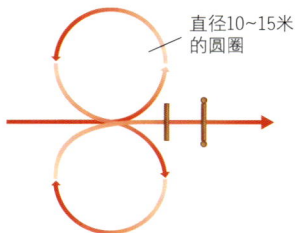

直径10~15米的圆圈

一块固定板可以帮助马找到正确的起跳点

后肢并齐

跳跃的质量和高度在很大程度上取决于马的后肢离开地面的方式。将后肢很好地蜷在身体下面是很重要的，但是后肢并齐同时推离地面，是想要获得良好的跳跃效果所需的第一步。如果一匹马总是把一侧后肢放在另一侧后肢的后面，平地跑可以解决这个问题。跑步通过圆圈——保持内方后肢踏向内方，这将帮助马的身体两侧均衡发展，因为马在跑步时内方后肢比外方后肢稍微靠前，所以需要更加用力。圈乘时，在同一方向上跳越小型障碍也很有帮助，因为力量较小的后肢在起跳时会保持向前。

连跳组合障碍需要在两道障碍之间连续跳跃，这是一个很有用的练习，因为马必须在第一次落地后就马上跳过第二道障碍。这个练习将提高马的灵活性和柔韧性，并鼓励它快速思考；也鼓励它把后肢并齐起跳。然而，你必须确保马仍然能够跳过障碍，而不是长时间将后肢放在地面上，步行跨过。如果你使用连跳障碍，谨记对马来说，在第二次起跳时马的后肢在身下很难向前伸，所以在设置连跳障碍时障碍至少要比其他障碍低30厘米。也要注意，虽然连跳障碍很重要，但对没有经验的马和骑手，不应滥用。

对称跳跃的目的

使跳跃的最高点在障碍中间是最有效的跳跃方式。为了实现这一目标，马必须调整它的起跳点和落地点。

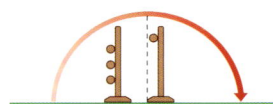

递增双横木　这种障碍是为了训练年轻马的，但是马跳越障碍的最高点很接近后面的横杆

等高双横木　使用等高双横木可以激励马在障碍中间的正上方达到跳跃的最高点

垂直障碍　图片显示的就是应该怎样跳过垂直障碍，但是有些马起跳时离障碍太近，这样它们跳跃时的最高点就会离障碍的最高点过远

更多的高级组合障碍练习

以下的练习可以提高马跳越障碍的能力，具体包括灵活性、柔韧性，以及它跳跃的能力。在进行这些练习时，要保持稳定的平衡，要么保持轻微的缰绳联系，要么完全不接触缰绳。这能确保马能保持自身的平衡，用前肢完成最后一步，并能够自如地运用头部和颈部。如果你将这些练习过程录下来，对于以后的研究学习会非常有帮助。

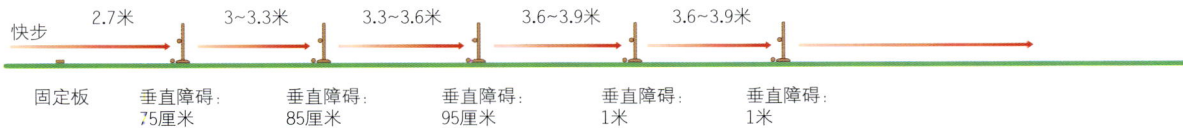

快步	2.7米	3~3.3米	3.3~3.6米	3.6~3.9米	3.6~3.9米
固定板	垂直障碍：75厘米	垂直障碍：85厘米	垂直障碍：95厘米	垂直障碍：1米	垂直障碍：1米

连跳复合障碍　这个练习可以使马提高灵活性和柔韧性，将后肢并在一起。当马以连跳方式触地时，一侧前肢先触地，然后是另一侧前肢，接着在后肢触地前前肢离开地面。后肢触地后必须马上一起蹬离地面。以1次连跳开始，然后增加至最多4次连跳

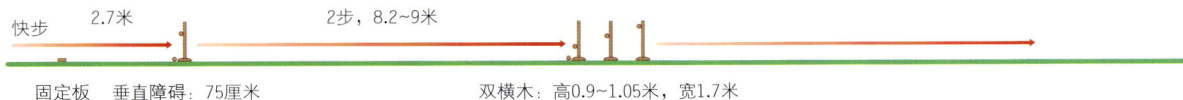

快步	2.7米	2步，8.2~9米
固定板	垂直障碍：75厘米	双横木：高0.9~1.05米，宽1.7米

三重障碍练习　这个练习的目的是让马的肩膀和膝盖向前伸展。三重障碍的外形像斜桦树障碍，使马能够用肩膀将膝盖向前伸。开始时，不要使用三重障碍中的最后一根横杆，然后逐步使马达到要求

跳越更高级的复合障碍

　　将两道障碍放得比平时更近能鼓励马在起跳时并拢后肢；采用较宽的双横木训练，让马在跳跃的后半程释放并伸展它的后肢。为了能使训练效果最大化，骑手必须全程保持良好的平衡，以免影响马的跳跃。在尝试跳越完整的复合障碍前，应该让马熟悉复合障碍的每一道障碍。

跳越复合障碍

　　跳越复合障碍前，使马先快步接近摆成漏斗形的横杆（图1），再跳过交叉杆障碍。这种设置方式会引导马在障碍的中间位置跳过。紧接着的连跳促使马能保持良好的平衡（图3），并准备好用完整的一步到达第一道双横木（图4）。检查你的行进路线是否笔直，必要时应调整方向。若距离障碍稍近，马就需要在起跳时并齐后肢。接着，马会跑两步到达第二道双横木，在这段时间里，你可以在接近起跳点前轻微地调整速度与方向。如果保持轻微的缰绳联系，马就可以在前肢不受限制的情况下完成障碍前的最后一步（图5）。专注于保持一致的步幅，直到到达最后的跑步板（图6）。

　　训练过后，试跑一条有三四道障碍的比赛路线，看看在马有效使用前肢的情况下，你是否已掌握更好的技术。

后肢并齐

复合障碍

用你的腿和脚跟将重量下压

看向复合障碍的终点

确保马是直线向前的

1　　2　　3　　4

俯瞰图

快步

2.7米　　　3.2米，连跳　　　6.1米，1步　　　1米高，1.8米宽

摆成漏斗形的横杆　　跑步板　　交叉杆障碍　　垂直障碍　　双横木

后肢深踏　离下一道障碍的距离越近越能促使马并齐后肢，以产生更大的力量和更陡的上升角

肩膀和前肢开始抬升

膝盖抬起向前

后肢向前移动准备离开地面

保持轻微的缰绳联系

注意马的速度，如有需要做细微的调整

继续鼓励马保持常规的步幅，即使是在最后一块木板处

9.3米，2步

1.1米高，1.2米宽

10米，2步

双横木

摆成漏斗形的横杆

跑步板

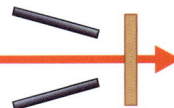

相关距离和转弯

如果你的训练目标是参加比赛，那么训练计划应该视场地障碍赛的要求而定。训练开始的时候不使用障碍，而是在地面上将木板按不同的相关距离沿直线放置，使马跑步跨过。在直线训练的基础上，马在转弯处跳越障碍和通过简单比赛路线的能力也会得到提升。随后，当马能轻松地跳过障碍后以正确的领先肢跑步落地，你们就可以准备去跳越合适的障碍了。

直线上的相关距离

进行直线上的相关距离的最简单练习是快步跳过交叉杆，以跑步落地，并以准确的步数到达跑步板（见第182~183页）。可以再取一块跑步板替换交叉杆，使马跑步越过这两道障碍。障碍间的距离应该以3.7米为基础，每块木板都应该在每一步的中心。练习的距离从1步到10步，慢慢增加。你要经常练习，这和高尔夫球手练习挥杆是一样的。一旦马可以连贯地完成这些动作，你就可以开始将不同的相关距离放在一起形成一条完整的比赛路线（见下框）。随着你们的进步，你就可以用真正的障碍替换掉木板。最初，先替换每条路线中的第二块木板，再逐渐换掉整条路线中全部的木板。

急转弯

当两道障碍相邻，但路线中间有转弯时，这称为急转弯。你会发现，经过急转弯练习后，你的平地骑乘能力和马向两个方向的转弯能力都有了较大的提升。

如果你骑乘通过的弯道是直径20米圆圈的一部分，那么马一直保持同样的跑步步幅是可能的。在这种情况下，转弯时可以像直线一样骑乘（见下框）。如果你骑乘通过的弯道像较小圆圈的一部分，那么马在转弯时需要缩小它的步幅，这会妨碍它在整条路线中以平稳的步伐前进。将两块木板以20°摆放，并以跑步越过它们，转弯只要一步就可完成。你可能发现，在地面上放置横杆有助于引导马转弯，然后尝试

完整场地障碍赛比赛路线练习

一旦马可以以快步跳过交叉杆，在直线上跑6步跳过跑步板（终点1），那你就可以在练习时增加转弯（见左图）。如果弯道建立在直径20米圆圈的基础上，马就不用因为转弯而缩小步幅。无论弯道角度如何变化，马都要在两块木板间完成无跳跃的6步，并在第二步结束后开始转弯。在转弯时，马的步数会随着角度的增加而增加。所以，对终点3来说，6步中的2步都会在转弯处。

在场地训练中，马会以3.7米的步幅为基础跳越直线距离的障碍。一旦马已经练习了跑步越过地面上的木板（见右图），且在不同障碍间采用不同的步数，你很快就可以用真正的障碍取代这些木板了。

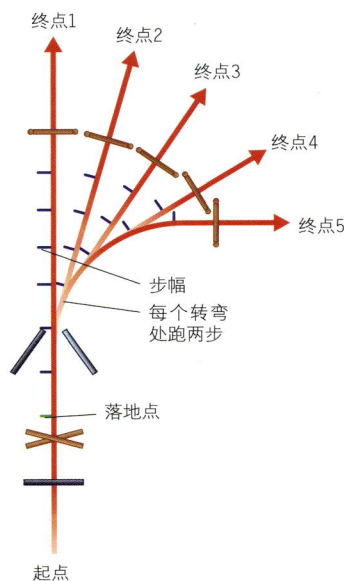

急转弯练习

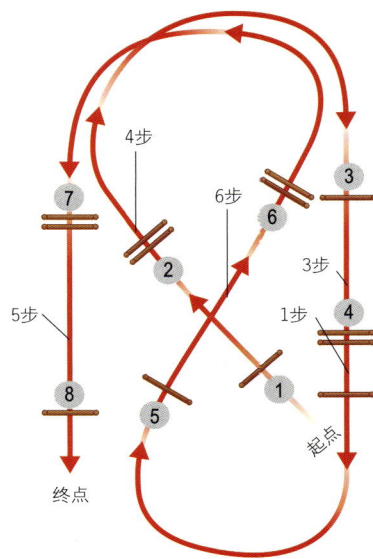

直线相关距离的比赛路线

将两块相邻的木板以45°摆放——这样转弯需要2步（见下图），关键是要保持一致的步幅。随着技术的提升，你可以将第二块木板换成小型障碍，接着将第一块木板也换成小型障碍。

纠正跑步时的领先肢

　　急转弯的难度在于，马越过第一道障碍后可能以错误的领先肢落地，这会使转弯变得不那么容易。必要情况下，你需要提高马在跳过障碍后落地或领跑的能力（见第68~69页）。这也会提高你平地骑乘的能力，这样马就能平衡地使用身体两侧，保持直线行进。

　　所有的马都有偏爱的那一侧。如果在跳过障碍后，马用的是不太喜欢的那侧的领先肢，你可以尝试稍微改变接近障碍的方向（见右框）。如果你想在跳过障碍后保持着和之前一样的行进方向，身体就稍微偏向你想去的一侧。如果要改变方向，身体就稍微偏离一点儿正常的行进路线。

改变跑步时的领先肢

　　在跳过障碍后，使用正确的领先肢可以使马更顺畅地转弯。在这里，下面的虚线使你以较大的弧度准确到达障碍1，并在跳越障碍后帮助马改变领先肢。以一个较小的弧度到达障碍2，马就可以保持相同的领先肢，并在越过障碍后保持在正确的路线上。

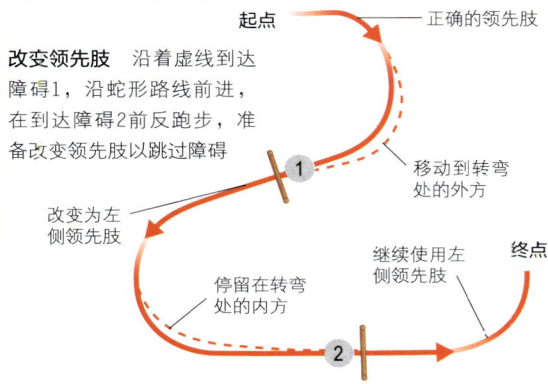

改变领先肢　沿着虚线到达障碍1，沿蛇形路线前进，在到达障碍2前反跑步，准备改变领先肢以跳过障碍

起点　　正确的领先肢

移动到转弯处的外方

改变为左侧领先肢

继续使用左侧领先肢　　终点

停留在转弯处的内方

急转弯骑乘　跑步接近第一块木板。沿直线跑2步后，向右转，在转弯处跑2步，再沿直线跑2步到达第二块木板处

看向你要去的方向

在两块木块之间数6步

将身体重量向右镫多压一点儿有助于转弯

使用腿扶助帮助马向前行进

俯瞰图

注意到第二块木板处的起跳点

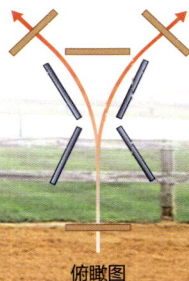

争时赛

如果不止一位骑手在比赛中达到零罚分，这些骑手就会进入争时赛环节。这个环节通常是争分夺秒地进行，也就意味着比赛中谁用时短谁就获胜。谁能找到最有效的路线，谁就能在比赛中获得优势。以一定的角度跳越障碍，向后转向障碍，迈大步都是帮助你节约时间的战术。

节约时间

仅仅为了赶时间而加快速度可能适得其反。如果你要求年轻马跳得快，它很少会达到零罚分，体态也会变差。相反，通过尽可能减少步数来减少障碍间的距离会更好。为了达到这个目的，所需要的最重要的技巧是以一定的角度跳过障碍，向后转向障碍。

以一定的角度跳过障碍

训练中，只要马能直线跳过障碍，那它就可以练习以一定的角度跳过障碍，还可以尝试加速跳过障碍，但要始终确保马处于平静的状态。在以一定的角度跳过障碍时，有些马有可能向障碍一角倾斜，在跳过障碍时却转向了相反方向。下图中地上的木板虽然让马畏惧但是可以保护人和马的安全，有助于引导马前进，这样不论是在跳越障碍前、跳越障碍中还是跳越障碍后，马都能保持同一直线前进。

保持专注 以一定的角度跳过障碍时，起跳点必须足够远，给马足够的时间，使其前肢靠近障碍，蜷在胸口下。让马保持在一个正常的状态

以一定的角度跳过障碍 以一定的角度跳过障碍的关键是全程保持直线行进，并保持连贯一致的腿部联系和缰绳联系

俯瞰图

开始时，以20°左右的小角度接近并跳过障碍。至关重要的是，你不能限制马，并要保持连贯一致的缰绳联系。缰绳联系可以和腿部联系一起给予马指向性的建议，确保它不会偏向任何一方。对年轻马来说，你可以增加一点儿这些联系的力度，但你的手和手臂必须保持柔和和开放，而不是去限制。

当你能成功地以一定的小角度跳越障碍时，逐渐将角度增加至45°。高级马甚至可以以更大的角度跳过垂直障碍。然而，即使是高水平骑手和他的马，也都要注意在跳越双横木时的角度。因为这会大大增加障碍的宽度。比如说，一道双横木是1.2米宽，但在以45°跳过障碍的时候就变成了1.7米宽，因此障碍就更难越过。

窄障碍

向障碍的右边或者左边跳会帮助你缩短路线，并为跳越随后的障碍提供更好的路线。然而，这将产生马拒跳和避开障碍的风险。练习跳跃窄障碍，最初可以使用翼板，这也是一种有用的训练方式。试着保持缰绳联系。

看向你要去的方向

保持一致的缰绳联系，并使马的颈部正直

如果马努力跳过，立即给予奖励

使用腿部联系，有助于马保持直线前进

转弯时跳越障碍

后转向是由急转弯练习（见第204~205页）发展而来，这种练习使转弯的难度升级。像急转弯一样，最初可以沿直径20米的圆圈进行练习。这样做的原因不仅在于这个圆圈能提供所需的3.7米的步幅长度，还在于它是缺乏经验的马能够保持必要的动力来进行跳跃的最小圆形路线。

干净利索的转身在附加赛中能节约起跳时间，还能使马安全地跳过障碍。要做到这一点，你必须让马在直线前进时跳过障碍，而不是以一定的角度跳过障碍。因此，在训练中，要在后转向障碍正前方额外放置跑步板或障碍（见下框），这样你和马在跳过障碍后就能继续直线向前。

后转向练习最重要的是半圆形的路线后面有一道障碍。正因为如此，训练的基础是马在圈乘时表现良好。这就回到了正确的平地训练。例如，如果马的颈部过度弯曲，它就会到圆圈外，你就不能很好地转弯。有些马会和骑手做的相反，在弯道处转弯时，颈部向弯道外方弯曲或者身体转向弯道内方（在场地上袭步时马常常这样做）。在这两种情况下，马就不能在跳跃时充分利用它后肢的力量。圈乘的关键是要想象圆圈在马的内方，而不是外方（见第126~127页）。这将自动帮助你使马保持在圈乘的路线上，以确保它发挥良好的跳跃能力。

为了使马的前躯保持在正确的圆圈上，你应该把两根缰绳暂时向内方移动一点儿，不要向后拉。因为过强的扶助会限制马的动力。用外方腿来阻止马的身体移动。在内方马镫处加一点儿重量避免滑倒。当你在骑乘直径15米的半圆时，你更要这样做（见下框）。这就需要马在跑步时有一定程度的收缩（见第112~113页），将更多的重量放在前躯，因此初级马很难办到。

设置后转向障碍

起初，在将第二块木板换成小型障碍前，你先要练习骑乘有两块木板障碍的直径20米的半圆。首先，障碍的引入可能使你和马偏离骑乘的路线。将导向板放在地上，作为半圆形路线的指示（见下图）。如果之前的练习做得很好，马很

从急转弯到后转向

通过使用地面上的跑步板引导马做后转向练习。这将使练习更加简单，且不会使马感到疲劳。使马在转弯时尽量保持平稳的跑步步伐。如果你觉得在直径20米的半圆上这样做很难，那么你就尝试直径更大的半圆。在直径20米的半圆上，大多数马会在木板间跑7~8步。看看什么样才是适合马的，并不断重复练习。但要始终确保马没有压力。更高水平的骑手可以将半圆的直径缩至15米，甚至10米。

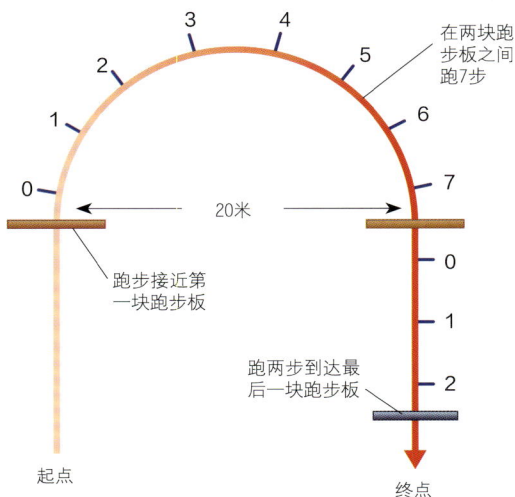

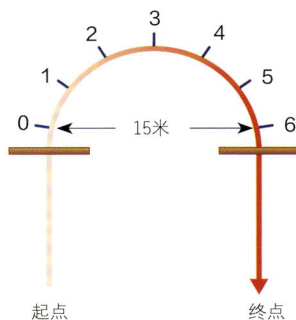

6步后转向　将半圆的直径缩至15米，马需要跑6步到达跑步板

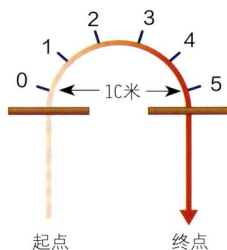

5步后转向　在直径为10米的半圆上做后转向练习需要马及时调整步伐

快就会明白需要怎么做，你就不必再使用有力的扶助。一直这样练习，直到这个训练项目变得很容易，因为过强的扶助会限制马的动力。如果你拥有一匹训练有素的马，你所要做的就是看向你想去的方向，并向内方增加一点儿重量。随着练习变得越来越容易，且你可以将两根缰绳控制得一样好，你就可以撤走所有的导向板，让马自己转弯并跳越障碍。现在你就会对从何时开始转弯有很好的感觉，且惊讶于这有多容易。大多数骑手在一次转弯后就能更好地判断步幅，因为这样会拥有更好的视角。同样，你也可以找到好的起跳点。

有一个相关练习是随后做这个后转向的练习。这意味着跳越障碍前，你将通过一个直径20米的半圆，然后直线前进一步、二步、三步之后再跨越障碍。如果你和马已经贴近障碍的最高处，你就需要额外的距离，以在跳越障碍前做出必要调整。

在争时赛时，失误的风险会更大，但如果马接受了良好的第五条腿训练（见右框），你就能期望它帮你摆脱困境。尽可能地保持不动，但要保持正确的方向、速度和动力，让马在困难的情况下可以做出积极的反应。

利用障碍后转句 在马转向障碍前，利用放在地面上的木板进行相关距离的跑步练习。在地面上放置的木板有助于引导骑手在转向障碍时准确地保持在半圆形的路线上

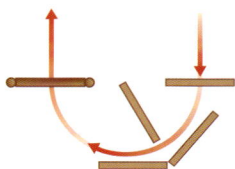

俯瞰图

第五条腿训练

马有一种能让自己摆脱困境并防止摔倒的能力，这被称为第五条腿。第五条腿训练是准备附加赛和越野赛的重要组成部分（见第256~257页）。这不仅会激励马为你工作，还会激励它为你考虑。

鼓励马尊重每一道障碍，并确保所有的小型障碍都相当稳固。然而，随着障碍越来越大，横杆应该减轻以防吓到马。对于小型障碍，不要担心起跳时离障碍太近或太远，并尝试避免通过缰绳给马提供帮助。马需要学习掌控自己，明白自己在跳越什么，去做出选择，并知道如何对不同的情况做出反应。骑手太多的控制反而使马停止了思考，以至当骑手犯了错误时，马不能自己做出反应，甚至无法保护自己。马在跳越障碍时需要全神贯注。通过训练与奖励，它会知道干净利索的跳跃是很重要的。

有填充障碍的小型障碍 一个看起来稳固的障碍鼓励马认真对待障碍，同时会多加小心

有轻横杆的大型障碍 后横杆使用轻横杆和安全托（见第176~177页）有助于马保持自信

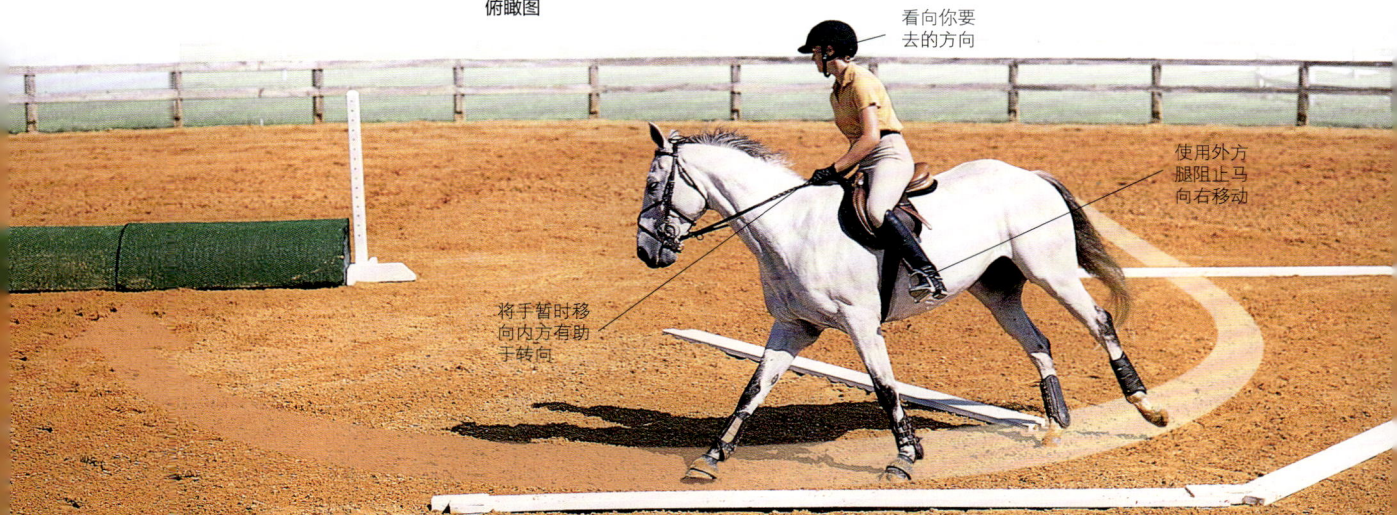

看向你要去的方向

使用外方腿阻止马向右移动

将手暂时移向内方有助于转向

调整步幅

每周的训练都要在马保持3.7米步幅的基础上进行，并使它找到准确的起跳点。你也可以每周练习缩小和加大马的步幅，这样就可以应付具有较大难度的距离。最终，你要能在3.5步的距离内轻松地跑4小步或3大步。在这之前或之后，还可以通过增加另外一个相关距离来提升难度。例如，在高级别的比赛中，遇到组合障碍后紧跟着相隔3.5步的垂直障碍时，马就需要加大步幅。

一切都回归到平地练习。最初，练习稍微减速和加速，都会使马的步幅缩小和加大一点儿，随后依次是合适的缩短步伐和中间步伐（见第142~143页）。一开始，将两块供慢跑跨越用的木板间隔24米放置（这相当于五个半正常步幅）。接着，交替使用6步或者5大步前进，如果不能准确到达第一道障碍前，你需要回到之前的训练，快步跑向障碍，并以平稳的步伐跑一段（见第200~201页）。

如果你能够按要求让马缩小或加大步幅，迈出的步幅为3.4米、4米或正常的3.7米，那么你就能在场地障碍赛中应对或短或长的距离。如果遇到两段相关距离，通常从较慢的跑步和较短的距离到较快的跑步和较远的距离会更容易。例如，在跳越组合障碍时（这也是一种相关距离），从正常步幅转到大步幅要比从大步幅转到正常步幅容易得多。最好重视马缩小步幅的训练。在练习缩小步幅时，优良的平衡感会在加大步幅练习时对马有很大的帮助，因此这两种练习一定要同时进行。如果马在加大步幅后不能马上恢复正常的跑步步幅，那就可能是你对马要求过高了。

附加赛的战术

在准备附加赛前，你需要决定好要使用的战术。你做好跑得更快的准备了吗？或者在这个阶段马应该适当减速吗？如果你想跑得更快，会不会存在一些风险？或者马有能力达到你的要求吗？如果你选择跑得慢一点儿，你是会尽可能缩小步幅还是选择更长的路线？

大多数问题的答案取决于马所接受的训练。从长远来看，最好将附加赛作为提升你未来表现的一种方式，这就意味着要么跑得更快以获取经验，要么慢下来让马保持平静。即使是一些速度奇快的马也可能需要在大赛后花一个月来休养，然后才能在精神上准备好再次出发。你可以将自己想要达到的最佳成绩作为目标，但比起尝试全新的东西，不如专

缩小和加大步幅

你要做到的是能够使马加大步幅到它可以少走一步的程度或缩小步幅到足够多走一步的程度，这比看起来要难。下表能让你很容易地了解缩小和加大步幅至什么样的程度。练习时，以正常的距离设置跑步板，接着渐渐缩小或者增大跑步板之间的距离。随着你不断进步，你很快就能在需要的时候减少或增加步数。关键是要确保你能在到达第一块木板障碍前确定了合适的速度和步幅。记住，永远以正常的步幅完成练习。

增加步数			减少步数		
跑步板之间的距离	所需步数	步幅	跑步板之间的距离	所需步数	步幅
正常的5步：22米	5步	正常——3.7米	正常的5步：22米	5步	正常——3.7米
正常的5.5步：24米	6步	稍小——3.4米	正常的5.5步：24米	5步	稍大——4米
正常的4步：18米	5步	小——3米	正常的6步：25.5米	5步	大——4.3米
正常的2步：11米	3步	很小——2.7米	正常的4步：18米	3步	很大——4.6米

注于练习你已经熟悉的项目。速度快的骑手并不是狂热的，也不是愿意冒险的。相反，他们是有节制的，并且知道他们的马能够做到什么。这一切都和你知道马的极限在哪里有关。

选择路线

在决定了你的战术后，你就要选择路线了。在小型的比赛场地内，选择一条较短的路线来减少步数往往比一味地加速跑更有效。如果你一直跑得很快，即使在转弯前的相关距离中减掉一步也不会一直有用，你的速度会使急转弯变得困难。因此，你需要跑更多的步数，而非更少的，这就意味着根据你现在的速度，在接下来的转弯处马需要多迈出两步。

然而，如果是大型比赛场地内的比赛，你若想胜出，那么马就要跑得更快。如果你是众多附加赛选手中第一个进行比赛的，那么最好选择较为困难的路线，因为这会为后面的选手定下一个基调。

无论你选择了什么样的路线和速度，下次比赛时在这次的结果上继续努力。安全快速地完成比赛是所有骑手都要做到的事，这既对技巧提出了很高的要求，又令人兴奋，在每周的训练中都要谨记这点。

深谋远虑　马的身体下降时，你就要考虑怎么转弯，同时还要看向你要去的方向

附加赛的比赛路线

在第一轮比赛的路线中（红色路线），以直线接近障碍，并流畅地转弯。在附加赛路线中（蓝色路线），以一定的角度跳过垂直障碍，以减少1/3的步数。这样，即使不提速，你在比赛中的获胜率也将大大提升。

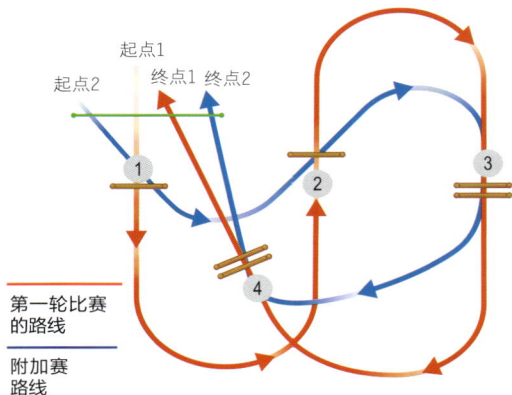

起点1
起点2
终点1　终点2

1　2　3　4

第一轮比赛的路线

附加赛路线

组合练习

平衡训练计划包括复合障碍中的各种障碍和争时赛中为通过比赛路线所做的准备、比赛时间的掌控。这也同时建立在有质量的平地训练的基础上，这里使用的障碍设置是从两个基础复合障碍演变过来的（见右侧的基础复合障碍1）。这只是两个设计例子，你可以把不同的练习组合起来进行训练。如果使用基础复合障碍1，跳跃空间不足，那么将两道双横木之间的距离减少至3步，并取消连跳练习。

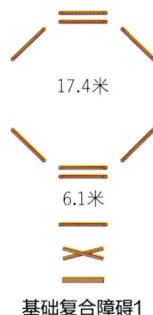

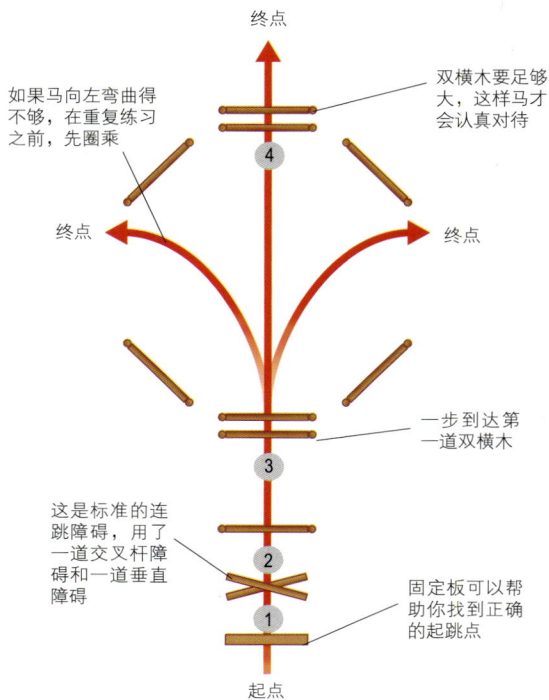

17.4米

6.1米

基础复合障碍1

左图标注：

如果马向左弯曲得不够，在重复练习之前，先圈乘

双横木要足够大，这样马才会认真对待

终点

终点

终点

一步到达第一道双横木

这是标准的连跳障碍，用了一道交叉杆障碍和一道垂直障碍

固定板可以帮助你找到正确的起跳点

起点

右图标注：

终点

终点

终点

练习向左和向右跳越垂直障碍，而不是跳越第二道双横木

摆成漏斗状的横杆可以作为引导，放在双横木后的第一步结束处

如果需要，把这道障碍换成交叉杆，以帮助马身体正直

起点

练习1

连跳过标准复合障碍中的交叉杆障碍（1）和一道垂直障碍（2）之后，接下来需要一步到达双横木（3）障碍。如果马跳得很好，可以通过重复这个练习来提升它的技术水平。第一次真正的考验是按要求跑步，并在障碍左边或右边落地，同时，马在落地时不会左右移动（见第205页）。这就要求马保持良好的直线运动，通过地面的练习才能实现。随后，如果马有所进步的话，你可以在跳过第一道双横木后向左、向右或向前跳——相关距离为4步。

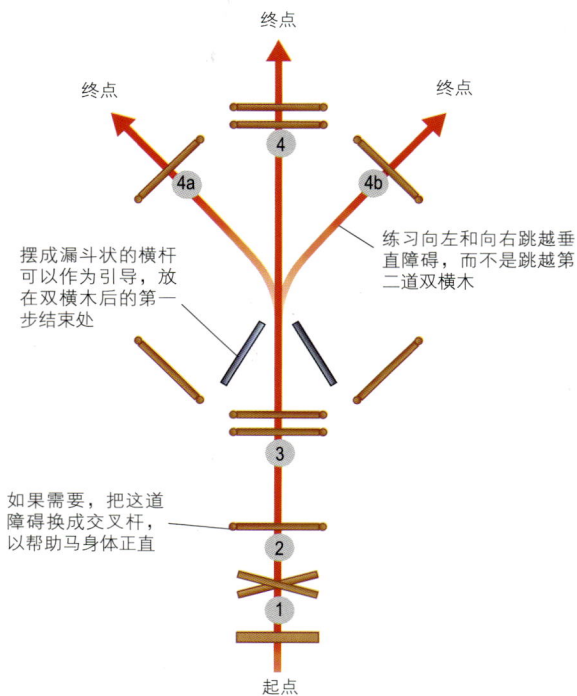

练习2

一旦你在练习1中取得进步，就可以去跳越双横木左右的两道垂直障碍——它们是按相关距离为4步，成45°角的急转弯设置而成的（4）。跳过第一道双横木后，你可以选择路线。如果你选择转至垂直障碍，那么沿直线前行一步，然后转弯，在垂直障碍（4a）或（4b）前再沿直线前行一步。如果有必要，在地面上用摆成漏斗形的横杆来引导马。在最后的障碍处落地是很迷惑人的，因为你认为你已经完成了练习，但是落地恰恰是通往下一道障碍的开始。

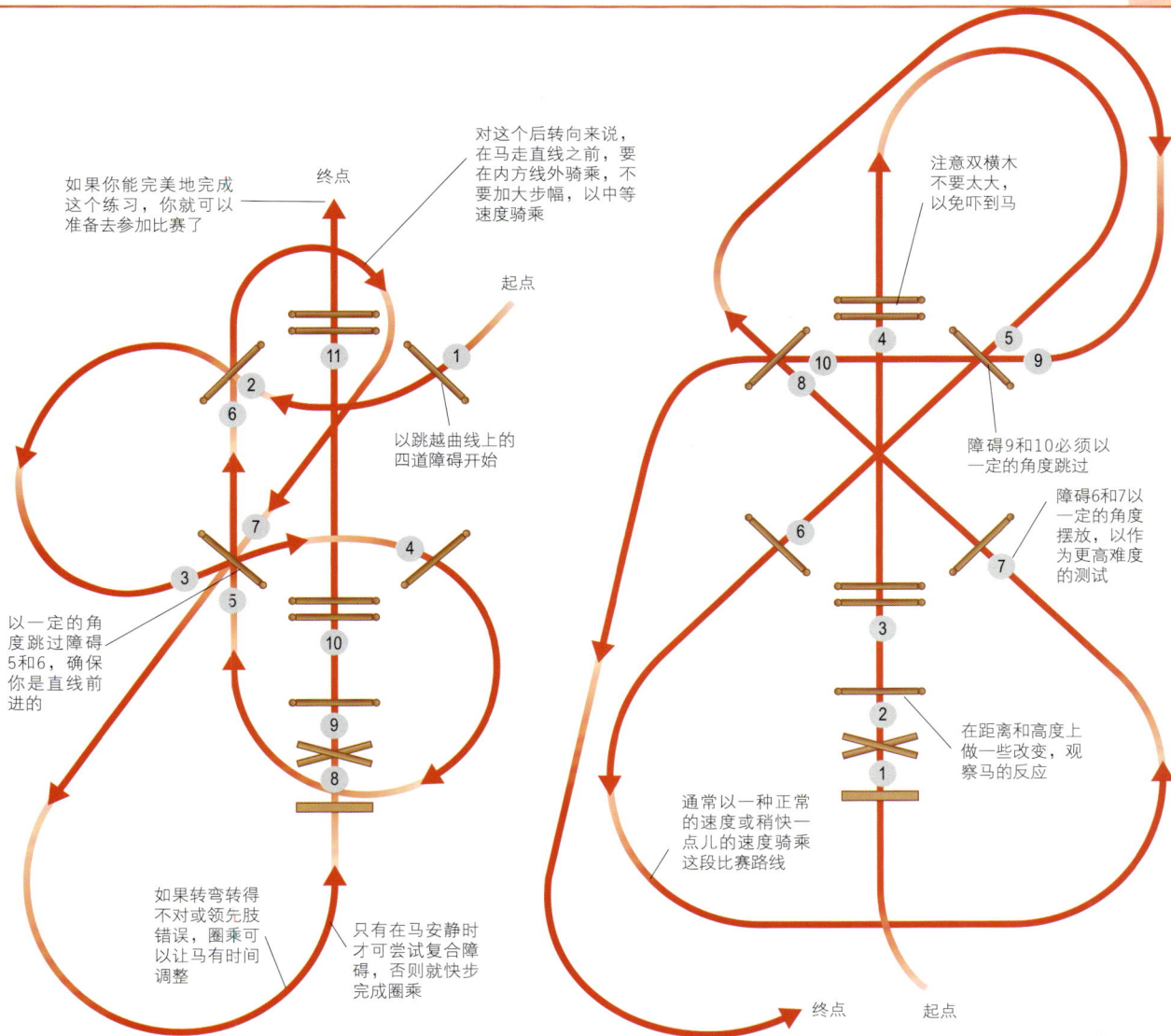

如果你能完美地完成这个练习，你就可以准备去参加比赛了

终点

对这个后转向来说，在马走直线之前，要在内方线外骑乘，不要加大步幅，以中等速度骑乘

起点

以跳越曲线上的四道障碍开始

以一定的角度跳过障碍5和6，确保你是直线前进的

如果转弯转得不对或领先肢错误，圈乘可以让马有时间调整

只有在马安静时才可尝试复合障碍，否则就快步完成圈乘

注意双横木不要太大，以免吓到马

障碍9和10必须以一定的角度跳过

障碍6和7以一定的角度摆放，以作为更高难度的测试

在距离和高度上做一些改变，观察马的反应

通常以一种正常的速度或稍快一点儿的速度骑乘这段比赛路线

终点　起点

练习3

上图中的前四道障碍是设在弯道上的（1、2、3、4），每道障碍之间有正常的3步。在跳越（2、3）两道障碍时，有必要做空中换腿（见第136~137页），这么做是为了换到正确的领先腿。在（5、6）两个有角度的障碍之间，有3步的距离。随后，有一个直径为10米的半圆，需要加大步幅，以中等速度到达下一道障碍（7），快步完成（8~11）的复合障碍。如果马没有平静地完成这项练习，那么你必须回到平地训练。

练习4

训练中有很多不确定因素，但是这个练习的设计纯粹是为了增大马在转弯时的步幅，提升转弯的流畅性。三组障碍用正常的4步来分割（3和4、5和6、7和8），一组障碍用正常的2步分开（9和10）。一旦你和马熟悉了这项练习，就可以改变距离让练习的难度升级。例如，在斜对角障碍处稍微拉大距离就很有用；然后在有角度的两道障碍（9和10）处稍微缩短距离。

使用基础复合障碍2

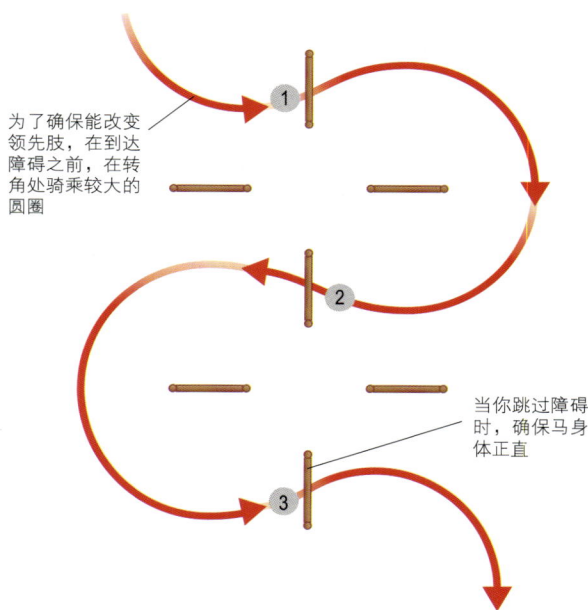

这种垂直障碍的设置是以两个直径为20米的圆圈为基础的，这可以给你提供练习的无限可能。你需要时不时地给马相当大的空间让它向外转。因此，这个训练适合在比较大的户外场地进行。确保你能很好地完成平地训练，在地面上先用木板或横杆开始训练，而不是障碍。随后你可以把不同形状的障碍放在一起，就像盛装舞步测试那样。当你在特定训练上下功夫时，你可以稍微改变距离，这样你就可以一直在马的能力范围内进行训练。

基础复合障碍2

为了确保能改变领先肢，在到达障碍之前，在转角处骑乘较大的圆圈

当你跳过障碍时，确保马身体正直

让圆圈的大小适合马

相关距离有助于你确认马是否有正确的跑步步幅

练习1

这种类型的练习是为通过比赛路线做准备，因为在障碍上方改变领先肢十分重要（见第205页）。如果马的领先肢错误，良好的空中换腿能力（见第136~137页）可以让它摆脱麻烦。但是，如果马不能轻松地以正确的领先肢落地，那么很有可能是因为它的身体不够正直。如果是这样的话，应该马上恢复平地训练。骑乘蛇形路线（见第128~129页）会帮助马在行进时保持身体正直，因为它可以让你平衡地使用两侧的缰绳。如果身体能够正确弯曲，马就不会走偏。

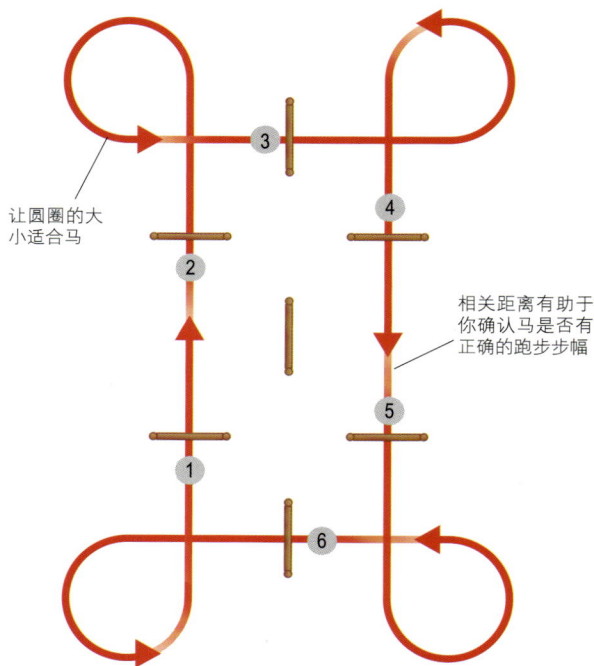

练习2

这是一个非常有效的练习，特别是对一匹不太接受骑手和跑步连贯性差的马来说。在这里显示了障碍的位置，两段相关距离（1和2、4和5）都设置为20米，这对马跑稍小的5步来说是理想的。然而，任何合适的距离对马来说都很容易。通过在每个拐角处走过一个直径10米的圆圈，可以调整跑步速度并训练马不跑到里面——如果它们总是在小型的训练场地上做跳越障碍练习，马就会经常这么做。如果有必要，你可以在每个拐角处增加2~3个直径10米的圆圈。如果有要求的话，直径10米的圆圈的入口是空中换腿的良好位置。

选择练习

　　有各种路线的障碍设置的最大优点就是，你能对其非常熟悉，并让你集中精力训练。在你选择练习前，你应该知道你的目标是什么。如果你想主要集中在平地训练上，只需在地面上使用木板，而不用障碍；也许你想要改善跑步的连贯性，或者提高速度。右图的这匹马和骑手在练习如何在跳越有角度的障碍时保持他们的路线，这是比赛的一部分。无论你做什么训练，要确保你能做好。如果有必要，你可以把每个练习分成几个小部分，然后逐渐把各个部分组合起来形成一条完整的比赛路线。

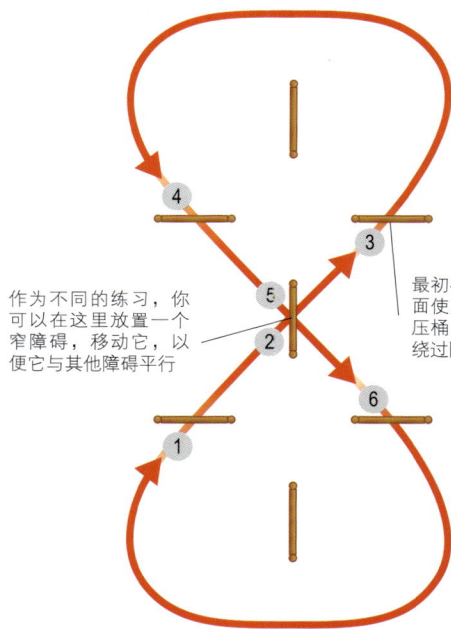

作为不同的练习，你可以在这里放置一个窄障碍，移动它，以便它与其他障碍平行

最初在障碍的外面使用一个塑料压桶，以防止马绕过障碍

障碍3和4可以用双横木来替换

障碍要足够小，以便你可以将精力集中在连贯一致的跑步上

这个部分是后转向练习，但是你可以轻松地完成

练习3

　　这个练习测试的是马从一定的角度跳越障碍的能力。一开始，所有的障碍至中间障碍的距离都是13.7米，这可以让马走稍小的3步。在这种情况下，稍加控制会让练习简单一点儿。你可能想将横杆摆成漏斗形放在地上，这样可以在每道障碍前引导马。如果你能很好地完成这个练习，缩短第一组障碍之间的距离（1和2、2和3）至12.8米并延长下一组障碍之间的距离（4和5、5和6）至14.6米或延长一点儿，这是很有用的。偶尔缩短和延长距离的练习，可以令你和马为争时赛做好准备。

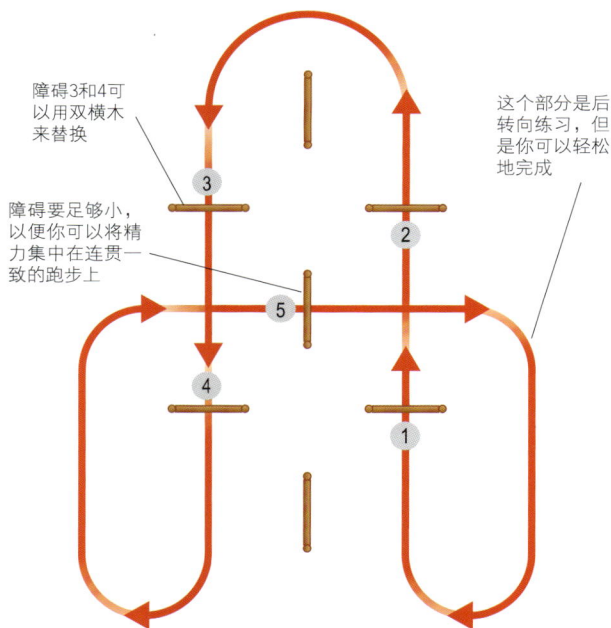

练习4

　　一开始，你要把精力集中在调整方向和正确跑步上，开始时仅仅使用地上的横杆或者木板来完成训练，再使用障碍。最初，在前两组障碍之间使用标准的4步距离（1和2、3和4），然后缩短前两道障碍（1和2）之间的距离至90厘米，并将下一个相关距离（3和4之间）延长至90厘米。为了取得进步，你可以用两道双横木替换两道垂直障碍（3、4）。接着，在跳过垂直障碍时，速度更快，步幅变大；在越过双横木时，速度要放慢，步幅变小。垂直障碍前的地面起跳线可以让马更容易判断起跳点。

训练概述

在训练的每个阶段，每匹马都需要独有的训练计划。循序渐进的、系统性的训练很重要，这可以让你和马更有机会达到你的预期目标。不过度要求也很重要——要一直做好调整训练项目的准备。有效的练习是基于你和马的感觉、共情和良好的沟通基础上的。想要骑手和马都享受训练过程，上述因素都很有必要。

场地障碍赛等级

右页的表格可以用来评估你和马目前的能力水平，并评判优势和劣势。尽管表格中的数据之间存在着广泛的联系，但并不一定能准确地反映你们现有的水平。数据主要是为了显示练习的正常进度：一级大概是训练或比赛的入门级水平；二级大概是比赛的初级水平；三级大概是比赛的中级水平；四级大概是国际比赛的入门级水平。跳越障碍的训练标准可以参考盛装舞步训练（见第146~147页）和越野训练的标准（见第282~283页）。

重要的是要定期完成这些高质量的练习。设计一个渐进的、多样化的训练体系，这样做的最大优点是，你总是可以找到你做得很好的部分。这个体系的目的是让你一次比一次进步，甚至可以说，马要再次做一些年轻马常做的练习，通过高质量的基础训练以取得进步（见第46~75页）。举个例子，调教索训练对前进有问题的马是很有效的。

当你在为场地障碍赛做准备时，有一些特别的因素要牢记在心。举个例子，在同一轮比赛里，垂直障碍会比双横木障碍高10厘米，双横木的宽会比高多10厘米。比赛路线的长度取决于比赛场地的大小。当你练习后转向时，就马的能力和自信心培养来说，在半圆里练习就可以。

多样性训练的重要性

将场地障碍赛的训练从骑术训练中单独分离出来是不可能的。在场地障碍赛前需要做骑术练习，因为每条比赛路线都包括平地行进以及跳越障碍。此外，马需要各种各样的训练——野外骑乘、休闲骑乘、长距离野外骑乘，它也需要良好的马房管理，以及适当的休息时间。

良好的平地练习　你不但需要进行跳越障碍练习，还需要进行平地练习。如果马的平地练习不好，它是不可能充分发挥潜力的

跳越障碍训练标准

比赛路线基本设置	一级	二级	三级	四级
障碍高度和宽度	0.9~1.1米×1~1.2米	1.1~1.2米×1.2~1.4米	1.2~1.3米×1.3~1.5米	1.3~1.4米×1.4~1.6米
速度	350米/分	350米/分	350米/分	375米/分
比赛路线长度	300~400米	350~500米	400~550米	400~650米
跳越障碍次数	第一轮9~10次，没有第二轮	第一轮10~12次；第二轮6~8次	第一轮12~14次；第二轮6~8次	第一轮12~16次；第二轮6~8次
双重障碍和组合障碍	一道双重障碍	一道双重障碍或组合障碍	两道双重障碍或一道双重障碍加一道组合障碍	两道双重障碍或一道双重障碍加一道组合障碍
障碍类型	垂直障碍、上升双横木、填充障	双横木、三重障碍、土台、水障	水沟和水上横杆	开阔水面、路堤、魔鬼堤
相关距离	3~4步——正常步幅	5~6步	7~8步	9~10步
急转弯最大角度	1/4圈（22.5°）	1/2圈（45°）	3/4圈（67.5°）	直角（90°）
最大步幅和最小步幅		正常的5.5步的距离需要6小步或5大步	正常的4.5步的距离需要5小步或4大步	正常的3.5步需要4小步或3大步
相关距离和组合障碍		正常距离到长距离，反之亦然	短距离到正常距离，反之亦然	短距离到长距离，反之亦然
走出的步数		5大步走正常的6步	4大步走正常的5步	3大步走正常的4步
有角度的障碍		垂直障碍——22.5°	垂直障碍——45°，双横木——22.5°	垂直障碍——67.5°，双横木——22.5°
后转向		8步走过直径为20米的半圆	7步走过直径为15米的半圆	6步走过直径为10米的半圆
最快速度		大约450米/分	大约550米/分	大约600米/分

新手比赛路线

如果你的准备工作做得很好，那么新手比赛路线对你来说应该很容易。所有的距离都是常规的，所有的弯道都很宽，所以重点只在于让马进入状态，并保持正确的方向和速度。如果你在这个练习中表现得很轻松，那么在下一个阶段的练习中你也会觉得相对比较容易。然而，如果你或马遇到了任何困难，那么你要分析问题，然后需要重复进行相关的基础练习。

伙伴关系

大部分马都适合场地障碍赛，但不管是什么类型的比赛，它们都需要两种重要的特质：必须用3.7米的步幅平静地跑到障碍前，自信又准确地跳越障碍。良好的快步并不是必要的。

当你进行新手比赛路线训练时，你必须专注于正确的方向和速度并保持始终如一的平衡骑姿。与马保持轻微的缰绳联系，让马完成剩余的部分。记住，场地障碍赛路线就是一系列基础练习的组合，你应该早就练习过。当你变得更有信心时，你的感觉也会更灵敏，你能更好地感知马的步幅，表现更好。

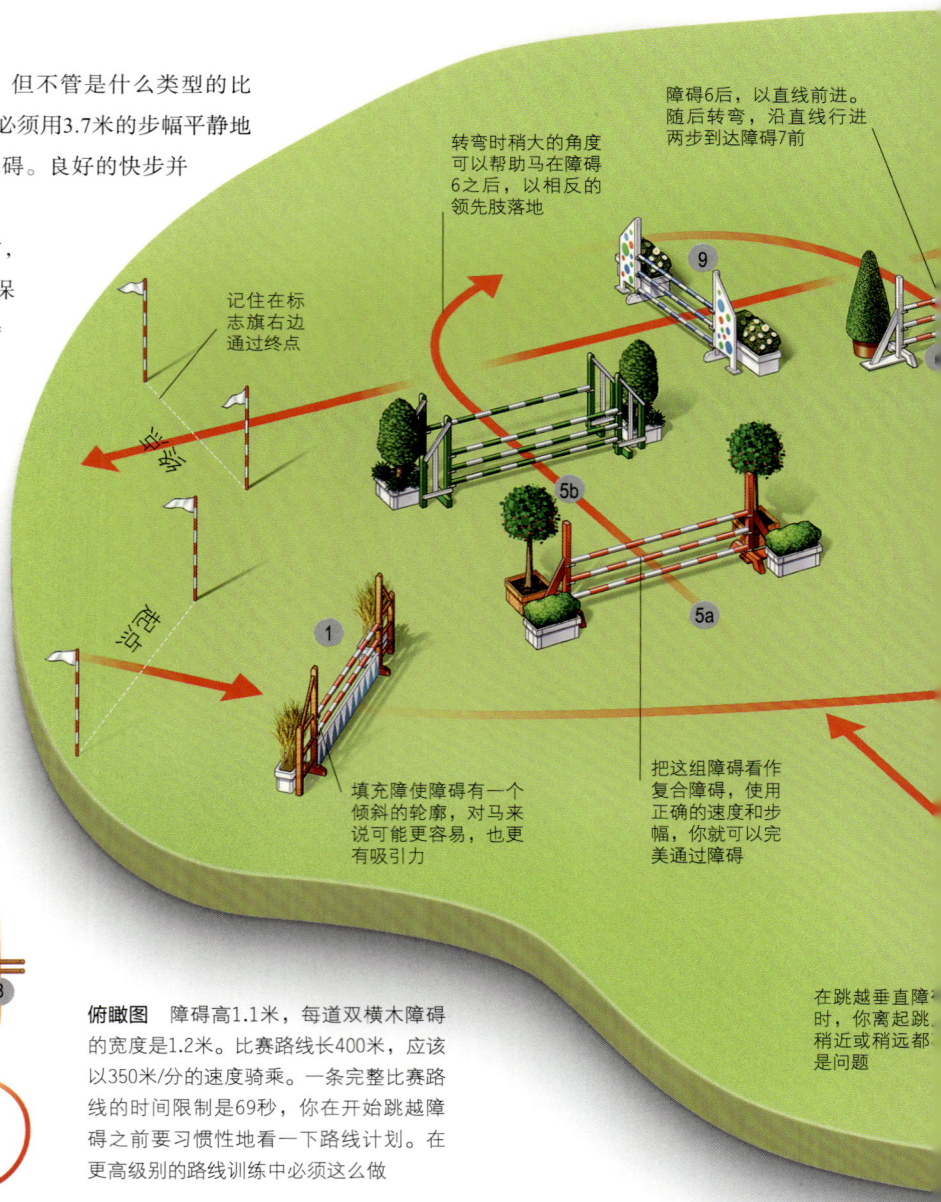

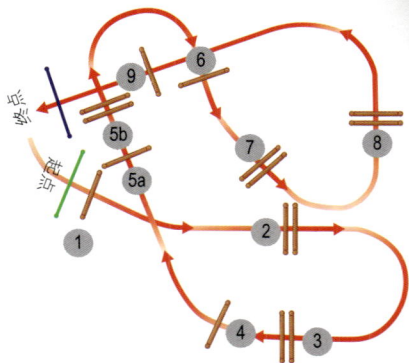

障碍6后，以直线前进。随后转弯，沿直线行进两步到达障碍7前

转弯时稍大的角度可以帮助马在障碍6之后，以相反的领先肢落地

记住在标志旗右边通过终点

把这组障碍看作复合障碍，使用正确的速度和步幅，你就可以完美通过障碍

填充障使障碍有一个倾斜的轮廓，对马来说可能更容易，也更有吸引力

在跳越垂直障碍时，你离起跳稍近或稍远都是问题

俯瞰图 障碍高1.1米，每道双横木障碍的宽度是1.2米。比赛路线长400米，应该以350米/分的速度骑乘。一条完整比赛路线的时间限制是69秒，你在开始跳越障碍之前要习惯性地看一下路线计划。在更高级别的路线训练中必须这么做

自信的伙伴关系　在这个阶段，骑手有良好的缰绳联系和一个灵活的骑姿，这是使他变得更加优秀的潜在条件。他必须将更多的重量落在腿上，并保持小腿稳定，这样当他跳更大的障碍时就能确保自身的安全。这匹马正在尝试利落地跳过障碍，平静又充满活力。在无法离障碍更近前，它不应该被要求去跳过更大的障碍

跳过障碍9比较困难，因为这道垂直障碍正对着出口，这往往会使马变得粗心大意。检查一下马是不是太兴奋了

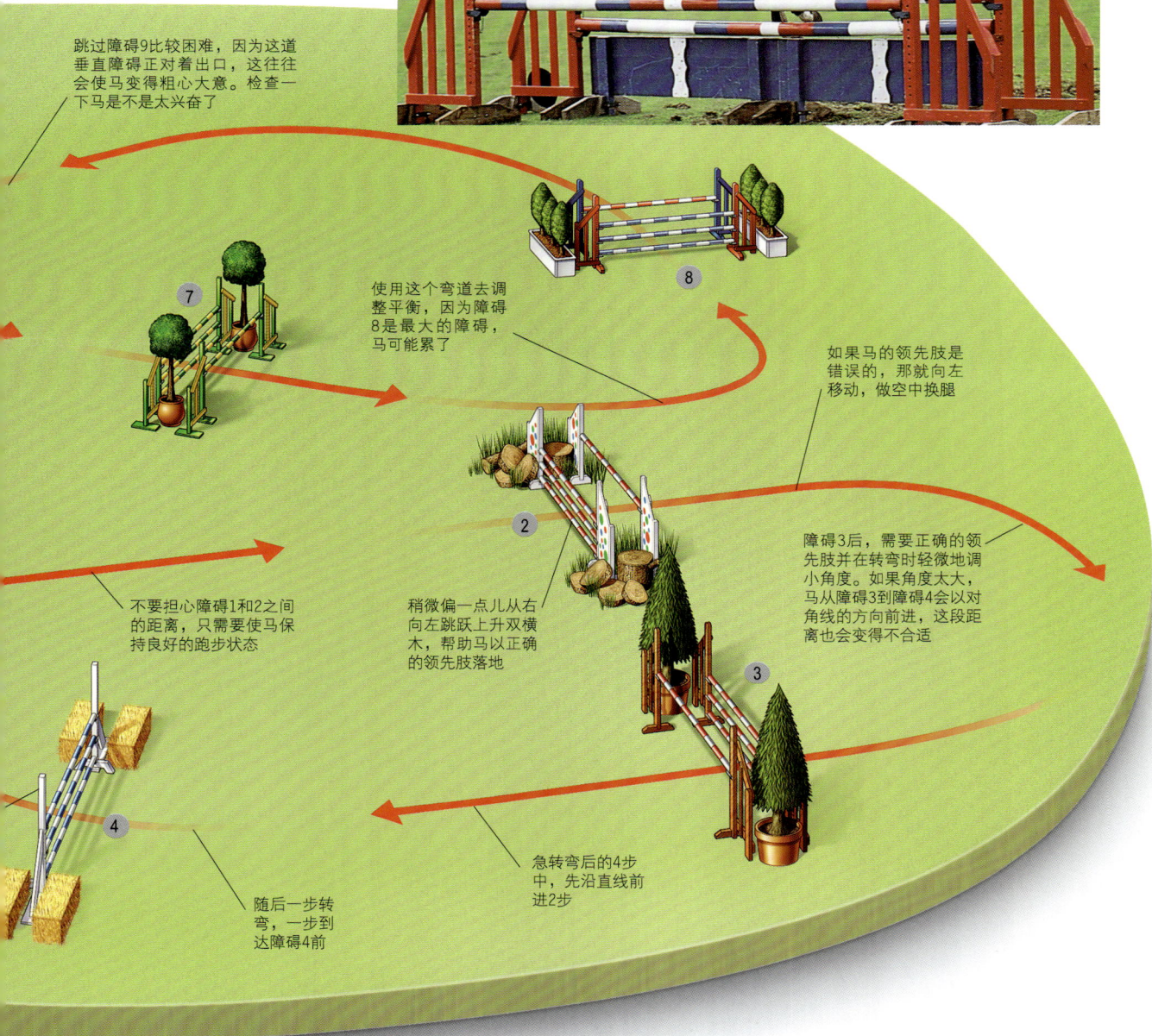

使用这个弯道去调整平衡，因为障碍8是最大的障碍，马可能累了

如果马的领先肢是错误的，那就向左移动，做空中换腿

障碍3后，需要正确的领先肢并在转弯时轻微地调小角度。如果角度太大，马从障碍3到障碍4会以对角线的方向前进，这段距离也会变得不合适

不要担心障碍1和2之间的距离，只需要使马保持良好的跑步状态

稍微偏一点儿从右向左跳跃上升双横木，帮助马以正确的领先肢落地

急转弯后的4步中，先沿直线前进2步

随后一步转弯，一步到达障碍4前

7

8

2

3

4

初级比赛路线

这一级别的比赛路线要求骑手在长距离比赛中保持一致的步幅——相关距离增加至6步。有时，比赛中的距离会比这个距离稍长或稍短些，这需要4米或者3.4米的步幅。如果你们在第一轮中表现出色，那么附加赛将是激动人心的挑战。许多骑手满足于保持这样的水平，特别是因为在下一级别的比赛中就会要求马有更强的运动能力。

附加赛

如果你进入了附加赛，要设定自己的目标，避免受他人的影响。你可能希望流畅地跑过一条路线但跑得慢一点儿或快一点儿。如果你想跑得快一点儿，你要集中精力找到需要更少步数的较短的路线，看看你可以在哪里加速。如果你加速会加大马的步幅，这可能导致相关距离不合适。如果你在障碍10之后可以有效地控制转弯，你可以在障碍9、10之间减少1步。如果你可以迅速跑过障碍6，你可以在障碍6、7间增加1步。

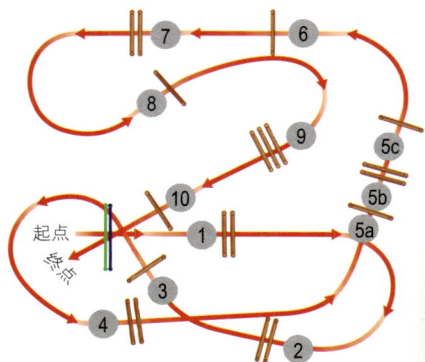

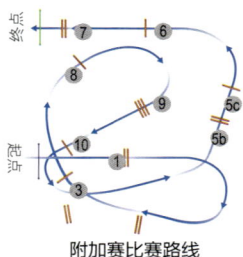

这是一个常规的6相关距离，在骑时数好步数

经过这个角时骑得角度大一些，这样你可以在障碍8处拐稍大的弯

起点和终点的一致可以防止你穿过错误的标志旗

离开终点线的时候，骑手常常会忘记让马继续保持向前

俯瞰图　障碍一般高1.2米，也有高1.4米的。比赛路线长525米，需要在90秒内以350米/分的速度骑乘。当你步测比赛路线时，一定要注意附加赛的比赛路线

附加赛比赛路线

取得成功 这位骑手的重量在腿上，简单的平衡就可以使她跳过更大的障碍。她正专注于跳过下一道障碍，并且一切都在她的掌控之中。尽管马的前肢有点儿悬吊，同时它也在充分利用自己的肩膀和膝盖完成跳跃动作

因为组合障碍后的距离稍长，在垂直障碍前不要太快，试着慢下来

6

在这种组合障碍中，前两道障碍之间是正常的1步，后两道障碍之间是稍大的1步

5c

5b

5a

第一道障碍可以作为单独的障碍，随后是双横木

9

6步的相关距离有点儿短了，避免越过三重障碍时，落地点过远，那样必须跑5大步才能到达垂直障碍处

1

在跳过等高双横木时，确保马是处在准备就绪的状态

2

相信你已经准备就绪并能保持一个稳定的跑步状态，沿直线前进2步之后，紧接着是两个45°的转弯，在到达障碍3之前还要沿直线前进2步

跳下一道障碍要通过6步长的弯道，落地时使马使用正确的领先肢是非常重要的，要稍调小拐弯的角度

中级比赛路线

　　随着你的进步，障碍间的关系会变得更加重要。例如，在这里比赛路线设计者鼓励骑手在障碍6~10处骑得更快，因为在这些障碍间，距离很长。然而，对一个聪明的骑手来说，他在垂直障碍8前会变得更小心，并会考虑在障碍9和10之间额外增加1步。这会对距离稍短的组合障碍11更有帮助。

附加赛

　　在这条比赛路线中，附加赛的比赛路线（见右下图）是相对简单的，但是它也有和第一轮相比不同的步幅模式。在这轮比赛中有些障碍被省略了，所以你必须细心地制订路线计划。

　　通过在障碍2和3之间少走1步，比较容易做到走直线。在障碍9和10之间省1步很难，或许走7步是一种解决方案，主要因为障碍10是一道垂直障碍。在障碍3后你将有很好的转弯机会，并回到障碍9，这样可以帮你取得胜利。

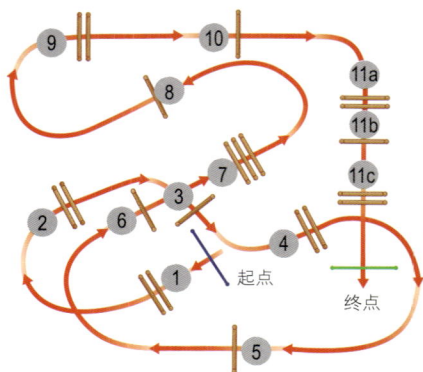

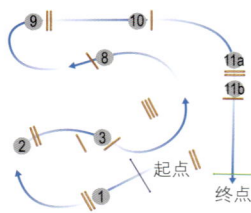

这需要步幅稍大的7步。在障碍8处缩短，以帮助你注意到下一道垂直障碍

尽最大的努力像跳过单道障碍一样跳过双横木

确保你要转到障碍9处——不要心存侥幸

6步急转弯后，以合适的方式接近障碍2

障碍6和7之间的距离有些长，但是你跳过障碍6落地时，要提升你的速度

在越过第一道双横木后，保持均匀的步幅到达障碍2

俯瞰图　障碍高1.3米，最高可达1.5米，路线长525米，需要在90秒内以350米/分的速度骑乘。核实附加赛计划，确认争时赛会使用什么样的障碍

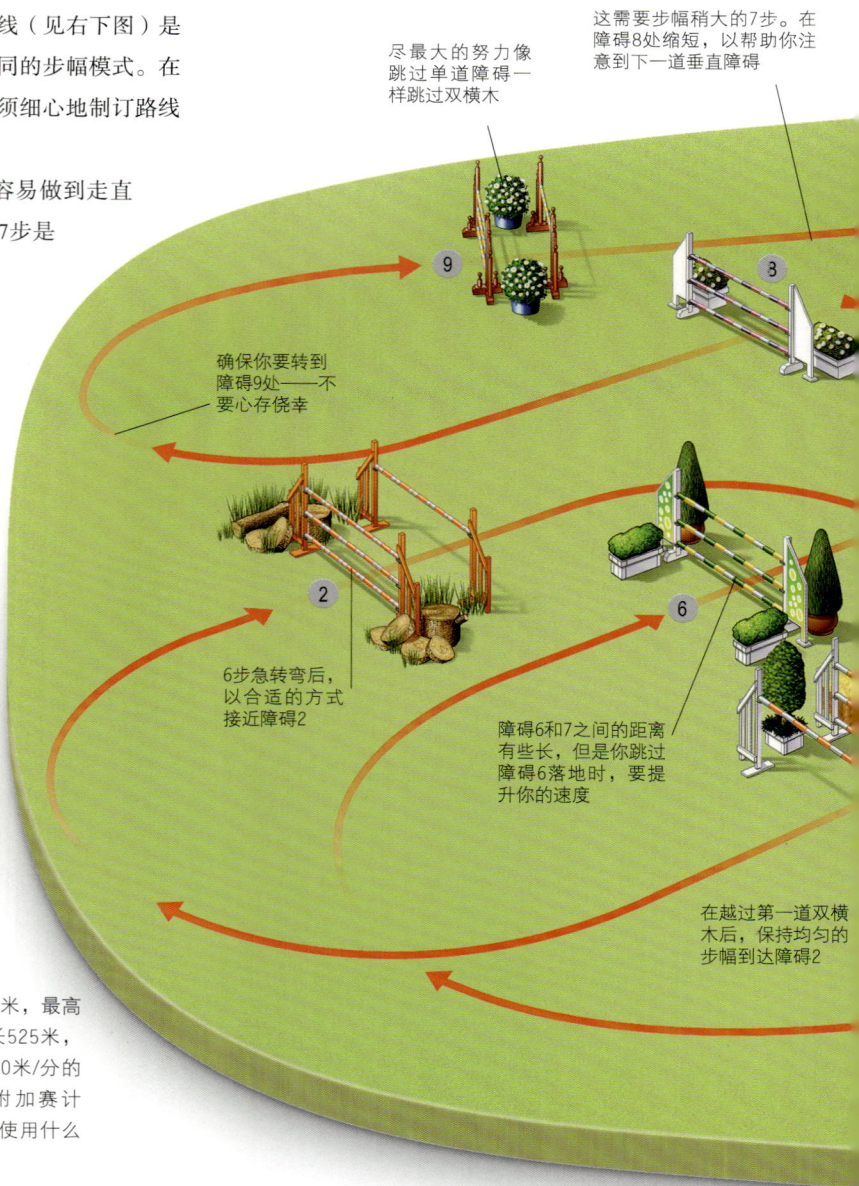

附加赛比赛路线

顶级技术　这匹马正在展示参加真正的国际级场地障碍赛应具备的技术。它在跳越障碍时弯起身子，并很好地利用了头部和颈部。它的肩膀、肘部和膝盖向前伸展，膝关节闭合，使小腿从障碍上掠过。骑手的肘部到手、马嘴成一条直线，保持一个完全安全的平衡骑姿

组合障碍先是需要稍大的1步，随后是正常的2步，始终保持缰绳联系

如果三重障碍让马很激动，需要在障碍7之后骑乘拐角让马重新平静下来

成功地跳过了之前的障碍，专注于下一个小型垂直障碍

越过这道障碍和下一道障碍时，需要做空中换腿

障碍3和4之间的急转弯需要7步，保持马始终处在缰绳控制中

保持你的跑步步幅越过终点线

因为一时的疏忽，很容易转弯转到障碍2，而不是障碍6，所以一定要集中注意力

10　7　3　4　11a　11b　11c　5

起点　终点

高级比赛路线

当你想在高级比赛路线上骑得快一点儿的时候，你必须提前考虑并更快做出反应。此外，在这个级别的比赛中，路线设计者还提出了更多的技术性问题。例如，在这条比赛路线中，障碍4和5之间有8步。在组合障碍和垂直障碍之间也有一条高难度的路线——在3.5步后有一段稍长的距离，这迫使你做出决定，是使用稍大的3步还是稍小的4步。

附加赛

在附加赛中，在障碍8和9之间少1步（见右下图）并不困难，但是不要在任何一道双横木上方试图转弯；这对马来说很难，可能使它踢到障碍。3大步对高水平的马来说相对简单。到达障碍11的路线将取决于马，但是向左转是最快的路线。你也可以以一个较小的角度接近障碍11，这样可以为转弯创造多一点儿的空间。

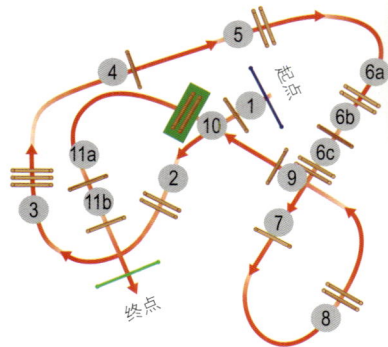

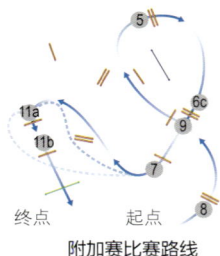

在障碍4和障碍5之间有稍大的8
小心地跳过这道垂直障碍，然后
9步落在障碍5里面

短距离的双重垂直障碍需要马对骑手的服从和骑手的控制

这道三重障碍很容易被跳过

避免以一定的角
跳过较宽的双
木，否则跳过后
的障碍将变得困

越过终点线的时候让马保持一个好的状态

俯瞰图　障碍高1.4米，最高可达1.6米。比赛路线长450米，需要在72秒内以375米/分的速度完成。检查附加赛路线看什么障碍可以被省掉

附加赛比赛路线

技术极限　顶级场地障碍赛马需要干净利落地跳越障碍和多次连跳。这匹马仍然需要提升下列技能：由于它没能很好地运用肩膀、肘部和膝盖的力量，它在跨越时不得不比障碍实际高度高出25厘米

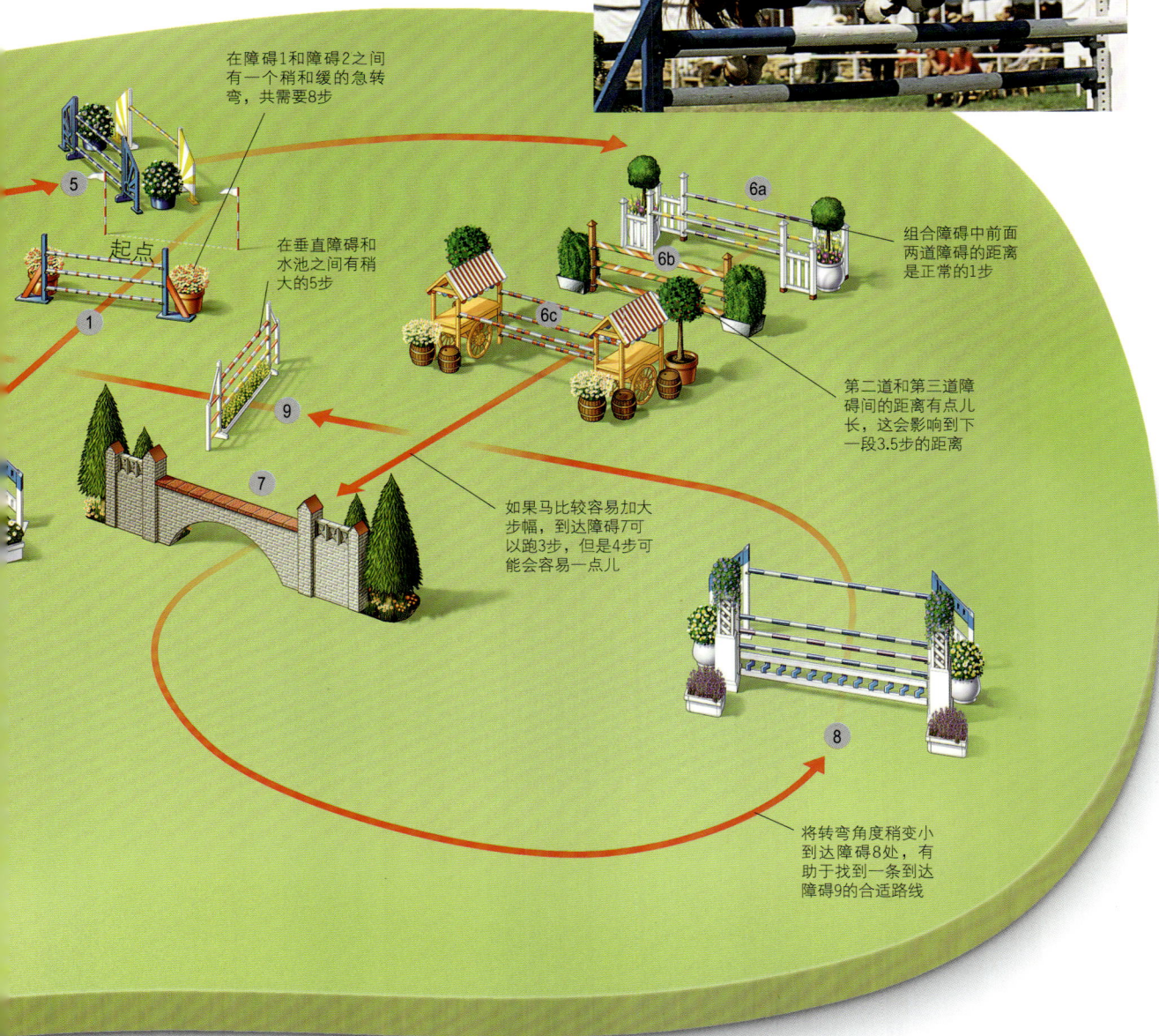

在障碍1和障碍2之间有一个稍和缓的急转弯，共需要8步

起点

在垂直障碍和水池之间有稍大的5步

组合障碍中前面两道障碍的距离是正常的1步

第二道和第三道障碍间的距离有点儿长，这会影响到下一段3.5步的距离

如果马比较容易加大步幅，到达障碍7可以跑3步，但是4步可能会容易一点儿

将转弯角度稍变小到达障碍8处，有助于找到一条到达障碍9的合适路线

比　赛

对许多骑手来说，参加比赛是激动人心的，也是训练的主要目标。然而，有些人的恐惧会让他们产生消极思想，甚至觉得比赛就是一场噩梦。赛前进行一系列的热身和步测并记住比赛路线有助于你自信地迎接比赛。在完成比赛之后，你可以客观地回顾自己的表现，这样可以让你有成就感。

热身

当你到达比赛场地时，先要准确找到自己的比赛区域并确定自己的比赛时间，这样你可以在比赛开始前有时间热身。

首先进行平地训练热身，然后开始10~15分钟的跳越障碍练习，保证在比赛开始前有大约20分钟的热身时间。在热身场地通常有2~3道练习障碍并用旗子标示出来，插有红色旗子的障碍在一边，白色的在另一边，以此保证所有骑手的行

步测路线 如果你对任何距离有些不确定，最好返回再走一遍，直到满意为止

进方向都一致。让插有红色旗子的障碍一直在你的右侧。这样选手们都能保持一致的方向，保证练习的流畅进行。如果练习的障碍不适合你，你可以请教练或助理帮你调整。注意，在热身过程中远离其他骑手的行进路线。在你不使用障碍时，请引导马到比赛场地安静的区域。

练习跳越障碍

开始练习时，要用快步或跑步跳越带有起跳线的交叉杆障碍或小型垂直障碍。跳五六次，每次都提高一点儿高度，直到障碍与比赛场地内的高度相等。专注于最简单的练习：找到最合适的跑步速度，让一切连贯有序地进行。如果马感

到困倦并且反应迟钝，此时你不要害怕做一些中级的跑步练习，这样反而可以刺激它分泌肾上腺素。在跳越垂直障碍之后，需要跳越小的递增双横木，然后快速不断地增加双横木的高度和宽度，直到与比赛场地中的一致。如果你和马都信心十足，那就只需要进行正常高度和宽度的障碍练习。最后，以一两个等高双横木结束练习。经验丰富的马可能觉得较低的障碍练习很无聊，那么你可以让它练习没有起跳线的垂直障碍，增加训练难度，这对它来说有好处。但是，这些练习都必须在教练的指导下进行。在热身场地的练习不能替代在家中的训练，充分的训练很有必要。当你们拥有更高的水平时，给马选择什么样的热身类型将变得更简单。对重要的课程来说，提前4个小时热身（在你的日常热身之外的）会有很大的好处。

步测比赛路线

　　当你在步测比赛路线时要提醒自己，比赛只是一个个训练项目的集合：转弯、相关距离和各种不同种类的障碍，这些你都已经练习过了。你要站在马的角度来熟悉比赛路线。例如，一面飘动的小旗子会使它分心。根据比赛路线来制订参赛战术。带上纸和便签，这样你在步测比赛路线时可以记下附加赛中指定的一些障碍。附加赛的路线中会省略一些第一轮比赛中的一些障碍。走一遍你选择的有双重障碍、混合障碍和相关距离障碍的路线，并计算好障碍之间步数，你的4步相当于马的1步。如果你之前训练过怎样计算精确连贯的步伐，你就能够算出马在障碍间需要走几步以及距离的长短。对垂直障碍来说，除了计算马在障碍间走的步数之外，不要忘记各留出2步要用于起跳和落地。双横木的起跳点需要再靠近30厘米，而三重障碍的需要再近一点儿。步测过一遍比赛线之后，再测一遍来修正你脑海中记住的路线。随后你就可以开始步测一遍附加赛的比赛路线，因为之后就没有机会了。有些人会认为在正式比赛开始之前就步测附加赛比赛路线会显得过于自信，但是如果你不这么做是非常不专业的，而且当你有机会参加附加赛时，你却没有提前走一遍附加赛比赛路线，你一定会后悔的。

场地障碍赛的类别

　　场地障碍赛有四个类别：骑术、狩猎和工作狩猎、速度以及跳越障碍。在这些类别中，障碍的高度和难度都大大提升。特殊的类别对新手，甚至更高级别的骑手都有限制。此外，还有一些其他新颖的比赛。例如，镜像轨迹是两位选手在同一条路线上互相比赛。另一个有趣的类别是六重障碍比赛，跳过六道障碍，每道障碍间用2步，且障碍会逐渐变得越来越大。

　　骑术类　骑术类最初是为小骑手而设计的，现在有越来越多的成年人加入。设计这个类别的目的是判别选手的能力，而不是马的能力。但是，如果你认为骑术类比赛中仅仅需要一名优秀的骑手，这个观点是错误的。每一条关于骑手姿势的规则都有它的道理，好的骑姿可以让不可能变为可能。比赛路线设置的目的是为了测试骑手的能力，骑手有不同的路线和步幅可供选择。骑术类比赛对于日后有志于在比赛中挑战更大障碍的人来说，有很好的铺垫作用。在一些比赛中，路线会提前发给骑手。这能够让骑手进行更加有针对性的训练，并激励他们高效地完成训练。

　　狩猎和工作狩猎类　在这个类别中，需要对马做出评判。路线往往都是笔直的，旨在展示马的跳越障碍能力而不是骑手的控制能力。实际上，最棒的骑手所骑的马表现也是最好的，这再次强调了良好骑乘的价值。

　　速度类　这个类别似乎和狩猎类是相对的。第一轮中将评判速度，往往要求骑手在方向和步伐上做一些大的改变，同时寻找最短路线。然而，获胜的基本要求和狩猎类的是一样的：正确的平地训练以及马干净利落地跳跃。和狩猎类的项目不一样的是，速度快的马步幅较小。这让它在相关距离的障碍间可以跑得更快，而不需要将它的步幅增至3.7米。同时，它也有快速转弯的能力。

　　跳跃类　在这类比赛中，优先考虑零罚分。在大奖赛中，障碍的高度为0.9~1.6米。初级水平的比赛中没有附加赛，而且没有时间限制。随后，骑手将要按两条比赛路线进行比赛，这也是对骑手记忆力的测试。高级别比赛会有一轮计时的附加赛，尽管有些比赛有两轮附加赛，但只有第二轮是计时。

记住比赛路线

有些骑手觉得记住比赛路线是一件非常困难的事，但只要你保持镇定专注，记住比赛路线就会变得很简单。其实当你没有比赛的时候，你可以锻炼你的记忆力。例如，努力记住一场你不参加的比赛的路线，这对锻炼你的记忆力非常有帮助。在步测时，走过三四道障碍后停一小会儿，在脑海里回忆一遍。再走过三四道障碍之后再回忆一遍，要从第一道障碍开始回忆。走完所有的障碍后闭上眼睛全部再在脑海里梳理一遍。当热身完成后你就会发现，闭上眼睛在脑海中模拟跳越障碍会给你带来很大的收获。不要不好意思写下不同相关距离的步数。也许你写完就不会再看了，但是写下这些信息你就会记得非常清楚，不会再忘记了。观看其他选手的比赛路线也是非常有价值的。但是，试着选择那些和你的马相似的马，这样你对步幅就不会感到困惑了。

在赛场上

对初级骑手来说，他们可能觉得比赛场地非常大，大量的观众会让人感到害怕，这会导致发挥失常。你要提醒自己，即使场地很大，障碍的相关距离和你平时训练时是一样的。如果你被这场面吓到了，只要记住关键的变量：速度、时机、平衡、动力和方向。在专注于正确的方向和速度时，你会发现其他的因素都会各司其职。在赛场上迷路最普遍的两个原因是紧张和分心。保持专注并积极思考可以帮助你缓解紧张的情绪。专注于马的感觉可以避免你分心。骑手很少在附加赛时迷路，因为这种高强度的练习需要精神高度集中。如果马还小，不熟悉大场地，试着设置比平时训练低一点儿的高度，使它顺利参加第一次比赛。在进入新的场地之前，你需要给它大量的时间来适应。

消除内在恐惧

对许多骑手来说，承认自己有紧张和消极的情绪是很难的，但这是克服恐惧的第一步。紧张的情绪不应该被当作是一个问题，而应该被当作是一个挑战。例如，面对一群人骑乘的时候，你会害怕，心里消极的声音会说"我有一个问题"。但是，试着说"我面临着一个挑战"，你会发现有明显的不同。让骑手保持积极心态最有用的方法之一是角色扮演以及心像化（见第343和354页）。另外，如果处于一个积极向上的团队会使你更容易保持积极的心态。黄金法则在于习惯专注于你必须做到的事而不是你不应该做的事。

评估你的比赛表现

　　在你刚完成比赛，又累又烦的时候评估比赛表现是没有好处的。最好在比赛结束一天或两天之后进行评估，但是也不要超过这个时间，因为你的记忆会快速淡化。即使是顶级骑手也会受益于理性的赛后评估。没有人会喜欢过度分析，但是积极的技术优化是很有用的。评估你发挥良好的比赛和发挥不是特别好的比赛都很有意义。我们会经常问自己为什么这里出错了，而很少问自己为什么这里做得很好。经常分析你发挥良好的比赛会使你更能提升自己的优势，也会使你对比赛更有勇气和信心。

　　而你必须要知道发挥失误的原因，因为认识到个人最优的和最差的表现同样有用。我们都在追求竞争的优势，但是失败往往是由细微处决定的：有可能是马踢到了障碍，也有可能是在争时赛中几百分之一秒的超时。这就意味着，如果你能在平时的练习中，在一点点的细微之处，在毫秒之中不断进步，最终你会发现你已经拥有了竞争的优势。让你的教练帮你录下比赛过程，这样在比赛结束时你就可以回看了。在同一比赛项目中，录下最好骑手的表现也可以帮助你对比。

国际赛事　能够进入这种大型的国际赛事场地是一项了不起的成就。确保自己准备充分，并且选择了适合自己能力的比赛路线。对骑手来说，这只不过是专注于每道障碍，并注意下一道障碍的问题。对马来说，只要竖起耳朵，享受跳过大的障碍的快乐，享受在聚光灯下的时刻

骑手的问题

问题	可能的原因	解决方法
马鞍向后滑动	● 肚带松了	● 在任何时候胸带都要作为最基础的装备，在上马前后应该养成收紧马的肚带的习惯，这是你准备工作的一部分。肚带不能收得太紧，但是你可以在第一次上马时把它收紧，这很正常。当马表现得更放松，在10~15分钟后马鞍和肚带的皮革变得更温暖柔软时，你可以再次收紧一点儿肚带。
	● 马的体形	● 如果马变瘦了，那么马鞍可能向后滑动。这时你需要一块防滑垫和一个马鞍安全肚带（在马鞍上方的皮带），这些装备可以帮你解决这个问题。如有必要的话，快速将马鞍向前移。你也可以向马鞍装配师寻求帮助。
	● 马鞍不合适	● 你的重量在鞍座上分配得越均匀，马鞍滑动的可能性就越低。确保马鞍的底部符合马背轮廓，并用专业方法填满其中的空隙。
跳越障碍时马鞍掉落	● 马跳跃幅度太大	● 这可能是因为马缺乏自信或前进得太快而引起的，可以让它在训练中倒退几步。
	● 骑乘姿势僵硬	● 如果你的动作很僵硬，那么马完成跳跃动作就会困难。做体能训练能使你的身体更灵活，这样你就可以和马的动作保持一致。身体僵硬的原因之一是恐惧，你要确保你正在进行的训练适合你。
	● 骑手的重量放在了马鞍上而不是腿上	● 将太多的重量放在马鞍上会使你失去平衡，所以你需要轻轻地坐在马鞍上，稍弯曲膝关节。滑冰是一项很好的运动，它可以帮助你提升这项能力。
马镫掉落	● 跳越障碍时马鞍掉落	● 见上。
	● 鞋底和马镫很滑	● 尽量确保你的鞋底不要有泥巴，马镫与鞋底接触的地方可以由橡胶或金属制成，以增大摩擦力。赛马骑师常用防滑材料包在马镫上。如果你也这样做，确保在用新材料包裹时，将旧材料清理干净，不然马镫就会变得很重。
	● 骑手将太多的身体重量放在马镫上	● 如果你使劲向下踩马镫，那么尽你最大的可能闭合踝关节，因为这样做从马镫滑落的风险很大。让你的部分重量向里贴近肚带。

问题	可能的原因	解决方法
在马腾空时骑手身体前倾	● 小腿夹得太紧	● 如果你在起跳时收紧小腿，你就不得不将身体前移以保持平衡。要纠正这一问题，可以在跨越小型障碍不接触缰绳，并有意减轻腿部与马的接触力度。
	● 过于配合马	● 在跳越障碍时骑手会比马更容易向前倾。要尽可能保持你身体重量的分配一致。
	● 骑年轻马	● 如果你骑的是年轻马或没有经验的马，你可能习惯于在接近障碍时坐在马鞍靠后一点儿的位置，这样你可以更容易地控制你的腿。但这会影响你的平衡感，通过和训练有素的马练习以改变这个习惯。
身体落后	● 缺乏自信	● 如果你缺乏自信，那么尝试难度较低的练习。如果你对马不满意，你可以向教练寻求帮助。如果你仍旧感觉不确定，尝试做一些心理准备工作（见第339~357页）。
	● 肩膀和手臂使用不当	● 当马跳越障碍时，你应该将手前移，以跟随马嘴的运动。专注于缰绳联系的感觉，并刻意尝试在缰绳联系稳定的情况下，将马嘴向前推。你这么做时，让肘部下垂。
	● 缺乏平衡	● 大部分马可以通过调整来适应你的重量，但是很少有马能适应骑手将重量一直放在后面并拉着它的嘴。如果持续这样，很多年轻马会开始拒绝训练或者无法做出某些动作。你可以不使用缰绳，练习跳越复合障碍中的小型障碍，并保持平衡，最初你需要抓住马的鬃毛，随后把手放在正确的骑乘位置上，或是伸出你的手臂。

骑手的问题

问题	可能的原因	解决方法
过度骑乘	● 马太年轻或马很难被驯服	● 有些骑手骑的马比较难被驯服或者过于年轻，这些马会过分自信。如果想继续提高自己的水平，你需要骑一些容易配合的马，并多做进阶训练。
	● 焦虑	● 许多新手会对一些状况反应过度，因为他们总是急于将学到的技巧付诸实践。如果你的教练对你的错误反应过度，这个问题将恶化。作为新手，你刚开始要做的很少，直到你学习过一段时间有所进步后，你才有理由期望在面对一些状况时你能快速反应。在你能够自信果断地骑乘之前，最好侧重于培养良好的骑乘感觉。
被动骑乘	● 想法消极	● 许多人骑马时不够自信是因为他们感到害怕、压力太大或者呼吸方式不正确。这时角色扮演和放松技巧会对你有所帮助（见第343~345页）。
	● 试图表现美感	● 有些骑手骑乘的时候很被动是因为他们总是过多注意骑姿，害怕给马有力信号的动作会反过来影响他们在马背上的形象。你要记住，正确骑姿的每个方面都会对骑乘效果产生影响。良好的骑姿会让你骑乘时有良好的感觉，并和马建立良好的沟通关系。
	● 马太紧张、太自信	● 有些骑手习惯于安静地坐着，害怕坠马而不敢移动。如果你骑的马比较紧张或者过于自信，那么这种情况会变得很普遍。然后，当你骑安静的马时，你可能很难做出反应、保持自信。骑乘多种类型的马可以让你很快克服这类问题。

问题	可能的原因	解决方法
无法感知步幅	● 缺乏常量	● 在适当的时候检查各个常量（见第184~185页）。如果马缺乏对骑手的接受、不够冷静、没有向前意愿、难以保持身体正直或步伐规范，你会很难感知马的步幅。这时马跑得越慢越好，偏差也会越小，在感知步幅时你犯的错会更少。
	● 缺乏一致性	● 检查各个变量（见第190页），特别是保持匀速的练习。这是把握步幅的核心。如果你在赛场上的表现不如在家里练习时的表现，你需要多做一些心理准备（见第338~357页）。
	● 态度消极	● 紧张、压力和焦虑都会让你在骑乘时反应迟钝，难以把握步幅。你可以通过做一些心理准备来建立自信心。要知道你所有的想法都会影响到你的行动，所以多培养积极的态度，相信自己。
在观众面前感到紧张	● 不够自信	● 参加比赛是一件值得骄傲的事，别人怎么认为不重要，只要自己能够发挥好就可以了。
	● 缺少支持	● 和心态积极的人待在一起，和你的朋友待在一起，你应该为受人瞩目而感到高兴。
	● 准备不足	● 确定你已经为比赛做好了准备，那么到了比赛那天，你就不会因突发状况而感到意外。良好的心理准备是比赛最大的助力。你越是能够专注于练习、马的感受和你与下一道障碍的距离，你受到观众的影响就越少。
忘记比赛路线	● 紧张、不够专心	● 记住比赛路线的关键是专注和自信。赛前走路线时，你必须严谨，一丝不苟。在走过三道障碍之后，停下来闭上眼睛在脑海中回忆之前的路线；走过六道障碍之后从第一道障碍开始回忆。如果可以的话，回头看看，直到你能在脑海中重新忆起完整的路线后继续前进。用同样的方法走完所有的路线。
	● 准备不足	● 即使你不比赛，你也可以到赛场上练习记忆路线，这也很有用（见第224~228页）。如果你在比赛中出现问题，这当然会给你增加压力。做好心理准备能够帮你更好地克服这些困难（见第338~357页）。比如，你可以通过角色扮演变得更自信积极。

马的问题

问题	可能的原因	解决方法
情绪激动易怒	● 感到害怕	● 在某些情况下，骑手可能吓到马。这时，马的直觉是逃避，这就会使马踢到障碍，并导致恶性循环。试着在空载的情况下调教它，这样你就可以和马重新建立沟通和信任（见第58~59页）。随后，渐渐引入跳越障碍的练习。
	● 不够冷静	● 不够冷静的原因可能是马经验不足，也可能是训练不够。马是有习惯性的动物，所以如果在马年幼时没有教会它保持冷静，那么日后你就需要大量的时间和耐心去纠正它。马以快步到达有固定板的障碍，并在障碍前走8字形，是练习保持冷静的很好的一个方法（见第200页）。许多马反应迅速，是为了更快地结束训练，那么就给它们减少饲料，增加更多的常规练习。不要对马有过多的控制，可以进行长距离、慢速的野外骑乘，并使它有规律地跑步。
	● 身体疼痛	● 身体感觉疼痛的马表现会僵硬，但反应较快，因为它们想要挣脱这种不适感。这会导致它们撞上障碍，然后开始恶性循环。它们开始变得不安、紧张和反抗。这时，你需要安排一次彻底的兽医检查，以确保马身体不再疼痛。
缺乏自信	● 在训练中没有进步	● 确保训练循序渐进进行，以提升马和你的信心。每次前进一小步，你就可以达到高质量高水平的训练效果。
	● 地面太滑或太软	● 有时缺乏自信是因为马对地面情况不熟悉导致的，也会因马蹄铁缺少合适的防滑钉而加剧。如果马在起跳时打滑或地面上有意想不到的障碍，它就不能正常做出反应。防滑钉可以解决这个问题，有些情况下马的每只蹄子上都需要四根防滑钉，尤其是当你参加争时赛时。然而，马需要熟悉不同的地面情况。如果马总是在适合所有比赛项目的平坦场地上练习，那么草地、泥泞的地面和起伏的地面都会给它带来影响。
	● 骑手的限制	● 确保你不会限制马的动作幅度，有些马对骑手的任何限制都很敏感，特别是通过缰绳联系控制马时，所以你要时刻抓紧马鬃毛，而不是在有必要的情况下才抓紧马鬃毛。

问题	可能的原因	解决方法
讨厌双重障碍和混合障碍	● 跳越障碍时跑步步幅不标准	● 在准备良好的情况下，马对跳越双重障碍和混合障碍会很有信心。准备工作的关键环节是跑步步幅要达到3.7米，因为所有的初级比赛的距离都建立在这个基础上。如果马以跑步的方式准确到达双重障碍或混合障碍前，并成功越过第一道障碍，那么马就会觉得剩下的障碍比单道障碍更加简单。
	● 复合障碍对马来说难以跳过	● 一些马在训练中会被吓到，因为基础训练还没有做好，骑手就直接训练马跳越较高级别的复合障碍。例如，不要让复合障碍的最后一道障碍变得越来越难，你需要小心翼翼地使用复合障碍。多听取教练的建议。
讨厌新的填充障和壕沟	● 不好的早期经历	● 如果在年轻马的早期训练中，引入了填充障和壕沟，它们就很少会出现问题。在马一开始跳越障碍时就引入这些障碍很重要。一旦马养成了坏习惯，你就需要花更多的时间和耐心让它适应填充障。逐渐建立马的信心，直到它接受这些填充障为止。
	● 缺少准备	● 许多马在接触新的填充障时表现会很差。比如说，如果给马引入了比之前更大的填充障，马的跳跃幅度就会更大。这时如果骑手没有做好准备，那么他就会扯到马嘴。接着，马就会将新的填充障和扯到嘴这两件事关联在一起。马必须在训练时准备好在比赛时可能碰到的问题。
拒跳某种障碍	● 身体过度伸展	● 每匹马跳跃的高度和宽度都有极限，在马因为缺少运动能力而竭尽全力时，你要及时意识到。经过良好的训练后，马仍能在小型的场地障碍赛中取得成功。
	● 疼痛	● 马会因为身体疼痛甚至会拒绝跳越小型障碍，大部分疼痛常见于前肢。前肢有问题的马在跳越障碍时会有压力，这意味着马会逐渐认为这个动作很困难。这时需要让兽医给马进行身体检查。
	● 骑手的限制	● 骑手的限制和缺乏自信是马拒绝骑手要求的常见原因。练习不需要缰绳联系的跳跃，并努力提高你的平衡感。

马的问题

问题	可能的原因	解决方法
障碍间距离太小	● 跑步步幅太大	● 有时障碍间的正常距离看起来有些短了，常见的原因是马跑得太快，跑步步幅就变大了。
	● 跳跃幅度过大	● 即使是正确的速度，有时你也会觉得障碍间的距离很短。这可能是因为马用力过猛，这意味着它会在离障碍很远的地方落地，因此到下一道障碍的距离就变短了。在三项赛中有天赋的马也常常会遇到距离过短的问题。
	● 缺乏练习	● 确保马在比赛前几天训练充分，并在进入场地前进行了足够的跳越障碍练习。这样在比赛中它就可以保持冷静，并连贯、高效地跳越障碍。
障碍间距离太大	● 跑步步幅太小	● 在形成正确的跑步步幅之前，马会发生这种情况。如果马的身体足够柔软，即使是小马也可以加大步幅，尽管它们必须用自然的大步幅才能比大马跑得快。跑得快或许会稍微限制马起跳时的垂直力量以及跳到最高高度的能力。但是，在场地障碍赛的普通环节，合适的步幅更加重要。
	● 过度小心	● 如果练习稍微有点儿难度，马就会更小心。除非它表现得更积极，且练习的强度降低，不然就会导致恶性循环。
	● 疼痛	● 需要兽医来检查。

问题	可能的原因	解决方法
跳越障碍时身体歪斜	● 平地训练不平衡	● 如果马的动作或力量在两个方向上不一致，那么你就需要通过平地训练来改善马身体较为僵硬的一侧，这样它两侧的力量就会对称。如果马在训练早期就跳越大型障碍，那么它很容易养成弓背跳越障碍的习惯，这会迫使它依赖自己身体强壮的一侧和后肢。
	● 骑手没有平衡感	● 我们都倾向于把更多的重量放在一条腿上，这样另一条腿就会更有力。在马下做一些练习来改善你的平衡。
	● 视野受限	● 不要限制马的头部和颈部的运动幅度，这样它就不必为了看清路线而抬起头部或弯曲颈部了。
没有尝试干净利落地跳过障碍	● 骑手过度骑乘	● 过度骑乘会让马把注意力放在骑手身上而不是障碍上。一匹马必须看到它正在跳越什么障碍，骑手要鼓励它为自己所做的决定负责。
	● 缺少第五条腿训练	● 马可以在缩小或加大步幅方面变得很熟练，这样骑手不用做任何事情，马就可以起跳良好。如果它们遵守跳越障碍的规则，它们就会更加小心。花点儿时间做第五条腿训练。
	● 疼痛	● 身体疼痛的马往往试图尽快跳过障碍，而不是跳得更高更宽。你需要时不时地检查马的健康状况。
前肢踢到障碍	● 起跳失衡	● 如果马的后肢在起跳时没有并紧，或者是因为僵硬不能使后肢足够向前，为跳跃提供足够的动力，那么马跳跃时的最高点可能离障碍后部太近。马需要更多的平地训练以及循序渐进地使用复合障碍。
	● 起跳点过近	● 起跳时，马可能离障碍过近，你需要培养对马的步幅的感觉，并使用垂直障碍搭配地面起跳线，以达到更好的起跳效果。当开始跳越障碍时，马头和颈部必须向前伸。这使得它可以充分利用自己的肩部和肘部，并使膝盖远离障碍。此外，使用三重障碍是改善马对肩膀、肘部和膝盖使用方式的有效方法。

马的问题

问题	可能的原因	解决方法
后肢踢到障碍	● 后肢的关节没有打开	● 如果在后半部分的障碍处，马能够很好地使用头部和肩膀使身体向前或向下伸展，它就有机会在跳跃到最高点时，打开并释放前肢。你也可以在复合障碍练习中通过使用双横木障碍鼓励马在跳越障碍时打开后肢，而不是使用垂直障碍。
	● 骑手的限制	● 使用缰绳联系帮助马，但不要限制它的头部和颈部的运动。
	● 空中转向	● 在争时赛中，当马跳越障碍时，你会很想尝试改变方向。但应该避免让年轻马这么做，因为这往往会导致它们后背僵硬，很难完成一次正确的跳跃。
比赛快结束时粗心大意	● 跑步缺少连贯性	● 随着比赛的进行，许多马越跑越快，且步伐变得不那么稳定，这不但影响了它们跑步时的步幅，还影响了它们的平衡。在训练中重要的是，你需要渐渐地将障碍连接在一起。一开始马可以连续跳过两道或三道障碍，然后渐渐地扩大到整条比赛路线。让保持连贯一致的步幅成为马的一种习惯。为了帮助它养成这个习惯，在地面上使用木板来代替障碍很有用。
	● 疲劳	● 对于长的路线或者泥泞的环境，粗心大意可能是由于马疲劳引起的。马的体能必须和你对它的要求一致；如果在三天的比赛中，马要参加两项比赛，那么它的身体需要非常健康。通常为了确保高质量的比赛，马参加少一点儿的比赛项目会比较好。
	● 缺少第五条腿训练	● 良好的训练会鼓励马对它自己和骑手负责。第五条腿训练尤其重要。许多争时赛都是在有垂直障碍和相关距离的基础上进行的，而且如果你想获胜，那么你需要让马一直为比赛而努力，这很重要。不仅如此，当你在加速时，马也需要保持良好的平衡，并领会到你想要让它完成一个干净利落的跳跃动作。如果在训练初期，马能够遵守规则并干净利落地跳过障碍，你奖励了它，那么马的平衡能力和理解力就会提升。

问题	可能的原因	解决方法
附加赛中偏离路线	● 缺乏控制	● 如果骑手在附加赛时过于兴奋，他就无法控制马的跑步步伐，那么马就很难沿正确的路线行进。在准备过程中，练习不同的附加赛路线，在几个常量都满足的情况下再加速。
	● 失去缰绳联系	● 跳越障碍时失去缰绳联系也是马偏离路线的原因，因为在落地时你与马会失去缰绳联系，并需要一两步回到原来的状态。这就会浪费宝贵的附加赛时间，因为落地时马很难保持一个受控制的状态。你的目的应该是一直保持缰绳联系，这样在任何时候马都可以得到扶助。
	● 没有提前考虑	● 成功的骑手必须将注意力集中在想去的地方，必须一直想着前进的方向。
赛季快结束时表现变差	● 不适和疲劳	● 如果马的表现开始变差，那么你要检查一下它的健康状况，确定它没有伤病。一些比较硬的地面会使许多马产生轻微的疼痛感，这会影响它们的表现。同样，马可能因为到处比赛而身心疲惫。
	● 马的心理不成熟	● 当马出现一些小问题时，敏感的骑手会注意到，并立即采取行动，而不是等待着问题变得越来越糟，影响未来的工作。做好改变赛程安排的准备并要有一段额外的休整期。
	● 骑手的技术不完备	● 确保你和教练保持定期的联系，这样你就可以解决任何骑乘技术上的问题。
颈部过度弯曲	● 过度使用内方缰	● 如果在转弯时马对轻微的缰绳扶助和微弱的力量变化没有反应，那么你要尽量避免拉扯内方缰。这样做会使马颈部过度弯曲，向外方倾斜。如果转弯很难，那么你可以将两侧缰绳同时向内拉（见第11页），避免向后拉扯。
	● 没有重点	● 只要你多注意关键的首要工作——保持常量（见第184~185页），你在训练中就不会有大问题。如果马从一开始就接受了你，表现冷静，有前进意愿并且身体正直，那你就能利用大部分的时间取得进步而不是查漏补缺。

第七章

越野训练和比赛

在所有的马术运动中，越野赛需要骑手和马之间是完全信任的伙伴关系，因为这个项目不仅需要勇气，还需要技巧。

在本章中，你将了解到这个项目所需的装备、训练设备、应采取的安全防范措施，以及提高训练状态和效率的方法。你将学习如何制订训练方案和如何跨越不同类型的障碍——从简单障碍到充满水的壕沟。本章中的练习可以用来树立马和骑手的信心，培养马独立判断的能力。本章最后的问题部分可以帮助你解决可能遇到的问题。

激动人心的三项赛

　　在难度依次增加的三项赛中，越野赛是最基础的比赛项目，盛装舞步赛、场地障碍赛和越野赛结合在一起组成完整的三项赛。比赛总分由每个单项比赛分数相加所得。在盛装舞步赛中，马和骑手需要高水平的发挥才能胜出；在越野赛中，他们必须无所畏惧，准备充分，才能从容迎接各种各样的挑战；在场地障碍赛中，他们需要步幅精准和遵守规则。

完整的训练测验

　　威廉·缪斯勒在他的经典骑术书——《骑乘逻辑》一书中写道："越野赛不仅仅是一项比赛，它是所有训练的终极目标，包括盛装舞步。"这个观点总结了许多盛装舞步赛和障碍赛培训者的看法，他们十分尊重那些能够轻松驾驭三大骑乘项目的骑手。

　　三项赛要求过硬的身体素质和高效的训练，这两个要求使这项运动大大提高了全球范围内的训练标准和马房管理水平。参赛马必须像运动员那样进行准备：喂养方法和身体条件都发挥着不可或缺的作用。在训练中，每一部分的训练都要考虑其他两个单项比赛，从而使最终的训练结果得以为所有的骑手提供最好的框架。

　　女性的高获胜率是由于三项赛是基于效率和专业度，而不是靠力量比拼的。目前的英国女性明星选手罗斯·坎特、佩琦·玛奇、皮帕·芬内尔和劳拉·柯莱特，以及来自新西兰的琼内尔·普莱斯和德国的茱莉娅·克拉耶夫斯基都曾在最高级别的比赛中获胜，而且她们每人都骑乘几匹不同的马获得杰出的成绩。

超级巨星　尽管身高只有1.5米（5英尺2英寸），罗斯·坎特仍是欧洲和世界杯金牌得主。她可以骑最大或最小的马，在所有级别的比赛中都有惊人的记录

世界级的　帕德雷格·麦卡锡骑乘"大块头先生"，获得世界马术大会的个人银牌并在三项赛中的三个内容都表现优异。大块头先生是70%的纯血马

顶尖高手

　　顶级马的成就，如La Biosthetique-Sam（迈克尔·荣格，德国），Biko（克伦·奥康纳，美国），Toledo de Kerser（汤姆·麦克尤恩，英国），Amande de B'Neville（茱莉娅·克拉耶夫斯基，德国），和Custom Made（大卫·奥康纳，美国），与其他任何运动中的最佳马一样优秀。它们需要勇气和积极的态度。传统上，世界顶级赛马来自爱尔兰，大多数是四分之三纯血马和四分之一的爱尔兰挽马。如今，许多顶级马匹通常更像马术障碍赛选手，但有足够的质量和速度在三项赛中脱颖而出。

　　随着这项运动的发展，马术运动更多地强调技术而非耐力。以往绝对的勇气和力量被列为重中之重的情况已不复存在。而对那些想要成为优秀骑手的人来说，骑手与马的伙伴关系才是至关重要的。

终极的伙伴关系　德国迈克尔·荣格（与拉比奥斯特蒂克-山姆。两届奥运会个军，世界和欧洲冠军，也是伯明顿和伯军。山姆是76%的纯血马

越野装备

　　对骑手和马来说，安全性和舒适性是需要首先考虑的。当然，所有的衣服和装备必须具备一定的功能性，即使是在潮湿和泥泞的环境中。骑手要像比赛时那样使用头盔和防护衣，并依靠马鞍来为腿提供安全保障。马需要使用保护四只马蹄的装备，马具要柔软且正确地安装，以防在马出汗的情况下出现摩擦或滑动。

骑手

　　与骑手的正常穿着相比，越野赛骑手的穿着最明显的是增加了防护衣，这是比赛强制要求的，它必须是符合标准的舒适型装备，且不会限制骑手的动作。此外，在任何条件下都强制要求使用带有系带的无檐头盔。虽然无檐头盔和防护衣不能完全替代良好的准备和预防事故，但毫无疑问它们有助于减少伤害。你需要在上臂佩戴一个专用的卡袋并且放入记录有你的医疗信息的卡片。在发生事故时，这将有助于医护人员对你进行适当的救治。在更高水平的比赛和平时的速度训练中，你需要一个秒表。它具备隐蔽式的控制功能，以免你不小心打开或关闭它。

　　你需要穿有袖的上衣，以免你在坠马时擦伤手臂。建议你戴上手套，这将让你在越过洼地障碍，以及在下雨天或出汗时更方便地抓握缰绳。选择一条紧而合身的马裤，在下雨时它会保护你的安全。靴子应是舒适的，保证脚踝能有最大限度的灵活性，这将帮助你更好地放下脚跟以及小腿贴紧马。马镫应具有防滑功能，这样当你踏上马镫时，你的鞋底才不会打滑。

马

　　图中所示的是小衔铁，有些马可能需要更强有力的装备，比如佩勒姆衔铁——它的原理是在马下颏周围拴上一条大勒链，大勒链会对舌头和下颌施加压力。习惯抬起舌头或不习惯上述衔铁的马则更适于用盖革衔铁。盖革衔铁会增加马嘴里的压力，并且会在马的嘴角和项部施加压力。

　　这里用的鼻羁是墨西哥式交叉鼻羁，它是一种理想的鼻羁，因为它对马来说很舒适且不会影响衔铁发挥作用。应当

带有系带的
无檐头盔

马丁革

胸带

墨西哥
式交叉
鼻羁

小衔铁

防护衣

皮挡圈

越野手套

秒表

某些比赛会强制要求将记录有个人医疗信息的卡片放置在专用卡袋中

越野绷带

马鞭

圆头马刺

蹄碗

越野用绷带

剪下轻质的、塑料防水套套在马的胫骨上，让它的膝盖弯曲（图1、图2）。防水套粗细应始终一致，从而不会产生压力点（图3）。使用带弹力的黏性绷带，沿马腿从上往下开始均匀缠绕，然后从下往上往复缠绕（图4、图5、图6）。出于安全考虑，绑紧绷带（图7、图8）。

使用环形马丁革或爱尔兰马丁革，这样如果缰绳不小心掉落的话不会越过马的头部。

马鞍应很平坦以便骑手能够自由活动，它不应是光滑坚硬的。骑手在马鞍上应该感觉到腿很舒服，这可能需要使用加厚的汗垫或凸起的膝盖块——这个高于大腿的地方给骑手带来更大的安全感。用粗毡鞍垫可以防止产生摩擦。马鞍应由肚带和安全肚带保护。这些肚带应有松紧的衬垫，以便让马感到更加的舒适。胸带可以防止马鞍向后滑动。

常见的腿部护具是皮质护腿或松紧的黏性绷带——绷带要裹在轻质防水套的外面。包裹马的四肢应由有经验的骑手来完成。将油脂涂抹在马的四肢的正前方，这有助于防止伤口扩裂。蹄碗可以保护马的蹄跟，但一定不能松动，否则会导致马被绊倒。在场地障碍赛中，防滑钉要视情况使用（见第175页）。后蹄碗经常和较大的防滑钉一起使用。用的防滑钉越多，马蹄铁脱落的风险就越大，因此要最小限度的使用防滑钉。同时，要避免只在一只马蹄上使用防滑钉，因为这会产生一股扭曲力而让马蹄铁脱落。

越野鞍

粗毡鞍垫

防滑马镫

安全肚带

防磨护腿

骑手和马为越野赛做好准备　每件衣服和装备都有其存在的意义，它们都是必不可少的。衬衫和头盔上的包布以及绷带的相统一的颜色，会使马和骑手看起来更华丽。所有用品都应在比赛结束后和下一场比赛开始前进行清理和检查。皮革对骑乘来说是一种安全舒适的材质，但如果皮制马具不上油且放置于温暖的马具房，它会受到磨损或失去应有的强度

越野训练设施

越野训练路线十分有用，因为骑手和马可以遇到不同类型的障碍，包括土堤、壕沟、洼地或水障等。这仍然需要有丰富经验的骑手运用自身技能，带领马去迎接挑战。正确的障碍设置次序是由低级到高级，所有的障碍都设置在相对小的区域内，使其成为一块安全有效的训练场地。

理想的训练设施

越野训练很容易被忽视的根本原因是缺乏合适的训练场地，结果就是很多骑手以比赛为契机来训练马，这会增加受伤风险。那些拥有、租用或借用训练场地的骑手知道越野训练对所有的马和骑手有着怎样的价值，包括那些希望专注于场地障碍赛和盛装舞步赛的骑手。

渐进地设置障碍是至关重要的。训练设施应包括各种类型的越野障碍，还要有两到三道看起来较大的障碍。训练的目的是取得成功，而不是通过障碍吓到骑手或马。

除了场地障碍赛中标准的垂直障碍、双横木障碍和三重障碍以外（见第176~177页），越野赛还有五种主要类型的障碍：土堤、壕沟、洼地、水障和树篱障碍（直立刷式障碍）。所有的这些障碍可以按不同的距离和角度设置以产生不同的组合。在距离上应该有所选择，以适应所有类型的马以不同的速度前进。

循序渐进地训练

对初级马和骑手来说，需要在跳越障碍前抽出时间来放松和适应场地，这是非常重要的。在平地上做好准备并进行充分的训练也很有必要。训练从快步越过小土堤或一些小的木块开始，接着是在水中行走或跳越小壕沟。当你和马能跑步跳越小型障碍时，你和马会更自信，速度会更快，但是只有马保持着受控制和稳定的状态时才可以。记住跳越越野障碍对速度没有要求。

越野场地   除了种类繁多的障碍，越野场地的舒适度也很重要，地面必须确保马起跳和落地时的安全，这样马才不会滑倒或失去信心。如果你是在松软的场地上比赛，让马适应泥泞的环境也是非常重要的；通过在树林或类似区域骑乘以便让马适应松软地面的情况

转圈式的路线由七道小型障碍组成，障碍之间分别是3小步，正常的3步或3大步的距离。在马跑得更快之前或之后，这种练习对加强马的控制非常有效

跟随成熟马   如果有条件，可以让你的马与成熟马一起训练。这会给你和马增添更多的信心。同时，这也满足了马的群居天性

让初级马习惯水　跳入水中时，初级马应和成熟马走在一起。这样多做几次，让它相信水和水面下都是安全的

引入壕沟　壕沟对马来说是可怕的，因为它们很难看清楚。开始时快步通过旁边有翼板的小壕沟，并且跟随一匹领头的马。抓紧马鬃毛，以防马跳的幅度过大

这种复杂的水障提供了30多种的路线和方法练习，其中包括屋顶下面的水中障碍

从50厘米宽的壕沟开始，这样马和骑手会逐渐建立自信。较大的壕沟上面都有横杆

土堤介绍　小型土堤是你开始进行越野训练时最好的障碍类型。让马从一侧爬上土堤，从另外一侧下来。重复这个过程，并用快步到达更大的土堤。在跳上的过程中，为了保持平衡，你要抓紧马鬃毛；在跳下的过程中，你可以放松缰绳

像这样的土堤可以让初级马和骑手练习慢步或快步，或者更高级的马练习袭步。土堤的边缘有着不同高度的围栏

采取安全防护措施

越野骑乘相比登山或者摩托车比赛来说并不是一项高风险的运动。据统计，它甚至比游泳和帆船运动还安全。在比赛中，有规则和条例来保护骑手。但是在训练期间，你仍然需要保持警惕，遵守安全规定。对一个骑手来说，确保练习安全和尽量在安全的情况下有条不紊的训练是很重要的。

一项安全的运动

在教练的指导下，如果马在它能承受的范围内状态良好，并且它和骑手循序渐进地进行训练，那么越野骑乘就是安全的。

三项赛与障碍赛马有很深的渊源，后者要求马快速越过障碍，但二者也有些本质上的不同。首先，在三项赛中你是自己参加比赛而没有其他马陪同，这也需要你有更加冷静的头脑。其次，三项赛不让马以最快速度进行比赛。按照国际水平，障碍赛马时马的最快速度约为1000米/分，越野赛中约为800米/分。然而，在三项赛障碍追逐赛段中，你却很少以600米/分或650米/分的速度骑乘。这意味着马会在它的能力范围内做到最好，这是一个大大降低风险的因素。

当马跑得快时，提高速度与所需的能量具有指数关系。因此，相比在能力范围内奔跑时，马在接近其所能承受的最快速度的极限时，会更快感到疲惫。马总是在比赛结束后感到筋疲力尽。但是，如果用正确的方法准备，那么马不会在越野赛结束时就感到筋疲力尽。如果马很疲惫，那么你应放慢速度，因为疲倦的马对你和马自身来说都很危险。马应该随时处在准备就绪的状态，并且还能比你预想的多做一点儿。

训练保障

当参加比赛时，安全规程是按比赛规则制定并强制执行的。规则也在不断演变，由官方的研究结果提供支持。裁判、赛事监管者以及其他权力机构会将这些规则付诸实施，以确保你以一种可接受的方式在适当的级别和合适的马上骑乘。然而，训练中经常会发生事故，相同的规则和监督方法并不一定适用。这意味着你必须采取更加积极主动的措施来确保自己的安全。一直保持检查各种风险因素的习惯，是进行安全训练的第一步。如果你保持警惕和理智，就可以降低风险，同时还可以更加自由地享受训练（见下框）。当你开始训练时，你或者你的教练应该检查正常的安全措施是否到位，风险评估的工作是否已经完成（见右页下框）。

事故预防

经验丰富的教练、安全设施以及你和你的马在正确的阶段渐进式的训练，可以把事故的可能性降到最低。日常的健身和肌张力训练也会有所帮助。如果你足够强壮可以直接跳上马背，那么骑乘将是一种更加安全的活动。标准化的安全装备将降低你受伤的风险（见第244~245页）。无檐头盔和赛马骑师戴的是一样的，但比赛标准不太一样，你需要检查一下你戴的是否符合参赛要求。狩猎领巾或胸甲要固定好（不要用领带针固定），这些都是用来保护颈部的。应穿戴配有垫肩的防护衣，这能够有效减少伤害。确保它是合适的，不会使你的行动受到限制。当骑手摔倒时，充气背心可以提供额外的保护，可能是强制性的。

防护衣必须合身，不能使你的行动受限

充气背心可以与马鞍相连，当你从马背跌落时，它会迅速充气

防护衣

马的安全

越野训练的理念就是让马学会对自己和骑手负责，这是保证安全的一个很重要的因素。有经验的马会比你更熟悉情况。你必须信任马替你做的决定。了解何时不干涉马很重要，因为一旦马被骑手分散了注意力或者骑手以一种机械的方式骑乘，马的跳跃就不太安全。一匹看起来很小心的马，会根据情况自己灵活地进行改变。据说马有第五条腿，形成这第五条腿应该是你训练计划的一个组成部分（见第256~257页）。

熟悉比赛路线

一名骑手想要确保安全的最好做法就是事先和经验丰富的教练或骑手走一遍比赛路线。让你的教练观看你的骑乘非常重要，好让他知道你和马的优劣势。这也使他能够给你既明智又实用的建议。

由于涉及各种因素，越野赛骑手比场地障碍赛骑手更难评估距离。这是一个需要征求意见的重要问题。面对不同类型的障碍和不同情况下的起跳点和落地点，把控步幅方面的经验是没有什么可以取代的。你要意识到骑乘距离的长短是可以决定你是要安全骑乘还是要承担一定的风险。你的越野骑乘理念应该是有一定的容错性，等有小的误差出现时，不会让你处于危险的境地。

驯马师给予的安全建议　即使是顶尖骑手也会事先和教练以及其他骑手一起步测复杂路线。初级骑手在开始步测越野赛路线前，一定要听取选取路线和需要注意的陷阱方面的建议

有经验的教练会提供积极的建议，比如让你有适应训练场地的习惯。他会专注于你应该做的事，而不是你不应该做的事，并且只会要求你去尝试你能做的事情。集中训练你应做的，而不是你不应做的。他将帮助你理解为什么某些路线和障碍在以特定的方式骑乘时会变得很容易。怀疑和缺乏自信将降低你做出反应的能力，从而导致不安全的骑乘。当你减少了怀疑，增强了跳越障碍时的信心，你就更有可能实现理想的目标并安全骑乘。

风险评估

在你开始越野训练之前一定要为自己安排适当的保险措施。你应持有记录你详细医疗信息的卡片（见第244页），比如血型、过敏只和病史。检查设施的安全情况。如果你是和教练一起的，你们应评估设施并看设施是否适合你和马。然而，你应养成自己检查这些设施的习惯。

请注意以下几点。

• 障碍是否与你们的能力相符合——它们是否超出你或者马的能力范围？

• 关于热身障碍的准备——在跳越组合障碍之前，必须选择一些小型障碍来增强信心和适应性。

• 障碍的难度增加——是否符合逻辑？

• 场地条件——坚硬的地面会导致马的肌腱拉伤，特别是坑洼洼的地面或者较深的沼泽。检查起跳和落地的准备情况。

• 障碍结构——马是否会在某处被困住？是否有钉子或其被锯掉的末端从木头中伸出来？水有多深？水面以下是什么样子的？

• 训练场地的安全——举个例子，如果马脱缰了，它是否会跨出比赛路线、越过拦畜沟栅或者被铁丝网缠住？杜绝任何造成地面湿滑的可能性。

• 训练区方便进入吗——是安全的吗？

• 有骑手急救箱。

• 有马急救箱。

• 有兽医的联系方式。

• 遇到紧急情况时可以拨打的电话。

骑手的骑姿

　　进行越野训练时，骑手的骑姿务必是正确的。这要通过骑手强壮稳定的小腿、将重量移到脚跟以及控制缰绳的能力来实现。当发生问题时，这一切将降低骑手处在运动的马前的风险。你必须使用镫带稍短一点儿的马镫骑乘，而不是场地障碍赛用马镫——在跳越障碍和马的身体下降时以使你保持一个更稳定的平衡状态。

缩短镫带

　　就像在场地障碍赛中那样，越野赛中骑手确保骑姿正确是非常重要的。骑手的重心也是在相同的地方，臀部离开或稍稍接触马鞍，这样马会感到骑手的平衡和场地障碍赛的是相同的。

　　对越野赛而言，马镫的镫带应比场地障碍赛稍短2.5厘米左右（约2个孔位）。这将使骑手的膝盖稍微高一些，脚跟稍微低一些。这种姿势会给骑手一种更安全的感觉，骑手可以通过把重量放在脚跟而不是脚掌上从而进一步强化这种感觉。

　　缩短镫带有两个主要原因。首先，随着膝盖和髋关节闭合的角度更小，这会使骑手重心变得更低，在越过障碍顶部时有一个更稳定的平衡。万一马撞到障碍上，这会使骑手更安全（赛马骑师会使用镫带更短的马镫，这使得他们的臀部

良好的越野骑姿　保持一致的平衡骑姿很重要，这样马才会觉得你的重心是没有变化的。当它翻越山丘、跳越障碍时，骑手的身体是柔软灵活的，和马的运动步调一致

在马跳跃时骑手闭合膝关节和髋关节

在马的身体上升时，骑手保持上半身贴近马的颈部

与膝盖可以保持在同一水平线上）。

其次，它可以在马跳过落差较大的障碍时使你保持稳定。为了确保重量放在你的腿上，避免臀部被马鞍的后部向前推，你必须打开膝关节和髋关节。通过使用较短的马镫，臀部离鞍座稍微远一点儿，这样在马身体落下时，骑手从肩部到臀部以及脚跟能保持在同一条直线上（见右图）。

给缰

在安全情况下，你的手应远离马嘴。因此，通过手指来给缰是很有必要的，这可以避免你被马拉向前，也能保护马的头部和颈部。然后，在下马时，一只手保持缰绳联系，另一只手要将缰绳滑至正常的长度。在马经过大洼地或在下坡跳越障碍时，你可以将脚跟向前移5~10厘米以提供额外的支持。这使得小腿更加牢固和安全，但更重要的是其余部位要保持放松来帮助你跟上马的运动。

安全骑姿

在马越过任何越野障碍，特别是洼地时，骑手在马身体下降过程中打开膝关节和髋关节很重要。这样一来，骑手的重心会和马的重心保持一致，骑手的小腿也会给予其身体更多的支撑。这就是所谓的安全骑姿。

保持缰绳的灵活性和允许的接触

把身体重量压到脚跟上

为控制方向提供明确的扶助

保持效率

与场地障碍赛和盛装舞步赛一样，高效的越野赛骑手也需要具备如下素质：良好的训练知识、与马产生共情、能用明确的语言控制马并与它交流。但是，最关键的是骑手要有良好的感觉：能够感觉自己是否需要增加或减少马的动力、马是否疲惫或者是越过不同的障碍时是否有相应正确的速度。

跟随马的步幅

在越野赛中遇到的各种不同的大型障碍意味着骑手必须能处理不同的步幅。这是场地障碍赛和越野赛的显著不同，也是为什么越野马需要学会独立思考，这样它才能安全地越过障碍，即使在起跳前骑手感受不到步幅的变化。

然而，骑手不是把问题全部留给马，而是在不打扰马的注意力或限制马的自由的情况下学会如何巧妙调整马的步幅。注意马的步幅，你应跟随它的节奏，而不是扰乱它。这样当马断定接近障碍时，它才会舒适地起跳，或者是根据需要，决定离障碍远一点儿或近一点儿起跳。没有掌握这项技能的骑手往往试图控制马走出的每一步。随后，当他们犯了错误时，他们会发现马仍然将注意力集中在骑手身上，而不是在障碍上：因为马不会为自己考虑，也不懂得如何去避免产生问题。如果马需要从更远的地方起跳，骑手必须允许马有足够的动力和发挥空间。如果马需要从更近的地方起跳，

骑手就必须坐着不动，并保持一致的速度。把这两项训练结合起来，你就有了使用任何步幅去跳越障碍的基础。随着时间的推移，骑手会更好地感觉步幅（见第182~183页）。通过做一些微小的改变使马更轻松地起跳就变得更有可能。

判断速度

从一开始你就需要培养一种对不同速度和步幅的精确感觉，甚至在比赛场地的范围内。你可以使用支架或每100米做个标记，戴着秒表，了解200米/分、300米/分和400米/分的速度是什么样的感觉。

然后，在更大的区域，用同样的办法感受500米/分的速度并练习调整速度。这个过程还有一个额外的好处，就是让你习惯在比赛中使用秒表。通过练习，你会发现你有可能开始感受到350米/分、450米/分和550米/分的速度的不同，你将能够在每个项目中或每道障碍前选择正确的速度，并在组合

使用秒表

在训练中使用秒表将教会你感觉具体速度。在低级别的比赛中禁止使用秒表。所以在三项赛中，你可以在不被围观者打扰或被要求骑得更快的情况下，测试一下你的感觉是否准确。

将训练以2~3分钟为一个时段进行划分，在特定的时间点查看手表并检查速度。考虑到你可能需要经过很长一段的距离才能到达障碍，以及你当天的训练表现，你可以将这个时间段灵活调整。千万不要在接近障碍时查看时间或强迫马做超出其能力范围的事情。

在为期三天的三项赛中，为了避免浪费精力或冒险跑得太快，秒表非常重要。将训练以分钟来划分节点，目标是在不超过规定时间5秒的时间内完成任务。超过1秒说明判断良好，但15秒可能导致马抽筋或者第二天的疲劳。

速度和步幅

　　不同的项目和障碍需要不同的速度。由于你无法在马背上看到速度表，因此感受不同的速度和步伐变化的能力就显得尤为重要。只要马保持冷静并且感觉舒适，你就可以通过短距离的计时来进行训练。速度会直接影响步幅，因此下面这张表格将帮助你在合适的距离内选择正确的步幅。

速度	步幅	项目或障碍类型
300米/分	3米	蹄槽式障碍或洼地
365米/分	3.7米	场地障碍赛
400米/分	4米	组合障碍；有难度的、单道障碍
450米/分	4.5米	用于调节和耐力训练的基础跑步
500米/分	5米	容易的、单道障碍；初级骑手练习的障碍之间
550米/分	5.5米	训练耐力和速度的中心
600米/分	6米	障碍之间；斜桦树障碍
650米/分	6.5米	初级三项赛的障碍追逐赛速度
700米/分	6.5米(频率增加)	训练中的最大速度

障碍中选择正确的步幅。请记住，一匹灵活的马的步幅会随着它的速度的变化而变化（见上表）。马跑得越慢，它的步幅就越小；相反，马跑得越快，步幅就越大。当马接近它的速度的极限时，它的步子会加快，而不是步幅增大。每匹马都会有些许的不同，但上面的表格是一个很好的参照。

出色的表现　马应该随时做好准备，并比你要求的做得更好。如果你已经准备好了，它会觉得过程很愉快，你也会很开心

疲惫的马

　　如果你开始感觉马反应有点儿迟钝，那就让它在障碍之间慢下来，让它在准备跳越障碍之前恢复过来；如果你感觉马很累，那么你今天就应休息，然后选择其他日子训练。

　　不管出现了什么样的情况，你必须分析发生了什么。了解马生病的原因，是由于速度太快还是由于不适当的训练计划导致的。分析可以让消极转变为积极，你也将从中得到经验。这种情况下的检查也会大大降低问题加重的风险，也会让马越来越出色。

驱使马

如果你和马在精神上和身体上都处于准备就绪的状态，那么就可以更容易、更安全地开始越野比赛路线练习。准备就绪并不意味着马要前冲，这很危险；准备就绪是指进行了适当的热身训练，骑手一心向前，马会迅速做出反应——不管是要求它向前的腿扶助还是要求它停止的缰绳联系。因此，热身的时候，加大或缩小跑步步幅能提高马对扶助的反应速度。

当马偏离路线时，你必须时刻准备着驱使马，如果有必要的话，用腿部辅助并辅以马刺或马鞭来使马保持向前跑的姿态。使用马鞭或马刺不能替代充分的准备，但若是因为任务很艰巨，马忘记了充分准备的紧迫性和形势需要时，就需要用到它们了。马在跳越障碍时漫不经心或技术不够时，使用马鞭或马刺就更可取了，这可能吓到马，也可能让马脱离骑手的控制。总之，在越野赛中处于准备就绪的状态一直都是安全的。

不能在生气时使用马鞭；你可以在马脖子或肩下用短鞭来帮助前进和转向，但重复或大量使用鞭子是不可接受的，你会收到裁判的惩罚。对马做得好的地方会进行奖励。

除非马腿部很敏感，如果有需要的话，应该使用大的、圆的、末端柔软的马刺。如果你必须连续不断地使用马刺，那就意味着你的准备多少有点儿问题。在这种情况下，你应审时度势，决定马是否需要更多的基础训练或是通过跳越小型障碍来增强自信心，或是检查马有哪些疼痛和不适的地方（许多马在越野训练时会变得不情愿是因为马蹄不舒服或

准备就绪   你可以让马向前，并坐在马鞍上通过脚跟靠近肚带来让你的腿部更有效率。当马回应时给予马奖励

是马鞍过紧）。

稳定地坐在马上

越野骑乘时帮助你保持骑姿的两个主要因素：一是稳定的小腿，使重心下降到脚跟上；二是脚跟低于脚趾，从而产生放松和谐的骑姿。如果骑手的骑姿能够保持灵活柔软的状态，骑手就更安全，也容易稳定地坐在马上。骑手死板的状态会像网球拍那样反弹。精神紧张和消极的态度是身体僵硬

社会许可

大多数在野外骑乘的马都喂得很好，骑得很好，通常对它们的工作也表现得很轻松自在。FEI的目标是让运动员快乐，马术运动中的每个人都有责任确保马匹表现出自愿，没有暴力，并得到人道的对待（这尤其适用于高速跳过障碍的越野比赛）。如果想让普通大众支持马术运动并给予其社会认可，体贴地对待马匹是至关重要的。骑手对他们的马要求过高，无论是出于无知还是为了获胜，都必须加以防止。当一匹马表现低于平日的标准，最好就此退休不要再强为了。

的主要原因，因此慢慢进步、逐步增强信心和控制力是很有必要的。骑手会经常因为害怕而失去灵活的动作。这种情况下，唯一的补救办法就是在训练中加入一些简单的练习，直到你重拾信心。

许多人认为肾上腺素升高时他们骑得最好，但是区分动机和恐惧是很重要的。如果你动力十足，你会非常专注且反应快速；但如果你比较害怕，你可能变得紧张，失去动作灵活性，反应也会变得更慢。

问题也会发生在越过洼地障碍时，因为骑手本能地觉得自己应该后仰。结果是，他们坐在马鞍上，以收缩小腿来达到平衡。疲软的小腿和骑手在马鞍上的直接反应结合在一起导致了他们从马鞍的后方被甩出去。在落地时，他们要么紧紧地靠在马的颈部，要么直接掉下来。为了防止发生这种情况，你应考虑"往上"而不是"往后"。这种做法将使你打开膝关节和髋关节，直到你的骑姿和进行骑术训练时差不多，重量落在腿部，肩部到臀部再至脚跟成一条直线（见第251页）。当你做这些动作的时候，松开缰绳，保持头部向前，不要低头。同样重要的是，膝盖中间到脚掌要成一条直线，如果你感觉有困难，再把脚跟稍稍向前移。

为第二天做好准备

如果马准备好了，并且在完成一天的越野训练后仍然愿意训练，那么你将在比赛中取得更好的成绩。正确的训练准备将使你第二天的骑乘更加顺利，否则你会将不顺归咎于你和马身体僵硬、伤口或是缺失信心。马不是机器，因此确保它在训练中有所进步并乐在其中。精心安排的训练是你整体计划的重要组成部分。任何其他的方法都是不人道的。为了避免疲劳和损伤，马不应是尽力完成任务，而是完成任务后精力还绰

绰有余。除此之外，作为骑手，在你完成5分钟的越野训练之前，你必须用15分钟的时间来看看你马鞍上的鞍座是不是偏了。

有效的训练计划将保证马的职业生涯的长度。这意味着要始终减少马的能量的不必要消耗，避免马在越过一些障碍时拉伤，给马更小的压力。关键是要将骑术训练、跳越障碍训练和越野训练结合成一套综合的训练项目。这样一来，每个项目的训练可以同时帮助马在若干个方面都有进步。这就是为什么和一位了解整个比赛要求的教练一同训练是很重要的。

向前跑动的姿势 新西兰骑手安德鲁·尼科尔森展示了一种安全舒适的骑姿。尽管马的身体在空中晃动，但是骑手的小腿是稳定的。马和骑手都能保持积极的态度并向前看

常量和变量

　　像在场地障碍赛中一样，越野赛中的马需要不断表现出接受、冷静、积极向前、身体正直，以及良好的跳越障碍技巧。然而，越野训练的地形和障碍类型的不断变化意味着在方向、速度、动力和平衡等变量上有着更多的变化。常量是成功和安全的基础，但是当你在越野骑乘中遇到挑战时，保持正确的变量是至关重要的。

动力的重要性

　　接受、冷静、积极向前、身体正直和步伐规范一起产生了可控的动力（见第108~109页），这是确保马表现良好和安全最重要的要求。

　　如果缺少任何常量，马可控的动力将受到不利的影响。这可能导致不稳定和不安全的情况出现。一些骑手在越野骑乘时，马并不服从他们或表现得不够冷静，这使得他们无法顺利通过有精确要求的现代比赛路线。

　　马需要心甘情愿地向前走，才能保持正常状态。如果马均衡地使用身体两侧，它就能直线前进，并完成自然、纯粹的跳跃，有一个很好的表现。这对越野赛来说也是非常重要的，越野赛需要强大的体力支撑，适当地节省自身的体力。此外，积极向前的意愿使马很容易保持在一个平衡的状态。

保持灵活性

　　比赛级别越高，马与骑手的沟通、意识和反应速度方面的合作关系就越重要。如果碰到困难，你能使马保持正确的方向和速度，这将解决大部分问题，因为这些变量（见第114~115页）构成了有效骑乘的基础。当你的经验变得更丰富时，你会感觉到马产生的动力会有多大以及你是否需要更大或更小的动力。虽然在盛装舞步赛和场地障碍赛中，骑手寻求更多的动力，但越野赛中需要的动力常常会少一些，因此马节省了体力，它也有时间来观察障碍并做出决定。

　　不同的障碍需要不同的平衡，所以你必须随时准备去适应。举个例子，越过蹄槽式障碍（横杆—壕沟—横杆的组合）或是洼地障碍时，需要马更多地把重量放在后肢上来实现平衡。对于斜桦树障碍，马需要更多的水平平衡。

　　对越野骑手来说，对步幅的感觉并不容易掌握，骑乘时需要用到许多不同的步幅，但是骑手对步幅的感觉是可以培养的。

了解第五条腿

　　在越野赛中能摆脱各种困境的马被称为有第五条腿。这是一种可以培养的特性，也是保障人马安全的一个重要因素，因为这意味着马能够调整自己的步幅并保护自己，即使它在跳越障碍时用了错误的步幅。

　　越野训练的根本目的应是培养马照顾自己的能力——使用它的大脑，调动它的精神和身体跳越障碍。以这种方式训练，让马自己考虑，给它犯错的空间，一直鼓励它去找到第五条腿。

　　有人说当你袭步到障碍前时，马是不可能找到第五条腿的。但是，赛马骑师提供了最佳例子来展示他是如何做的。如果你观察优秀的骑师，你会看到他在接近障碍时不会对马的步幅做过多的改变，结果是马变得更聪明并独立地调整自己的步幅。

第五条腿训练的技巧

　　这有一些方法可以训练马独立思考。

- 允许马保持自我，不要试图通过缰绳联系来给它支撑，因为这只会限制马使用头部和颈部。当马想要依赖缰绳联系时，鼓励它将更多的重量向前移。缰绳必须始终是一个沟通点，而不是支撑点。无论在平地训练还是跳越障碍训练时，重点是要逐渐地让马将它的重心放在后躯，以提高其平衡能力、自信，使马前躯更轻盈。

- 尽可能让马在不同地形的山坡和田野训练，这样它就习惯了跑上跑下山坡。这点对年轻马来说尤为重要。观看马在起伏的田野上自由敏捷地奔跑，也会鼓励骑手相信马会照顾自己。

• 在野外骑乘时，让马要沿着土提和起伏的地面小心地慢步、快步和跑步。这么做对马有很大的好处，你可能不会住在乡村或可以野外骑乘的地方，但是你应该考虑定期把马带到野外，这样它就能变得更敏捷。

• 在教练的帮助下，练习放松控制，训练马（没有骑手的指挥）越过障碍。这将教会马在不依靠骑手指导的情况下，如何对障碍做出反应。

• 在跳越障碍训练时，确保尽可能少地干扰马的跳跃。当你骑乘时，你很难坐着不动或者只做最微小的改变，但是如果你能做到这一点，这将对马的第五条腿训练大有裨益。

• 将原木和枕木放在马房门前，并沿着骑乘的路线放置在田野中。以这样的方式，马将练习照顾自己并知道它该在何处落蹄。

• 偶尔尝试在不同的场地上进行骑术训练。如果你训练的区域有一个斜坡，你可以让马练习在上下斜坡时保持可控的动力，这种练习对第五条腿的训练有好处，也对马的身体发育有相当大的好处。

• 在跳越障碍训练期间，从标准步幅开始，随后稍微缩小或加大。跳越障碍的标准步幅为3.7米，但你可以逐渐训练马，直到它能够自己自如地迈出3米或4.2米的步幅。这个过程可能需要数月才能实现。

• 使所有50~60厘米大小的训练障碍尽可能坚固，这样马才会重视这些障碍。不要担心马会攻击障碍，因为这会帮助它掌握安全的跳跃技巧。为了安全起见和保护马的信心，不要自己练习跳越大型坚固的障碍。

跑步下坡　在训练中，跑步上坡将增强马的力量，同时减少对前肢的影响。但是在比赛中，你应避免上坡太快，因为这会很累。相反，你应在下坡阶段尽可能骑得快些。避免翻越山坡，使用马后躯的重量尽量让马保持身体正直。通过比马动作慢一点儿来达到这个目的

形成伙伴关系

安全的越野骑乘需要划分责任——马和骑手之间是一个真正的伙伴关系。骑手的训练目标是让马处在准备就绪的状态，为跳越每道障碍提供正确的方法，同时给马指出正确的速度和方向。马的训练目标就是积极响应骑手的控制去跳越障碍，它必须仔细地评估每道障碍的大小和类型，以此判断正确的起跳点。

马和骑手的伙伴关系

一开始，骑手就应该明确责任分工，以此作为他和马之间的一种联系。骑手必须明确，实际跳越障碍的责任由马承担。这看起来似乎是显而易见的，但是许多骑手错误地认为这是由他完全控制的，就好像地面上的四肢都是自己的，他们的马是不存在的。

相反，骑手必须鼓励和允许马自己来决定最合适的起跳点，以及跳越每一道障碍所需要的努力程度。如果你不让马承担这些责任，那么这将大大影响它充分发挥自身的潜力。如果马不能独立思考，那么骑乘就会存在很大的安全隐患，因为马没有摆脱困境的能力。

骑手的首要责任就是确保马处在准备就绪的状态，简明指示正确的方向和速度。再次强调，这听起来可能简单，但它很关键。

骑手的责任

让马保持准备就绪的状态和产生可控的动力是相同的——马保持应有的能量和平衡前行。为此，接受、冷静、积极向前、身体正直和步伐规范这五个常量必须要始终如一（见第256~257页）。正确的骑术训练会提升这些常量，它们也是越野训练的核心。方向和速度这两个变量在越野赛中与在盛装舞步赛和场地障碍赛中同样很重要。因此，在这三项赛事中你的训练应有一致的体系，这会让你的骑乘保持一致性。改变步幅的时机是越野骑手需要考虑的最后一个变量。帮助马找到一个好的起跳点是很重要的，但是你必须小心，不要在最后一刻有所改变，以免马在接近障碍时分心。

马被障碍所困时　马被困在障碍处时，骑手必须学会让马自己来评估自己的处境。马得到了这个机会，就会集中注意力来思考当下的处境

马的责任

在条件允许的情况下，一匹马能为你做多少事是非常值得关注的。但是，很多骑手发现让马自己找到平衡很难。你不能通过缰绳联系来让马保持平衡，拉紧缰绳只会演变成你和马之间的一场力量之战，相比之下马更强壮，所以马最后会赢。如果你想通过缰绳来控制马，并达到你的目的，你能做的就是让它抬起头，减少对障碍的关注，这样做才能实现目标。

相反，你可以通过坐着不动让它保持平衡，不要向后仰，保持稳定的缰绳联系。这种方式可能使马看起来更强大，思考的也会多一点儿。马必须学会镇定地看着它要跳越的障碍，并且尊重这些障碍。避免对步幅做任何的改变，除非它越走越快。

小型的、带有地面起跳线的坚固障碍会赋予障碍更加明确的形状，会让你和马更有信心去区分你们的责任。然而，如果马没有回应，那么你应回到最基本的场地障碍和复合障碍的练习中。留出一个月什么也不训练，只是跑步越过地面上的木板，快步越过小型障碍，跳过一些小型复合障碍。此外，检查马的身体，因为它缺乏合作的表现可能是对跳越障碍的痛苦经历的反应。

马和骑手的责任

骑手的责任包括：
- 确保马处在准备就绪的状态中；
- 把握正确的方向和速度；
- 坐着不动，保持一致的平衡；
- 配合马的步幅，而不是试图改变它；
- 和马动作一致，并与它和谐相处；
- 设定现实的目标，不要让自己或马过于劳累。

马的责任包括：
- 保持向前的姿势；
- 关注骑手对方向和速度的控制；
- 看着障碍，并判断它的大小和类型；
- 看着障碍和决定起跳点；
- 自然地跳越障碍；
- 于紧急情况之中使用第五条腿——利用它的本体感觉、协调性和自然本能。

马和骑手保持准备就绪的状态 安全地进行越野骑乘，无论是马和骑手都需要保持准备就绪的状态，这意味着他们需要自我控制、集中注意力和积极向前

训练计划

　　制订有效的训练计划的关键是确定中期目标和长期目标。随后，你可以制订每周计划，通过日常训练来实现这些目标。每匹马都与众不同，所以你不能对马要求太苛刻。但是当你了解马之后，你可以判断得更加准确。当你为一项赛事准备时，关键是要有效率：骑术训练、越野训练和跳越障碍训练必须是互补的。

长期计划

　　如果你有一个长期计划，就有可能取得非凡的成就。参加世界锦标赛或奥运会也很有可能，但是这需要骑手从特定的目标出发，而不是仅仅每天训练一下就可以了。并不是每个人都渴望达到最高水平，但是有些人却想走上国际大赛的赛场。

　　国际大赛的级别从一星级（初级）到四星级（锦标赛）都有。参加一星级赛事本身就是一个有意义的长期目标，而四星级赛事包括世界锦标赛以及一些三项赛，比如英国的伯明顿大赛和伯利大赛、美国的列克星敦大赛和亚特兰大大赛，以及澳大利亚的阿德莱德大赛。在两者之间的是一些二星级和三星级的赛事。

　　越野赛的要求在一星级和二星级赛事之间，低于三星级和四星级的赛事，在训练概述中有所介绍（见第282~283页）。在这些级别中，国际一日三项赛也越来越受欢迎。

新手级赛事　在这个级别的比赛中，骑手和马都很开心并充满信心。尽管图中的骑手需要用一个更稳定的小腿位置来使骑乘更为安全

中期计划

　　如果你的目标是通过参加不同等级的赛事来证明自己的进步，那么你和马需要通过一日三项赛和三日三项赛来完成资格评定。马在7岁之前很少参加国际赛事，但在此之后，你可以根据每年将赛事等级提升一个星级的难度来制订计划。显然，并非所有的马可以达到三星级或四星级的参赛标准，重要的是保持具有现实意义的目标，但这个目标要合理，优秀的马通过正确的训练可以实现一个星级的跨越。

　　为了提升你在盛装舞步赛和越野赛中的表现，你的全年计划可能有一段时间只有骑术训练和跳越障碍训练，特别是冬季的训练。你的时间表还应包含3~4个短暂的休息期而不是一个长假期。在比赛中，花时间来观察好的骑手的骑乘方法，问他们一些问题，并把这作为自己的经验。在经验丰富的教练指导下，定期参加比赛并熟悉所需的标准是很重要的。

短期计划

　　一个关于马的比赛表现的悖论是：在三项赛中它必须习惯于在数英里内袭步和跳跃，但是在盛装舞步赛和场地障碍赛时，它必须保持冷静和服从。马越冷静，越能适应途中的陌生环境，就越不可能在疲劳中消耗体力。

　　稳定的马房管理日程表是为了保持马的冷静。它生活在自然环境中的时间越长，表现就越好。在你开始准备三项赛时，马也不需要一直待在马房里。马每天也应该有机会出去，哪怕是一个与马房相连的小院子也能给它自由。保持一丝不苟的健康检查计划、驱虫和血液检查，确定马的正常状况和异常状况，以便在小问题变成大问题前处理它。

初级水平　新手级水平的赛事和初级水平的赛事有着很大的区别。初级赛事的骑手为了舒适小腿会有点儿放松。然而，小衔水勒的使用、骑手的平静和专注表明了这个状态的水平

每周计划

相比于其他赛事，三项赛需要提前实施更多的计划，因为有太多的项目需要适应。就像一个运动员参加十项全能比赛一样，你必须平衡相互矛盾的需求，同时努力使训练之间尽可能互补。

举例来说，你可以在野外骑乘或跳越障碍时进行骑术训练，你也可以在越野训练中练习跳越障碍技巧。在这三种比赛中，你使用的扶助和方法前后越一致，训练就越有成效。

每周的跑步计划（见第314~315页）至关重要，但是计划的其余部分需要有足够的灵活性以适应马的需要。举个例子，一个典型周计划可能是：周一休息、轻松训练或调教索训练；周二是跳越障碍训练和野外骑乘；周三是跑步或耐力训练；周四是骑术训练和野外骑乘；周五是调教索训练和跳越障碍训练；周六是跑步或耐力训练；周日是骑术训练和野外骑乘。同样重要的是计划不要太死板。你可能每周都需要有单独的时间段只专注于一个领域的训练，你应随时准备灵活和变通。警惕厌倦、疲劳和丧失信心。

高级马和骑手　伯明顿大赛是一个典型的大型赛事。它对准确性的要求很高，而任何低于平均标准的马将出局。骑手和马是自信而忠诚的搭档；骑手很安全，并且允许马自由跳跃

窄障碍

在窄障碍前马容易消极避让或是拒跳，导致失败。在早期训练中马应习惯于跳越窄障碍，通过练习，让它明白什么是必须要做的。即使在跳越障碍的方法上出了问题，这也应成为马的一种习惯，而骑手的职责是让马集中注意力，这样它就不会脱缰。

基本知识

跳过窄障碍的关键是教会马理解必须这么做。一旦它们意识到目的是越过窄障碍，而不是绕过它，大多数马会服从。但是，如果马知道这是可以逃避的选择，或是如果它仅仅靠着骑手身体的力量跳越障碍，那么马很可能不服从。

开始时，让马从小型障碍的不同位置跳过。让马分别向左右跳来看看它能否习惯从障碍中间跳过。马必须跳越骑手想要它跳越的障碍。设置第一道窄障碍时，这道障碍要长1.8米，如小型墙障的一半长度或两个塑料压桶相连的长度，也

许要使用翼板作为引导。一定要使用地杆来防止塑料压桶滚动。随后，逐步减小障碍的宽度并增加其长度——多用几个塑料压桶很容易做到。这里用的塑料压桶直径为60厘米、高95厘米。对于经验较少的骑手，有70厘米×40厘米的较小的

（a）反转的翼板会引导马到障碍中间，两侧的地杆用来防止圆筒滚动

（b）没有翼板，骑手通过均衡的缰绳联系和腿部联系来引导马

用于急转弯的窄障碍　练习跳过两侧有翼板的塑料压桶（图a）。然后，在没有翼板的情况下跳越塑料压桶（图b）。逐步学会在急转弯处跳过两道窄障碍（下图）。第二道障碍可以先用侧面的两个塑料压桶来引导，再增加障碍的尺寸

通过地面上的标记，使用腿扶助来控制转向

使你的臀部贴近马鞍来增加触感和安全性

标准塑料压桶。当马很容易地跳过两个塑料压桶时，在其后边加上两个塑料压桶，使宽度翻倍。

当你有信心跳过上述的障碍后，将两端的两个塑料压桶竖起，中间再加一个塑料压桶以便宽度相等（见下图的摆放方式）。练习跳越这道障碍，然后在这道障碍4步前增加一个塑料压桶，这个设置是为了促使骑手准确地控制方向。快步跳过第一道窄障碍（图1）。在落地后（图2），向前1步——地面上的标记会引导你和马。在第二步时使用缰绳联系和腿扶助（图3）。然后，沿直线前进2步（图4、图5）到下一道窄障碍（图6）。保持一致的手和腿联系来让马保持身体正直和集中注意力，在落地（图7）和离开障碍（图8）时持续保持这种状态。

使用木板障碍

如果起跳点距窄障碍很远，那么马很可能拒跳。为了防止发生这种情况，在离障碍2步或3步远的地方设置一道障碍，创建一个更靠近障碍的起跳点。

练习窄障碍 跳越窄障碍作为常规练习的一部分，要先从快步开始练习，然后才是跑步。永远不要让马绕过障碍——总是让它重新开始，否则它会知道可以拒跳。当马表现很好时应立即奖励它

尝试保持小腿向前的骑姿

6

保持一致的缰绳联系，坐直，向前看

7

身心都要做好准备，注意力集中于下一道障碍上

8

成角度障碍

　　成角度障碍训练很重要，因为它和窄障碍训练一起为你和马跳越角障碍做准备。同样，如果你和马能自信地以一定的角度跳越障碍，选择一条路线通过组合障碍，你的路线安排会更灵活，也会节省宝贵的时间。开始的准备训练要在平地上进行，马要身体正直，并且学会如何在障碍增加角度后依然保持身体正直，而不是依赖骑手给予的力量。

跳越成角度障碍

　　通过让马沿直线跑步和跳越障碍来热身。然后，以一定的角度跳过一道障碍，跑一圈，再从另一个方向返回，跳过障碍，这样路线就是一个8字形，它的交叉点就是障碍。这个练习对跳越成角度障碍来说是一个好练习，它教会骑手在成角度障碍前控制好方向，并为马跳越角障碍做准备。

　　设置一道与路线大约成20°的垂直障碍，并使用地杆引导马以一定的角度越过障碍。你可以逐步把角度增加到45°。当你有所进步时，用双横木替代垂直障碍——最大角度为30°，

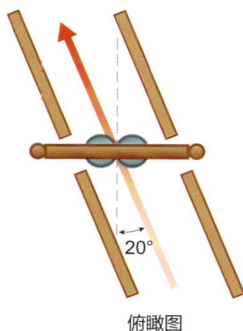

有一定角度的塑料压桶　马从右到左以大约20°的角度跳越障碍。这使得障碍右边相比于左边更接近马的起跳点，所以它发现很难及时抬起右肩、肘部，以及膝盖向上和向前来通过障碍。但是，方向控制得很好

20°

俯瞰图

长1.2米。如果你已经很成功地跳过了窄障碍（见第262~263页），那么你现在可以去完成角障碍了。尽管你仍需要先从较小的角度那边来跳越角障碍。

关于成角度障碍

为了在争时赛中节省时间，场地障碍赛骑手需要以一定的角度来跳越障碍。当障碍设计成一定的角度并且是唯一可走的路线时，或是为了在两个障碍间达到合适的距离，马就需要以一定的角度跳越障碍。

下图说明径直通过两道障碍是不可能的。从第一道障碍中间跳越到第二道障碍中间不会导致马拒跳，但是障碍之间的距离很难把控，因为这个组合障碍之间设置的距离是3小步。骑手可以选择跳到两道障碍的左侧，这会形成更长和更容易前进的距离，但是这也会增加马在第二道障碍处拒跳的风险。如果马颈部一直扭向右边，那么骑手更有可能从左侧掉下来，马也会拒跳，所以骑手应该使马的颈部伸展。最后一个选择是跑得更快，2大步将减少骑手对马的控制，使跳过第三道障碍变得更加困难。

向左或向右跳跃

许多马天生的一侧比另一侧更强壮。这意味着马可能发现一个角度比其他角度更适合跳跃。这需要在训练中多练习弱侧。大多数的马会更自然地向右边跑，因为它们更有可能把它们的颈部和身体向左弯曲。关键是要提升马的平地训练水平，因为这是有效跳越障碍的真正基础。在短期内，如果马的颈部多向左弯曲，可以尝试让马在跑向障碍时用右侧肢领行（而不是左侧）。这往往会使马向另外一个方向弯曲。

成角度障碍的组合　这两道障碍之间的距离是12.8米。通过放慢速度和缩小步幅（从3.7米至3.4米），可以很好地跳过障碍

角障碍

对马来说，角障碍是一个重要的考验，也应受到重视。在比赛中，角障碍的角度在初级比赛中是40°，在最高级别的比赛中会达到90°。它们一般都是搭建起来的。跳越角障碍结合了跳越窄障碍和成角度障碍所需掌握的技巧，这也是合乎逻辑的训练过程。成功跳越角障碍的秘诀就是训练马理解什么是需要的，以使它真正地想要跳过障碍而不是绕过。

进阶到角障碍

与跳越所有的障碍一样，成功跳越角障碍是从骑术训练开始。当马学会了在障碍前保持身体正直时，在场地障碍赛中也会继续这样。当它能做到这一点时，你可以同时训练它跳过窄障碍和成角度障碍（见第262~265页）。如果你把这些技巧结合在一起，你会发现马很快会懂得什么才是跳过角障碍所需要的。

第一阶段是跳越由横杆组成的角障碍（见下图）。开始时，使用距离为3步（13.7米）的固定障碍，有利于马找到正确的起跳点。你也可以把翼板放在角障碍处，确保马不会拒跳。一丛大灌木在角障碍中，马也是不会跳的，因为它太宽了。在下图中，地杆可以引导马，并且由三个塑料压桶支撑。这里使用的塑料压桶的边缘是圆形的，因此很安全。不要使用金属塑料压桶、锯短的木架或尖的塑料支架，因为如果马落到这上面，可能受伤。

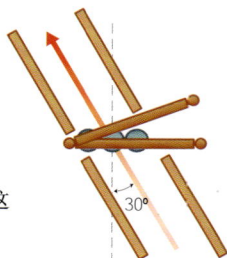

俯瞰图

跳越横杆组成的角障碍　这里，角障碍的角度逐步增加到60°。马充满自信地跳越障碍，马和骑手都期待下一项测试。骑手要做的就是坐着不动，控制好马的方向

夹角处的三个塑料压桶将引导马跳过障碍顶点

第二根横杆与第一根横杆之间的夹角是60°

将地杆放到地面上以引导马

开始时，跳过没有后横杆的角障碍。然后，增加后横杆，角度为20°，逐步将角度增加到60°。从较小的角度开始，你和马会自信地跳跃，也有利于你们的进步。

跳越有填充物的角障碍

在真正的比赛中，你会遇到大量的角障碍，这些角障碍是牢固的，并且被填充得很满（见下图）。这会让马感觉更安全、更愉快；如果你接近障碍的方法是错误的，那马能够在障碍稳固的顶部平衡自己。然而，当计划要跳越障碍的顶点时，准确性仍然很重要。

能否成功跳越角障碍取决于骑手是否专注和保持向前看。如果你知道在哪里起跳，将不会有任何问题。为了找到精确的路线，需要将两点连成一条直线。例如，你可以在障碍上找到一个明显的点，将它与障碍后的一棵树连成线。除非你这样使用这两个点，否则你无法找到准确的路线。如果你不确定准确的路线，马可能拒跳或跳得比你预想的更宽。要小心下坡时的角障碍，因为这会诱使马拒跳。

跳越60°的角障碍

从六个塑料压桶（排成两排，一排有三个）开始，以对角线的形式跳越它们。再用四个塑料压桶排成星形/菱形（设置1）。移走一个塑料压桶，使其形成一个60°的角障碍（设置2），用地杆来引导。跳越这个狭窄的点（路线1），然后是更宽的点（路线2）。最后，以对角线的形式跳越三个塑料压桶（设置3）。这样一来，马就知道怎么跳越角障碍了。

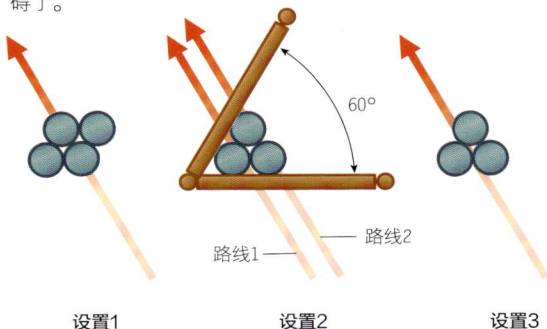

60°

路线1 ——　—— 路线2

设置1　　　　设置2　　　　设置3

（a）在角障碍的顶点放置一个塑料压桶，以帮助马保持在正确的路线上

跳越填充满的角障碍　跳越填充满的角障碍时，用一个塑料压桶作为引导（图a）。随后移走压桶。在这张图中，骑手微微向左倾斜，这并不会影响马跳越障碍时的意愿

壕　沟

　　一条宽宽的壕沟看起来很可怕，但是当你和马拥有自信后，这可能是所有障碍中最容易越过的了。从起跳到落地，一匹马跳跃的高度通常会是障碍宽度的2倍，所以即使是一条3米宽的壕沟，对马来说也很容易越过。下面这组练习提供了一个完美的跳越壕沟说明——无论是连续障碍还是固定障碍都为马跳过壕沟提供了一个准确的起跳点。

跳越壕沟

　　过度骑乘在跳越壕沟时是比较常见的错误，因为壕沟看起来很可怕——带有障碍的壕沟看起来总是更大。因此，马和骑手在壕沟面前的沟通变得不那么顺畅。这可能造成恶性循环，在大的壕沟面前，马不再相信骑手。

　　你可以通过跳越一组下面这样的壕沟来让马重拾信心（见右下图）。开始时跳越带有围栏的小壕沟，在边上放置围栏阻止马绕过。在跳小壕沟和围栏2之前，先快步和跑步跳越练习一下。使用小的固定障碍（见俯瞰图）可以实现一致的起跳点，反过来这会让马和骑手都放松下来。在距离壕沟22米处放置障碍——这是场地障碍赛中的5步。

　　当马已经适应了这条路线时，让它跳越相同的固定障碍，但是跳过更宽的壕沟（图3），你现在可以重新找到正确的起跳点。在最宽的壕沟前25.6米处放置障碍——正常的6步。一旦你找到正确的方法去跳过小壕沟，你会很惊

俯瞰图

入门级路线　　中级路线
初级路线　　高级路线

小的干壕沟　　马能自信地跳跃，但是它在跳越壕沟时比正常需要的跳得还高，这会让你大吃一惊。准备好抓住马鬃毛以增加安全性

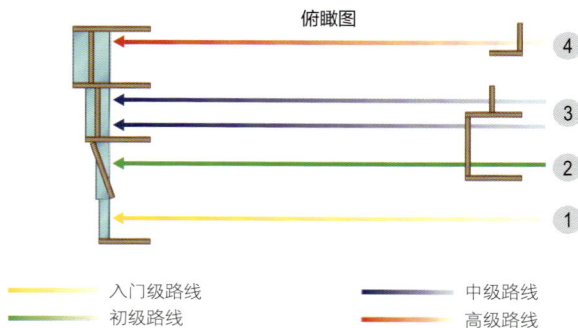

有水的壕沟　　通过一种可控的方式要求马跑出不同的步幅和速度，这种水沟和固定障碍将有助于提升你和马的自信。你将学习到如何以正确的步幅来适应比赛中的距离

宽壕沟 马和骑手正在跳越一条3米宽的壕沟，尽管马离水面只有1米。这看起来很容易，这是因为它在训练中不断进步。使用的障碍形状和地面起跳线使马很容易跳过障碍，这也是培养马自信心的问题。如果骑手的小腿比较稳定，脚跟向前5厘米，那么她的骑姿会更加安全，但是她显示出了很好的平衡度和灵活性。骑手和马之间具有很好的允许缰联系，这能够使马在跳越障碍时充分伸展它的颈部

奇地发现你也可以跳过这个宽度的壕沟。

记住，马必须把头低得很低才能看到壕沟。通常马会关注顶部的横杆和前面的地面，而不会看到壕沟。因此，为了引导马，你要看向你想去的地方，这是你要的结果，而不仅仅是跳过壕沟。

不同的步幅

不同类型的壕沟组合将教会你如何根据需要使用不同的步幅。跳越大部分的水沟障碍，一般使用3.4米的步幅，3.7米的步幅主要用于跳越场地障碍赛或许多越野赛的组合障碍；在马学会跑得更快之前，4米的步幅是越野训练的基础。

我们已经发现，如果固定障碍距壕沟22米，需5步，步幅则是3.7米。图3壕沟前面为狭窄的固定障碍，两者相距23.8米，需跑6步，步幅是3.4米；如果跑5步，则步幅是4米。最终，在跳越有固定障碍的图4的壕沟时，马可以跑更大的步幅——25.6米需跑5步，步幅是4.3米。确保在到达固定障碍前，你是用正确的速度骑乘的，一直练习直到这变成你下意识的行为。

下沉式道路

　　一条下沉式道路要先跳下，一两步之后再跳上，就像倒过来的土堤。这是跳越水障的一个关键训练，同时要求马不能过度跳跃，要保持正确的速度和步幅。在示例中，马和骑手必须在下沉式道路上做一个小转弯，马不能被水或洼地分散注意力而转向右边。

建立信任

　　当你和初级马练习过小土堤之后（见第246~247页），你可以带它练习下沉式道路。这是你和马之间建立信任关系的一个很好的练习，因为虽然下沉式道路对马来说看起来会很陌生，但是它一般很容易接受。对水障来说，下沉式道路也是一个很好的提前适应，因为大部分的水障都是充满水的下沉式道路。

　　下图展示的两个附加因素会使下沉式道路变得更难。首先，在跳入下沉式道路后，必须进行大约25°的急转弯。这种训练方式是很好的，因为它教会了马需要注意骑手给予的转向、立定和跳越障碍时的扶助。其次，下沉式道路是在水障的边缘，这可能让一些马担忧。马在跳越障碍时不能受其他因素的干扰而分心，是训练中一个非常重要的因素。所以，下沉式道路是一个很好的练习，有助于增强马对骑手的信任，因为骑手有能力充当兽群的领袖，保护它免受伤害。

应对下沉式道路

　　骑手要优先考虑的是保持正确的方向和速度。在这个训练中，下沉式道路包含9.5米的短距离，这意味着骑手应以快步慢慢进入。跳下土堤的正常起跳点距离土堤边缘不足1米，

带有急转弯的下沉式道路　这条下沉式道路的宽度为9.5米，设计为当马快步进入时，底部有2步。在图中马跳得有点儿高，因此在跳出去时会过于接近土堤。为了创造额外的距离，马需要跳向左边

1　松开缰绳，让你的膝盖和髋骨之间的角度打开

不要向后拉缰绳来使马转向

2

有效的落地 马在跳下土堤或跳入洼地时,前肢分开着地的习惯是其技巧的重要组成部分。担心或害怕的马倾向于将前肢放在一起,导致四肢僵硬不动,并可能导致绊倒或跌倒

事先制订正确战术的重要性。

由于是大幅度的跳跃,马必须在下沉式道路中迈差不多2小步。复杂的急转弯要求马的第二步是转弯步。在骑手不向后拉缰绳的情况下,这可以通过骑手将双手向内移动约10厘米来实现(图2)。第二步之后(图3),跳上去(图4)。

取得进步

大多数马并不会害怕下沉式道路。在这一部分结束时,马应该有一个愉快的心情,并觉得训练很简单。这样,整个训练过程都是愉悦的。马一直竖着耳朵,它看起来很有信心,并准备好反向走相同的路线。

随着你和马不断地进步,不同外观的障碍被成功引入,马会越来越信任你,最后它会准备好跳越你要它跳越的每一道障碍。所以,重要的是不要辜负这种信任,不要让马跳一些超出它能力范围之外或当下训练阶段之外的障碍。在顶级比赛中,下沉式道路可能只有一段连跳距离,包括障碍前后。然而,如果马一直保持信心,它会认为这只不过是一个简单的练习。

而不是大约1.8米——这是在障碍前正常的起跳点。这也是需要考虑的一个重要因素。在这种情况下,落地点应为距土堤2米的地方。这里,马跳得已经有一点儿高了(图1),这会缩短下沉式道路内的距离。这是一个常见的问题,显示了骑手

在马起跳前贴近它,保持平衡

允许马自由伸展颈部

3

尝试保持前倾的骑姿,让你的重心超过小腿

4

土堤和洼地

　　没有什么比土堤更能体现越野训练的自然性了。这是一种非常好的障碍，它可以鼓励马照顾好自己，并重视它要跳的障碍。对骑手来说，跳跃动作被分成了两部分，这种障碍提供了一个练习保持平衡和安全骑姿的机会。你永远不知道在土堤处会发生什么，所以马的第五条腿训练也很有用。

复合土堤

　　除了水之外，复合土堤是越野设置中最有用的一部分。右图为不同等级的骑手提供了一个多样化的路线，为跳越障碍设置了最高级的土堤，这就是俗称的诺曼底土堤。它包含了连跳——上下土堤，中间没有其他步幅。虽然你可以慢慢地骑到诺曼底土堤上，跨一大步，但是这会造成一个更陡的下降角度，这样马就无法再跳越土堤这边的壕沟。

　　当马用慢步来到预定的起跳点和落地点时，记住这样土堤通常具有更短的距离，因为马倾向于在靠近边缘的地方起跳和落地。因此，尽管两道障碍间有标准的一步，大约为7.3

米，但是它更接近一个土堤步幅5.9米的距离。当然，通过选择合适的速度和步幅，你们可以应对任何的距离。但是，你永远不能以袭步接近土堤，因为这会非常危险。

俯瞰图

初级路线
中级路线
高级路线

通过组合土堤的中级路线　中级路线是双连跳的组合，也为跳越障碍的高级路线做好了准备。马需要从第一个土堤跳到第二个土堤上，然后跳下去，其中没有任何非跳跃的步子。设置在第一个土堤处的壕沟意味着通过这道复合土堤需要真正的信心

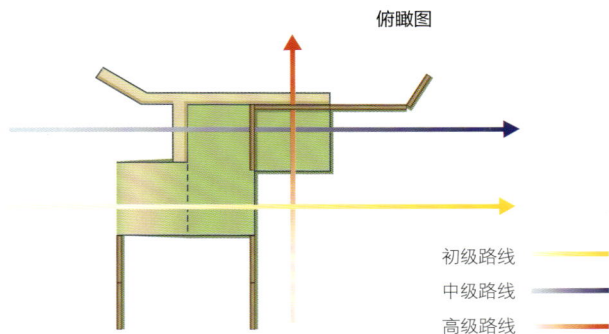

① 当跳越壕沟时，用马鞭拍打它的身体左侧来使它身体正直

② 在跳到第二道土堤上时，骑手的手配合马嘴一起运动

③

跳越土堤

按中级路线跳过这道复杂的土堤时（见下图），每道土堤的宽度是4米，这是相当长的。你必须以450米/分的速度接近它。这确保了马以正确的步幅来匹配这个长的需要双连跳的土堤（速度和步幅要求与诺曼底土堤一样）。

下图中初级骑手已经顺利跳过了壕沟，进入到土堤（图1），并且很好地阻止了马继续向左偏。马从第一道土堤（图2）直接跳向了第二道土堤（图3）。在这一阶段，骑手的脚跟应向后来给予马和她自己更好的安全感。当马从土堤上跳下时，骑手应将重心前倾并拉紧缰绳（图4）。当马落地时，它的前肢并得太紧，导致落地后跑步不稳（图5）。骑手上半身倾斜，但仍和马的状态保持良好的一致。

改善你的骑姿

像下图中的土堤非常适合教骑手如何在马身体下降和跳越障碍的后半段时保持平衡。

这是因为慢慢骑乘到土堤处，可以给你自己一些时间来做出调整。在下图中骑手离开土堤的骑姿与落入水中（见右图）的一样，都是重心放到脚跟，打开膝关节和髋关节。练习这个动作是非常有帮助的。闭上眼睛，在实际跳跃之前先想象一下，然后慢慢跳下土堤。同样的动作在跳越一个正常

障碍的后半段也是需要的，所以这个训练也会帮助你改善基本的跳越障碍的骑姿（见第180~181页）。跳越土堤从来不是一门精确的科学，所以你必须让马去做决定，并一直保持你的小腿处在安全的位置。

入水 对马和骑手来说这是一个极理想的洼地。骑手的膝盖和髋关节都打开，她的肩部、臀部和脚跟都在一条直线上。马的前肢是分开的，下一个动作对他们来说很轻松

尽量膝盖向后，与脚掌成一条直线

让缰绳在手指间滑过，脚跟向前

让马自由伸展头部和颈部来保持平衡

跳进和跳出水障

在比赛中，跳越水障的地方往往有很多观众，骑手也会在压力之下发挥得很好。尽管水障看起来很难，但大多数的水障只不过是跳下洼地，两步之后再跳上土堤——换句话说，就是一条有水的下沉式道路。如果马和骑手都很自信，有跳上跳下土堤和跳过洼地等方面扎实的技术，那么水障则没有什么可害怕的。

跳越水障的训练

在训练中，练习跳越土堤、平台和下沉式道路来评估骑手的安全骑姿和马跳上跳下土堤的技术。跳越这些没有水的障碍，对将要尝试跳越水障的马和骑手来说，有巨大的心理价值。随后你带着马穿过有基础安全保障的水池，马就会了解水中也没有什么可怕的。

在水中，骑手应确保马是平静和反应灵敏的。这并不需要缰绳联系很紧密，否则这将影响马的视线和保持平衡的能力。水中的骑乘可能使人感到不快。这就是适当进行第五条腿的训练会带来好处的地方，马对任何情况都能迅速而安全地做出反应，骑手保持平静，并且集中精力重新确定正确的方向和速度。

让马接触水障 第一步是使马慢步踏入水中，让它在水中走来走去。这可以使马熟悉水带来的感觉和溅水的声音，使它确信水中也是安全的

跳入水障

在下面的步骤中，在水障之前还有一道障碍，以确保马是水平起跳并有一个良好的起跳点（图1）。在马接近水障时，骑手要准备采取安全的骑姿（图2）——在水中落地比在陆地上落地更难预测，马可能感到惊讶。记住跳入水中时，确保马是前肢分开的（图3）——与跳过正常障碍后的姿势相同。如果马没有准备好，那它在落地时前肢会保持直立且并在一起，那么前肢的自动锁定系统就会生效。对你和马来说，这将是一个危险的情况，因为这可能导致马绊倒或跌倒。

过程一览

① 在跳越窄障碍时确保马颈竖直

② 以一大步向前行进

③ 将重心落在脚跟以保持平衡

④ 在第一步和第二步时减速

⑤

⑥ 在第三步时，让马自由跳跃

跳进水障　水障前的障碍为马提供了一条跳下去的路线。在水里有一个45°的转弯，这需要骑手在跳入水中提前考虑

在马前进时保持正常的缰绳联系

把缰绳放松一点儿

开始打开膝关节和髋关节

等待转弯之前的下一步，但是看向正确的方向

跳出水障

在水中慢慢来（图4），可以让马保持冷静并使溅起的水花被控制在最小，还可以让马更容易地看到它要往哪里走（图5）。经验不足的马会低估跳越水中的障碍时所需的力量（图6、图7），所以它需要鼓励才能干净利落地完成跳跃动作。

当从水中跳到陆地上时，再给马一些时间让它看看要怎么跳（图8），以便它能够找到合适的起跳点，四肢一起离开（图9）。这匹马稍微挣扎了一下，但骑手是安全的，并且能够帮助它前进（图10）。

检查变量

为了取得跳越水障的成功，方向、速度、动力、平衡和时机这些变量需要共同作用。以一个角度接近障碍可能导致马的腿部在起跳时缺乏正常的支撑，但缓慢的速度会让马有更大的动力和更稳定的平衡。这就产生了略小、更圆润的步幅，有助于克服水的减速影响，同时会减少溅起的水花。在这里，正确的方向和速度将使得骑乘像是在跳复合障碍，没有必要来考虑时机以获得正确的起跳点。这将大大简化了你的任务。

再次跳入水中时，骑手保持安全骑姿

眼睛始终看向下一道障碍，并保持一个可控的速度

将身体重量放在小腿上，帮助马跳上土堤

抓紧马鬃毛以防失去重心

连跳障碍和组合障碍

连跳障碍是两道障碍的组合，马在落地的同时需要再次起跳——这对马来说是一种挑战。需要马有快速的反应和扎实的跳跃技术。像所有的组合障碍一样，连跳障碍之间有不同的距离，这需要马在跳越这种障碍时使用不同的步幅。重要的是骑手要知道哪些因素会加大或缩小马的步幅，以便找到正确的办法来使马跑出任何想要的步幅。

跳越连跳障碍

这种组合障碍从一个前面有地面起跳线的垂直障碍开始。在间距较大的连跳障碍前，是一个相当大的非跳跃步（如下图），在跳过连跳障碍后，马再用3小步跑向最后的垂直障碍。前面两道障碍和连跳障碍之间的距离比正常场地障碍的距离长近1米，分别为8.2米和4.2米。最后的3步的总长度为14.3米，比正常的距离略短。

接近第一道障碍时的速度要比场地障碍赛的快点儿，这会让第一段路程和连跳障碍的骑乘变得完美。连跳障碍需要马有特别的反应能力（图1）。关键是要让马有信心以流畅灵活的方式跳越连跳障碍的第一部分（图2）。如果缺失信心，马在跳跃时身体会显得很紧绷，将失去运动能力。正确的速度会确保你们在正确的点落地（图3），落地点在两道障碍的中间。

当马前肢落地后，它还必须在后肢触地前再次起跳（见右下图），这被称为腾空期。正因为如此，在跳连跳障碍的第一部分时，许多马往往会比正常情况下更快地抬起后肢，

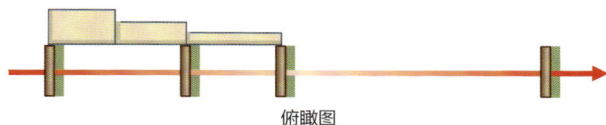

俯瞰图

连跳障碍　这个骑手很好地示范了在马每次落地时骑手的正确骑姿。图中骑手没有坠下马背的风险，也没有限制马的起跳。

在腿扶助下鼓励马向前跑

保持稳定、不受限制的缰绳联系

当给予马自由时，骑手的小腿要保持在安全的位置

1

2

3

这就是为什么有时候马的后肢会踢到障碍的原因。在这个过程中，马的一侧前肢停留在地面上的时间稍长（图4），这可能导致其碰到连跳障碍的第二部分，所以这么做是不可取的。为了到达最后的垂直障碍时正好是完整的3步，这时马的速度要放慢（图5）。

采用较小或较大的步幅

当马纵情跳越障碍时，距离会显得很短；如果马仅仅是跳过障碍，距离就会显得很长。要始终记住，当马跑得更快或从较缓的坡上下来时，当它享受在地面上的行进时，当它跳过它不重视的不牢固的障碍时，或者当它往家赶时，它的步幅就会变大。

当马跑得较慢或是上坡时，当它在松软的地面上挣扎时，当它不情愿离开家时，当它感到疲劳时，当骑手限制了它的动作时，当它的身体僵硬又缺少休息时间时，那么它的步幅就会变小。一匹有着良好第五条腿的马会为你做更多的工作（见第256~257页）。

成角度的两道障碍 在成角度组合障碍间，马需要跑步来适应。马的颈部不直，意味着马很容易会偏到左边。向左跳跃是另一种选择，但是会有马拒跳的风险

4

起跳时保持一个很好的平衡

马在后肢触地前，前肢再次起跳

5

用3小步放慢速度以到达下一道障碍

上坡和下坡时跳越障碍

在马上坡或下坡跳越障碍时，它的步幅、起跳点和落地点会发生改变。上坡时，步幅会变小；下坡时，步幅会变大。上坡跳越障碍时，马会在离障碍较近的地方落地。下坡时，它会在离障碍较远的地方落地。反之，在上坡时骑手和马必须尽量向前倾，但也不要太向前，否则可能在下坡时失去平衡。

下坡时跳越障碍

下坡时的障碍位于下降的斜坡处，是一种下降障碍。这使得马的落地点会比平时的稍微远一点儿，因为马在空中停留的时间比在地面上越过相同障碍的时间长。

当一个人从山上跑下来的时候，他会跑得越来越快，直到他跌倒或是放慢速度站稳。马也必须放慢速度来保持平衡，但是如果马只习惯于听任骑手的话，就会忘记这种自然反应。

在这个过程中，两根原木之间的距离为13.7米，比正常的场地障碍赛的3步少了将近1米。然而，这段距离实际短了2米，因为下坡时，马会用较大的步幅。如果用3小步骑乘，那么这段距离将能很顺利地通过，马也更容易找到平衡。确保你的小腿保持在一个稳定的位置，通过打开膝盖和髋关节，将膝盖和脚掌保持在一条直线上。在马起跳，越过第一根原

下坡跳越组合障碍　这两根原木的放置位置形成了一条曲线，作用是让骑乘距离在下坡时像3小步的距离，上坡时像3大步的距离。上坡需要更多的能量

控制落地瞬间的速度

骑手要保持上半身向后，而不是向前，同时保持缰绳联系

恢复平衡并开始减速到这下一根原木

良好的骑姿

良好的骑姿是要保证脚跟和肩膀要在一条直线上，图中骑手正在松开手指来给缰，在身体不向前倾的状况下允许马伸长颈部。她必须小心不要放开缰绳

木后（图1），你要准备好控制马落地时的速度（图2）。在马起跳，越过第二根原木前你要保持合适的平衡（图3、图4）并紧贴马鞍坐着（图5、图6）。再次准备好让你的重心后移并保持平衡（图7、图8），以便你在下一道障碍中可以保持向前看。

上坡时跳越障碍

马不会觉得上坡和下坡一样难，因为上坡时它很容易保持平衡。因此，上坡时所有骑手要做的就是将精力集中在保持足够的体力和骑得更快上，尽管跳越障碍需要3大步。

上坡时跳越原木无疑会额外消耗马的精力，所以重要的是骑手要帮助它。你可以不坐在马鞍的后面，而是把你的重量压到脚跟上，以便你的重心在马的重心的正上方，你也能身体向前，保持一个较轻盈的骑姿。

上坡时跳越障碍　如果你测量山脚下的起点到这道障碍的高度，会发现它很高。在图中，马起跳得很早，浪费了体力。结果是，它不得不努力通过完整的一步去跳越原木，它的后肢的球节几乎碰到了地面。尽管这样，骑手仍显示了良好的平衡和骑姿

坐在马鞍上，保持向前的动力 ⑤

⑥ 当起跳点的位置升高，马的跳跃幅度会是最小的，但是骑手仍然要将重量压在脚跟上

⑦ 骑手将脚跟向下压，否则身体的重量将过多地压在膝盖上，失去平衡

向前看，将重量压在脚跟上 ⑧

跳越障碍时的速度

　　对越野骑手来说，以一定的速度跳越障碍是必备的技能，也是终极的目标。但是，为了安全起见，初级骑手要通过稳定的、循序渐进的训练来巩固提升。当你在三项赛中骑得很快跳越斜桦树障碍时，你会发现马在任何时候都能安全自如地起跳，这一经历将令人兴奋。

加快速度

　　与开车一样，没有什么比加快速度更能消耗体力了。如果马学会以一定的速度跳越障碍，那它将不会因为在障碍前减速，随后向前加速而浪费体力。加速的先决条件是马在骑术训练和跳越障碍训练中表现很好，并且很健康。由于袭步时的水平力量会降低马能跳到的高度，所以越野赛中障碍的高度必须要小于场地障碍赛中障碍的高度。

　　越野赛与场地障碍赛最大的不同就是起跳点和落地点的不同。随着速度的加快，理想的起跳点和落地点将离障碍更远一点儿。当马以500米/分的速度跳越障碍时，马在离障碍最高点大约2.5米远起跳，而不是场地障碍赛中标准的1.8米。在障碍追逐赛中，这一高度会增加到大约3米。许多骑手在跳斜桦树障碍时都害怕去找正确的起跳点，所以考虑一下可能的选择是有很多的（见下框）。跳越障碍的关键是骑手要坐着不动，不要干扰马的跳跃。你会发现他要么在不改变步幅的情况下找到一个可以接受的起跳点，要么他会增加一个短步幅。

　　实际上，在起跳之前马不需要走很小的步子，因为它会更早意识到它要走两三步，并且会在最后一步之前做一些调整。所以，如果你不确定步幅，只要静静坐着，相信马自己会处理好。这个方法是你跳越所有越野障碍的关键。一旦你明白这种逻辑并将此付诸实践，那么你就会收获自信。你将变得越来越了解马的步幅，并且能够通过做最小的调整来提高马的效率。避免在障碍前骑得过快；避免突然加大步幅。

起跳点

　　这张图表说明了接近斜桦树障碍的不同方法。不改变马的步幅或跳跃抛物线的情况下，一匹飞奔的马可以应付自如，无论它的起跳点离障碍近或远。然而，如果最后的步幅太大，那么马在起跳前将不得不额外加小步。这会缩短跳跃的长度，减慢速度，但是比较安全。

	起跳或落地范围
	小步区

理想的起跳点

离障碍较远

离障碍较近

加入一小步

跳越树篱障碍

树篱障碍是顶部有树枝伸出来的实心灌木丛障碍。马身体正直地接近障碍很重要，这样它能够看到树枝间透过的光，并知道它可以跳过去。

不像斜桦树障碍有一个倾斜的轮廓，树篱障碍的轮廓是竖直的。树篱障碍很高，接近它时才起跳不是一个好的选择——马可能拒跳。你只有两个选择：要么找到理想的起跳区域，要么早点儿起跳。所以，最好以400~450米/分的速度接近树篱障碍，并在跑步时用一点儿额外的动力助跳。当你必须起跳时，这会帮到你。在更高级的训练中，树篱障碍会放在转弯或相关距离处，以使你走得慢一点儿，这会让马感觉到更加困难。

树篱障碍　树篱障碍是一种坚实的障碍，有50厘米高。要想成功跳过它，必须放慢速度，对准障碍，这样马就有时间评估它，而不会失去信心

斜桦树障碍　英国的玛丽·金是英国马术比赛的常胜将军，图中就是她在跳越斜桦树障碍，她是完全安全的，因为她和马一直都能保持很好的平衡，状态也是自由的

训练概述

有序的训练计划将有助于你设定目标，并鼓励你进行安全和稳定的训练。了解障碍的尺寸和类型，以及不同级别的比赛所规定的速度和距离很重要。例如，当你满足三级的要求时（见右页表格），你可以为你的第一个一星级（初级）国际三日三项赛做好准备，而四级的要求对应的是在三日三项赛中二星级的要求。

参赛马

在马已经适应一星级的盛装舞步训练和跳越障碍训练之后（见第147、217页），你们应该准备开始越野赛训练。在右页表格中，一级的要求大概与入门级比赛水平相当；二级的要求大概与初级比赛的水平相当；三级的要求大约为中级或中等水平的比赛水平相当；四级的要求大概与国际大赛的入门级水平相当。

对习惯场地障碍赛要求的骑手来说，越野赛中设置的障碍的最高高度和宽度看起来令人安心，虽然宽度稍微宽了一点儿。然而，实际上，两项比赛之间存在着巨大的差异。例如，大约1.15米高的垂直障碍放在550米的场地障碍赛路线的中间，而1.15米高的角障碍放在越野赛中的半坡位置的盲点处，后者的路线长度大约是前者的10倍。如果马被训练得反应很快，也很适合比赛，那么角障碍对它来说不是个问题。

在顶尖的场地障碍赛中，马需要有着特殊的眼界和良好的运动能力，在三项赛障碍追逐赛中它们也可以做得很好，只要它们接受过正规的

训练并身体健康。健康不仅需要距离方面的训练，还需要跳跃次数的增加。当一匹马的身体还没有发育成熟时，太多的跳跃会让它身体受损，因为它还不具备相应的能力。如果想要马的比赛生涯得到延长，就必须有远见。训练计划必须根据马的需要量身定制（见第310~315页）。

适应速度

参加比赛的骑手必须适应各种不同的速度，这种能力需要逐步地提高。初级骑手必须适应比赛中的时间犯规——缓慢而安全地骑乘总比冒险好。骑手要找到以一定速度跳越障碍的方法，比如以规定速度跳越注地障碍，快速跳跃有倾斜轮廓的单道障碍。每个级别比赛要求的速度是指平均值。在越野赛的部分赛段中，为弥补比赛中速度较慢时的时间损失，你将不得不骑得更快。

怎么加快速度？   一个具有倾斜轮廓的越野障碍需要以更快的速度接近，以便马能以更大幅度更流畅地越过它。在这里，骑手有足够的能量和给予马颈部的自由，以便它可以伸展并享受以一定的速度跳跃

越野训练标准

比赛路线基本设置	一级	二级	三级	四级
障碍最高高度	0.9米	1米	1.1米	1.15米
直立刷式障碍高度	1.1米	1.2米	1.3米	1.35米
最高点宽度	1.2米	1.3米	1.4米	1.6米
基本宽度	1.8米	1.9米	2.1米	2.4米
宽度	2.3米	2.5米	2.8米	3.2米
洼地	1.2米	1.4米	1.6米	1.8米
斜桦树障碍高度			1.4米	1.4米
越野赛速度	480米/分	500米/分	520米/分	550米/分
障碍追逐赛的速度			640米/分	660米/分
平地追踪阶段的速度			A赛段：220米/分 C赛段：160米/分 或以上	A赛段：220米/分 C赛段：160米/分 或以上
跳跃的最大值	20	25	30	35
成角度的障碍	15°	25°	35°	45°
窄障碍	1.8米	1.5米	1.2米	0.9米
角障碍角度		40°	60°和转弯处两道成40°的角障碍	75°和转弯处两道60°的角障碍
障碍和组合障碍	圆木、土台、土堤、干壕沟、水沟、在水中趟过、窄障碍	洼地、角障碍、台阶、连跳障碍、洼地或跳入水中、简单的组合障碍、树篱障碍	跳入有水的洼地、转角处的4步组合障碍	在3步组合障碍中进行方向和速度调整
平地训练中的小步和大步	3.3~5米	3~5.2米	3~6.5米	2.7~6.7米
对应的盛装舞步训练和跳越障碍训练的级别	盛装舞步训练一级；跳越障碍训练一级	盛装舞步训练一级；跳越障碍训练一级	盛装舞步训练二级；跳越障碍训练二级	盛装舞步训练三级；跳越障碍训练三级
一日三项赛	2000米	2500米	3500米	4500米
三日三项赛			4680米	5500米
平地追踪A赛段长度			4400米	4400米
障碍追逐赛长度			2240米	2310米
平地追踪C赛段长度			6400米	6400米

钻石形土堤和蹄槽式障碍

随着训练的深入进行，你可以将不同的障碍和练习组合，以创造不同的方法和新的挑战。这个土堤和蹄槽式障碍的综合体就像是迷你的越野赛比赛路线，它包含两道土堤、一道窄障碍、一条下沉式道路（或蹄槽式障碍）、两条壕沟和一道洼地障碍。它还包括相关距离。当你进行新的越野训练时，你会发现骑术训练和跳越障碍训练对你来说十分有用。

分析障碍设置

钻石形土堤作为训练用的障碍是非常有用的，特别是在摆放时可以使一个较小的角处在斜坡的边缘，这样就可以使土堤在一边下降，让骑手调整到安全骑姿，而不必快速骑乘或跳越一道有难度的障碍。

这道土堤的顶部有一步舒适的非跳跃步。这意味着它也可以用来当作一种简单的障碍供初级马练习，因为这样马就可以在接近和离开土堤时保持在同一水平线上了。此外，钻石形土堤有一个45°的小角和一个70°的大角。边角是安全的，因为它们被填充满了，所以如果你出了问题，马可以通过放慢脚步来保持平衡。

蹄槽式障碍是围栏—壕沟—围栏的组合，壕沟通常位于一个中空的地方。图中的复合障碍和第286~287页的图中复合障碍可以用两道蹄槽式障碍来代替——一道是带着一根圆木的宽1.8米的深壕沟，一道是只有60厘米宽的浅壕沟。最后的

爱尔兰土堤（见第286~287页）也给马提供了可以直接跳上跳下的选择，而不用它跳过任何壕沟或原木。跳越较大原木的路线体现的是心理上的挑战，就像你正要迈入天空中一样，但是马一旦起跳，落地点是显而易见的。像这样的土堤，对鼓励马照看好自己以及明白自己在跳过什么来说，是一种很

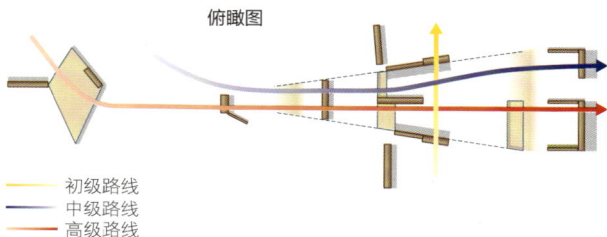

俯瞰图

── 初级路线
── 中级路线
── 高级路线

钻石形土堤和蹄槽式障碍　图中有一些路线参考，但重要的是不要让马跳越太多的障碍。要选择适合你的训练目标和马的训练水平的项目来练习。请记住，跳入蹄槽式障碍比跳出来要难得多

高级路线一览

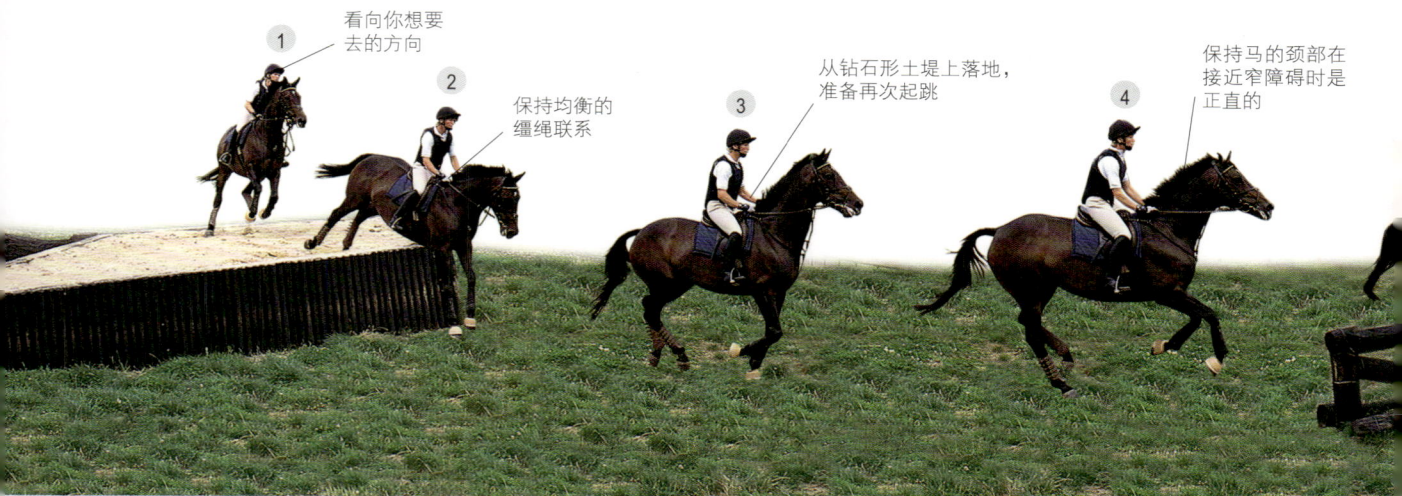

1 看向你想要去的方向

2 保持均衡的缰绳联系

3 从钻石形土堤上落地，准备再次起跳

4 保持马的颈部在接近窄障碍时是正直的

好的练习。避免你在骑乘中太过强势——作为一种方法，这种练习应该给马真正的自由，以让它做出合适的反应和找到正确的平衡。

这种障碍设置也提供了其他路线，包括不同距离的下沉式路段，从一边到另外一边穿过复杂的障碍。这些路线可以让骑手试验不同的速度和距离。马会很享受跳越障碍的过程，因为障碍都不是很大。当马通过所有不同的障碍和路线时，它的自信心也在提升。

路线

在下图中，骑手先以场地障碍赛的速度跳上钻石形土堤（图1）。在土堤顶部有一步（图2），向左可以看到有细原木的那条路线。这个距离经测量为3小步，但马表现很好，因为转弯缩小了一点儿步幅（图3）。注意，不要在马越过原木时过度骑乘，即使它看不到另一侧；也不要短距离时被动骑乘。

在跳过原木之后（图5），在蹄槽式障碍的壕沟中有4小步。忽略嵌在斜坡顶部和底部的原木（图7）——它们会对每步的开始和结束有误导作用。

不要让马在斜坡上小跑，也不要在斜坡上多走1小步（图8）。如果它这样做了，它将从斜坡的底部跳下来，在壕沟前没有留下足够的1步的距离。

壕沟的宽度（图9）使骑手会过度骑乘，这将增大马的步幅，并导致它在越过原木时候出现不合适的起跳点，使剩余的路线变得不易通过。

进入蹄槽式障碍　在水平地面上跳过细原木之后，保持跑步的状态，从斜坡上连跳下来，以便用正确的步幅跑向大壕沟。图中这匹马正从斜坡上快步下来，这将导致它从斜坡的底部笨拙地跨进壕沟

越过细原木，鼓励马继续前进

⑤

⑥

将你的重量放在脚跟上，保持灵活的骑姿

使用腿扶助鼓励马越过蹄槽式障碍

⑦

鼓励马跳下斜坡

⑧

用一小步使马减速

在跳越壕沟之后，马跑正常的3步到达爱尔兰土堤底部（图10）。从壕沟到山顶原木的距离是6米，通过这段距离只需要完美的1步（图11）。跳过原木需要马从空中跳下洼地（图12），所以你要记住保持身体的重量在脚跟上，并打开膝关节和髋关节。如果你要控制马的步幅，你必须在落地时保持身体平衡（图13、图14），而不是用一两步来重新找回平衡。

补充训练

你在骑术训练和跳越障碍训练中所做的每一件事都是对越野训练的一种补充和支持。因此，在骑术训练或跳越障碍训练时，强行控制马是没有用的，甚至是危险的，因为这样做剥夺了马独立思考的能力。

我们需要的是一匹可以服从骑手的马，而不是一匹不动脑筋等待骑手做每一个决定的唯唯诺诺的马。

骑术训练为越野训练做的最重要的准备是缩小和加长步幅的练习，这会导致马的收缩（见第142~143页）。真正缩小步幅的能力非常重要，它通过收紧步子来实现，而不是没有动力。

如果马能够用灵活、运动式的步子来缩小步幅，那么大多数越过洼地和蹄槽式障碍的短步组合和方法，包括图示的这些练习，都会突然变得很容易。这也能帮助马能以更好的角度和弹跳力起跳，从而产生更规整、更具竞技性的跳跃。

空中跳跃　在练习缓慢跳下土堤时保持你的安全骑姿，这是一个很好的控制速度的练习机会。只要你有信心，这种跳跃动作对马来讲是很简单的——就好像没有障碍一样

高级路线一览（接上页）

9

保持一个灵活的允许缰联系跳过原木

跳越障碍训练作为越野训练的基础同样具有很重要的作用。如果马学会以均匀的步幅完成场地障碍赛，那么它将有机会学会在越野赛障碍前以一个更快的速度行进。练习基础的跳跃技巧也是至关重要的，直到马学会将后肢并在一起起跳（见右图）、使用肩膀和肘部向前，以及保持身体正直，否则加快速度越过障碍没有什么意义。

好的骑术训练和跳越障碍训练的组合会培养出反应迅速、有竞争力的马，并使它有足够的体力和脑力来进行越野训练。骑术训练和跳越障碍训练不仅是为越野训练做准备，当你正在进行越野训练时，还可以继续提升跳越障碍的技巧和平地前进的能力。

使用钻石形土堤和蹄槽式障碍这种类型的障碍来训练可以让你将所有的技巧整合在一起。一匹勇敢年轻的马和一个自信的骑手可以跳过复杂障碍中的每一道障碍，但是如果他们在障碍之间的平地骑乘和跳跃质量都比较差，那么这种训练可能不会有很大的价值。在骑乘之前你要步测每条路线，并设想障碍的最大高度。这将提醒你，为什么接近和离开障碍的每一个细节都是重要的。

加强练习

良好的障碍进阶训练可以立即提升你和马的跳跃技巧。这匹马在开始进行一系列训练时，后肢分开，身体扁长，并不紧凑，在起跳前还要加最后一步。然而，经过一些训练之后，它的后肢开始并在一起向前，而前肢仍然还在地上。后肢并拢，马的身体在起跳前就像一卷弹簧，产生了一种让它轻松跳跃的力量。

在越过爱尔兰土堤时，保持重心稍靠后 11

在马跳出壕沟时，保持你的重心在马的重心之上 10

在骑乘时保持一个完美的平衡 12

打开膝关节和髋关节 13

14

高级组合水障

当你参加较高级别的比赛时，复杂的组合水障中往往会包含各种障碍物和路线。越过一些原木桩，紧跟着1大步进入水中，然后3小步到达水中的障碍，3大步到达土堤。分别来看的话，所有的障碍都相对容易。这些障碍之间的关系，加上水的作用，使得这种障碍成为一个更高级的练习。

高级路线

在训练马通过水中的高级路线之前，应当先确定你要达到什么目标。马和骑手的目标是更积极地跳入水中，然后练习控制和改变速度。如同在比赛中跳越障碍之前你要先考虑战术。

这里，首个考验是距离——原木和入水处（图1）的距离是6.8米，而不是更容易跑过的距离——6.2米。因此，马的速度需要比场地障碍赛时的要快一些，达到400米/分，入水深度约3.5米。这缩短了入水处到中间障碍的可用距离（图2），这是3小步。尝试2大步让人感觉很刺激，但飞溅的水和更长的步幅将增加风险。

跳越中间的障碍后，到土堤有3大步，3.5米长（图3）。图中马的起跳点离土堤太远了，缺乏动力。所以，马在土堤上加了1小步。如果土堤后有一道障碍，那么马可能还没有做好准备。

俯瞰图

初级路线
中级路线
高级路线

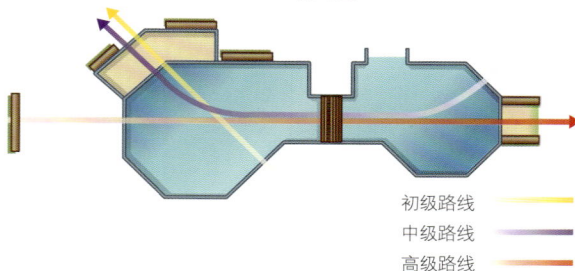

树立信心 这样超过18条路线和30个练习的组合训练，能够确保你在比赛前有一个安全和全面的准备。你会放心并且清楚马不会因水受到惊吓

跳过原木
入水

1

2

跳过组合水障
中间的障碍

1

入水 骑手正在展示从陡坡跳入水的理想姿势。她的重心在马的重心正上方，而她的小腿仍然保持竖直，重量放在脚跟。她采取了一种快速的入水方式，减小了下降角度，但必须放慢速度，以为跳过下一道障碍缩小步幅

评估变量

这个练习再次表明，如果专注于正确的变量——速度和方向，大多数的组合障碍将相对容易越过。但要记住的是，在水里迈步从来都不是一门完全精确的科学，因为水对马的腿有拖拽或减速的作用。

图中马以400米/分的速度直线前进。骑手必须在越过水障之前将速度略微降低，并在跳出时稍微加快一点儿速度。

保持适度的动力很重要，因为马在水中跳越障碍时需要较大的力量。

在跳入水中前加2小步会更加容易。虽然这意味着马身体下降的角度会更陡，但是不需要缩小步幅，所以水中的两段3步的距离显得更容易。反过来，这也使得马的动力得以保持从而使它能跃上土堤。

水中跳越障碍　只要马步幅合适，它就会很容易地跳过水中的障碍。图中的骑手展示了安全的腿部姿势

从水中出来　由于马在跳越之前的障碍时并没有努力向前，它失去了动力，将不得不在土堤上加一小步

保持直线前进，跃上土堤，出水

比　赛

　　三项赛不仅需要骑手具备一定的骑术技能，也要求骑手具备组织能力和冷静的头脑。步测和了解越野赛的比赛路线应该是首要的任务。骑手必须整理好装备，确保时间表准确，并及时通知助手。骑手应当训练有素，合理安排时间，确保在每场比赛中充分发挥出水平。随着经验的积累，这将成为一件自然而然的事情，但最初需要有条不紊的安排，这样人和马可以放松并享受比赛。

一日三项赛

　　在组织有序的一日三项赛中，先进行的是盛装舞步赛，场地障碍赛通常安排在一小时之后，越野赛是在场地障碍赛后一小时。这意味着必须在盛装舞步赛开始之前你就要完成越野赛练习。将你的时间划为三个时段，你可以按时间倒推制订计划，以确保有足够的时间。

　　到达比赛场地后骑手需要充足的时间休整，领取参赛号码——无论骑手什么时候骑在马上，都必须佩带这个号码。为盛装舞步赛进行准备活动时，请记住还有两项比赛——所以准备活动尽可能简短。准备充分的马不需要长时间的热身。许多人发现如果早一点儿开始比赛，他们的马在场地障碍赛中会表现得更好。同样，在越野赛之前的准备活动不需要超过15分钟，因为马已经得到放松了。以越野赛速度进行准备，确保你和马已为越野赛准备就绪。

步测比赛路线

　　步测比赛路线需要精神高度集中。障碍之间的巨大空当会导致人走神。第一次参赛的经历十分关键，因为这将成为马的最初印象。考虑什么会吓到马，并注意可能的干扰。例如，观众席的位置可能影响你选择水障路线，或者太阳的位置变化可能使障碍在一天的晚些时候更难分辨。所以，最好进行两次步测。

　　初级比赛路线会被刻意设计成简单而吸引人的，但你应该习惯记住障碍的顺序。练习记住障碍之间的点，使路线更加准确，并刻意以障碍后的东西确定各点（见第267页）。这些是在高级比赛中必须要做的事情。当障碍之间离得很近时，要计算出预期的步数。计划马将在何处落地、起跳以及这些障碍之间的骑乘路线。比赛会有各种不同的可能，所以要采取灵活的方法，准备不同的路线。你的4步等于马在跳越障碍时的1步。如果马以50米/分的速度加速，大多数马的步幅将增加50厘米左右，其起跳点和落地点会比平时远25厘米左右。花些时间观察马在哪里起跳和落地，你很快就会对什么是正常的有一个很好的感觉。

　　确定组合障碍和路线是否可用是很重要的。了解所有的可能性至关重要，这样你就能在出现状况时迅速做出决定。组合障碍可以分开编号或者单独作为一道障碍编号，单独编号的话，分别标记为A、B、C。如果是后者，骑手必须以明确的路线跳越障碍。如果你在组合障碍中的第二或第三道障碍处停下，可以在停止的地方重新开始，具体取决于障碍的布局，或者你可能不得不从A重新开始，或者更换一条更长的替代路线。采取最简捷的方式。障碍分开编号时，你可以在它们之间画出一条正确的路线。只要不被判定为故意使马停止或拒跳，你就不会受到惩罚。

时刻记录

　　初级水平的比赛通常禁止使用秒表——没有秒表会使你更加了解如何判断速度，但是要注意越野赛的时间是很重要的。在训练日记中，连同马的恢复时间、路线长度、外部条件（如天气状况、地面软硬）一起记录下来。这些信息对于评估你的表现、设定新的目标和提高体能训练的效率是非常宝贵的。

人马合一　山姆·米克勒姆骑乘"聪羽心智"在欧洲青少年锦标赛上，尽管在下坡时跳过一个大圆木，并紧接着一个急剧的左转弯，但他仍然表现出了出色的平衡与和谐。山姆保持他的重心在马的重心之上，并保持缰绳的柔软接触

三日三项赛

在一个为期三天的三项赛中，比赛的顺序是盛装舞步赛、越野赛、场地障碍赛，这些比赛都是在不同日子进行的，盛装舞步赛通常需要两天。

三日赛分为不同的等级，从一、二、三、四星级的比赛，到著名的五星级比赛。美国肯塔基州的劳力士大赛、英国林肯郡的伯利大赛和英国格洛斯特郡的伯明顿大赛，这些都是大型四星级赛事。除了五星级，每个级别也有长或短的形式。长赛制有正常的阶段顺序，盛装舞步赛、越野赛和障碍赛，但短赛制在越野赛之前有障碍赛和较短的越野赛，所以适合能力较弱一些的马。

每个级别对最低资格都有严格的要求，一般每个级别的骑手至少要花费一年时间才能升级。也有许多骑手明智地保持在一个级别而不升级，他们喜欢在合适的水平下进行比赛。

一般要在比赛开始前的两天到达现场。这让马有时间安顿下来，适应环境。盛装舞步赛前一天会有参赛者的简介、越野赛的第一次步测比赛路线，以及裁判和兽医进行第一次验马（一般是快步或跑步）。在第一次验马后，抽签决定每匹马的出场顺序。在最后一天，在障碍赛之前的早晨，有第二次检查马匹的健康状况。

参赛者简介

在盛装舞步赛的前一天，通常会有赛事总监和裁判对选手进行正式介绍。一名骑手代表——作为参赛者和裁判之间的联系纽带，会被介绍给大家。你也将被告知在哪里可以热身，什么时候可以跳越障碍。这是出于安全考虑，因为骑手和马只能在裁判面前跳越障碍。任何在无人监督下跳越障碍的骑手都可能被淘汰。骑手也必须随时佩戴号码牌，如同必须保护头部一样。仔细听取任何关于越野赛标记的特别信息。

评估越野赛路线

在越野赛最初的步测中，要考虑所有的选择并保持开放的心态。在选择路线之前，对整条比赛路线进行评估。在比赛前至少进行三次比赛路线的步测，可能有两次是和教练一起。不要害怕邀请一名有经验的骑手陪同，但请记住，你最了解自己的马，所以不要被说服去做一些你本能感觉不会起作用的事情。第二次步测时应该使用测量轮。在第一次骑乘

经典赛程的三日三项赛

经典赛程的三日三项赛要求马和骑手有更好的身体状态，因为在越野赛之前还有额外的三个赛段。赛段A和C是平地追踪赛，要求马以快步或慢步结合跑步的方式以220米/分的速度在规定的时间内完成比赛。赛段A和C之间是B赛段——障碍追逐赛，马的速度比越野赛的快，大约100米/分，需要2~4分钟，并设有许多篱栅障碍。这些障碍很好过越，因为它们是倾斜的，并有很合适的地面起跳线。A赛段的时长刚好够让马热身，为大约30分钟后的障碍赛马做准备，而C赛段通常是A赛段两倍的时间。D赛段——越野赛之前是兽医检查和10分钟的强制休息时间。

后制订一个战术，花时间好好思考你骑乘的路线。制订应急计划，以防措手不及或者马失去信心，所以你需要一条可靠的路线。研究一下地形，找出需要减速的地方，以及可以袭步以弥补时间的地方。找准障碍之间的最短路线，避免一些不必要的能量消耗和速度变化。尽可能在越野赛前一天的晚上进行最后一次步测。这样，在比赛的早上，你就可能有时间看看一些骑手是如何应对某些障碍的。

测量比赛路线　用测量轮来计算特定时间你在比赛路线中所处的位置。在这些位置上找到一个标记，如旗子或树。这将有助于你达到目标

第一次验马

第一次验马的目的是检查马是否健康。将马的马具整理好，给它戴上水勒，放松缰绳，让它在坚实的地面上慢步和快步。如果马未通过检验，那么就不能参赛。应练习慢步，通过测验来找到让马感到舒适和适应它水平的最佳速度。

盛装舞步日

一般来说，这比一日三项赛更让人分心，比赛时有标记、鲜花、扩音器和更多的观众，可以让马提前一天适应环境，直到它适应得很好。你可能需要骑乘两次。大多数马受益于在盛装舞步测试的前一天训练，直到它们稳定下来并表现服从。当在草地上骑马时，记得使用合适的防滑钉。这会给你的马信心。

在实际的热身之前，马应有1~2小时的休息时间。不要在比赛前令马过度劳累，最多30~45分钟的热身就可以。骑手们经常抱怨马在赛场外比赛场内表现得更好，这可能是由于马进入赛场时已经疲惫了。然而，其他马却被赛场的气氛所感染。这与骑手对马的了解有关。

在盛装舞步赛后，马应跳过一些障碍，为越野赛做一些准备。从心理角度而言，速度快一点儿对马和骑手都有好处，但不要把它变成训练。

经典赛程的越野日

这一速度和耐力的比赛被许多骑手视为整个三项赛中最具挑战性的部分。对初级骑手而言，气氛和人群都是令人伤脑筋的，即使是经验丰富的骑手也会感到紧张。这就需要所有的装备都要井井有条（见第296~297页），并且对你的助手做简要的情况说明。

准备一张卡片贴在手臂上记录每一赛段的规定时间。一定要很清楚，以便你一眼就可以看清楚。卡片上面需要写上的信息是每个赛段开始和停止的时间，以及在场地障碍赛和越野赛不同位置你自己所做的标记。还需要两块手表：一块是在A赛段开始时设置为零，另一块是标准时间，以备不时之需。

当距A赛段10秒倒计时开始的时候，只需记住按下秒表。在这个赛段，没有什么比骑上一匹健康而热情的马感觉更好的了。积极出发，保持享受和期待。

在A赛段你可以跑步，提前2分钟完成。这样在B赛段，你就可以在障碍追逐赛开始之前1分钟有时间检查马肚带。在赛前10秒，应靠近出发区，然后在还有5秒时进入比赛场地，按下秒表。这样你就会有一个顺利的开始。使马达到障碍追逐赛的速度（见第283页），提醒自己当马靠近第一道障碍时，坐好不动。

应完全按计划时间完成比赛，你将比规定的时间提前5秒完成比赛。逐渐减速，让马保持身体正直。如果它的步伐有点儿不平稳，不要担心，这是常见的情况。

助手会检查马蹄铁，在这个阶段更换马蹄铁很常见。C赛段——另一段平地追踪赛段，主要为马恢复状态而设计。目的是在越野赛前的3分钟到达D赛段的准备区（称为10分钟出发区或格形厩）。尽可能减少在准备区出现的支持者，因为你需要集中精力和保持心态平和。明确告知你比赛路线状况的唯一人选是你的教练，否则可能发生冲突和令人不快的建议。5分钟的预警后，越野赛开始，你应在比赛开始前3分钟已经完成准备（见下框）。进行短距离跑步，为马热身，给其穿好装备，按你的方式走到出发区。

经典赛程——A赛段倒计时准备

有序地进入第一个越野赛赛段——平地追踪赛段是至关重要的。多留一些时间很重要，以防发生意外，并能让你在比赛日提前做好准备。在喂饲料后，马至少应有4小时的休息时间。典型的倒计时准备如下。

5小时：喂马少量的干草，再喂一点儿饲料。

2小时5分钟：不再喂干草或饲料——充分饮水。

2小时：牵马走15分钟。

1小时45分钟：整理马具。

1小时30分钟：给马钉好防滑钉。

1小时15分钟：给马绑上绷带，穿上蹄碗。不要太紧。

1小时：检查马的状态。

45分钟：为马戴上马鞍和水勒。

30分钟：准备好，穿上比赛服装。

15分钟：骑马去出发区，四处走动。

（如果A赛段很短或者你的马是一匹老马，那么可能需要更长时间）。

短和长赛程——越野赛热身活动

每匹马都是不同的，需要的热身活动稍微不同，但是从基础项目着手是有用的。大多数顶级骑手在短赛程时做类似的适应和调整练习，就像他们之前在长赛程上做的那样。在短赛程的越野赛中他们也遵循相同的倒计时准备方法，就像在长赛程的障碍追逐赛中所做的那样（见下框），这意味着他们要在比赛开始前的大约45分钟骑上马。

许多马会从30分钟的慢步中受益，而不是出发前的2小时。热身活动的前15分钟是慢步，可能还有快步和在缰绳的控制下安静地跑步。随后是3~5分钟的以场地障碍赛速度进行的跳越障碍练习，包括以一定的角度跳越障碍，接着是10分钟的更活跃的活动。这之后是最多5分钟的更有力的跑步和以更快的速度跳越一些障碍，在比赛开始前你们还有10分钟

的时间可以慢步和恢复。热身活动对骑手来说也很重要，其目的是让马和骑手都能够进入准备就绪的状态，并且渴望进入比赛路线。

越野赛的出发区到终点

在出发区，你要在比赛开始5秒前倒计时。提前考虑到第一道障碍，并保持正确的方向和速度。在整个过程中，你要集中精力，提前考虑下一道障碍。即使一切都按计划进行，但也会有一些意外，这时马会助你摆脱困境。你应了解马的自信程度，如果觉得马需要休息，那就选择一条不那么难的路线。如果马表现不佳，那么你必须停下来以时刻保证安全。总有一天会有机会。记住，如果训练计划执行得很好，那么你和马应有足够的精力来完成比赛，而不是挑战身体的极限去完成，这将大大降低越野骑乘的风险。

越野赛结束后

在越野赛赛段后，照顾马是首要任务。对你们比赛中的表现的所有分析都应得到保存，直到马状态良好。

你们到达终点时，兽医会检查马的体温、脉搏和呼吸。询问结果，并记下以备日后参考。与此同时，松开马肚带，带马四处走走。卸下马鞍，快速冲洗马，继续带马走动。10分钟后再冲洗一次马，喂点儿水，让马一直保持走动的状态。冲洗时，不应让水在身体上升温并停留在那里——应该把水刮掉，以帮助冷却过程。这是检查马是否有割伤、擦伤和肿胀的时候。

15分钟后，马的状态就会完全恢复。再次记录马的体温、脉搏和呼吸，取下蹄碗和绷带，喂马更多的水，使它持续保持走动。30分钟后，马可以一直喝水，如果天气良好，可以人工放牧。检查马是否有割伤、擦伤和肿胀。处理轻伤时，请确保不要使用含有违规物质的药物。如有疑问，请务必咨询兽医。

越野赛后大约1小时，可以在马腿上使用冷却剂，将马带回马房，在那里马可以吃少量的干草和饲料，然后让马单独休息几个小时。如果越野赛在中午结束，每2~3小时，马应被牵着走动或人工放牧15分钟，但是尽量让马独自过夜。在马休息前，应仔细检查是否跛脚。如果马跛脚，必须咨询兽医，并就问题的严重程度和如何正确治疗进行咨询。不要因

经典赛程——越野赛赛段的倒计时准备

在10分钟出发区，你需要至少两名助手，一名负责牵马，一名帮忙准备装备。他们需要知道具体的流程，而没有诸多疑问，这样你就可以专注于面前的挑战。

12分钟：当从C赛段回来时，让助手照看马，一切都应检查，尤其是马蹄铁和防滑钉。

11分钟：兽医检查马的体温、脉搏和心率。

10分钟：适当为马升温或降温。清洗马嘴。检查两次马蹄铁、蹄碗和绷带。

9分钟：牵着马走。当你保持安静和保温的同时，你的助手会向你简要地介绍比赛路线情况。如果口渴了，就喝一些水。

8分钟：继续为马降温。保持马处于运动的状态，并更换必要的装备。

5分钟：给马腿抹油，把缰绳擦干。

4分钟：上马检查马肚带。

3分钟：你重新回到马上，用缩短快步或跑步让马动起来。

2分钟：想象你选择的路线。

0分钟：在比赛开始前5秒按下你的秒表。

验马 待在马身边，与马保持一致。不要拉扯缰绳，而是让马的头部自由转动。尽量让马保持警惕

为完成比赛就忘乎所以，时刻关注马当下及以后的状态。

第二次验马

第二次也是最后一次验马是为了让裁判检查马是否以良好的状态完成了越野赛，是否适合参加场地障碍赛。在验马前3小时把马从马房牵出，慢步15分钟以检查其状态是否良好。将马送回马房，开始准备工作，包括梳理马鬃毛，在下次慢步之前再次喂食。如果马状态不佳，应寻求兽医的帮助。确保你在验马前30分钟准备好，并让马保持慢步或快步的状态。

场地障碍赛日

你参加场地障碍赛的时间取决于你在以前三日三项赛中的排名，因为这个比赛是以排名相反的顺序进行的。如果过早进行跳越障碍练习，你就必须在步测比赛路线之前开始热身。按照一般的规定，你需要在场地障碍赛开始前半小时到比赛场地。当你步测比赛路线时，请不要分心。步测过两次比赛路线之后，你就应该对自己要走的路线了如指掌了。

热身活动的时间需要精确。时间过短，马在前一天的比赛后身体可能仍然僵硬；时间过长，马可能疲惫。你的体能训练计划和调整训练越有效（见第310~317页），热身活动

就会变得越来越平常和容易，但是由于前一天的运动，大部分的马不能最大限度地发挥能力。

让事情变得简单。最初，只专注于放松马，并通过腿扶助和缰绳扶助获得良好反应。当你们前面有大约7~9匹马在排队等待比赛时，那么你们就以快步或跑步跳越2~3道小型障碍。跳越有地面引导线的垂直障碍，逐渐增加高度，跳3~5次。许多马在赛场之外会跳得太多，所以在这个阶段必须根据马的状态来决定。如果马身体僵硬，可能需要更平稳的路线来令它放松后，再跳越障碍。如果一切顺利，专注于确保马以3.7米的步幅前进，并且在逐渐增加高度的情况下跳越双横木4~8次，以进入跳越障碍状态。在这个时候，应该有2~3匹马在排队等待比赛。让马保持慢步继续前进的状态，不要分心，同时再想象一下路线。根据马的状态，应在进入比赛场地前跳过一道垂直障碍。进入比赛场地后，请记住向裁判敬礼，最重要的是，等待铃声响起——在铃声之前开始动作会导致被淘汰。在比赛时只要专注于正确的方向，以正确的速度骑乘就好。

无论发生什么，离开比赛场地时，提醒自己完成了三日三项赛，这是多么了不起的成就！你应为自己感到自豪！

场地障碍赛的热身区域 用盛装舞步训练来作为热身活动，以场地障碍赛步幅跑步。先专注于连贯地跑步和流畅地跳越障碍，再应对一些更大的障碍。在进入比赛场地前，请留出足够的时间，闭上眼睛，回顾一下比赛路线

比赛装备

相比于盛装舞步赛和场地障碍赛，三项赛的参赛者较少。你不能因为准备不好、缺少或使用错误的装备而浪费你的机会。例如，使用错误的衔铁，没系好帽带，忘了医疗卡等，这些错误都可能导致你被淘汰，而破损的用具会直接导致你退赛。将你的装备分类，并分别装在不同的盒子或袋子里，这样可以避免混淆，节省比赛时间。良好的准备和装备可以让你专注于比赛和骑乘，这将有助于提升你的表现。

成功的关键是要有一个知道怎么做的支持团队。你可以通过井井有条的安排让团队和你的生活更轻松，你也不用在准备比赛的时候回答关于设备的基本问题。专业的团队会让你更自信。

骑手装备清单

不断改进的骑手装备规则意味着骑手要了解头盔和防护衣等物品的标准，这一点非常重要。良好的外表对赞助商、组织者和东道主来说都是一种尊重。记得要穿漂亮的衣服参加验马和任何官方的活动，你要给他们留下一个好印象。

盛装舞步赛和场地障碍赛服饰

两条马裤
靴子
盛装舞步赛燕尾服
骑乘夹克
高顶礼帽
头盔（包括别针和发网）
袜子和内衣
两件衬衫（无领，带后饰纽或纽扣）
狩猎领巾，领带夹，安全别针
两副手套
腕表
盛装舞步鞭
障碍鞭
马刺
衣刷

私人物品

衣服
护照
日程表
外币（如果需要的话）
外语常用语手册（国外比赛）
医疗卡
保险单

越野赛服饰

透气马裤
靴子
无檐头盔和包布
袜子和内衣
衬衫（越野赛用颜色）
狩猎领巾（胸甲）和小的安全别针
手套
两块秒表
障碍鞭
马刺
卡片和胶带（越野赛时用）
防护衣

通用装备

防水外套
防水紧身裤
外套
帽子
手套
防水靴
防水笔记本和笔
闹钟
急救包
跑步鞋
规则说明书
彩色的马裤和护腿
测量轮

马的急救箱

表中物品包括了马需要的基本急救物品。只有兽医可以携带保泰松、镇静剂、兴奋剂、注射器、药物或针管。

外用：
炉甘石洗剂
抗菌乳膏
抗生素粉
羊脂膏
凡士林
眼药水

腿部：
用于清洗腿部的酒精
金缕梅凝胶
高岭土泥敷剂或冷凝胶
医用药膏
冰包（至少四个）
搽剂/深度热疗药膏

恢复辅助用品：
葡萄糖
电解质
山金车修护霜

消化：
泻盐（消化助剂）
硝石（利尿）
碳酸氢钠（用于缠绕和捆绑）
牛奶/亚麻子油/麸皮（便秘）

医疗用品：
脱脂棉和衬垫敷料
无菌敷料和黏性膏药
各种绷带、针和胶布
剪刀、镊子和温度计

马具清单

在三项赛中可能有一些突发事件，但如果助手们都知道东西在哪里，那么你就不会慌乱。因此，合理地整理马的装备，如有必要，贴上标签，并确保在离开家时你的助手们都了解这一切。

马用具

盛装舞步赛：
水勒（全套）
马鞍（全套）
汗垫
绷带
护腿

越野赛：
水勒（全套，配橡胶缰绳）
马鞍
汗垫
护腿
绷带
塑料防水套
靴带(系在水勒上)
马丁革
胸带
肚带/安全肚带

场地障碍赛：
水勒（全套）
马鞍（全套）
汗垫
护腿
绷带

调教(按要求)：
双勒
副缰
调教鞭和调教索
调教笼头
各种衔铁
粗毡鞍垫

运输马的装备

无衔铁水勒和绳索
旅行护腿、护尾和肚带
干草袋子
水桶
口套(如果需要的话)

防滑钉和维修

钉掌工具
扳钳/扳手
钉子和塞子
填料（脱脂棉）
一组防滑钉（各种类型）
备用马蹄铁和衬垫
打孔机
线和皮革针
胶带和刀

马衣及其他织物（酌情而定）

夜间马衣
户外马衣
防汗马衣
夏季马衣
日间马衣
防水马衣
调教背包/汗垫
马房绷带和填充敷料

马房装备

饲料和水桶
喂养时间表
勺子
饲料
干草
干草袋
添加剂/盐
多肉植物/苹果/胡萝卜
软管
粪箕斗
清理粪便工具
装水容器
马推子
延长绳
推子油/刀片
鼻拧子
防护畜栏
挂锁和钥匙
如果需要，可以浸泡干草的容器

清洁用品

马的通行证和证明文件
时间表
饲料清单
清洁套装，包括喷雾套件
防尘套件
通用清洁工具包，包括衣夹
钉盒
挂锁和钥匙

越野赛专用装备

障碍追逐赛和格形厩（经典赛程）：
急救包——小的、防水手提箱
急救箱
备用马蹄铁/防滑钉
刀、打孔器、胶带、系带
蹄碗
防磨护腿
蹄镐、扳手

仅出发区用：
防水手提箱
绳子和毛巾
铲斗、海绵和刮板
适量冰和酒精
温度计
防水马衣
网纱马衣
轻便马衣
蹄油和塑料手套

备用：
缰绳和皮挡圈
皮革和蹄铁
胸带
马丁革
肚带和安全肚带
粗毡鞍垫
水勒和衔铁

骑手的问题

问题	可能的原因	解决方法	
跳越障碍落地时身体不稳	● 小腿姿势不对	● 注意小腿的姿势（见第250~251页），并把身体的重量压在脚跟上，而不是脚掌。一个良好的腿部姿势是保证安全的关键。	
	● 没有打开膝关节和髋关节	● 当马在跳越障碍时，骑手的臀部撞到马鞍上时，骑手的身体就开始摇晃。这在跳过更大的障碍和洼地时尤其如此，主要是由于骑手没有打开膝关节和髋关节或骑乘得太久（见第250~251页）。	
	● 身体向前倾	● 如果在马起跳时你的身体太向前倾，你就会身体不稳。在跳越障碍时保持一个更好的平衡。	
在跳过洼地时身体不稳	● 身体后倾	● 许多骑手被告知要在洼地处身体向后倾，但结果是他们的臀部撞上了马鞍，他们的小腿向后撤以保持身体平衡。这样就形成了一种非常不安全的骑姿。在这种情况下，打开膝关节和髋关节，必要时手指松开给缰（见第251页）。	
在组合障碍处迷失方向	● 缺失方向点	● 眼睛看向你要去的方向将帮助你快速应对各种情况。为了做到这点，你需要明确知道你想要走的路线。仅仅知道你跳越的是障碍的哪部分是不够的，把两点连起来会很有帮助（见第267页）。	
	● 马在跳越障碍时身体不够正直	● 如果马跳越障碍时偏左或偏右，那么它跳组合障碍会有困难或有危险的。回到平地训练和基础的跳越障碍练习（见第69页）。	
没有办法达到正确的速度	● 准备不足	● 当你越野骑乘时，知道骑乘的速度是至关重要的。比场地障碍赛要求的速度快或慢的速度跳过一些障碍；出于你自身安全的考虑，你必须学会感受这些速度的不同。在你的准备过程中，在设定的间隔处使用标记（见第252~253页），目标是感受300米/分、400米/分和500米/分的速度之间的差别。	
	● 时间点不够	● 在一场比赛中，你需要监控速度，避免速度太快。计算出比赛路线的半程点作为时间标记。在更高级的比赛中，把路线分为2~3分钟的一段。	

问题	可能的原因	解决方法
在障碍追逐赛中很难达到正确的速度	• 时间点不够	• 为了监测你的时间安排，你要测量障碍追逐比赛路线的距离，每隔几分钟就算一下你应该在哪里。使用每隔几分钟就响一次的秒表或是普通手表。但是，如果在跳越障碍时到了时间点，那你就等到跳越障碍后再看时间。
	• 马前冲	• 如果你因为怕马前冲而骑得太快，那么你应该尽全力将马拉回来并做短暂的休息。
	• 恐慌	• 相信你的方法，保持冷静。避免骑得太快——否则这会耗尽马的能量，增加跳越障碍时的风险。
在障碍追逐赛中感到不安全	• 缺乏循序渐进的训练	• 如果你的训练是循序渐进的，你将在骑乘中感到安全。在确定了跳越障碍的正常速度后，在越野训练时你就可以逐渐加快速度。一旦你适应了这个速度，那么你已经准备好去跳越同等高度的斜桦树障碍了。然后，你可以逐步增加速度，并尝试参加标准的障碍追逐赛。
	• 马镫太长	• 为了增加安全性，你可以缩短镫带（大约2个孔）。当跳越障碍最高点时，你要将臀部靠近马鞍，这会让臀部保持在膝盖的后面。即使马仓促越过障碍，你也是安全的。你不用将镫带调得像赛马骑师的那么短，研究他们骑乘时的照片，可以帮助你了解你必须要做的事情。
感到恐惧	• 缺乏循序渐进的训练	• 许多骑手会说，他们需要一点儿害怕来集中精神和表现最好。然而，如果你非常害怕，那么你不应该参加越野赛。你的信心会随着循序渐进的训练和合适的团队的支持而迅速恢复。
	• 过去的经历	• 在有了一段糟糕的经历后，你很难重拾信心。分析问题发生的原因，并确保相同的情况不会发生。
	• 缺乏控制	• 如果马失去控制，唯一明智的方法就是让它停下来。不要冒险骑着一匹你无法控制的马，这样会伤害自己或他人。改变你的准备工作，改天再来，换用不同的衔铁和鼻羁。不要只是希望马能安静下来。如果有必要，带马去做专业评估。

马的问题

问题	可能的原因	解决方法	
马蹄打滑或滑倒	● 缺少合适的防滑钉	● 马只要钉上合适的防滑钉，就可以应付各种各样的条件和地形。重要的是要用合适数量和大小的防滑钉。这是因为防滑钉有可能使马蹄铁脱落，并且存在马被防滑钉伤害的风险。一般来说，避免使用尖锐的防滑钉，并在马后蹄上使用比前蹄更大的防滑钉。	
	● 超速	● 恐惧或是缺乏运动能力的马会有更大的概率滑倒。然而，最常见的滑倒原因是跑得过快。你不会在开车时这么做，所以也不要在骑马时这样做。在危急时刻，别管时间了，降低速度骑乘。	
不愿向前	● 缺乏循序渐进的训练	● 如果马没有准备就绪，没有向前行进的意愿，你进行越野骑乘就是不安全的。大多数马会很享受越野骑乘，只要它们在训练中有进步并得到骑手的明确指示，马就会保持积极性。	
	● 消极或限制性地骑乘	● 如果你太消极了，更糟糕的是，通过缰绳来限制马的运动，你可能发现马很快就失去了信心。你需要相信你的准备，以饱满的热情去进行越野赛，这会帮助马保持状态。做更加积极的热身，让马进行简单的练习。	
失去控制或前冲	● 过度兴奋	● 如果你不能控制局面，你就必须停下来。为了帮助你做到这一点，辅助缰绳通常是很有用的。许多马因为太过兴奋而拒跳，而循序渐进的训练将帮助你避免这个问题。	
	● 恐惧	● 马受惊时，本能的反应是逃跑。找到恐惧的根源，这样你就能解决这个问题。停止越野骑乘，返回跳越障碍训练和平和的调教练习。	
	● 行为习惯	● 马前冲是因为它过去曾这样做过，而且当时感觉很好。更换衔铁和鼻羁应该能解决这个问题。你会发现马很快就会适应更有力的衔铁，重要的是不要太频繁地使用这种方法。最好的办法就是使用双勒衔铁（见第372页），因为你可以主要使用小衔铁，只是偶尔使用大衔铁。	

问题	可能的原因	解决方法
缺少动力	● 不够冷静	● 许多马在越野赛袭步时会失去冷静，由此产生的紧张感会抑制动力和自控力。这是训练一匹越野马的最大挑战——让它全力前进，又不失冷静。
	● 不愿向前	● 准备就绪的马，它必定具有前进意愿。坚定地前行可能有所帮助，但如果马的状况没有立即改善，你应该再回去训练。
	● 身体不够正直	● 在压力之下，许多马开始依靠偏好的那一侧来前进，这使得它们在袭步和跳越障碍时身体倾斜，减少了力量和动力。再回到平地训练和基本练习，专注于马的身体均衡发展。当马身体健康时，确保马均衡地使用身体（见第69页）。
失去信心	● 过分伸展	● 如果障碍太大或太宽，马会很快失去信心。返回到小型障碍训练，在跳越更大的障碍之前，巩固训练，恢复马的自信。
	● 身体不适	● 因为不适，马会经常丧失信心。这可能是由于骑手在马鞍上坐得太过于靠后、马鞍或水勒勒紧，以及马背部下塌、踢到障碍或疲惫造成的。让人看着你骑马的姿态，并帮助你确定马不适的原因。
	● 马蹄打滑和滑倒	● 在困难的情境下慢下来，确保你使用了正确的防滑钉（见第175页）。
疲惫	● 缺乏锻炼	● 一个很好的体能训练计划意味着马要准备应付比比赛要求更高的训练。如果马因为健康状况不佳而疲惫不堪，那么它就有可能对你和它自己造成伤害，这种情况下你必须停止比赛。如果接近比赛路线终点，停止让人心有不甘，但是只要有一道障碍马就会摔跤。
	● 过快的速度	● 在一场激烈的比赛中，一些骑手失去了感觉，骑得太快，这很快使马感到疲劳。在训练中，你必须掌握判断速度的方法（见第252~253页）。
	● 疾病	● 尽管马准备得很好，而且行进得很好，但它可能因为身体不适而感到疲劳。对马的异常行为保持敏感，并检查它的体温、脉搏和呼吸，将此作为习惯。这应该列在比赛期间应该做的事的列表上。

马的问题

问题	可能的原因	解决方法	
不看路或不专心	● 缺乏第五条腿训练	● 安全是至关重要的。你需要训练马，让它知道它正在跳越什么，并知道照顾骑手和它自己。在骑术训练和跳越障碍训练中，马应该保持冷静、自主的精神和自己解决问题的信心。在越野训练中，使用复合障碍（与骑手保持非常轻的缰绳联系），并以较慢的速度了解各种障碍，这将有益于它的第五条腿训练（见第256~257页）。	
	● 过度骑乘	● 有些马不专心，因为它们正在听过度骑乘的骑手的话。不要把越野骑乘看作一项要求很大力量的活动。你必须尽可能地保持不动，尤其是当你靠近障碍的时候。	
	● 过度兴奋	● 平静地骑乘将对兴奋过度的马起作用，但是如果马的表现没有提高，那么你不应去参加越野赛。	
后肢碰到障碍	● 不适	● 如果马用它的前肢跳越障碍，并且它正常跳跃，那么它的后肢应该没有理由碰到障碍。例外情况是，马的背部疼痛，或者骑手收紧缰绳，并且重重地坐在马鞍的后部。如果马跳跃情况异常，建议交给兽医检查。	
	● 骑手的限制	● 如果你的姿势限制了马，你需要以较慢的速度跳越较小的障碍。重新建立你的信心、平衡和协调。	
止步不前	● 失去信心	● 当一匹马失去信心时，它最终会停下来，拒绝跳越障碍是可以理解的。避免惩罚马，在教练的帮助下，尽早解决问题。	
	● 自我保护	● 有些马止步不前可能是因为进退两难，也可能是由打滑或迷路而引起的。一匹好的越野马必须有强烈的自我保护意识，不盲目地跳越任何障碍。激进的骑乘是危险的。因为这会让马跳越障碍时不认真。如果你感到沮丧，停下来休息一下。	
	● 疲惫	● 马可能因为疲劳而停下来。试着在马做出这个决定之前停下来，记住好的准备意味着马仍然可以做更多的事情。	

问题	可能的原因	解决方法
撞到障碍的前部	● 超速	● 大多数马会重视越野障碍，只是会偶尔碰一下。但是，如果你要求的速度太快或马累了，撞到障碍的情况可能变严重。确保跳越每种类型的障碍时都有合适的速度（见第253页）。你前进的速度越慢，犯错误的空间就越少，所以放慢速度。
	● 疲惫	● 如果马累了，只有一个答案——你必须停下来，改天换匹合适的马再来。
	● 被骑手干扰	● 一匹马可能撞到障碍前部，是因为骑手在障碍前突然改变速度和他的重心以获得正确的起跳点。这一切都会导致相反的结果，马在起跳前用了很小的步幅，靠近障碍，然后撞上它。
太慢	● 状态不好	● 比赛时马需要按照指定的速度进行，以避免时间罚分。越野赛设置的比赛路线要求方向和速度有许多变化，因此你需要积极地骑乘。在整个比赛过程中，你需要让一匹马保持良好的状态。
	● 路线不好	● 在步测比赛路线时，需要查看所有可能越过障碍的路线，看看在不影响安全的情况下，哪些地方可以节省时间。为了做到这一点，你要在障碍前多花费一些时间，这样你挑选的路线会更好。
	● 缺乏可控的动力	● 和你的马争夺控制权对你们两个来说是徒劳无益的，最快最安全的比赛通常需要骑手和马拥有最佳训练基础，并了解他们在合作关系中的责任角色（见第258~259页）。
不喜欢越野障碍	● 缺少准备	● 许多马不喜欢越野赛障碍，因为它们没有进行过循序渐进的训练。马最不喜欢的典型障碍是水障——在训练的早期阶段，努力找到溪流和浅水进行训练。
	● 不舒服	● 如果马第一次跳越一种特殊的障碍让它感觉不舒服或害怕，它会把这种障碍与这些感觉联系起来。此外，一匹脚或背疼的马会发现越野赛比赛路线中各种不同的地面和洼地让它感觉不舒服。

第八章

马的身体准备

有效的训练不仅能提升马在比赛中的表现，缓解疲劳，而且能够保持其训练的热情和积极性。本章将向你展示如何根据马的特定需要和比赛的具体要求为马量身定制有效的体能训练方案。为此，你需要对马的基础生理学，以及马的速度、力量、弹跳力、柔韧性和耐力有一定的了解。方案涉及不同强度下的训练，并且需要你在一段时间内评测马的健康状况。马的饮食也会影响其表现，因此你也应制订一个合适的喂养计划。

马的体能

马必须足够健康，才能发挥稳定且不会有疲倦感。每种马术项目需要的力量、速度、弹跳力、柔韧性和耐力的比例不同，因此马需要不同的训练计划。理解如何通过训练达到特定目标是制订任一种体能训练计划的基础，因此你需要了解有氧训练（肌肉的有氧使用）和无氧训练（肌肉的无氧使用）之间的区别，这很有必要。

健康而快乐的马

马所需的体能水平取决于其正在做的运动类型。尽管马进行低水平的比赛并不需要达到最佳体能，但马的身体应足够健壮才能轻松完成比赛。这样做不仅可以降低疲劳带来伤害的风险，而且可以减少马的身体恢复时间。这样的训练对马而言也会是更加愉快的体验。体能训练不仅仅是为了让马能够拥有良好的身体素质，而且能使马保持良好的状态。金牌或荣耀无法成为马比赛的动机，它很难理解为什么需要再次沿比赛路线前进。因此，保持马的积极性至关重要，你要小心制订那些会使马过分紧张或过于苛刻的训练方案。

很少有马能承受极大的压力。你可以通过训练变化使马保持快乐的心情，和它一起训练，这样它就愿意在训练结束后再多做一点儿。在极快的训练进度下，你需要给予马适当的休息时间。注意马身体不舒服的一些迹象，准备好在适当的时间给予其奖励和休息。令马身心愉快的最重要因素是确保其能够适应训练。良好的训练能让马充分使用其背部，这也是能使之感到舒适的重要指标。所有类型的体能训练都应按这一标准来进行。

无氧运动　肌肉在无氧条件下进行的短时间剧烈运动被称为无氧运动。在场地障碍赛中，几乎每次跳越障碍都是无氧运动；在盛装舞步赛中，跑步定后肢旋转、伸展以及皮亚夫也是如此

各项比赛中马的体能要求

盛装舞步和障碍赛都需要很强的弹性和柔韧性，而且障碍赛选手也需要速度。越野需要更多的速度和耐力。因此，一项赛事包含五个健体的组成部分。这些马相当于人类的十项全能选手。

科目	力量	速度	弹性	柔软	耐力
盛装舞步赛	25%	最少	30%	40%	5%
场地障碍赛	15%	20%	40%	20%	5%
越野赛	5%	40%	15%	10%	30%

体能指标

评估马的体能时，要考虑几个指标：力量、速度、弹跳力、柔韧性和耐力。这些要素都相互关联，所有的训练都需要精心设计，为了在一定程度上提升马的各项指标。花费在每项指标上的训练时间取决于你所参加的特定比赛。

但这并不意味着任何一匹马都可以通过训练来适应各种比赛。每匹马有不同的体能极限，个体的体能潜力是在出生时就决定的。良好的训练可能使马发挥潜力，但不能超越。然而，很少有马能够达到其身体的极限，这样体能训练的各个部分可以对它最终能达到的水平产生重大影响。

• 力量训练归根到底是为了强健肌肉，使马能更轻松地载着骑手，更多地使用后躯和后肢以达到更好的平衡。绝大多数的骑术训练是建立在基础力量上的。在训练中尤其要加强马的收缩能力训练（见第142~143页），这能提高马的承重力。

• 速度主要是指马的快速加速能力。只有在极短时间内或马疲倦的时候需要加快速度时，才应要求马达到极限速度。

• 在盛装舞步训练中，弹跳力是必需的，因为马在快步或跑步时经常会有腾空期。在跳越障碍练习时，起跳时对弹跳力有很高的要求。练习的目的是加强马的肌肉的弹性力量和训练马的快速反应能力。对于要参加盛装舞步赛和场地障碍赛的马，跳越障碍是必不可少的弹跳力训练。

• 提高柔韧性或灵活性是大多数骑术训练的主要目标。柔韧性可使马最大限度地使用所有关节。力量、速度和弹跳力的组合所产生的力量在马灵活的身体内使用时，就形成了动力——驱使马向前行进的力量，使马以一种积极的、充满活力的方式行进。

• 耐力就是持久力，能够使马长时间稳定地行进，需要有氧锻炼的肌肉起作用。

三项赛马——在盛装舞步赛、越野赛和场地障碍赛中角逐——是完美的全面发展的马运动员。为达成那样的目标，会根据每匹马自身的长短板，安排不同的训练和健身计划。对于一匹三项赛的竞技马来说，最重要的是足够的速度。在这个竞技领域，如果让马太逼近自身的极限会大大增加受伤的风险。

了解马的生理

马是非凡的、天生的运动员，它的心血管系统提供了比其他类似体重的哺乳动物高得多的有氧代谢能力。对应不断增加的训练，这个系统的功能有了很大的提升。

如果从基本的哺乳动物生理学来看，这个心血管系统的作用是显而易见的。通过收缩和放松肌肉来完成运动，并产生运动所需的能量，营养物质随氧气消耗。肌肉所需的氧气由血液供应，心脏保证血液的流动。营养物质消耗的过程导致产生二氧化碳和其他废物，如果没有将废物清除，它们最终会毒死细胞，所以血液也充当了废物收集器。二氧化碳被带到肺部呼出，其他废物被带到肾脏经尿液排出。

有氧运动和无氧运动

消耗氧气产生能量的运动被称为有氧运动。这种运动是高效的，因为它会产生低等级的废物。但是，在一些剧烈的运动中，血液无法足够快地输送足够的氧气，肌肉可以在不消耗氧气的情况下分解营养物质来暂时解决能量危机，这被称为无氧运动。

无氧运动会产生比有氧运动多得多的乳酸，除非将其清除，否则这将阻碍肌肉发挥正常的作用。无氧运动只能持续约2.5分钟。经过一段无氧运动，身体就会产生氧债，只要休息一段时间便可以恢复。心脏功能越强，需要的无氧运动就越少，这个恢复时间就越短。另外，随着心肌不断得到锻炼，心脏将变得更强大、更有效率。因此，加强心血管系统的训练将减少产生无氧能量的需求。

然而，盛装舞步赛、场地障碍赛和三项赛都需要产生无氧能量，所以重要的是马能够做一些无氧运动。马有两种主要类型的肌纤维，专门用于做有氧运动和无氧运动。马还有第三种类型的肌纤维——可以进行有氧运动或无氧运动，取决于最初的使用方式。另外，一些科学家认为，如果马最初在无氧条件下运动，一些慢肌纤维会模仿快肌纤维起作用。这意味着，一匹年轻马不能充分发挥其无氧运动所用的肌纤维的潜力。

训练计划

体能训练计划都必须适合每匹马和每项比赛。例如，场地障碍赛一轮只持续1~1.5分钟，跳越障碍需要马有极好的体力，就像人类的短跑比赛；而越野赛持续的时间较长，更像是中长跑比赛。中长跑运动员比赛时主要靠提高身体氧容量的有氧系统，为产生长期耐力的肌肉提供所需的能量，这同样适用于耐力马。短跑运动员主要使用无氧系统，障碍马和盛装舞步马也是，需要强大的无氧动力才能产生力量和弹跳力。越野马需要在有氧系统和无氧系统共同作用下比赛，因为它需要改变速度。短暂的激烈跳跃需要马具有力量和弹跳力，而且有时候它的身体会出现氧债。

重要的是，你要知道训练类型是哪一种。许多人认为他们对马进行的是有氧训练，但实际上他们在进行的是无氧训练，并使马的身体出现氧债。例如，人类的无氧运动的经典形式是冲刺100米，然后步行300米，重复9组。有氧运动可以参考这种训练方式，不过是更长时间的低强度训练和更短时间的休息，如跑步300米，然后步行100米，重复训练。虽然马不能像某些人类运动员那样，持续保持体能巅峰状态进行训练，但仅仅通过长时间、稳定的低强度训练来进行有氧运动是没有用的。对于比较敏感的马，这种低强度的工作可能有用，但它不是提高障碍马和盛装舞步马动力的最好方式。无氧训练要求马在短暂的休息时间内有尽可能多的动力，带有中间休息的跳越复合障碍是不错的练习方式。在平地上你可以改变要求，让马做一些不太费力的练习并给予奖励，随后在短时间内进行高强度训练。

在训练中要使马保持平静愉悦的心情，这将决定你对它要求的限度。有氧训练，如野外骑乘和低强度的平地训练，对于参加三项赛的马特别重要，因其体能的各指标都要锻炼。训练必须制订详细的计划。你可以制订一个跑步训练计划（见第315页）来调节马的有氧系统和无氧系统。

训练要求

科目	无氧训练	有氧训练
盛装舞步训练	60%	40%
场地障碍训练	75%	25%
越野训练	40%	60%

有氧运动　在越野赛和耐力骑乘中，都有一些不太剧烈、速度较慢的运动，需要肌肉使用氧气发挥作用。当确定训练计划时，确保其包含定期的野外骑乘训练

体能训练计划

　　制订一个成功的体能训练计划的关键是要根据马的需求和可用的设施进行调整。间歇训练法让你可以灵活地使用有氧或无氧训练为不同的比赛训练马的体能的不同方面。根据你制订的3~4个月的训练计划，速度、训练时间、休息时间和周期频率都可以改变。

准备活动

　　在进行任何正式的跑步或袭步练习之前，必须给予马充足的时间和训练提升它的核心体能。你可以让马做拉伸训练，因为随着马的体能的增强，其前肢的主要肌腱将随着血液供应的增加而变得更有力。这通常需要4~7周的时间，取决于马的状态，但对从来没有进行过训练的较肥硕的马来说，可能需要两倍的时间。

　　体能训练一开始要在平坦的地面上进行，从20分钟/天开始，渐渐增加到90分钟/天，隔一天进行调教索训练，时间从15分钟逐渐增加到30分钟。调教索训练可以确保马有效提升

背线。每天都要进行快步和跑步练习。

　　从3分钟的快步和跑步开始。在2~3周的时间内，增加5组4分钟的快步和跑步。在这个训练结束时，应该进行轻松的野外骑乘训练，并持续2小时，在这期间有长达30分钟的快步和跑步。

间歇训练

　　在间歇训练中，短短的几个时段的训练之间有短暂的恢复时间。马很少能在体能达到极限的状态下训练。在任何间歇训练中，通常只有3~4个时间段，累计持续时

快速运动　经过4~12周的基本训练，马可以以400米/分的速度缓慢地跑步。以这一速度训练4周后，再在接下来的4周里，以650米/分的速度进行2~3组的80C米袭步。训练中，马应保持平衡，多练习上坡以减轻其前肢的压力

慢速运动　马应在具有核心体能和耐力的基础上进行长时间的慢速运动，这一点十分重要。在路上慢步或快步上坡都非常有用。你也应试着通过找到一些起伏不平的地方跑步来模拟越野赛比赛的情景

或易兴奋，每周一次可能就够了。调整计划，使马适应。

- 根据不同马的不同情况，可以调整训练时间和休息时间以及训练的强度，尤其是有氧训练或无氧训练的。

基础训练计划

　　间歇训练仅适用于已完成4~8周基本训练和适应性训练的成熟马。每天的间歇训练之前和之后必须有大约30分钟的普通热身活动和类似的缓和运动。如果马准备参加初级的三项赛，将需要提前进行8~16周的间歇训练。根据经验，第一次间歇训练大约为3.2千米，分为2~3个训练时间段。在每个时间段的后半部分，你可以增加大约800米的距离或者将速度提高10左右。

　　在这种间歇训练结束时，一匹马应能够轻松地以半速跑完三项赛中障碍追逐赛和越野赛两倍的赛程。为了避免在比赛之前受伤，很多驯马师试图将跑步部分减至最短，结果是马只在训练当天有充沛的体能。无论比赛的要求是什么，马的体能应比比赛需要的多。这意味着在比赛期间马受伤的风险将降低，因为它不会受到力量、速度和耐力的限制。

　　间歇训练的计划必须把比赛考虑在内。例如，在一日三项赛之后，通常减少一组间歇训练使马有时间恢复。如果马参加了多场比赛，那么间歇训练就要停止或少做一些。

间超过35分钟。这是一个很受欢迎的可选方案，可以代替长时间的跑步，并适用于参加三项赛的马，但所有的马需要做拉伸训练，场地障碍赛骑手在比赛前6周需要进行跑步训练（见第315页）。

　　间歇训练的主要原则如下。

- 如果给予一定的时间，身体将进行调整以适应各项要求。因此，要提出小而又不断增多的要求。

- 间隔时间是固定的，马的身体在下一项练习开始之前并没有完全恢复，这提高了训练的有效性。

- 训练时间应设定在压力极限的范围内，使马的呼吸、心血管和肌肉系统都逐渐得到提升。这样可以减少马受伤的风险。

- 间歇训练每3~4天安排一次，以便使马的新陈代谢恢复正常，并使其具备任何其他训练所需的素质。如果马年幼

肌腱受伤

　　马在高速前进时膝关节和球节之间的区域最容易受伤。这是因为在胫骨后面起作用的两条主要肌腱没有肌肉弹性好。如果肌腱过度拉伸或直接受损，可能对马产生长期的影响，如果再进行速度更快的训练，马很有可能进一步受伤和跛行。若轻微受伤，肌腱会变得伤痕累累并增厚。肌腱本应是直的，当受到重大伤害时，会一直弯曲。为了减少受伤的风险，请始终使用护腿保护马的腿部，确保训练是长期、缓慢的渐进式训练。如果一匹马前肢健壮，那将对训练有所帮助（见第363页）。每天都要检查马的该区域是否疼痛、发热或肿胀。一旦发现马有出现问题的迹象，要立即让其休息，并接受治疗。

恢复时间

间歇训练中的恢复时间通常在1~4分钟，具体取决于马和其训练的阶段。训练一段时间后马的身体恢复速度是通过脉搏和呼吸速率的测量来评估的（见右框）。脉搏可以在马训练或休息的时候进行测量，但是由于马在跑步时的呼吸是当时发生的，因此只有在马停止跑步时才能估计出呼吸速率。恢复时间应充足，使马的脉搏、呼吸速率下降到正常水平，然后重新开始训练。

如果马进行有氧训练，那么休息时间会更短，运动强度也要降低。如果马进行无氧训练，那么运动强度就会增加，它的身体会产生氧债（见第308页），所以休息时间一般较长。

训练时间

训练时间中每个训练时段通常为3~12分钟，每个时段马的速度应为400~650米/分。大部分训练马是以400~450米/分

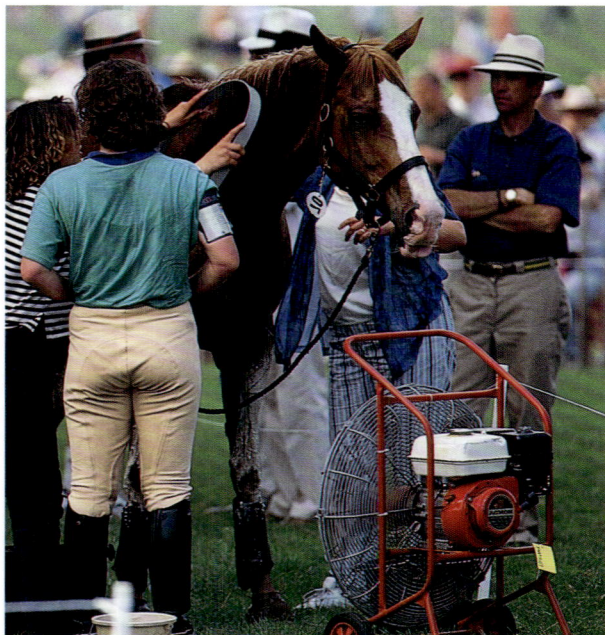

恢复速率 如果马没有过度伸展，它将在完成越野赛5分钟后恢复，并在10分钟后完全恢复。如果马在15分钟后没有完全恢复，那么应向兽医咨询

体温、脉搏和呼吸

马的正常体温（用直肠温度计测2分钟）为38℃，在剧烈的运动中，可能上升到40℃。如果马的体温一直保持40℃或更高，它必须立即由兽医检查身体。马休息时的正常脉搏数为每分钟36~44次，有氧训练时应在60~120次；无氧训练时，则应在150~200次。脉搏可以在马下颌骨下的面部动脉上检测。15秒内的脉搏数乘以4就是每分钟的脉搏数。你也可以使用连接到马身体的心率监测仪在训练期间对其进行测定。马的正常呼吸速率为每分钟8~16次，不应超过100次。观察马腹部两侧并计数，一呼一吸为一组，计数15秒，乘以4。

的速度完成的，但随着它适应能力的变强，速度可以增加到500米/分，最终达到650米/分。对参赛马来说，比赛之前的最后2~3周通常不需要更快的训练。马可以在平缓的山坡上训练，（根据坡度）可以将速度和距离最多降低20 。

评估体能

心脏、呼吸和恢复速率的记录可以帮助你评估马的体能，但是由于马之间的个体差异，必须先确定参照标准。为了进行有意义的比较，应在进行了同样的运动和恢复时间后进行评估。一种方法是每隔两周在同一座山坡上跑步后评估一次恢复速率。在恢复1分钟、5分钟和10分钟后进行评估。随着马的体能水平的提高，恢复速率应下降。请记住，可能存在虚假的读数：一匹兴奋的马的脉搏数会很大，一匹感觉很热的马会快速呼吸，试着在既定情况下为每匹马建立一个正常的模式。每赛季的训练计划和体能的比较也很有用。在越野赛结束时评估马的恢复速率，并将其与在以前的比赛中进行比较。还应让兽医在一年中隔一定时间对马进行血液检查以检查它是否存在缺陷。最后，驯马师富有经验的观察和骑手的感觉是训练计划的最佳评判标准。

上坡跑步 跑步或缓慢加速对加大运动强度也是非常有益的，同时还能减轻马前肢的负担

训练过度

马的精神和身体会感觉到训练的压力，昏睡和生病可能表明训练过度。在轻微压力发展成严重问题之前，应对马进行全面的观察以更改训练计划。应制订一个中期计划，以灵活地进行训练类型的调整。改变环境，与其他马一同训练可以使这一状况得到大大的改善，在合适的时间也可以让马多休息几天。

如果马在训练中感到不舒服，或者饱受痛苦，往往是由于训练过度导致的。如果这样的情况未经发现和处理，会导致它不愿意训练。研究表明，一匹马在体能上没有明显降低时，在一段训练之后也应有2~3周的休息时间，这时骑手应检查马有无任何受伤迹象。当马比赛时，通常没有必要做很多严格的跑步训练；如果马很健康，一般最好集中精力在训练的质量上而不是数量上。

与人类一样，受训强度大的马常常更易受病毒感染。大多数病毒不能用抗生素治疗，唯一的补救措施是让它休息和减轻它的压力。病毒感染是一个严重的问题，因为在感染的早期阶段，它们可能是检测不到的。它们也可能潜伏数个月，只有当马开始强度比较大的训练时才会显现。准确了解马的行为和习惯对发现问题非常有用。

快乐的马   除非马的精神状态和身体状态都很好，否则适应性训练不会成功。每匹马都应有量身打造的计划

不同的跑步训练计划

右页的表格是一个一星级三日三项赛的跑步训练计划。该计划适合体能稍不足而且之前从未进行过体能训练的马。

然而，跑步训练会因不同的马和驯马师而差别很大。这将对马的精神状态和计划本身产生重大影响。马的种类和个性，以及最近一次体能训练的方式，也将对跑步计划产生影响。一匹健壮年轻的马与一匹健壮并在巅峰状态的马有明显的不同。兴奋的马需要进行长距离跑步。纯种矮马一般很快就会变得很健壮，而一只从未进行过真正体能训练的冷血马则需要更长的准备时间。

三日赛前的跑步训练计划

在一星级三日赛之前的15周跑步训练计划应该根据马和环境进行相应的调整。起初，该计划通过慢速跑步来增强马的耐力，然后引入更快的训练。该计划含有无氧运动和有氧运动。跑步训练应每周进行两次（方案a和方案b），每段训练后都应短暂休息。马必须先热身20~30分钟，再进行缓和运动为下一阶段训练做准备。

周	第一个训练时间段	休息	第二个训练时间段	休息	第三个训练时间段
1a 1b	3分钟，400米/分 3分钟，450米/分	4分钟 4分钟	4分钟，400米/分 4分钟，450米/分	— —	— —
2a 2b	3分钟，400米/分 3分钟，450米/分	3分钟 3分钟	3分钟，400米/分 4分钟，450米/分	3分钟 3分钟	3分钟，400米/分 3分钟，450米/分
3a	越野训练				
3b	3分钟，450米/分	3分钟	6分钟，450米/分	2分钟	3分钟，450米/分
4a	6分钟，400米/分	2分钟	8分钟，400米/分	—	—
4b	空闲时段或越野训练				
5a 5b	4分钟，450米/分 8分钟，400米/分	4分钟 2分钟	4分钟，500米/分 8分钟，400米/分	5分钟	4分钟，400米/分
6a	4分钟，450米/分	4分钟	4分钟，500米/分	4分钟	4分钟，400米/分
6b	一日三项赛				
7a	休息和重新评估计划和目标				
7b	4分钟，450米/分	3分钟	4分钟，550米/分	3分钟	6分钟，400米/分
8a	8分钟，400米/分	2分钟	10分钟，400米/分	—	—
8b	一日赛				
9a	休息和评估				
9b	10分钟，400米/分	2分钟	10分钟，400米/分	—	—
10a	6分钟，450米/分	3分钟	6分钟，500米/分	3分钟	6分钟，400米/分
10b	一日赛				
11a	休息和评估				
11b	8分钟，400米/分	2分钟	10分钟，400米/分	2分钟	7分钟，400米/分
12a	4分钟，500米/分	3分钟	2分钟，650米/分	4分钟	4分钟，500米/分
12b	一日三项赛和障碍追逐训练				
13a	休息和评估				
13b	空闲时段/休息				
14a 14b 14c	2分钟，550米/分 2分钟，550米/分 2分钟，550米/分	2分钟 2分钟 2分钟	2分钟，600米/分 2分钟，600米/分 2分钟，650米/分	3分钟	2分钟，550米/分
15a	空闲时段				
15b	三日三项赛（初级级别）见训练概述（见第282~283页）				

饲喂方案

马需要适合其体重和体质的饲料以满足训练需求。合适的液体摄入量加上优质的干草，以及少量多次喂养是良好的喂养计划需要遵循的原则。应通过补充适合马比赛训练的特定能量需求，尽可能地还原马的天然进食习惯。

少量多次喂养

在自然环境下，一匹马大约60　的时间都在吃草（见第38~39页）。喂养方式应尽可能地贴近这一点：一天中尽可能持续地喂马。频繁的少量进食比两顿大餐更易消化。马的饲料中最重要的部分是高质量、干净的干草，因其提供了纤维和马所需的12%的蛋白质。如果这样的干草可以不断地供应，一匹成熟的马可能每天会吃9~11千克，这不仅能满足其基本的能量需求，而且还容易消化，降低发生肠绞痛的风险。另外，这样还会使马有饱腹感，花费大量的时间进食也避免它感到枯燥。

硬饲料，如燕麦或坚果仅能满足前两个需求（纤维和蛋白质），随着训练水平的提高，这也是马所必需的。一匹马一次最大限度不要进食超过1.8千克的燕麦或900克的坚果（理想情况下甚至更少），否则它有可能发生肠绞痛，而且只有部分食物能被消化。

频率和数量

尽管人类对多样性有着强烈的渴望，但最好严格定时定量给马喂饲料。有规律的喂养可以使马对营养成分的消化和吸收效率高达40　。马每45千克的体重需要约1.1千克的饲料，所以一匹450千克的马每天需要11千克的干草和硬饲料。一般来说，马每45千克的体重最多可消耗450克的硬饲料；如果硬饲料增加，每450克硬饲料配比的干草应减少300克。稍微进食而不是过量喂养是明智的，否则马可能变得精力过于旺盛。

坚果搭配颗粒饲料是一种便捷的方法，这能精准满足马的需要，还可以给马喂加盐的普通燕麦。在训练中，如果马出汗，则需要更多的盐，所以每天加入50~60克的盐撒在整份饲料中，或使用盐砖随时供其食用。盐可以刺激马的唾液分

盛装舞步马　盛装舞步马看起来有些笨拙，并不是因为马过胖，而是因其肌肉发达。如果马能保持稳定的体重，运动时具有充足的能量，并有着柔软的皮肤和光滑的皮毛，那么该喂养方案就是可行的

水

　　成熟马的身体的50%是水。没有充足的液体，马的身体将无法发挥其功能，如果血液不能带来营养物质，消化系统就会失效，马就会饿死。水是喂养的第一要素，但由于水桶和水槽肮脏，或者没有及时喂水，许多马会慢慢脱水。在正常情况下，一匹马每天需要36~55升水，天气炎热时需要的更多；如果马进食的是潮湿的、新鲜的草，则水的需求量会降低。草中约有80%的水和马所需的天然营养。喂干制食品时，如干草和坚果，提供充足的水尤为重要。这适用于整个比赛和旅途中。马在身体恢复之前、大量训练之后，必须立刻摄入液体。

泌，对体液水平和血液质量至关重要。缺盐会导致马痉挛，痉挛的另一个常见原因是马突然摄入高营养精饮料、半干草料或苜蓿。

　　作为食草动物，马通过摄取干草或草来满足自身对维生素的需求。因此，提供高质量的牧草和储存时间不超过几个月的干草很重要。大多数强化的商业谷物产品在配方设计上包含了马所需摄入的适量维生素，然而，进行高水平运动项目，或具有特定功能弱势的马，可能在比赛期间需要额外的

维生素、矿物质和电解质。向马匹营养专家寻求建议。确保马定期进行血液检查可以帮助标记它可能存在的任何营养素缺乏情况。此外，每年对粪便样本进行一次或两次分析，可以显示需要采取何种驱虫方案。

高级别训练

　　对所有的马来说，干草或牧草应该在硬的食物之前给，黄金法则是随时提供水。对于在最高水平比赛上的马，如赛马或者接近于它（如三项赛越野），则需要额外的特殊照顾。在疾驰之前立即喂食会影响马的表现，并可能由于干扰马的消化过程而导致绞痛。因此，一般的经验法则是，马应该在驰骋前4小时吃完了最后一顿硬的食物，并且在喂食前应该有少量的干草。

　　此外，由于胃溃疡的问题，兽医对三项赛的建议是在赛前至少提前2小时清除干草的限制。

　　对于竞技的长距离骑乘或耐力骑乘，马在一天中要做很多小时的工作，水应该至少每2小时提供一次。对于这些活动，除了在马工作的时候，在任何时候都准备干草也是正常的，并且在运动前立即给予0.5~1千克的少量硬饲料，以及在骑马期间的每段短暂休息时间喂硬饲料或干草。

前往比赛地

　　当到达比赛场地时，你希望在经过数周的最佳喂养和训练后，马处于最佳状态。只要旅途愉快，并且马的身体偶尔可以转向后面，而不是一直面向前面，大多数的马都会表现得很好。隔板应不高于马腿的顶部，以便需要时马可以伸展腿来保持平衡。马应戴上旅行护腿或有同样防护功能的用具——戴在腿上并覆盖马蹄、膝盖和飞节周围。用绷带缠起尾巴对马来说并不舒服，因为绷带会擦拭马尾部敏感的皮肤，绷带也会滑动或收紧。简单的护尾是有效和安全的。临行前的12小时内减少25%的饲料。在旅途中，良好的通风和定期检查对马是至关重要的。定期为马提供水和少量的干草，但不要提供硬饲料。在漫长的旅途中，最多可以给马提供50%的饲料。这是因为马的消化功能可能因路途遥远而受到不利影响。

第九章

骑手的身体准备

骑马虽非力量型运动，但却需要骑手具备良好的身体控制能力和一定的耐力。所有级别的骑手都能在马下的常规训练计划中受益。

本章中特别设计的训练与你的骑姿和骑乘效率直接相关。训练的目标是你能够灵活地运用四肢，并且有效地控制任意一侧的缰绳。你会发现，通过改善姿势、平衡、柔韧性、力量、耐力和协调性，你的骑乘能力将有极大的进步。进行有氧运动的锻炼，保持健康的生活方式，也能为你提供骑乘所需的能量。

骑乘所需的体能

在马鞍上有效骑乘需要一定的体能。你需要良好的姿势、平衡、柔韧性和耐力来确保在马鞍上的安全。平衡和柔韧可以让你与马和谐地移动，然后通过良好的协调，你可以提供有效的扶助。挑战在于能够长时间保持一个良好的姿势。通过每周做一些训练，你可以大大提升你的体能，相应地，你的骑乘能力也会得到提升。

体能

你如果很难在马鞍上保持良好的骑姿，就很有可能养成坏习惯，比如双腿紧绷和双手紧握。即使你能够每天练习骑乘，你仍然可以从马下的训练中受益匪浅，这些训练旨在强化骑乘时所用的特定肌肉。训练不仅能提升你的骑乘能力，还能使骑乘更为安全——因为你在马鞍上会更安全。

提高技能　当马在快步或跑步时，骑手改善骑姿不是一件容易的事。然而，你可以通过常规骑乘和一系列马下训练的结合取得飞速进步

安全训练

在开始训练之前，请遵守以下几项规定，尽量减少风险：进行身体检查；记得做热身运动和放松运动；在能力范围内进行训练；如果感觉很难受，请务必停止训练。少量的训练和经常改变的训练方式，能够避免压力不断施加在身体的某些部位。始终遵守教练的建议，以确保训练安全有效。

评估体能

　　这些练习能帮助你评估当前骑乘时的体能水平。当你坐在马鞍上时，你要学会均衡使用四肢以及身体两侧。一开始，你会觉得其中一些练习难度较大，但是一旦你认识到了自己的薄弱之处，通过一些特别设计的训练，你就能够大大提升自己的能力。坚持核心的体能训练（见第336~337页）也会对你的骑乘产生有益的影响。

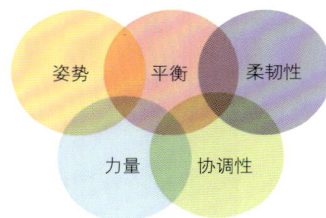

姿势　平衡　柔韧性
力量　协调性

姿势
你可以轻易地让脚跟、臀部、肩膀与手背紧贴墙面吗？你的臀部、肩膀和双手应该对称地贴在墙上。

柔韧性
你可以用任意一侧手臂绕过肩膀在背后抓住对侧手吗？

平衡
你可以在一只脚掌抵着另一条腿的大腿内侧，双臂向上伸展时，依靠单腿轻松地保持平衡吗？

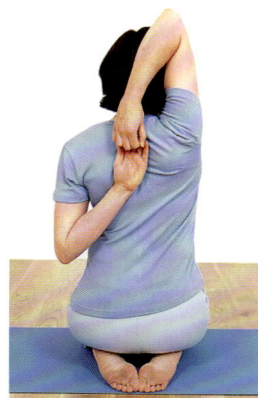

力量
你可以在20秒内做5个跪式俯卧撑，紧接着在1小时内轻松步行6.4千米吗？

协调性
你可以同时使用双臂和双手进行简单的协调性练习吗？尝试用右手画一个东西，比如一颗星星，再用左手画一个并比较。

培养良好的骑姿

你在马鞍上的骑姿或形态直接影响到你的骑乘能力。在所有的骑乘活动中，你的背部形状应保持不变。脊柱中立对齐使得关节能够自由活动，以及带动关节的肌肉能够有效地收缩和放松。第324~325页下方的训练将帮助你培养良好的姿势，锻炼脊柱周围的肌肉，保持有效的骑姿。

跳越障碍时的骑姿　即使你收紧膝盖和髋关节来完成跳越障碍的动作，还是需要保持脊柱中立对齐

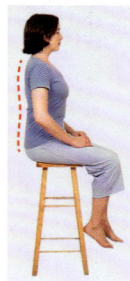

盛装舞步时的骑姿　当你坐直身体进行骑术训练时，需要保持脊柱中立对齐。马下练习保持此姿势

脊柱排列

无论是骑乘还是马下练习，目的都是让你的骨盆和脊柱处于中立对齐的姿势。躺在地板上，弯曲膝盖。转动骨盆，以使下背部接触地面。然后，换一种转动骨盆的方式，弓起背部。脊柱中立对齐的姿势是这两种极端之间的折中位置：下背部微弓。一旦完成这个动作，收腹，就像是把腹部拉向脊柱。维持动作10秒，重复10次。这种中立对齐姿势能给你的背部提供骑乘和日常生活所需的支持。

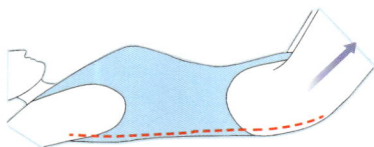

伸展

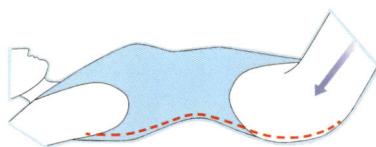

弓背

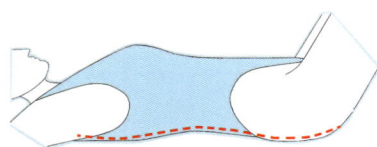

对齐

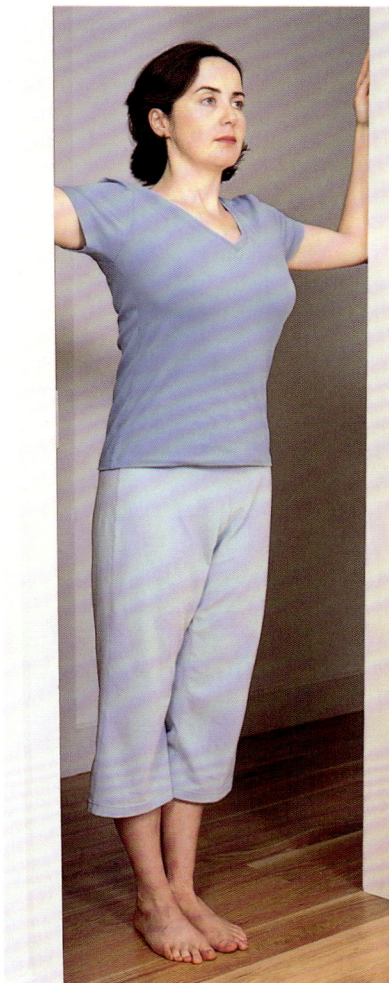

开肩练习　此项练习（见左图）减轻了胸部周围的紧绷感，让肩膀重回原位。站在门口，将前臂放在门框上，肘部与肩膀齐平，手腕与肘部成一条直线。身体轻轻地向前倾。保持动作5秒，休息，再重复2次。慢慢将保持时间延长至60秒

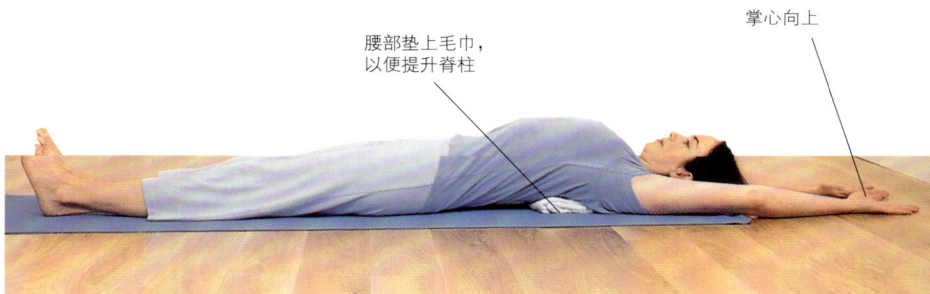

掌心向上

腰部垫上毛巾，以便提升脊柱

胸部拉伸　此项练习（见上图）对背部僵硬者特别有益。它能帮助你纠正驼背、下巴前推等常见的错误骑姿。躺下，并将毛巾卷起，放于腰部。感觉舒适时，将手臂置于头顶上方。每次维持这一姿势30~60秒。这种拉伸方式是被动的，所以要人为完成。再将毛巾上移一点儿，重复一遍动作。你可以将毛巾再上移两次，若感到任何不适，请停止运动

腰部拉伸：起始姿势

放平肩膀，收回下巴

感受下背部的拉伸

腰腹拉伸　这种拉伸方式能放松你的下背部以及小腹部。面部朝下，趴在地板上，手放在肩膀下（见右上图）。抬起胸部和肩膀，骨盆贴着地板。这会拉伸你的腰椎。小心不要太用力推地板：没必要伸直手臂

用手臂支撑你的重量

蛤蜊式   此项练习有助于增加你的臀部和下腹部的力量，这有助于保持骑姿和避免受伤。侧躺，用下臂支撑住你的脑袋。不要将骨盆向后翻转——想象你的背后有一堵墙。弯曲膝盖，使大腿与上半身成90°，小腿与大腿成90°（见右图）。轻轻抬起上面的膝盖——保持脚趾接触。保持这一姿势，然后每侧重复10次，休息后并重复10次

起始姿势

收紧肚脐下方的腹部肌肉，将其拉向脊柱

向上转动膝盖并稳住

将上面的手臂放在身体前面，手掌平贴在地板上

脚趾保持接触

侧抬腿   这个练习主要锻炼臀部和小腹。起始姿势与蛤蜊式一样（见右上图）。保持双腿弯曲，骨盆处于中正的位置。收紧小腹，伸直上面的那条腿，然后抬起。你的臀部和腿部内侧会有所感觉。保持脚趾向腿翘起——这样不仅是模拟骑乘时脚踝的姿势，还能拉伸小腿肌肉。换方向重复动作

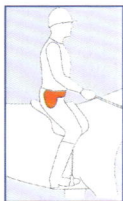

确保脚趾翘起

腿部伸直，保持5秒，放下腿再重复动作

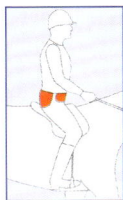

膝盖下移　这个练习能锻炼支撑脊柱的肌肉。躺下，弯曲膝盖，双脚平放在地板上（见下图）。保持脊柱中立对齐，收紧腹部的肌肉，一次只放平一侧的膝盖。保持另一条腿和身体不动——想象你的骨盆上放着一杯水，努力不让它洒出来

起始姿势

轻轻抬起脚，再放回地面

双手放在骨盆上

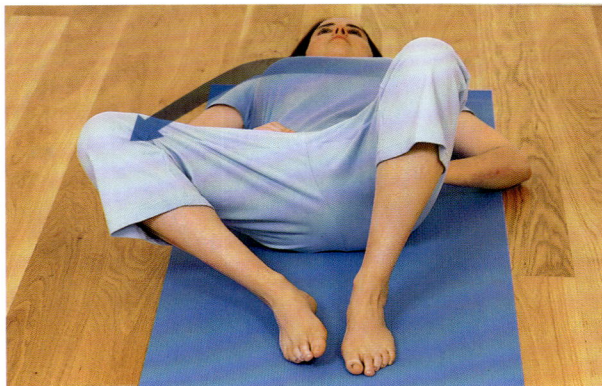

抬腿运动　这个练习主要锻炼腹部肌肉。仰卧，弯曲膝盖，保持脊柱中立对齐。将一条腿轻轻抬离地板，再把膝盖收回来一些。保持5秒后把腿放下，每条腿各重复10次。要点是保持脊柱中立对齐：想象你弓起的背下面放着一个鸡蛋，既不能让它滚出来又不能把它压破

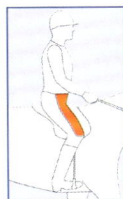

直腿抬起　此练习能拉伸腹部和大腿的肌肉，以帮助你在马鞍上保持良好的姿势。仰卧，弯曲双腿，保持脊柱中立对齐。保持骨盆不动，轻轻地抬起一条腿，然后在空中将腿伸直。再弯曲膝盖，放下腿。每条腿重复10次

将腿伸直，与地板成45°

提高平衡能力

　　骑乘的关键在于将身体稳定在马鞍上，因此你需要拥有良好的平衡感。如果平衡感很差，你会发现很难与马的节奏一致，更无法给它准确的控制信号。下面的练习能够更好地调整你的身体意识，让你自然而然地取得良好的平衡。在使用平衡板或平衡球等器械之前，请先站在地板上或坐在凳子上进行此项练习。

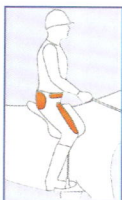

起始姿势

双手像持缰那样摆放

保持平衡，练习打开和关闭髋关节和膝关节

保持重量均匀分布在脚底

起始姿势

闭上眼睛，专注于平衡

向前伸出手臂时，保持平衡

放低脚后跟，使重量落在脚掌上

平衡板　除了提高平衡能力，它还能锻炼你的大腿、臀部和腹部的肌肉。直立在板上，双脚分开。练习在板不倾斜的情况下，放低和抬高臀部。然后，旋转平衡板，将支架前后放置，练习在每条腿上保持相同的重量，就像坐在马鞍上一样

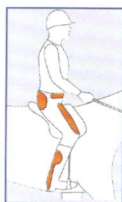

平衡块　在平衡板练习得心应手之后，你可以开始使用平衡块——一块倾斜的木头——模拟脚踩马镫的姿势。站直，放低臀部，伸出双臂。保持你的姿势和平衡，开合膝关节和髋关节。这也会拉伸你的小腿肌肉

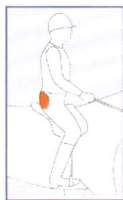

平衡球　平衡球能帮助你养成身体意识，以及练习如何在不改变身体平衡时使用腿扶助和缰绳扶助。此练习也能增强臀部力量。坐在球上，抬起一只脚。保持5秒，然后休息。每条腿重复10次。试着双脚离地模拟骑乘平衡（见右下图）

越野训练时的平衡

伸出双臂

保持脊柱中立对齐

朝脊柱方向收紧肚脐下方的肌肉

使用高度合适的球

骑乘姿势

将脚抬起，离地面约10厘米

提高柔韧性

如果你想取得骑术进步，身体保持足够的柔韧性以配合马的背部运动是很重要的。一些骑手在马背上进行柔韧性训练，但这可能十分危险，因为你还无法控制马。在地板上进行循序渐进的练习才能确保你不会过分拉伸自己。以保持动作5~10秒开始；随着你的身体变得更加柔韧，你可以将某一姿势保持更长的时间。

双肩保持水平

双手握脚，使其保持在规定的位置

尽量向下压膝盖

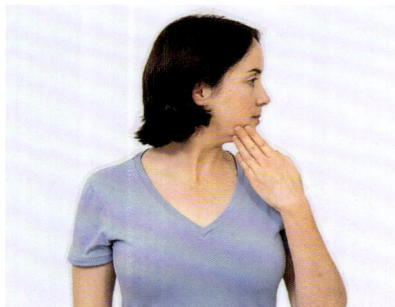

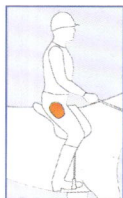

转头运动　这能改善你的颈部和头部转动的灵活性。跪姿，将臀部放在脚跟上，轻轻转动头部。用手加强转动的力度

祈祷式　此练习能提高关节的灵活性，以提升缰绳联系。轻轻地抬起一只手放在背后，然后抬起另一只手，以祈祷的姿势将手掌在背后合在一起

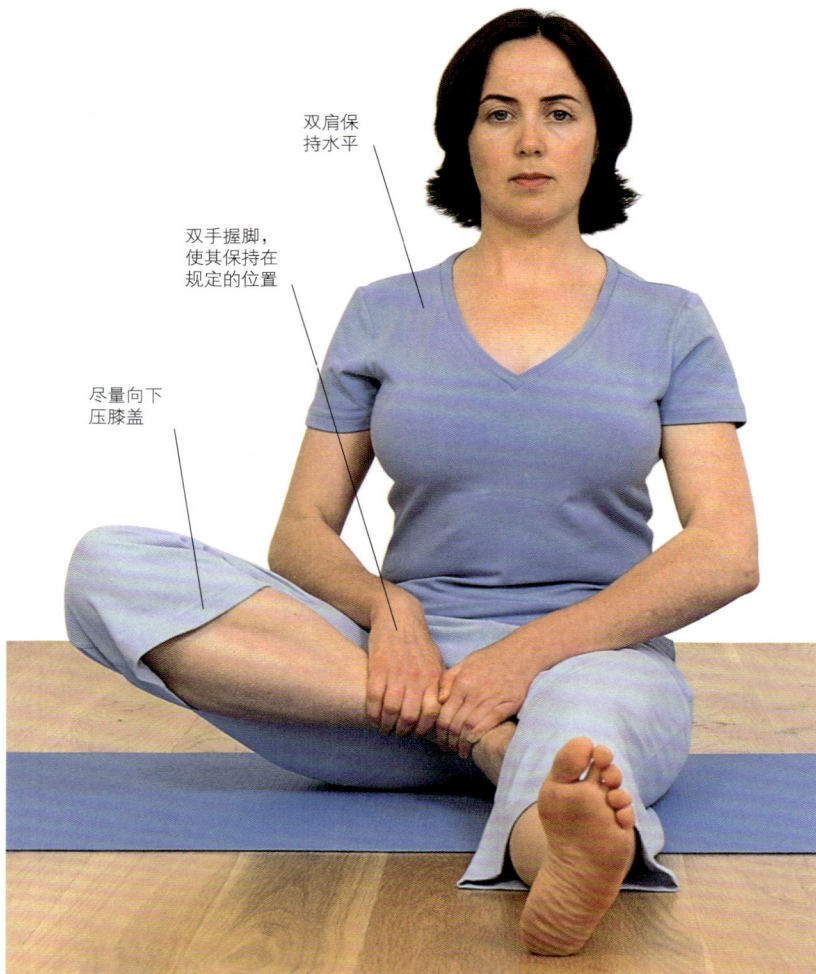

打开臀部　这对骑手来说是基础练习。它能拉伸内收肌群（大腿内侧），提高髋关节的灵活性，这对轻快步来说尤为重要。坐直，一条腿向前伸直，另一只脚抵在伸出的大腿内侧。轻轻地将膝盖往下压向地板，保持脊柱中立对齐。保持姿势，然后另一条腿重复动作。每次做这个练习时，试着让你的膝盖离地板更近一点儿

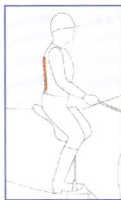

脊柱扭转 若是骑手下背部僵硬紧张，则很难随着马的动作而动作。此练习有助于拉伸下背部。以仰卧开始，弯曲膝盖，两腿交叉（见右图）。然后，轻轻地将膝盖倒向一边。如果很难做到，开始时就不要交叉双腿，只让膝盖慢慢地一齐倒向一侧。进行练习时，动作一定要轻缓

起始姿势

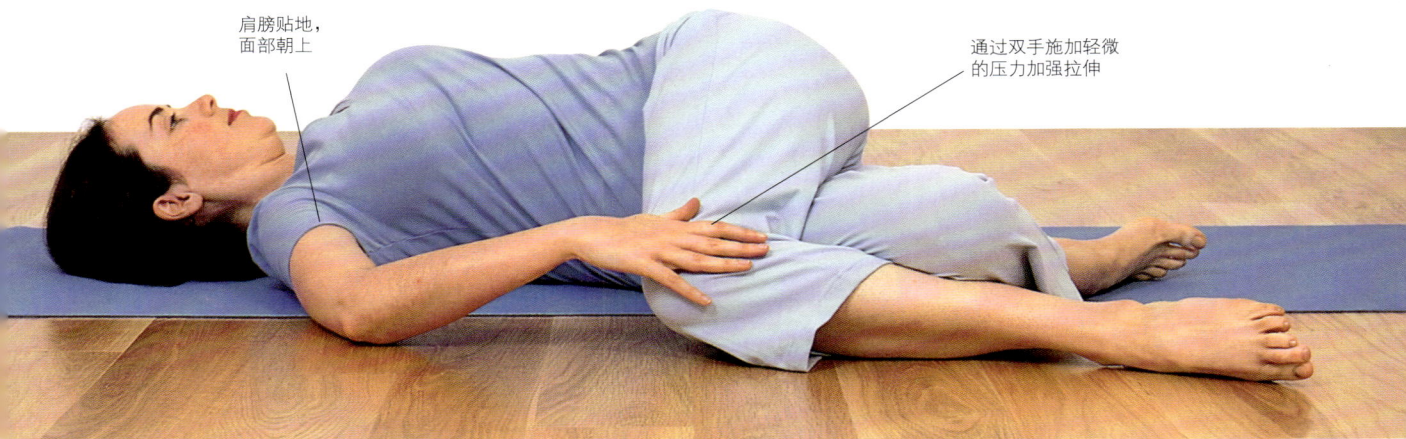

肩膀贴地，面部朝上

通过双手施加轻微的压力加强拉伸

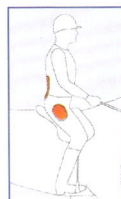

双膝屈曲 这个练习能拉伸骑手下背部的肌肉，特别是在马快步时。躺在地板上，用手臂轻轻地将膝盖拉向你的胸部。不要驼背。你也可以试试一次训练一侧腿，另一条腿伸直（见右侧小图）

轻轻地拉，保证脊柱下部挨着地板

单膝屈曲

肩膀贴地

放松双脚——不要绷紧脚趾

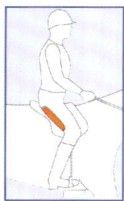

拉伸腘绳肌　灵活的腘绳肌能让你舒适地骑在马上，轻松地使用腿扶助。仰卧，弯曲一条腿。双手抱住大腿（见右图），如果你够不着的话，可以用带子拉着。慢慢地把腿朝天花板伸直。脊柱下部贴地，保持中立对齐，不要拉得太用力

慢慢抬起腿，尽力而为

用手臂支撑腿

感受大腿后侧肌肉的伸展

起始姿势

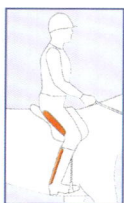

腿部拉伸　此项练习能够锻炼腘绳肌和小腿，以帮助你改善腿扶助和重量扶助。当你可以完成拉伸腘绳肌的动作时，靠近墙壁躺下，用带子钩住一只脚，把腿伸直（见右图），手臂贴地。随后把脚轻轻地靠在墙上

让腿靠墙伸展和休息

起始姿势

起始姿势

数字4式拉伸 这个练习能够拉伸并打开臀部。仰卧，屈膝，脚踝搭在另一条腿的膝盖上。双手从膝下抱住大腿，让它与上半身成90°。轻轻将大腿拉向胸部。用另一条腿重复动作

保持脊柱下部贴在地板上

直视前方，抬头挺胸

双肩保持水平

侧身弓步 此练习能够增强大腿内方肌肉的灵活性。双脚分开站立（见下方小图）。将右臀向右脚靠拢，直到触碰到右脚跟。双手放在负重的腿上保持平衡。保持身体和双脚朝前，上身挺直。用另一条腿重复动作

感受大腿内方肌肉的伸展

起始姿势

增强力量

　　骑乘不需要很多的力量，但确实需要结实的肌肉使你稳坐在马鞍上，并能够使用有效的扶助。你还需具备一定的耐力，能长时间坐在马背上。这些手臂练习将帮助你维持持续的缰绳联系，腿部练习则会帮助你稳坐于马鞍之上。它们还能帮助你练习需要马紧急前进时的紧急扶助（见第13页）。

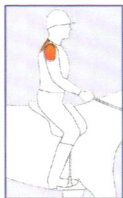

下臂支撑　双手放在缰绳上会妨碍缰绳联系。这个练习能够拉伸你的肩部，有助于你支撑下臂更长的时间。双手各握500克重物，手臂伸向前方（见下方小图）。手臂前后移动各25次

紧握一小块重物

手臂前推

轻松且有规律地呼吸

双肩保持水平下垂

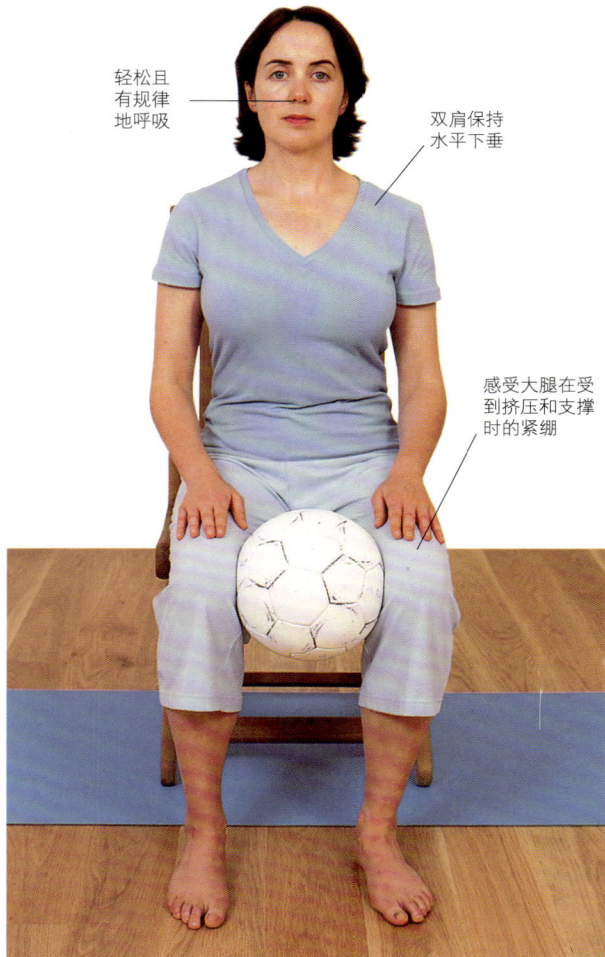

感受大腿在受到挤压和支撑时的紧绷

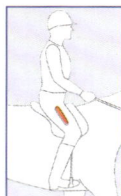

挤球练习　只要坐在马上，大腿内侧就会受压，所以挤球练习是非常有用的。将一个标准的足球向内挤压约0.5厘米，但别太过用力，因为你还要保持脊柱中立对齐。保持5秒，重复25次。有所进步后，再换一个大点儿的球

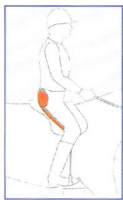

踢腿练习　这个练习模拟用脚夹住马体两侧。它能够通过增强小腿和臀部的力量来改善腿扶助以及身体协调性。将弹力绳钩在固定物体上，绳的另一端绕在脚踝上。从膝关节开始，模拟踢腿动作，拉动弹力绳绷紧。每条腿各重复25次。为了增强大腿内侧的肌肉力量，尝试侧身站立练习，将一条腿向另一条支撑力量的腿移动（见右侧小图）

越野骑乘需要耐力

侧身拉绳

双手放在髋部上

把重量放在右腿上

小腿朝内，就像你将要使用腿扶助一样

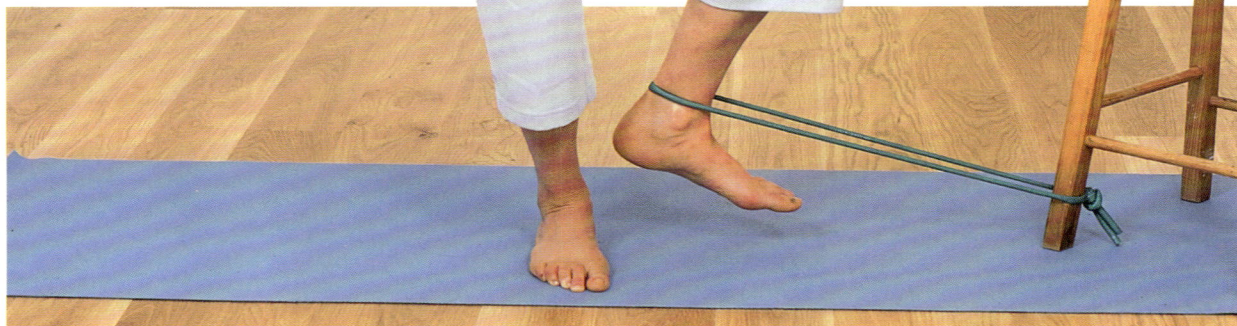

改善协调性

　　一名优秀的骑手能很好地使用两条腿，用身体左右两侧都能高效骑乘。然而，多数骑手偏爱某一侧，相应地，他们的马也是一样的。针对较弱侧，做一些简单的训练，有助于纠正问题。你还可以让教练或朋友模拟马头部和颈部的运动，做一些具体的协调性训练，以改善你的缰绳联系和缰绳扶助。

拍球训练　这个练习能够快速锻炼你较弱侧手臂和手。用较强侧的手臂拍球，然后用较弱侧手臂重复动作，直到两侧没有太大的差异。给自己设定具体的拍球次数，会使你的进步更加明显

用较弱侧手臂重复训练

手指的协调动作

　　此项训练有助于你持缰和使用缰绳扶助。持缰时，指根处与手掌成90°。然后，手指的其余部分自然弯曲，就像是手中握着某种易碎的东西一样。随后每根手指分别弯曲，直至与手掌平行，再伸直。这个练习难度更大，要求手腕不动，完成动作。练习虽不太容易，但它却能提高你持缰所需的控制能力，特别是你开始使用两侧缰绳时，比如双勒衔铁。

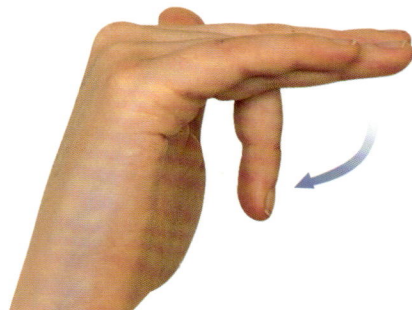

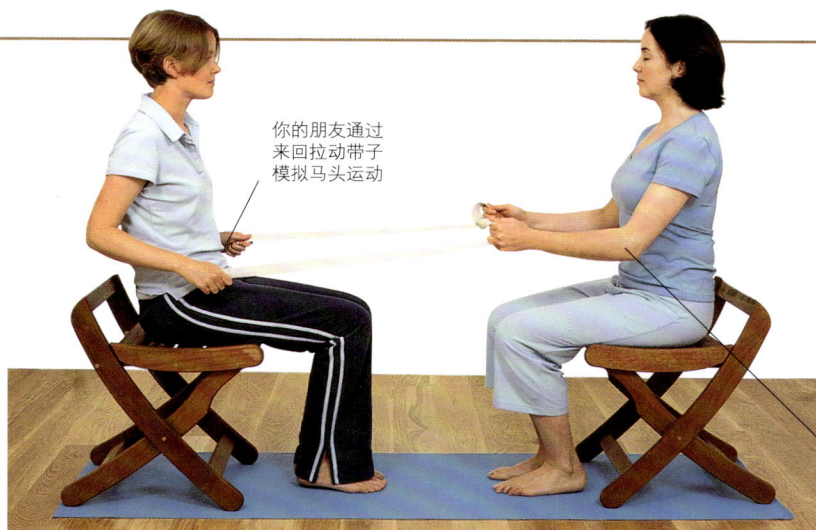

你的朋友通过来回拉动带子模拟马头运动

缰绳联系　这个练习将帮助你学习允许缰联系——一种一致而不是限制式的接触。让一位朋友握着一组缰绳（或者一根布带子），就像系在马身上一样，来回拉动它们。闭上眼睛，双手随着缰绳的运动，均衡两侧重量，确保下臂能够支撑这些重量

双臂随缰绳运动

向后踢腿　多数人可以轻松地使用右腿，但左腿却不行，此练习旨在纠正这种不平衡。斜对镜子站立，用较弱侧腿将球踢向背后的墙壁。这是模拟用脚跟进行腿扶助时所用的动作，目的是重复让球弹回。在休息之前试着做10组踢腿的动作

日常练习

　　每个人都倾向于使用身体的某一侧，即使是接听电话之类的简单动作。改善协调性的一种最有效的方法是每天使用较弱侧的手、手臂、腿或身体，即使感觉不自然，你也要练习。你可以使用较弱侧手完成许多事情：开锁、开门、喝茶或咖啡、刷牙和梳头。同样，你可以通过踢球和游泳之类的运动来改善腿部的协调性。一般马喜欢受控于左侧的缰绳，多数人喜欢向左转，所以你应该尽量地转向右边。

重量放在右腿，保持平衡

从镜子中看球

用脚后跟轻轻地将球向后踢

提升姿态

除了进行针对骑乘的训练，提升你的整体体能和耐力也极为重要，以便你能长时间保持有效骑姿，稳坐在马鞍上。为此，你需要定期进行有氧训练以锻炼心脏和肺部，并以锻炼身体两侧的训练加以补充。此外，改善饮食和整体生活方式将使你拥有充沛的体能，使你能持续训练并完成马房管理的体力工作。

有氧体能

良好的核心体能使所有的骑手都大大获益。有氧训练提高了心脏和肺的工作效率，增加血液中的含氧量，帮助肌肉更有效地工作。你的体能水平越好，脉搏则越慢，因为心脏每次跳动能输送更多的血液至全身，你的肺部能更好地交换血液中的废物。这样可以增强你的体力和耐力。

有氧训练是低强度和有节奏的，并且能锻炼主要肌肉群。走路、骑自行车、游泳、划船和滑冰等活动都是不错的有氧训练。高效有氧训练的关键在于将你的脉搏数保持在最佳的水平（见下图）。例如，如果你选择走路，可能需要以比平常更快的速度才能达到这个水平，但同时不能让心率提高太多（比如冲刺）。如果进行高强度的锻炼，你会很快感到疲惫，总体上会减少训练量。所以，锻炼身体就像训练马一样——一段时间的有氧训练加上一段时间的休息——在开始感觉疲惫不堪时停止训练。过度劳累对心脏和肺来说都不是好事，而且对健康有害。

有氧运动 在蹦床上1次跳20分钟，是一种理想的运动方式，因为这样既能增加心率和锻炼腿部肌肉，也不会伤到膝关节

目标心率

有氧训练能够将心率提高至最高心率的70%~85%，而燃烧脂肪只需将心率提高至最高心率的50%~60%。这些水平取决于你的年龄，根据右图找到你的目标心率。例如，如果你是25岁，有氧训练区的心率是每分钟134~162次。测量心率时，请在手腕或颈部找到脉搏，数清15秒的跳动次数，然后将其乘4。测量要在训练时完成，因为一旦你停止运动，心率就会下降。你还可以使用电子心脏监护器，不断地读数。随时调整练习强度，以便在整个练习过程你的心率都停留在目标区。

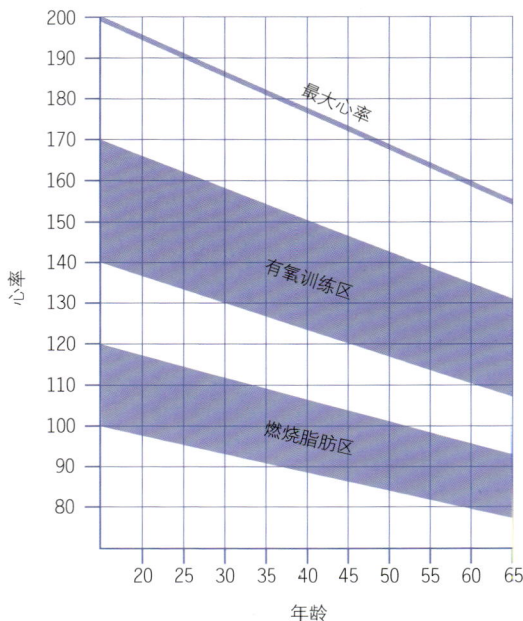

心率（纵轴，数值 80–200）

最大心率

有氧训练区

燃烧脂肪区

年龄（横轴 20 25 30 35 40 45 50 55 60 65）

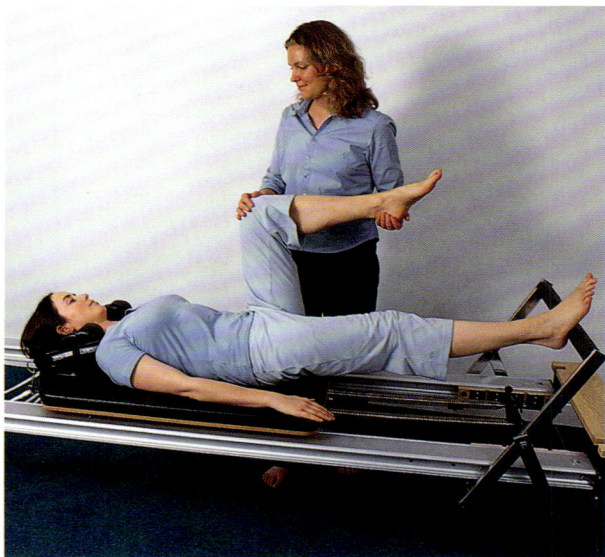

肌肉训练　许多健身房和理疗师都配备了普拉提机。它旨在增强核心肌肉的力量，是改善姿势、灵活性和身体意识的绝佳之选

要想从锻炼中获益，每次最好将心率在有氧训练区保持至少20分钟。目标是每次练习大约40分钟，每周至少3次。燃烧脂肪不需要剧烈运动，长距离的散步是比较理想的。

均衡的训练计划

除了通过低强度的有氧运动来锻炼心脏和肺，你还能通过增强力量、消除肌肉紧张来提高骑乘水平。有氧训练的大部分练习也有助于提升骑乘所需的一般的肌张力和力量。你做的任何练习对身体的影响都应该保持在较低水平，以防关节磨损，并应尽可能均衡地使用身体两侧和四肢——打个比方，球拍类运动主要使用身体的一侧，所以对骑手来说是没有帮助的。合适的运动则有步行、游泳、水中健身操、骑自行车、滑雪、跳舞、篮球和武术等。进行各种各样的运动能确保你使用多种肌肉群，因此你可以试着在这些运动里面选择三项换着练习。瑜伽、普拉提和亚历山大健身术在改善力量、姿势、平衡和柔韧性上都是绝佳的训练方式，比如普拉提通过盆底锻炼有助于建立骨盆和脊柱的核心稳定性，选择其中一种补充你的体能训练就可以。

享受运动十分重要。如果你不喜欢，可以换换运动项目或者一起做运动的人。无论哪种练习，你都要听从了解马术运动并能确保你在合适水平锻炼的教练的建议。

保持健康

练习并非体能准备中唯一值得注意的一点。在竞技骑乘中，骑手越来越关注饮食。一个明显的客观原因是：如果载着较轻的重量，马则会坚持更久，表现得更好。另一方面，马的体形和高矮各有不同，每个人都应该找到一匹足够强壮的马去承载他的重量。不仅如此，健康的饮食还有其他好处：这意味着你的能量水平会更好，而你不那么容易生病。疲惫不堪、身体不适将明显阻碍训练。保持健康的生活方式——健康饮食、充足睡眠、饮酒适度、不吸烟，这些都有助于身心健康。我们的目的是要达到一种平衡，使你能获得更多的能量并充分享受生活。

获得专家的帮助

有多种类型的专家可以帮你制订训练方案。重要的是，在方案开始前，你要找到一名经验丰富且具备资质的人对你的身体进行准确评估，这点至关重要。理想的专家人选应了解马术运动的需求，拥有良好的专业知识，熟练掌握采取适当治疗手段的方法。

掌握运动生理学知识且能提供帮助的私人教练越来越多，但他们却并不能治疗运动造成的伤害。物理治疗师不仅能够对你的旧伤进行治疗，还可以评估你的体能状况并提供适当的训练方式，以保持脊柱的核心稳定性和肌肉系统健康。关节损伤和移位可以由脊椎指压治疗师和整骨医师治疗，两者的治疗手法都涉及推拿疗法，所以在决定采取任何行动方案之前，最好先听听医生的意见。当然，一旦开始了健身计划，你将变得更有力量、更加柔韧，受伤的概率会大大降低，也就不太需要寻求专家的帮助了。

第十章

骑手的心理准备

虽然在马术运动中，马承担了大量的体能方面的工作，但它的精神状态由骑手来决定。所有骑手——从初级骑手到精英骑手——都可以通过改变心态来大大提升人和马在比赛中的表现。

在本章中，你将学到为比赛做心理准备的实用技巧，比如心像技巧和控制呼吸的技巧。你还将学着专注于能激励你的事情，并确定长期目标，以便设定自己的目标并安排相应的练习时间。成功源于积极乐观的态度、有进取心和宽广的心胸，也意味着要以正确的眼光看待事物，懂得与人相处，当然最重要的还是享受生活。

为什么要做心理准备?

如果你想要成为一名成功的骑手，那么提高心理素质与加强身体素质同样重要。心理准备将帮助你避免在赛前训练中毫无头绪，或在比赛中的表现低于你的期望，它还能使你能更充分地运用你的大脑。心理准备有六个关键的组成部分，在任何参赛选手的训练中缺一不可。

心理准备的好处

骑手的心理状态训练常常存在很大的阻力。许多骑手不愿意运用技巧来做心理准备，因为他们认为每个人都存在固有的心理优势和劣势，无法改变。显然，事实并非如此。简单地积极思考或更有效地呼吸就可以对你的表现产生直接的影响。从事各项运动的精英运动员们都不断强调心理准备在成功中所起的作用：足够的自律、有动力、坚定、冷静和做事有条理，这些素质都很关键。教练们越来越多地将心理准备计划纳入总训练时间，甚至雇用运动心理学家协助骑手。即使对初级骑手来说，每天的心理准备也是提高表现的最简单途径。

管理时间

没有时间是无法进行心理准备的另一个常见的原因。骑马和马房管理当然是非常耗时的，但只要相信心理准备技巧是有效的，你和你的教练就能安排时间练习。例如，在进行普通马房管理的时间里也可以练习提升注意力的技巧、积极的思考方式、心像技巧等。当外出骑乘时，你有很多安静的时间来分析训练进度，并且厘清训练重点。

学习技巧

在以往的比赛中，教练会向骑手喊出"放松"，以提升他们的表现。实际上，这种要求并不能得到期望的效果，特别是在骑手不知如何有效地回应教练时。

例如，如果没有事先研究过实际的方法，很难在比赛中保持冷静。在平日的训练中，你需要练习放松技巧（见第344~345页），就像练习骑马一样，那么你就可以让这些技巧在比赛中起作用。心理准备是每个骑手精神武器的宝贵部分。当然，它不能代替技术能力：它只是一种补充，并不能代替体能训练。

评估自己

重要的是，我们要意识到人可以改变想法、思考方式以及对特定情况的反应方式：尽管我们的基因可能使自己倾向于某种行为模式，但我们需要在这种自身潜力的基础上做一些改变。改变的第一步是评估自身的主要优点和缺点。阅读下面列出的问题。如果对其中任何问题的答案是"是"，那么心理准备都将使你受益，无论是在骑马还是在生活中。

你有没有...
- 在盛装舞步赛或场地障碍赛中迷路?
- 在比赛前变得非常紧张?
- 犯错后开始生气?
- 重复犯同样的错误?
- 对自己的能力缺乏信心?

- 总是看到骑乘的消极方面?
- 发现很难被激励?
- 注意力不集中?
- 赛前准备不充分?
- 发现自己在每周的训练中难以遵守规则?
- 在训练中表现良好，但在比赛中表现不佳?

心理准备的目标

心理准备可以分为六个部分,每次只集中于练习其中的一个部分。一个真正成熟的骑手在这些方面表现都很好,但要达到这样的水平需要时间——正如通过专门的训练来提高骑乘技术一样。

·稳定

如果要与马保持良好的关系,做事有条理和前后行动一致是至关重要的。你还要自律,每天早上起床,坚持按照时间表行事。目的是努力训练,持之以恒。

·人性化

要正视比赛成绩的起伏,需要尊重自己和他人。发挥自己的特长是提高比赛成绩的重要部分。接受生活的多样性和不可预测性,最重要的是好好爱自己。

·积极

保持积极乐观的心态,意识到与他人合作的重要性。相信自己,关注自身优势,而不是劣势。从自身优势入手,并永远看向下一个目标。

·简单

一个好的骑手将由思维方式和效率驱使行动。分析复杂的任务并将其分解成较小的部分能更方便管理任务,同时能更精确地定义模糊任务。检验我们的想法,并从错误中学习。

·灵活

要成为最好的骑手,必须能够在提升自己的过程中具备创造性和开放性。需要在学习过程中更有效率,这样可以取得更大的进步,必须学会横向思维。始终着眼于寻找新的更好的做事方式。

·做好准备

有提前计划的能力至关重要。从一开始,需要练习做出决策并取得掌控权,最终你可以准备得更充分,能够抓住机会,不依赖自己的教练。通过这种方式,你将一直能够充分利用遇到的任何机会。

大脑的力量

大脑具有巨大潜力,我们可以通过一些独特和不可预测的方式来发挥这种潜力。大脑是一个由数十亿神经细胞组成的"电化学动力工作站",每个神经细胞都能够制造和接收数千个连接——等同于大脑包含大约80亿的神经连接。一旦了解自身的思维有多强大,你就会明白为什么心理训练可以改变你的骑乘和生活。

我们所有的行动都是受大脑控制的,但在做决定的大部分时候我们并没有意识到。潜意识是大多数的思想情感、态度和行为的起源。冰山是一个不错的比喻:显意识只是非常微小的部分,大量的潜意识在暗中活动。然而,你可以有意识地训练大脑使其更有效地运行。

大脑可以像身体的其他部分一样进行锻炼。例如,可以通过解决需要理性思考的问题来培养理性思维——比如做填字游戏,或者想想如何最好地规划自己的财务。这样的技巧将创造和加强用于这种思维的细胞之间的连接。不论年纪多大,道理都是如此:衰老并不意味着不可避免的衰落——但如果停止锻炼自己的大脑,那么它可能失去很大的潜力。

你还能用同样的方式改变潜意识。例如,每天尽力进行积极的思考,那么在任何情况下你都将保持积极向上的心态。因此,你能够收获更多的益处,而消极态度将导致消极反应。

骑马让身心充满活力

准备开始

在心理准备开始时，有两个关键问题需要关注。首先，需要重新评估什么可以激励自己，因为事情的优先级别和目标会随时间改变。其次，必须学习成功骑手的经验——这将带给你想法和灵感。利用角色扮演技巧来体验这些人所拥有的心理属性。如果你能像一个成功的骑手一样思考，那么你就可以成为成功的骑手。

自我激励

虽然我们都认识到应该采取行动来实现目标，但是很难保持一贯的动力。不幸的是，很少有人完全具备自我激励的能力，但如果你具备这种能力，结果将完全不同。正如拓展训练学校的创始人库尔特·哈恩所说："我们都比自己所了解的自我更好——只要我们能够意识到这一点儿，我们就可能永远不会满足于现状。"

动机关乎个人的需求和个性，不同的人有着不同的动机。对一些人来说，有一个原因就够了；一些人通过观看顶级骑手的比赛获得前进的动力；而还有一些人这样做只是因为有人说他们不能做某事。对许多人来说，这是关于将自己推向极限的挑战。无论是什么激励了自己，支撑它的都应该是实现最好的自己的可能性。成功运动员的行为背后的驱动力并不是成为最好的，而是尽自己所能成为最好的。

研究成功

一些骑手为没有经过任何培训就达到一定的专业水平而感到自豪，但这意味着他们的知识完全受到自己经验的限制。

那些积极寻求进步，期望成为冠军，抓住机会学习的骑手，由于能够吸取别人的经验教训，将大大加快进步的速

马斯洛需求层次

在20世纪50年代，美国心理学家亚伯拉罕·马斯洛将人类的需求从基础的生理需求升级为更复杂的心理需求。更高层次的需求只有在较低层次的基本需求得到满足后才会成为激励因素。例如，当食品和安全难以得到保证时，满足这些需求将支配一个人的行动，那么知识或美貌将没有什么意义。另外，如果较低层次的需求已经满足，那么其将不再是激励因素。

马斯洛需求层次结构与你骑马的动机变化有直接关系。最初，骑马只是一种很好的运动——有益于你的健康或者作为一种乐趣，你只要感到安全，并享受成为骑马团体的一分子就好。当你成为一个更好的骑手，你将更多地被"骑得更好"所驱动，并愿意学习有关骑马的一切。随后，你也可能开始思考如何骑好马，以在将来达到最高水平。

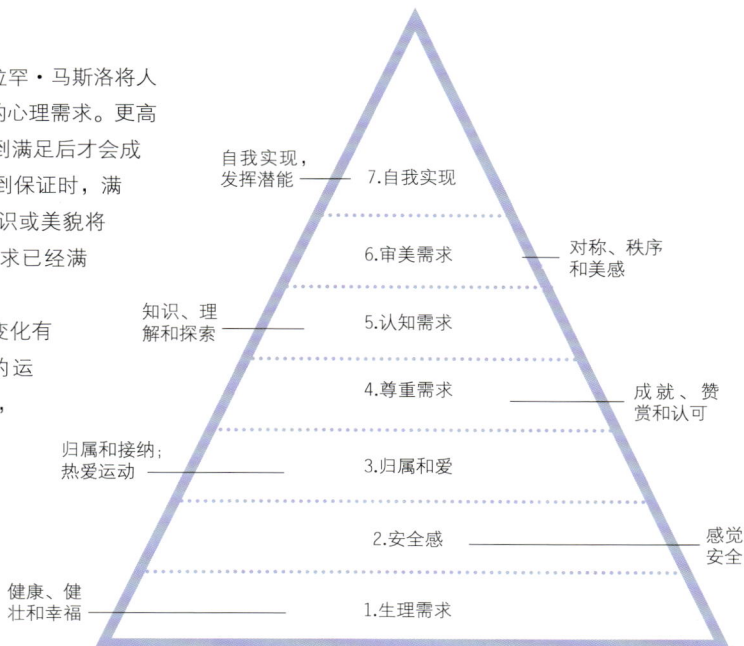

自我实现，发挥潜能 —— 7.自我实现

6.审美需求 —— 对称、秩序和美感

知识、理解和探索 —— 5.认知需求

4.尊重需求 —— 成就、赞赏和认可

归属和接纳；热爱运动 —— 3.归属和爱

2.安全感 —— 感觉安全

健康、健壮和幸福 —— 1.生理需求

激励骑手　通过观看其他骑手的比赛，可以从他们的成功和失误中获得经验。多观看马术表演和赛事，尽可能多观看顶级骑手的比赛，并把他们的形象印在脑海中——把他们当作榜样

度。向每个级别的冠军学习都有很大的价值——不仅仅是那些取得国际赛事胜利的骑手。尽力找到与自己有相似性格和相似马匹的榜样，并且这个人和自己参加的比赛级别相同。

角色扮演与模仿

我们在日常生活和工作中都扮演着不同的角色，不同的角色使我们具有不同的品质和特点。例如，一个人在家中的表现与在公司董事会中的表现有很大的不同。你可以利用这种现象进行训练。

角色扮演可以是心理准备中非常有用的工具，特别是在弥补不足方面。扮演一个特定的角色，可以让你具备所有可取的品质和属性，无论你是否拥有这些特质。练习扮演不同的人物角色，你可能希望自己模仿自己了解的人。某个朋友掌握了一项特定的技能使你明白，自己也可以经过足够的练习获得相同的技能。你也可以虚构一个人物。当有需要时，你可以进入特定的思维模式，比如思考他们如何对特定情况做出反应。最终，他们的特质可以成为你自身个性里面的永久特征。

选择一个学习榜样，以使他契合你所关注的心理准备的特定方面（见第341页）。起初，你将需要专注于做事——参与其中。这时涉及保持稳定和人性化，那么你会专注于把事做好——积极与简单。然后，你将以发展的眼光看待事物——为此，你需要保持灵活并做好准备。在任何阶段，角色扮演可以帮助你克服弱点。

·**稳定**——这与谨慎、自律和坚持有关。银行家的形象很适合作为榜样，长跑、划船或登山运动员也可能是适合你的榜样。

·**人性化**——这意味着能与他人产生共情，以及能够正确地看待问题。一位精神饱满、睿智的祖母的形象或者自己了解的某个这样的人可以帮助你具备这种素质。一个著名的人物，如南非总统纳尔逊·曼德拉，也同样可以起到这种作用。

·**积极**——这是对生活的建设性展望。在这方面将军是想象中的理想人物，因为这个角色需要与其他人一起努力才能变得更强大。

·**简单**——这与理性和分析有关。想象自己是一位教授，从错误中寻找答案或者向参加精准运动的人学习，如体操选手，这可以帮助你以这种方式思考。

·**灵活**——这是指找到适合你的想法或方法，事半功倍。想象自己是一名巫师：一个更好的主意可以产生神奇的结果。

·**做好准备**——这是指能够处理所有的可能性事件并做出有效决定。马戏团驯兽师可能是合适的想象中的人物。美国高尔夫球手泰格·伍兹是一个鼓舞人心的榜样。

保持稳定

不同的骑乘活动有不同的身体需求和心理要求，了解每一种情况下需要做什么可以帮助你控制和提高自身的表现。紧张和兴奋可能破坏潜在的卓越表现力。学习如何运用放松技巧来控制自己的肾上腺素水平，并训练自己能够专注于任务并忽视分散注意力的东西，可以让自己成为具有竞争力的选手。

降低唤醒水平

唤醒是运动心理学家使用的术语，用于描述特定情况下身体和情感的警觉或激活水平。强烈的情绪，如恐惧、急躁或焦虑，会导致身体准备逃离或面临危险。这种逃跑机制的物理反应提高了肾上腺素水平，使脉搏和呼吸加快。

许多骑手认为越兴奋，肾上腺素水平就越高，他们的表现就越好。然而，虽然高唤醒水平可以增强骑手的信心，但高肾上腺素水平实际上是适得其反的：它对骑手的思考方式、感觉和身体控制产生了不利影响。即使越野骑乘也需要骑手头脑冷静，因为过度兴奋可能导致不必要的风险。由于担心比赛或者因为兴奋，你可能被过度唤醒。如果原因是担心比赛，那么进行竞争性的训练和多接触比赛环境将减轻你的焦虑并降低比赛在你心中的重要性。这有助于消除紧张情绪。有意识地微笑，并为你已经参加比赛而感到自豪。如果原因是兴奋，那么运用特定的赛前例行训练来使一切保持正常、有规律和稳定。然后，专注于自我表现，而不是周围的事情。在你身边应该有一个稳定可靠的支持你的团队。

为了能够在比赛中降低唤醒水平，你必须在训练中降低兴奋水平。在实践中，切换到一个节奏更慢的世界。你可以在你周围营造一个充满平静和安全的虚幻世界。放松有两种方法：一种方式是运用思维和想象力放松自己的肌肉，运用冥想或角色扮演技巧；另一种方式是反其道而行之——利用肌肉放松精神。如果你系统地收紧并放松所有主要肌肉，可以使身体放松，然后是精神放松。专注于你的呼吸也能使你快速平静下来（见右框）并减慢你的脉搏跳动次数。

每项比赛规则的要求

在任何马术活动中，都存在一个最佳唤醒水平，过低或过高的唤醒水平都会降低骑手在比赛中的表现。这一标准随每个骑手和马的组合以及每项比赛规则的不同而有所不同（见右图）。

例如，在盛装舞步赛中，骑手需要很好地协调和控制每一个动作。在这种情况下，过高的唤醒水平会有干扰作用。然而，在场地障碍赛中，骑手需要有一定的体力才能使马进入状态。在越野赛中，骑手要使马以快速的步伐勇敢地跳越看起来大的障碍，这个唤醒水平甚至更高。

骑乘的困难之一是，有时骑手需要与他们的马具备不同程度的唤醒水平。例如，在场地障碍赛的争时赛时，马匹必须足够冷静地聆听骑手的命令并且灵活地跳起。

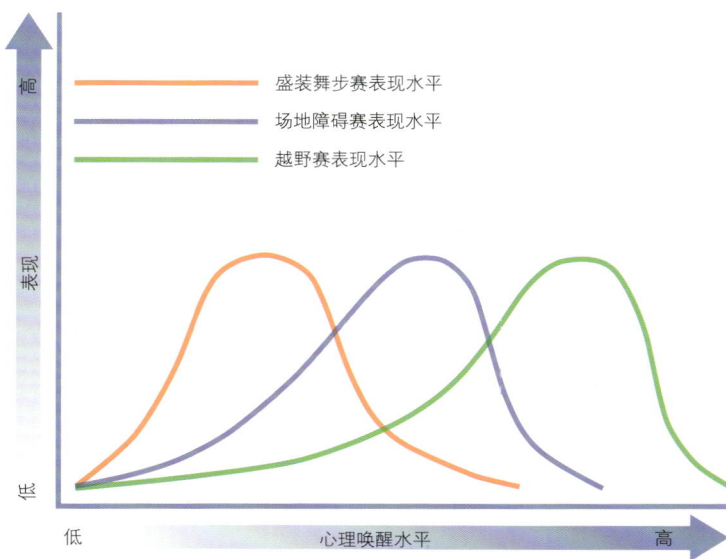

盛装舞步赛表现水平
场地障碍赛表现水平
越野赛表现水平

表现

高

低

低   心理唤醒水平   高

提高唤醒水平

人变得无聊或嗜睡时，就有必要提高唤醒水平。如果马也需要更多的活力，那么你应该进行比平时强度更大的热身活动。你要为自己设定具有挑战性的目标，试图在特定领域取得个人最佳成绩。你身边要有一两个人尊重你并了解你的目标，他们可以劝导和鼓励你发挥最佳水平，帮助你体会急切感和紧迫感。另外，你可以使用正确的触发词，如"走吧"和"对"，"去做吧"和"真棒"。许多人喜欢使用随身听来听鼓励的话或欢快的音乐。

"通过努力而不是
意外获得成功"

提高注意力

注意力不集中会使你在训练和准备工作中所做的一切努力功亏一篑。外部因素（如观众交谈）或内部因素（如进入赛场后本应该想的是第一个动作或第一道障碍，却考虑获奖情境）很容易使人分心。

还有一种典型的内部干扰因素是担忧撞到障碍或动作错误，一些骑手过分忧虑，而忘记了下一步应该怎么做，特别是在场地障碍赛中。在训练中，骑手需要养成思考下一步动作而不是回想的习惯。

场地障碍赛和盛装舞步赛都要求骑手在相对短的一段时间内集中注意力。场地障碍赛中障碍的存在很容易使骑手注意力集中，但盛装舞步赛中不存在这样的精神支柱；由于盛装舞步一个场次的比赛时间是场地障碍赛一轮比赛的2~3倍，其对注意力的要求也更高。养成分析赛程表的习惯，就像分析场地障碍赛路线一样——跳越前一道障碍的动作结束位置便是跳越下一道障碍的开始位置。随后，将比赛规定动作视为跳越障碍时的相关距离，以便从一个动作到下一个动作能持续地集中注意力。另外，为每个动作的方向和速度设定具体的目标。

腹式呼吸法

如果在比赛之前你变得紧张或焦虑，腹式呼吸法可以帮助你平静下来。将手放在腹部（胸腔下部）的中心并呼吸。你的腹部应扩张，手应随之向外移动。保持2秒，然后通过收缩腹部肌肉慢慢呼气，把空气从肺里排出来。你的手应向内移动。

当这样呼吸时，请闭上双眼，并重复一个合适的触发词，如"停止"或"慢"。你会发现你的脉搏数会降低，你会感到平静。做10次。通过定期练习，你将发现只需3次即可获得相同的效果。这个练习可以成为你核心的放松方法。在训练之前或训练期间做这个练习可以使头脑保持清醒。

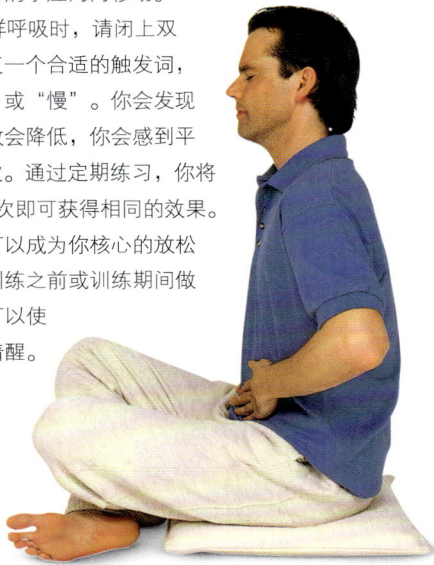

越野赛要求长时间集中注意力。不能只专注于障碍，因为越野赛中障碍的距离远远大于场地障碍赛中障碍的距离——如果只为了缩短几米的距离，并在所需的时间内尽可能以最少的努力完成越野赛，那么每个拐角处的路线都很重要。设定具体的成绩目标（如方向线和时间标记）更为有效。

在所有的马术活动中，专注于一个具体目标。骑乘越容易，就越有可能分心。因此，对更高级的骑手来说，集中注意力尤为重要。

简化训练

骑马是一项非常耗时的运动，有时难以想象如何在现有的时间内完成所有的任务。你应高效地安排和管理时间，为此则需简化一些活动。如果你确定了你的大目标，然后向后计划，决定中间目标，然后行动步骤，一切都将是可掌控的，看起来不是那么难以实现。

少即是多

"少即是多"这个词可能有点儿老套，但这几个字背后的那个原则，却一贯适用，不仅对你的训练，甚至对生活的方方面面都能带来非常积极的影响。简化生活以便节省力气、减少浪费，可以使普通骑手变为优秀骑手。以简单和准确为目标，使得变化、消耗和压力更少，留给你的时间和空间更多。例如，想要简约生活，基本的准则应该包括买你所需要，而不是想要的。关键是要确定事情的优先顺序。

在心理准备中，最重要的是你的方法必须以简单精确为目标。在马术运动中尤其如此，因为你需要与马交流。你的沟通体系越简单，马发挥的潜力就越大，因为你能更简单、更快速地训练它。

养成把事情简化成最简单形式的习惯。一些骑手喜欢在几秒内使用一系列不同的扶助方式以完成一些简单的动作，如跑步转换。尽管马能理解并服从这些扶助，但这么做有三个缺点。首先，在使用一系列扶助时，不能使用其他扶助——例如，改变动力的方向或水平。其次，其他骑手很难

分解任务　如何将极具挑战的训练变得可控，复合障碍训练就是一个例子。因为这种方法是精确的，骑手很容易保持平衡

驾驭该马。最后，它使更高级的工作变得困难或不可能。

简单还意味着将高级训练分解成简单的分项训练。每项训练都能看到明显的进步。如果技术变得越来越复杂或者越来越难，那么你和马进步会有困难。如果你意识到这一点，从基础做起，就会发现你和马都不觉得训练很复杂，而且觉得进步是自然而然的事情。

找到最佳的解决方案

事实是，如果你一直重复做某一件事情，就只能得到同样的结果。要想提高成绩，就必须接受变化，寻求高效的训练方法。在这个过程中，只有更好，没有最好。如果你多年来一直努力把事情做得很好，并在引以为傲且行之有效的方法上投入了大量时间的话，这对你来说并非易事。但你不能感情用事，避免让你的自负妨碍进步。

训练时，积极地发现你的方法和训练中的问题，而不是寻找证明它们是对的理由。如果在客观的评估之后，你找不到任何错误之处，那么你的方法很可能十分理想；但如果只从积极方面着手，你很难得到一个有用的结论。

寻找错误不应该是一种自我贬低的行为：你应该将失败视作过程的一部分，它能帮助你找到正确答案。别试着忘记糟糕的表现和错误，而是应该如实、积极地分析它们，以便下次能表现得更好。这种态度对于提高训练质量和加速进步至关重要。

高效意味着找到适用于主要马术训练的方法。人们很难准确预见未来会发生什么，所以适用于所有训练的灵活的训练基础具有巨大的价值。因此，能够轻易发展为盛装舞步骑姿或者比赛骑姿的基本骑姿，以及稳定的常量（见第108~109页）很重要，二者将使马擅长盛装舞步和跳越障碍。

熟能生巧

在早期阶段你需要精准练习基本骑乘技巧，并做得很好。如果你一再练习身体动作，比如在轻快步中随马起伏，这些动作就会变成自动的：你不再需要刻意努力，而是下意识去做。一些人称这种现象为肌肉记忆。

虽然这种做法能使动作长久保持，但不会使其变好。错误练习只能养成坏习惯。纠正坏习惯总比一开始就培养好习惯需要的时间多。因此，从一开始就保证高质量工作，对你

和马来说都至关重要。把事情做好通常比把事情搞砸要更简单，所以唯一要注意的一点是在开始时多花点儿时间。这点很重要，因为你需要在做对之后不断练习，而非在偶尔做对的时候停止练习。

保持专注

保持专注是发挥潜力的前提条件，但很多人只是说要保持专注，但并不知道该怎么做。保持专注有许多基本因素，如果你无法集中注意力，第一步是去评估已有的因素有哪些，以及需要添加或改进的因素有哪些。

"你需要自信地向前看"

第一，没有什么能够取代坚持。天赋当然也不行——这个世界满是拥有天赋却无法成功的人。教育也不行，因为这个世界同样充满了生活停滞的受教育者。坚持才最为重要。

第二，保持专注意味着保持积极乐观。你需要自信地展望未来。

第三，你需要通过优化目标来调整重点。即使是最有天赋的表演者也不可能做到他们期望做到的一切，所以必须做出选择。为了着重于优先事项，你必须放弃一些目标，其他目标可能也得等更长的时间来实现。如果你还有长期目标，先着手于你的短期目标。

制订目标

心理准备的关键技巧是制订目标。坚定的目标能够激励你，当你实现它时，你会感到信心倍增。它能帮助你决定什么重要，什么不重要，所以你就能相应地安排时间。它还能帮助你衡量和评估你的训练进度。

有必要将目标按一定的结构制订，使其包括长期目标、中期目标和短期行动步骤。要记住指导原则是从长期到短期制订目标，从短期开始执行（见下图）。决定你的长期目标（可能实现），然后制订必要的中期目标（可以实现），最后列出各种行动步骤（应该实现）以完成这些目标。

这一过程显著的心理优势是，在每个阶段挑战的难度有所减小。英国选手史蒂芬·雷德格雷夫想在亚特兰大奥运会获取第四块金牌的例子正好解释了这种方法是如何发挥作用的。"在一个奥运周期中，时间往往会提高4秒。我计算了一下，每个小时的训练会提高0.0012秒，也就是眨眼时间的2%。"所以换句话说，史蒂芬·雷德格雷夫通过制订中期目标（可以实现）缩小了这一挑战的难度。在亚特兰大奥运会，只是简单地完成最后的行动步骤——骑2000米——史蒂芬·雷德格雷夫实现了赢得第四枚金牌的最终目标。这里的

重点是，如果你详尽制订了目标和行动步骤，那么最终你的长期目标不过是另一个行动步骤而已。

如果你未能达成目标，请将其视为有用的教训，并利用这个教训来修改训练计划。弄清楚为什么出现问题以及如何改进。压力太大？没有充分热身？或是最开始的目标太不切实际？

另一方面，如果成功了，你就有理由感到高兴。同样记得目标随着时间的变化而变化，所以如果它们不再有效，不要害怕重新确定优先级。

优先顺序

马术运动可能涉及大量信息、技术和理论，尤其是因为有两名参与者——你和马。同样，初级水平和高级水平之间的训练范围和差异巨大。因此，与大多数运动相比，决定优先顺序和简单结构的必要性更为重要。

在短期内，对那些被必须处理的大量任务所淹没的人来说，事情的优先顺序是非常有效的。你要根据任务的重要性和紧迫性，对其进行划分。如果一项任务既不重要也不紧迫，你应该试着放弃它，不许有例外。如果一项任务不太重

实现最终目标

确定了最终目标（比如参加全国锦标赛）后，你必须从长期到短期规划，制订通向最终目标的中期目标，然后制订通向中期目标的行动步骤。你的计划必须考虑周全，包括你的资源和其他事项。事实上，你的目标之一可能与重组你的目标或筹款活动有关。

执行计划时，你将从行动步骤开始，这将使你不断前进从而实现中期目标。中期目标的成功最终又会引导你实现终极目标。当然，如果你制订的长期目标相当具有挑战性，没有十足的把握能够实现，你则会在目标达成时感到更加自豪。但是，这些行动步骤必须是可行的——这样你才能够取得成功。

使你的目标成为现实，你必须将它们具体和量化；与你的教练或搭档达成一致并写下来。计划应包括一个时间范围；一定要反复确认它们是否是必要的和可实现的。

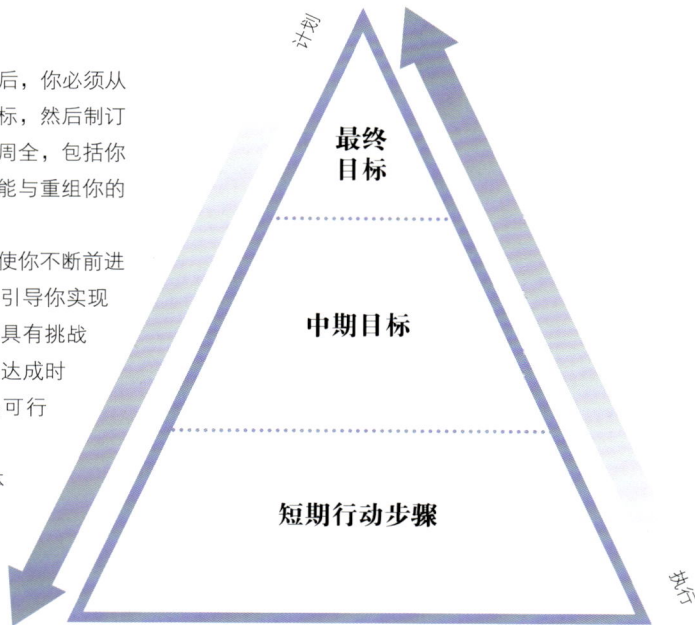

日常行动步骤

写下每天需要执行的具体步骤，将有助于你准确定义它们——如果步骤很多——对其按优先性排序。每个行动步骤都应与具体目标直接相关——下面的例子都与心理准备的六个方面相关。确保它们是可行的，绝对是可以实现的。在每个动作步骤前加上"我会"以强化你的承诺。

1.稳定
- 我会用钢卷尺使地杆之间保持相同的距离。
- 我会每天早上6点起床。
- 我会在主会场买一本规则手册。

2. 人性化
- 进入赛场前，我会深呼吸，发自内心地微笑。
- 我会闭上眼睛，感受马的节奏。
- 周二，我会和家人一起庆祝生日。

3.积极
- 我会在蛇行路线和肩内训练中保持笔直。
- 我会让一名朋友观看骑乘并给我支持。
- 我会在手背写上"是的，我能行"。

4.简单
- 我会为了跳越障碍，把镫带缩短一个孔。
- 我会列出本周的优先事项。
- 我会让一位朋友录下明天骑乘的视频，以便进行慢动作分析。

5.灵活
- 我会将瑜伽和循环训练纳入我的体能训练计划。
- 我会研究顶尖骑手在争时赛中跳越障碍的动作。
- 下周一，我会对财务情况进行头脑风暴。

6. 做好准备
- 我会参加中级全国锦标赛。
- 我会报名参加培训。
- 我会每天选择一种新角色扮演。

要，但很紧迫，你应该试着将它分派出去；如果一项任务非常重要，但不紧迫，你可以选择拖到以后做；将时间花在重要且紧迫的任务上。像这样安排任务将立即简化你的生活。

无论你在骑乘训练中优先考虑哪些方面，都应该是对你最有用的东西。例如，你可以将始终保持骑姿和有效性（见第86~87页）铭记于心，因为它们在所有级别和主要马术活动中都是必不可少的。

同样，心理准备的六个方面（见第341页）应该是整体计划的常规部分，但应根据你的需要确定其优先顺序。

安排时间

为了更有效率地工作，而不只是更加努力地工作，重要的是规划你的生活，以便你有充足的时间完成任务。制订一个时间表，给具体的任务分配具体的时间段。太多人因为必须完成所有的事情而不知所措，不停地从一个任务跳到另一个任务，实际上最终完成的更少。实实在在地在一项任务上花时间，再在下一项任务开始前，奖励自己一个短暂的休息时间，完成的工作量将会更可观。

你也可以延长你正常的时间表。值得注意的是，如果你每天多花2小时，那么你每年就可以多工作13周，也就是额外做25%的工作。这可以通过每天早起1小时，多工作1小时来实现。显然，不要让过多的工作耗尽你的精力是很重要的，但这是一个很好的例子，说明了在很长一段时间内，相对较少但有规律的工作量增加，可以累积成相当大的工作量。

保持积极心态

　　虽然骑手的目标略有不同，但每个人都能从积极的方法中获益。许多骑手放弃比赛，因为他们觉得有些人比自己骑得更好。相反，他们应该继续骑乘，并制订自己的个人目标，而非将自己的表现与他人进行比较。通过指导和获得支持，你能提升自尊心、自信心和竞争力。关键是你要有雄心壮志，并能积极思考。

自尊

　　参与体育运动最大的缺点是，如果不如他人做得好，你会感到失败和自我价值的缺失。这常常使得积极的参与者变成空想的参与者。有两种主要方式可以避免这一点：首先，记住你的自尊要比特定的表现或他人的期待更为重要；其次，始终把重点放在自己的表现上，并努力做到最好。这不仅能够提高你的成绩，还能帮助你保持自尊。世界各地的马拉松比赛是数十万人争取实现个人最佳成绩的绝佳范例，他们参与了一件人人都是胜利者的事情。正如已经提到的那样，重点不是成为最佳，而是尽你所能。

雄心壮志

　　许多人质疑以积极为主的训练方法，因为他们认为这会给人们不切实际的期望，是一种没有批评的赞美文化，会导致标准的降低。

　　但是，你需要在过于理想化和消极之间找到平衡。人们倾向于低估自己，因为这样做更安全：当你能够放低目标，享受较好结果作为奖励时，为什么要追求伟大的成就，冒着失望的风险？

公开表现　比赛时，骑手常常要面对大量的观众，这令人畏惧。但是记住，你表现越好，掌声越多——他们在你身边。他们中的一些人可能曾想取代你的位置，但却缺乏达到目标的毅力——所以，把你的注意力放在比赛上，享受你在聚光灯下的时刻

不幸的是，上述态度不会让你充分发挥你的能力。无数例子说明，态度积极的人比拥有天赋却态度消极的人表现更为优秀。首先，尽量不要考虑问题，而是将其视为挑战。在潜意识里，多数人对问题产生消极的反应，而对挑战则是积极的反应。胜者喜欢挑战，知道从优势开始的重要性，并能逐步扩大优势，直至弱势领域逐步缩小。身处团队之中是一种优势，因为团队成员可以互相弥补彼此的缺陷，共同获得更好的结果。这就是为什么对骑手来说，挑选合适的马是如此重要的原因（见第十一章）。

真正成功的骑手总有最佳的支持团队也是不争的事实，他们事无巨细地帮助骑手，从挑选合适的马到在场观察骑乘。团队会在你面临压力之时给你支持、鼓励，而非谴责。

相信自己

1954年，英国运动员罗杰·班尼斯特打破了4分钟1英里的纪录，正是只要相信自己能力就能改变一切的绝佳范例。

班尼斯特曾专门进行训练，对赛程的每1/4设定目标，并抛开了所有的负面想法。他以3分59.4秒的成绩完成比赛，接下来2年内许多国际运动员成绩也都在4分钟以内。改变的是关于他们对自身能力的信念。他们的消极态度因班尼斯特的成功而变得积极起来。

上述例子说明，消极思维通常是自我应验的。每个人都不时会有自我怀疑的问题。我们骑入比赛场地，脑海里就会有个声音说："我为什么要这样做？"相反，你应该想："真棒，我已经到这里了，等铃声响吧！"当你骑向障碍时不要想"不要向前倾"或"我骑得太快了"，试着以更加积极的方式改变你的想法，比如"肩膀向后"和"放慢脚步"。不要担心撞到障碍，专注于跳过它。不要想着停止；专注于前行。如果要养成一个好习惯，重复是至关重要的。每天练习想象积极的经历，在消极想法或画面进入脑海时，用积极的一面代替它。在压力或危机时刻，想象一个你认为积极的榜样形象，激发你所需要的积极品质，消除自我怀疑。

灵活的方法

尽管保持骑乘技术简单一致很重要，但在装备和训练中依然可以做出微小改进。真正伟大的骑手善于接受新想法和新方法。他们积极主动地看待既定的处事方式，并且考虑能否对其加以改善。创新方法结合努力工作、活力和天赋，你就拥有了成功的法宝。

更好的想法

多年来，随着参赛选手找到更好的训练方法，体育运动也在发生变化，马术也不例外。一场关于场地障碍赛的革命发生在约100年前，当时意大利教练费德里科·卡普里利发明了"前倾骑姿"——当马跳越障碍时，骑手臀部离开马鞍，身体前倾。在那之前，所有的骑手都是笔直地坐在马鞍上的，甚至是身体向后仰。虽然现在所有障碍赛选手都了解卡普里利平衡骑姿的优点，但花了好多年它才被普遍采用。

德国马术训练师奥托·洛克，活跃于20世纪20~50年代，在世界马术盛装舞步领域有很大的影响力，他的成功源于点滴积累，而非一蹴而就。他只注重做高质量的训练，拒绝机械训练。他还强调了和谐的重要性——和马一起运动的能力，这种能力凌驾于骑手的骑姿之上。他声明，在缰绳联系中，灵活和轻盈也同样重要。多数在盛装舞步界具有影响力的骑手和教练都接受了他的观点——威利·舒尔特海斯、巴比·冈瑟、约瑟夫·内克曼、哈利·博尔特、赫伯特·雷拜因和赖纳·克利姆克。

"成功者是发现了更好方法的人"

在赛场上，最佳练习模式的改进是显而易见的，但幕后工作——在马房管理和装备类型——的改进同样有利于提升表现。例如，澳大利亚和新西兰有着更为自然的马房管理体系，那里的马更自由，包括它们能自由出入马房，走到小围场或院子里，以及更为自然的饲喂方法。

发挥想象力

把马和骑手的非凡表演称为杰出的表演是很正常的。当然，这背后是有迹可循的：所谓杰出，不过是因为骑手比竞争对手做得更好。想要自己表现更好，第一步是去研究表现绝佳的选手和马。

在盛装舞步比赛中，最佳的范例是盛装舞步配乐自选动作比赛（库尔），这种表现形式也越来越流行。所用动作和训练都必须在马的能力范围之内，但富有想象力的骑手能够呈现出原创性表演，令评委和观众赞叹不已。在场地障碍赛中，几乎每轮争时赛都要求骑手从所有角度观察比赛路线，找到一条更好的路线。越野赛中也有类似的要求，要通过组合障碍和相关障碍，会有多种潜在的路线和不同的距离。当你在比赛路线上骑乘时，你需要考虑所有可能性。

每天都做好训练的准备，保持开放心态，通过点滴进行积累。最终，这些点滴积累会使你达到新的个人最佳水平，甚至可能是一个重大的胜利。明白量变的作用，抓住时机，促成质变。

如果你不能自然而然地进行创造性思考，那么你就需要练习它。试着对几个假象命题进行头脑风暴，比如如果人的眼睛长在脑袋后面，或者只能侧身行走，又会如何？这会让你进入横向思维的模式，产生新的想法。

创意盛装舞步　盛装舞步配乐自选动作比赛正是说明骑乘需要创意和想象的绝佳范例，但它必须以高质量的骑乘为基础。如果训练得特别好，马会呈现高水平的表演。来自德国的娜丁·卡佩尔曼与她的马特拉尼斯的表现激动人心

做好准备

　　据说，运气是充分准备和机会结合的产物。如果对所有的可能性都有所准备，你就更有可能抓住任何出现的机会，取得成功。马术运动尤其如此，因为它很大程度上取决于马的态度和表现。如果你和马都做好准备了，就可以迎接所有的比赛，为自己创造获胜的机会。

独立

　　比赛时，无论是盛装舞步赛和场地障碍赛的赛场，还是越野赛的比赛路线，你都不能只依赖教练的指令。如果准备充分，无论出现任何情况，你应该都能独立地解决问题。你应该在训练中练习自己做决定，并定期模拟比赛环境。

　　作为一名新骑手，你几乎完全依赖于教练，但你应该很快被鼓励去控制热身和放松过程，然后控制骑乘中其他的细节部分。这样你就能习惯自己做决定并承担责任。如果你必须自己做决定而不是单单等待指导，你也会发现你的专注力通常会变得更好。

　　你还应该积极参与制订自己的目标，以便可以全身心地投入训练中。这并非意味着教练可以选择退出了——相反，把责任交给骑手是优秀教练的标志。独立思考是创造和充分利用机会的重要组成部分，但先要做的是必须让骑手独立。当你学会做出明智的决定时，你的骑乘技术会再上一个新台阶。

当机立断

　　领先一步是表现良好的先决条件。人们常说，有些人在追逐梦想和做白日梦中浪费生命。但是，如果你知道生活不是演习，做好准备，果断决策，以便抓住时机，那么你就能做到最好。

　　起初，你能决定一些小事。左缰还是右缰？慢步、快步还是跑步？臀部轻轻接触马鞍还是坐到马鞍上？作为高级骑手，你要决定一些大事。买哪匹马？参加哪项比赛？选择哪位教练？而在所有决定中，决定不做什么可能和决定该做什么一样困难。其他你可能面临的决定则与时间相关。例如，使用扶助和跳越障碍起跳的时机，这些技能本身就很特殊。你还需知道什么时候开始新的训练或者改变训练方式，什么

心像化比赛路线　进入比赛场地之前，在脑海里想象一下骑乘时的比赛路线。这可以显著缩短你的反应时间，使良好的表现变得容易，尤其是在附加赛或有难度的相关距离中。你需在训练中练习这个技巧

案例研究

问题:

在去比赛的路上，保罗的车爆胎了。他错过了第一场比赛，他的周末也因此变糟。在第二场比赛中，他的母亲很晚才把马的鬃毛编好。他对此很生气，因为他几乎没有时间去比赛场地了。比赛工作人员大声叫他向前走，然后开始，他的马却没有要配合的意思。他觉得这是一场灾难，尤其是他的同伴朱莉和西尼德却表现得那么好。

那天下午，当他正等着进入比赛场地时，他决定进行最后一次跳越障碍练习。他的马在起跳侧挖出的坑里绊了一下，横杆向四面八方坠落。保罗一直在思考他的问题，他害怕比赛路线中的六小步，他知道这六步对他来说很难。他很担心，也很紧张，他能想到的只有那些选择他的人。在比赛中，他试着在六小步时放慢速度，但是他的马没有听他的。还剩半步时，他还没意识到，马就已经停了下来——就像保罗担心的那样。

第二天，在大型比赛中，他的表现比训练时差了很多。他知道当时选择他的人已经把他撇在一边了——他们很快就指出了他的弱点。他发现自己很难记住骑乘路线。他走路的时候，人们不停地跟他说话，而且他还担心他的妈妈是不是把他的马备好了。在比赛中，他超时了。一周前，他是夺冠的热门人选，但当天，他甚至连名次都没有，这与去年的情况如出一辙。他父亲很生气。

教练的解决方案:

• 保罗是最有希望获胜的人，他所做的大部分事情都是对的。他需要认识到这一点，并从他的长处开始。

• 他在比赛中遇到的大多数困难都是由计划不周和态度不积极造成的。良好的计划和组织会让你准时去参加比赛，即使有一点儿意外也没有关系，因为你也已经考虑到了意外的情况。

• 下一步是学会保持平静。这将是一个尝试角色扮演的好机会。保罗需要扮演一个不感情用事，纪律严明的人。

• 在比赛的时候，保罗需要他可以信任的人的支持，比如他的教练。教练可以帮助他集中注意力，而不是其他的骑手或者支持他的人。

• 保罗也必须学会专注于他必须做的事，而不是他不应该做的事。心像化将有助于他积极地进入专注的状态，并给他机会在赛场上展示真正的天赋。

• 我们需要谈谈他的目标以及他为什么要骑马——这应该是他自己要做的事情，而不是他的父亲。如果他能从失败中吸取教训，回首过去，报以微笑，他会发现未来还是非常令人期待的。

时候需要休息，以及什么时候要求更多。做好这些选择的能力来自自身经验和向其他人学习。

心像技巧

多项研究表明，在身体方面，人类的神经系统不能区分真实体验和生动详细地想象出来的经历。这正是心像技巧能有效的原因：你可以为在现实中无法出现的情况做好准备。如今，心像技巧作为一种标准的心理准备方法，普遍用于所有运动员——你只需要以开放的心态去接受各种可能性。

这个技巧有着非常广泛的应用——你可以用它预演几乎全部的事情。即使是初级骑手，也能从心像技巧虚拟的轻快步场景中获益，因为它能让你在脑海中练习动作。经验更加丰富之时，你可以开始用心像技巧模拟入门级盛装舞步赛或有障碍的路线。对较为高级的骑手来说，标准的做法是内心演练完整的场地障碍赛比赛路线或者盛装舞步测试。越野训练中，心像技巧有助于你以一个安全的骑姿越过洼地障碍（见第251页）。

心像技巧对节奏较快的运动特别有效，比如在争时赛中，或者在盛装舞步测试中改变落蹄顺序。它还能连续练习比较难的落蹄次序，这在平时是无法做到的，除非你有一群任你处置的马。不论任何情况，你越能理解需要什么，越能感受到发生了什么，内心的演练就越有效。

"成功者把成功看作一门科学"

人性化

　　所有运动的焦点都应该放在选手和表现上。不幸的是，选手的均衡发展常被放在次要位置。如若发生这种情况，选手的表现最终会受到影响。无论比赛的级别如何，所有选手都需要在一定的环境下保持训练。人生总有成功的时候。在这两个目标之间保持平衡，至关重要。

保持分寸感

　　如果生活完全依赖于比赛的成功，那么失望是不可避免的。随着年龄的增长，大多数人逐渐意识到，他们生活的真正结构是以充满爱的家庭和朋友为中心，而非金钱、财富和野心。选手需要充满幸福地努力，而非努力得到幸福。

　　如果说，在运动上有所成就的人有什么突出特点，那一定是他们享受过程。所以，如果不能从骑乘中获得太多乐趣，你就不太可能在这项运动中进步迅速或者继续下去。其他比较幸运的人，是真的热爱自己所做的事。说实话，如果你喜欢，你做任何事都不觉得乏味辛苦。

　　令人惊讶的是，心理准备计划中常常忽视享受。可惜，我们将太多的重点放在错误的事情上，导致很多人都感到气馁，放弃参与。相反，我们应该更加关心没做但本该做的事情。当然，给自己机会是成为胜者的前提，但如果你不喜欢自己正在做的事情，你就不会成功。

　　不懂得享受的最主要原因是没有一个平和的心态。在运动之外营造满意安稳的生活，你通常就会发现能更好地享受运动。让你乐趣减少的可能是微不足道的小事，比如过分严苛的教练或者讨厌的竞争对手。简要分析骑乘时你喜欢和讨厌的事情，就能很快看出需要改变什么。任何乐趣都能帮助你继续骑乘，并提高骑乘水平。

　　作为平衡生活的一部分，你还要放松心情。骑马应该能够帮助大多数人放松身心，但许多精英骑手则需要做其他事情。任何令人放松的活动都可以补充体力并使你精神焕发。它可能是件小事，比如泡澡或休息一天，听听歌，见见朋友，抑或是较为活跃的活动，比如散步或者进行与马术不同的运动。

与人相处

　　卡内基基金会的研究表明，一个人的成功是由15%的技术知识与85%的自我管理和交际能力所决定的，而这一结果也经斯坦福国际咨询研究所证实。

　　没有人能保持孤立，尤其是在马术世界。无论是竞争对手、钉掌师、兽医、教练或者赛事组织者，你总是要跟人打交道。与这些人相处和发挥其最大作用的基础是尊重他们，同时又不失自尊。要做到这一点，你必须要自信，而非顺从或咄咄逼人。顺从行为的特点是没有维护自己的权利，或者捍卫的方式容易被他人忽视；你用歉意、谨慎或谦逊的方式表达想法，或者你完全无法表达自己的想法。攻击行为是以侵犯他人人权的方式捍卫自己的权利，你用不恰当的方式表达想法，即使你可能是真的相信这些观点正确无疑。如果你很自信，但是你应该以不侵犯他人人权的方式维护自己的权利。你可以表达自己观点，但同时也要表明自己理解对方的立场。这些不同类型的行为可以详细归纳总结为：自信型行为是想"我好，你也好"，顺从型行为是想"你好，我不好"，攻击型行为是想"我好，你不好"。

"成功者以享受生活为乐"

　　与他人交谈时，尊重他们的关键要素是感同身受地倾听。这要求你给他们时间说出他们的事情，听完整件事情之后，再做评价或判断。这意味着适当的时候，使用眼神接触、言语和非言语鼓励，说"我明白"或"我理解"、点头、微笑。观察对方的肢体语言，也会有所帮助，你可以将其作为线索以理解交流的全部含义。马术界的人在这一点上，做得可能比大多数其他人都好，因为他们习惯于解读马的肢体语言。

你如果将这些社交技巧与开阔的胸襟和良好的性情相结合，那么就能和大多数人融洽相处了。这反过来能帮助你建立合适的支持团队。如果你得到了充分的支持，展现最佳水平就会容易得多。每个人都需要经常得到来自朋友、家人、教练、运动科学家、赞助商、组织者和媒体的支持。顶尖骑手总是给予教练最多的赞扬，这绝非巧合。

平衡表现

无论你想在运动中取得什么成就，如果采用平衡的方法，你会做得更好。第一种是努力和快乐之间的平衡，它也最为重要。成功需要坚持和努力，但是平衡的另一面是要照顾自己，确保你的情感需求得到满足，并且抽出时间用来休息和提升个人能力。这种平衡给你的生活带来了一种和谐，让你能够顺利工作。

第二种是做多做少之间的平衡。积极心态鼓励你做得更多，充满自信并且雄心勃勃。这必须通过分析和简化事物的需求来平衡，并在工作中寻找优先事项。成果便是高质量的工作和幸福。

最终的平衡是在现实和可能性之间。重要的是要认识到你的现实和你的可能性，而不是只有一个或另一个。然后这是一个设定目标的练习。你可以被各种可能性拉着前进，也可以被你认识到当前生活现实的日常行动带着前进。成功在很大程度上是不可避免的。

目光长远　马术是一项伟大的运动，渗透在你生活的方方面面。你交的朋友、你骑的马，以及获得的经验都将永远陪着你。你在比赛中的成功和失败是生活中重要的一部分，但非全部

第十一章

组建顶级团队

找到合适的马是成功骑乘的起点，你需要有明确寻找的目标。合适的马可以是一匹矮马、温血马或纯血马——只要它具备良好的感觉、力量和潜力。

除马以外，你还需要其他人类成员的支持——饲养员、钉掌师、兽医、赛事组织者、协会工作人员和教练，他们形成了你的支持网络，而其中教练的选择尤其重要。一名高效的骑手必须具有团队合作精神，理解团队成员之间是互相成就的。这样团队不仅能取得非凡的成就，成员之间还能成为一辈子的朋友。

最好的马

最适合你的那匹马有潜力成为对你来说最好的马。必须在买马前做好研究。马的体形、形态各异，但你应该想选一匹能愉快共处并兼具良好的感觉、力量和潜力的马。你的目标在于找到一匹马，并与它组建团队，并且团队的价值远超个体的价值之和。

买马

你最好的马可能来自公开拍卖会、私人卖家或经销商。首先，你要决定想要的马匹种类，以及你想要它所做的工作类型。然后，向一名值得信任的教练征求意见，或者雇佣一名信誉良好的代理人，因为他们的知识和经验是无价的。快速评估马的能力和适应性需要特殊的技能，不知道运用这类人的智慧，是非常愚蠢的做法。

在公开拍卖会上买马的好处在于你知道你买入的是市场价，但是缺点是你试马以及做决定的时间通常有限。私下购买能让你有更多的时间评估和试骑马，但是价格可能有点儿偏高，而且卖主的骑乘场地也很有限。在这种情况下，你可能要将马带到一个更合适的场地，才能对它进行评估。

从知名经销商处买马，若是马的确不合适，还有售后服务和换马的可能。无论你在哪里买马，重要的是要做好功课，并且请求代理人和兽医提供帮助。即使你看中的那匹马相当便宜，也应该做到这一点，因为相比多年养马的累计成本，购买的价格也就不那么重要了。

虽然很难找到有潜力赢得高级别比赛冠军或奥运金牌的马，但如果你找到一匹兼具智慧、力量和潜力的马，你就算是得到了一位特殊搭档，或许有一天，它能助你取得意想不到的成就和荣耀。

智力和性情

毫无疑问，选择适合一般骑乘的马时，优先考虑的应该是它是否聪明机灵。而最能决定马是否聪明机灵的两个方面是它的天性和理解能力。区分两者，十分重要。但不幸的是，反应迟钝或缺乏理解能力常常被误认为是脾气好。

聪明的马惹人喜爱，因为它们能够更快地投入训练，并在具有挑战的情况下照顾你，比如在跳越障碍或野外骑乘时。然而，对于这样聪明的马，如果控制不好，它往往更难训练，因为它很快就会想到逃避，以及做出一些不同寻常的反应。例如，这样的马可能很快学会怎么慢悠悠地回家或者是停下来，同样它也能很快了解什么样的障碍是可以拒跳的。

另一方面，反应迟钝又被动的马往往会接受不良的训

检查马匹

在你考虑买一匹马的时候，一定要安排兽医检查马的健康状况以及它是否适合从事某一项特定的运动。评估往往不是一门精确的科学，但是需要权衡不同的因素。例如，体力无法满足长时间剧烈运动要求的马仍可能在休闲骑乘或盛装舞步中度过漫长而活跃的一生。正如许多人能克服身体的弱点一样，只要管理得当，那些有着小伤病的马就有可能正常且舒适地工作。一名经验丰富、了解马术运动的兽医，对你找到最好的马至关重要。

练，令人遗憾的是，它们还被作为例子来证明这些训练的合理性。人们认为像这样的马是适合初级骑手的，因为它们缓慢的状态使它们看起来很安全，但实际上它们缺乏应变能力和参与度，难以驾驭，因此并不适合初级骑手。

性情良好的马具有平静、乐观和友善的外在表现，这是一匹年轻马所应具备的，也是马容易训练并能充分发挥其身体潜力的前提。可悲的是，良好的性情很可能被不良的训练毁掉。当然，马的性情也能有所改善，但必须通过有技巧的训练、时间和耐心。无论一匹马多有才华、多漂亮，如果它不愿配合、性情不好，你就不该买它。如果你买好了马，结果发现它不符合你的需求，或者你们根本无法配合，那就做好准备，将它转售给更合适的人，重新寻找马。

最好的马比科　卡伦·奥康纳骑着她的马比科代表美国队参加奥运会。3岁的比科很快展现了巨大潜力

力量

马的力量及其职业生涯基于两个方面：良好的身体构造和肌肉力量。一些马，诸如夸特马和短跑马，有更多适合无氧运动（诸如盛装舞步赛和场地障碍赛）的肌肉。这使得马的肌肉形态更加圆润饱满，可以在短时间内产生巨大的能量。其他马，比如阿拉伯马和矮马有更多适合有氧运动的肌肉。这使得马的身体形态更加扁平瘦弱，能长时间保持较低水平的力量，因此阿拉伯马更适合耐力骑乘。良好的训练可使马的肌肉发育良好，但在比较马时，那些天生的运动健将和具有较好身体结构的马将具有更大的潜力和耐力。

马的身体构造

马的身体构造与功能的关系就如同骑手的骑姿与骑乘效果的关系。不要为了追赶时尚潮流而培养与马的能力无关的身体特征。最重要的是马的体格能否使它顺利有效地工作。良好的身体构造的关键要素（见下图）是整体比例：一切都应该以均衡的方式组合在一起。

身体构造是马的身体状况是否良好的重要指标之一。尽

健康的马蹄

蹄踵高度或宽度很小是一种严重的缺陷。如果马出现这种情况的话，很少能够保持健康的状态，因为它的舟骨区易受伤害，尤其是蹄踵两侧。马的一对前蹄应与水平面成 54°～58°。像这种形状的马蹄能够在触地时均匀分散力量，也就减轻了对前蹄肌腱、关节和骨骼的压力。

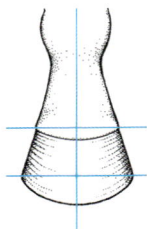

蹄部不对称将对腿的其他部分产生额外压力

蹄宽合适的话，线A将等于线B。蹄宽较窄将很有可能导致马的健康问题

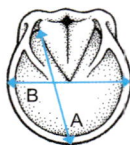

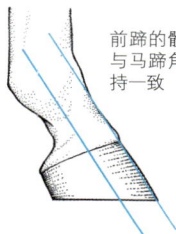

前蹄的骹骨应与马蹄角度保持一致

马的动作　障碍马和盛装舞步马的每一步都是圆周动作，明显使用飞节和膝关节，而赛马和阿拉伯马，如图所示，则是均匀的钟摆动作

管可能有例外——形态不良的马却能长期训练并且保持健康——兽医以及那些多年与马打交道的人的经验表明，身体构造从某些方面来说对确保长期有效的训练生涯至关重要。

最需要关注的区域是马的前肢——从膝下到马蹄（见左框）。肌腱损伤是经常进行袭步训练的马最常受到的伤害，肌腱越长就越脆弱。因此，马的胫骨应该短些，使膝盖贴近地面，相应地膝盖和球节之间主要的肌腱应该相应地短一些。球节上方骨头的宽度应等同于膝盖下方骨头的。如果马的膝盖向后，则可能对肌腱产生额外的压力，也就是说，前腿看起来似乎是向后弯的，并且在膝盖后方成凹形。

倾斜的肩部和髋关节处（髂骨/骨盆和股骨/大腿之间）成90°角有助于马能有效地使用四肢。这结合它背部的使用方式和天生的柔韧性，将决定一匹马能否成为一名天生的运动员。

在挑选马的时候，漂亮的脑袋和大大的眼睛常常被当作必要条件，但事实上，其貌不扬和智慧或性情并没有任何关系。尽管如此，许多人坚持要买脑袋漂亮的马，所以如果你想少花点儿钱，选择外貌平平的马也是一个不错的选择。

良好的身体构造

一匹身体构造良好的马应符合虚拟图（下图）中的条件。此外，马肩隆到腹部最低部分的垂直距离应等于腹部该点到地面的距离，以确保心脏和肺有充足的活动空间。膝关节和飞节也应贴近地面，保证肌腱短小有力。为减小对关节的压力，马的四肢应笔直。从前面看，骹骨、胫骨和前肢应形成一条直线。而从后面看，臀角、飞节和蹄踵（见下图）也应该在一条直线上。这将有助于马身体正直，从而减小关节所承受的压力。

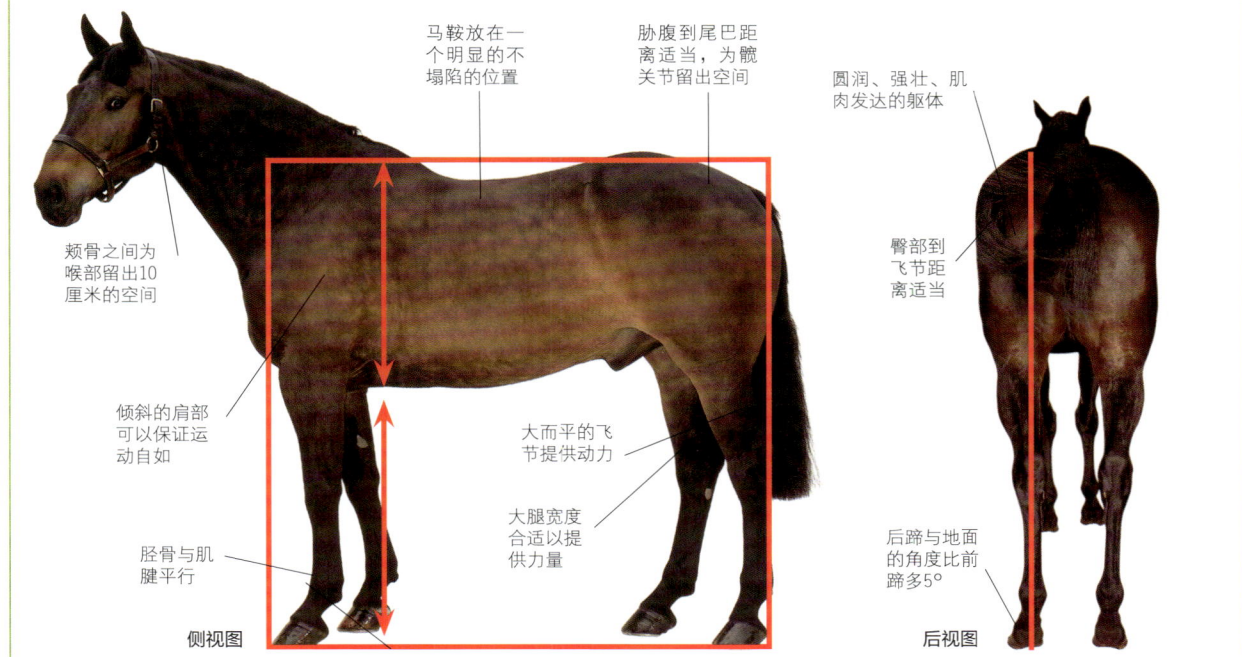

马鞍放在一个明显的不塌陷的位置

胁腹到尾巴距离适当，为髋关节留出空间

圆润、强壮、肌肉发达的躯体

颊骨之间为喉部留出10厘米的空间

臀部到飞节距离适当

倾斜的肩部可以保证运动自如

大而平的飞节提供动力

大腿宽度合适以提供力量

胫骨与肌腱平行

后蹄与地面的角度比前蹄多5°

侧视图

后视图

猎马 寻找猎马时，应优先考虑其性情，再看是否有合适的马蹄、笔直的四肢、倾斜的肩部和粗壮的后肢。一旦具备这些因素，适当的训练和喂养将使它成为你的优秀搭档

矮马 矮马是理想的、灵活的家庭用马。它们大约15掌（约1.5米）高，有强大的力量，从比赛到驾驶无所不能。威尔士矮马（下图）和摩根马都是这种类型的马

适合你的马

马的潜力或能力决定了它能做什么样的运动，并且能做到何种水平。能力受到马的个性气质和种类的影响，以及马得到的支持或者训练。根据个性气质，马通常被分为冷血马、温血马或热血马。冷血马包括较重的马和挽马；热血马包括纯血马和阿拉伯马；温血马由冷血马和纯血马杂交育成。越来越多的温血马是由其他温血马直接育成的。这些马就是众所周知的运动用马，因为它们是专门为盛装舞步赛、场地障碍赛以及三项赛培育的。根据承重能力，温血马可分为三类：重量级——最多118千克；中量级——最多102千克；轻量级——最多86千克。

美国所有的本地小型马都源自英国。除了冰岛小型马，法国、意大利、德国也没有本地品种。康尼马拉马和威尔士马等本地小型马，可能有最广泛的使用范围——它们吃苦耐劳，而且能力不容小觑。骑小型马在成本上还占有很大的优势：小型马需要较少的维护，它们通常可以在没有后蹄铁的情况下工作，吃的也比大型马少。小型马也更坚韧，它们不易扭伤肌腱，割伤和擦伤后不会留疤，愈合得更好。

矮马是一种比较矮，承重力更大的马。它可能是所有休闲用马中最灵活和最有用的类型。但是，它们不是为了速度而生，这通常会限制它们进入较高水平的比赛。

马的性别可能影响它的适应性。公马需要深厚的驾驭能力，不适合初级骑手。毫无疑问，骟马（被阉割的马）无疑更容易控制。一般来说，母马价格较低，但你需要具备一定的敏感度和认知度去控制它们，特别是在马的发情期。到目前为止，对马的能力、发展和价值影响最大的因素是它所受的训练和照顾。本书提出的人性化和渐进性训练能使你的马发挥潜力，但这是一个长期的过程。让马达到参加高级比赛的水平需要骑手、教练以及你的后援团队付出巨大的努力。

奥运之马 科斯特梅在年幼时被人发现。它表现出巨大的潜力和力量，并遇到了完美搭档大卫·奥康纳。他们在2000年悉尼奥运会上赢得了金牌

顶级支持团队

　　骑手、马和教练组成了团队的核心，钉掌师、饲养员和兽医则让你的马术训练顺利进行，还有其他人——包括朋友和家人——发挥了重要的支持作用，使你能获得非凡成就和享受骑乘。可能除了马以外，团队里不会有需要重点关注的对象，要想团结，大家必须互相尊重，理解他人都有不同的责任和角色。

建立并维系团队

　　寻找马术团队的专业成员时，个人推荐一直都很有用。但是，在寻找钉掌师和兽医时你要寻求专业协会的帮助，协会能为你提供马术行业的成员信息。成熟的钉掌师和兽医通常不愿意接受新客户，所以将马安置在商用马房是一件好事，这样你就有现成的后援团队可以使用了。饲养员常常在

专业马术杂志上做广告，当地的小型马术俱乐部和骑乘俱乐部也是很好的信息来源，同时还是培养饲养员的好地方。

　　除了钉掌师和兽医的服务，你偶尔还需要其他专业人员的帮助和支持。例如，如果兽医不懂如何护理马的牙齿，你就需要一名能做这项重要工作的专业人士，保证马的口腔健康。有时候，你还可能需要马匹营养师、理疗师或其他专科

饲养员　无论是自己养马还是请人饲养，在提供马需要的安全可靠的环境和安排日常生活上，没人能比饲养员发挥的作用还大。饲养员最能近距离地观察到马在行为或健康上的细小变化，这些都需要集中注意力才能发现，不仅如此，饲养员还可以陪伴马

医生的帮助。

一旦建立起团队，你就需要维系它。关键之一是确保所有的团队成员都能胸怀大局——你的长期目标。同样重要的是，他们在实现目标方面的作用要获得认可。值得一读的是三名工人的故事。他们在采石场做着同样的工作，当被问及在做什么时，第一个工人说："我在切割大理石。"第二个工人说："我在为柱子切割大理石。"而第三个工人说："我在建造一座大教堂。"第三个工人最有可能保持积极性并全心全意地完成工作，因为他清楚地知道工作的目的。理解总体目标，能相互尊重的团队成员，更能够团结一致，并取得最大的成就。

支持网络

当你得到很好的支持时，发挥你的最大潜力会容易得多。除了马匹、教练和专业人员团队，你还需要积极地建立更广泛的支持网络。家人和朋友可以在这方面发挥重要的作用，特别是在鼓励你积极向前和保持自律方面，比如在寒冷的早晨和艰难的日子里。他们不需要了解骑乘的技术细节，但如果他们想对你表现足够的支持，在生活中做出细微改变来帮助你实现目标，那么他们就必须了解你的目标。

这点同样适用于你的同事或同学。考虑到自己在马术方面的目标，你需要他们的支持，才能坚持按照时间表做事。如果运气好的话，你还可以通过这些熟人筹款。

钉掌师

"马若无蹄，何以谓马"。你可能说："没有钉掌师，马蹄又有什么用呢？"钉掌师是手艺精湛的工匠，他们要每六周检查一次你的马，帮它换马蹄铁，或者将马蹄修整得当，使马保持良好状态。不同的马、活动和工作量将需要不同类型的马蹄铁。有时，还要用专门设计的马蹄铁来矫正马蹄或马的平衡问题。

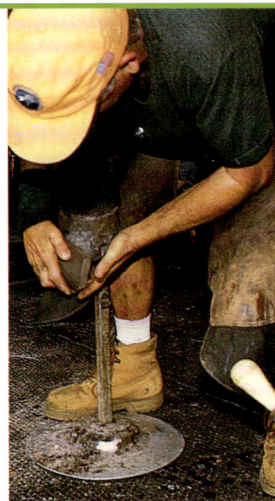

如果你准备好参加协会，官方马术协会能够为你提供支持。身处充满活力的组织能给你带来力量。你可以与协会建立有效的联系，并有机会获得各种信息，从教练意见到作为特殊团体观看比赛或参观马房等。

你可能发现，参加教练或裁判的培训课程有很大的教育作用：作为骑手，从教练或裁判的角度看自己很有用。

兽医

在很多方面，兽医是支持团队的领导者，因为每次马的行为发生改变或者需要治疗时，你每次最先求助的人总是他。兽医与骑手及饲养员一起工作，知道什么时候要找理疗师或其他专家。他还必须是一名优秀的诊断专家——兽医的评估将决定大部分其他团队成员的工作。他会寻找马的疼痛、发热或肿胀之处，以及任何异常的行为。观察马在慢步或快步时的表现，然后进行人工检查（可能结合X射线或热成像设备），以找出任何问题的准确位置。

最好的教练

在寻找教练时，请记住，虽然国际知名的教练主导了竞技圈，但是找到适合自己的人才更为重要。另外，千万不要低估你能从马身上学到什么——一匹训练有素的马能教会你很多东西，这也正是众多想要成为更好骑手的人殷切追求的目标。聪明的骑手善于抓住所有的学习机会，因此最终能够成为自己的教练。

寻找教练

多年来，众多伟大的教练推动马术运动向更高级别发展，他们提出了更新更好的技术，最终影响了所有的骑手。一个著名的例子就是已故匈牙利教练伯特·德·纳梅西，他曾于1955~1980年执教美国场地障碍赛队。他能够将经典盛装舞步的知识和国际场地障碍赛的要求结合起来，然后认真分析，为所有场地障碍赛选手提供系统的训练方法。他给了一代骑手们坚定的信念和信心去使用他的方法。

小心别被那些夸夸其谈的教练所误导。在为自己的特殊方法辩解时，他们可能说成功的训练方法有多种多样。事实上，你所需的是最佳的比赛方法，而不仅仅是训练方法。研究最佳教练在不同水平的做法，将有助于你评估和选择自己的方法。

当地的教练可能并非闻名国际，但这并不意味着他/她不如国际专家。一名优秀的教练是值得信赖、受人欢迎的，其采用的方法是积极、简单、灵活的，总而言之，他/她是一位拥有远见卓识的人。你的教练应该乐意帮助你找到问题，理解每名骑手都有特殊要求，以及可开发的特殊能力。如果符

和教练一起训练　一个好的教练是无价的，是加速进步的关键。骑马，你有机会从你骑的每匹马身上学习。所以实际上，这是一种三方关系，各方都在倾听并给出反馈

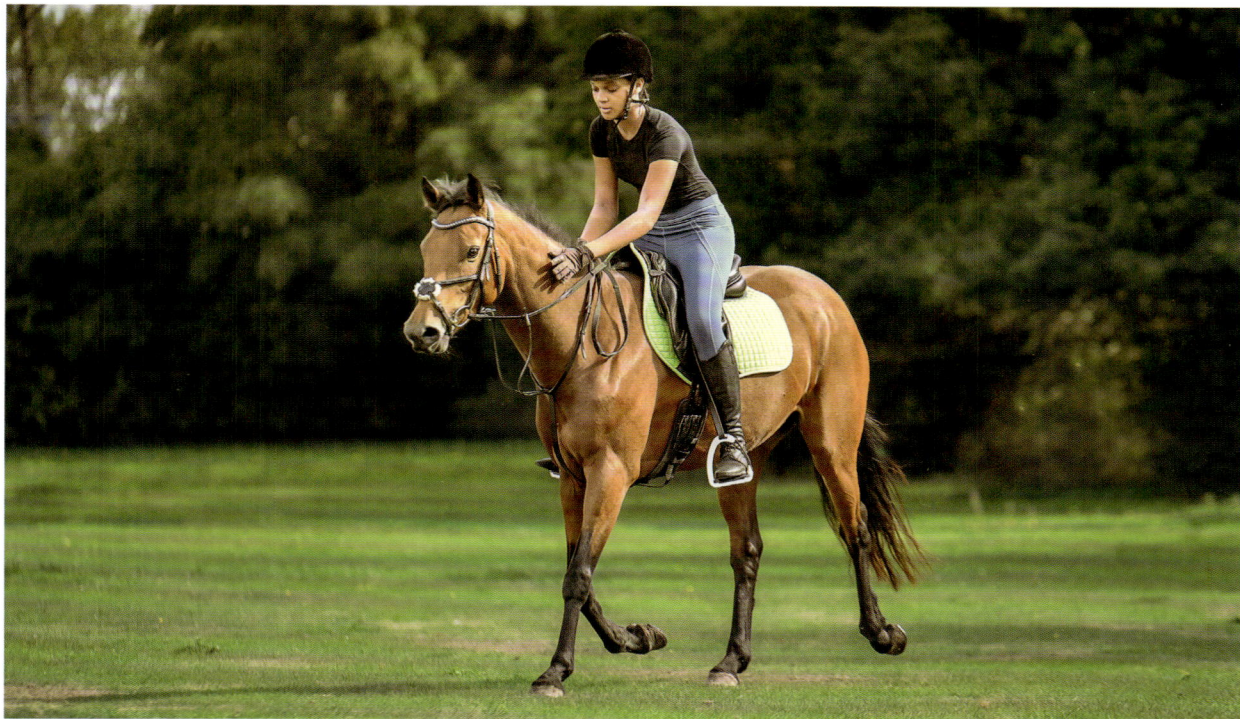

合以上描述，那么你就找到了一名优秀的教练。

向你的马学习

顶尖骑手之间有一种共识——马是最好的老师。研究表明在分析学习的过程中，阅读、听觉或视觉所获得知识只有感觉的一半。换句话说，我们记忆最深的往往是那些主动体验的事情。

学习马术也不例外：通常，骑手要先亲身感受，才能了解什么是自己所需要的。在这方面，一匹训练有素的马是无价之宝：从它身上，你能了解一种全新的运动是一种怎样的感觉，你也会开始理解不同运动之间的关系。最重要的是，你能学会把握好时机和有效使用扶助。许多优秀的骑手都受益于骑乘他人训练的高水平马。

从一匹年轻马身上学到的知识则非常不同：你要有耐心，知道行动之前先要理解行动，明白拥有一种方法并从一开始就正确做事的重要性。如果你是一名基础良好的初级骑手，在教练的帮助下，你可以从年轻乖巧的马或者更高级的马身上学到很多东西。但是，骑乘训练不好的马毫无价值，因为这只会让你养成坏习惯。

从更广阔的世界中学习

马术世界充满了不同的训练方法，这些方法和你的方法互相补充，也非常重要。网络是很好的信息来源地；书籍是无价之宝，但要注意翻译糟糕和老旧的书，里面的比赛方法和马匹护理标准可能已经过时。并非一切有用的手段都必须出自马术运动：从事其他运动的优秀教练拥有跨界的才能，也会对你的发展起重要作用。例如，心理准备或体能训练方面的最佳实践往往可以从其他运动所使用的方法中获得。

虽说马仍为人所用，但我们反对像过去那样虐待马。如今，我们意识到，需要一种更为人性化、更加全面的马术训练方法，这也正是本书所述的训练原则的核心所在。这种方法对你和马都大有裨益。

成为自己的教练

骑手前进的主要动力并非花环和奖牌，而是靠对所做的事情的良好感觉，以及对出色表现的绝对满足感。骑手的最高境界是自信独立，明白自己要对所学的负责，并且能够独

伟大的教练

赖纳·克利姆克博士是20世纪70~90年代德国最有名的马术教练，他的成功传说流传了很多年。这名精英教练有幸受到奥托·洛克的影响，后者建立了传奇的德国马术训练师王朝，包括巴比·冈瑟、威利·舒尔特海斯、约瑟夫·内克曼、哈利·博尔特以及赫伯特·雷拜因。是什么让克利姆克成为一名伟大的教练？因为他善于沟通，热爱马匹。他代表了受榜样引领的教练。他骑着爱马阿勒理奇，展示了良好的训练能够让你的马术生涯更长久。

立地完成学习内容。若能做到这一点，你不但可以说你有一位优秀的教练，还可以称自己为优秀的教练。最终，你必须自己做决定，从这个方面来说，你就是自己的教练。如果能意识到这一点，你可能是自己最好的教练，你将备受鼓舞，去努力学习得更多。

术语表

A

Above the bit 抗缰 马不使用背部，拒绝缰绳联系，将头高高抬起，竖直立起。

Acceptance 接受 指马的身体和心理接受骑手的存在、重量、腿、臀部和缰绳联系，还包括骑手的语言。

Action 动作 马的运动方式。直线动作描述的是马的四肢在垂直平面上的运动；圆周动作是马蹄的动作轨迹形成一个圆圈，如盛装舞步马所展示的动作；平地动作是马蹄与地面保持更一致的距离，就像赛马那样。

Adaptation 适应 见Training effect 训练效果。

Aerobic exercise 有氧训练 肌肉需要消耗氧气的一系列活动。它发生在相对较慢、速度稳定的训练中，能够增强马的耐力。见Anaerobic exercise 无氧训练。

Against the clock 争时赛 障碍赛中的定时赛，在第一轮比赛（如速度赛）后举行。领先的骑手之间的定时赛称为附加赛。

Aids 扶助 骑手向马传达信号的方式。自然扶助有骑手的声音、腿、手、臀部和重量，人工扶助有调教鞭和马刺。

Airs above the ground 离开地面 马的前躯或四肢都离开地面。这不是现代骑术，而是表演训练，尤其流行于维也纳的西班牙骑术学校。训练包括莱瓦德、直立腾跃和原地腾跃。

Allowing 允许缰 随马嘴而动的缰绳联系，并非限制它。见Non-allowing rein 抑制缰。

Anaerobic exercise 无氧训练 在肌肉缺氧的状态下进行的高速剧烈的运动。见Aerobic exercise 有氧训练。

Anaerobic threshold 无氧阈 运动强度超过该点，马会开始在肌肉中产生乳酸。见Lactic acid 乳酸。

Arena（manege, school） 训练场地（驯马场、调教场） 用于骑马的场地。小型的比赛场地通常有由沙、黏土、橡胶或合成材料混合而成的全天候地面；大型场地通常是草地。

Ascending oxer 上升双横木 前横杆低于后横杆的障碍类型。

Australian noseband 澳大利亚鼻羁 见第376页。

Azoturia 氮尿症 以肌肉痉挛为特征的病症，由不当喂养（特别是在休息日的过度喂养）和缺少渐进式的热身运动造成的。

B

Backing 第一次上马 在调教马时，骑手第一次骑到马上的过程。

Balance 平衡 马的前肢和后肢的相对重量以及承重的一致性和稳定性。也指骑手的重量分布。

Bank 土堤 一种障碍类型。在越野赛路线中，土堤包括狭窄的二台和宽阔的爱尔兰土堤——这种土堤足够宽，可以让马跳上去，并且再次跳下之前要大步前进。在场地障碍赛中，土堤是形式各异的土台，宽度一到三步不等。

Bits 衔铁 衔铁用于沟通和控制，不是为了强迫马做头部和颈部的动作。它们主要分为三类：小衔铁、大衔铁和佩勒姆衔铁。小衔铁主要用于舌头和马齿龈，而盖革衔铁向上作用于嘴角，大衔铁和佩勒姆衔铁都有弧形的大勒链，主要作用于舌头和下颌。小衔铁和大衔铁一起使用就是双勒衔铁（见第372页）。佩勒姆衔铁是小衔铁和大衔铁的结合，口衔与小衔铁在同一位置。大多小衔铁的口衔中间有一个接头，而大衔铁和佩勒姆衔铁一般无接头，为直杆或者轻微弯曲。衔铁口衔通常由钢制成，但也使用各种合成材料，如橡胶和铜。

法式连接小衔铁
中间的金属板分散承重，用舌头直接接触。一种温和的衔铁

铰接蛋形头小衔铁
两种最常用于训练马匹的小衔铁之一。一种温和的衔铁

贝琦尔小衔铁
口衔平直，防止舌头高过衔铁

铰接小衔铁
口衔是扭曲的，马齿龈受力面更小。一种强有力的小衔铁

固定马嘴大衔铁
用于双勒衔铁的标准大衔铁，口衔上有一个舌槽

拉格比佩勒姆衔铁
设计与双勒衔铁相似，与双勒衔铁一起使用

硬橡胶佩勒姆衔铁
一种较宽的衔铁，分散马舌头和齿龈的负荷

Bars（of the mouth）齿龈 切齿和臼齿之间的狭窄间隙。齿龈是V形的，只被一层薄薄的皮肤和组织覆盖，因此很容易受损。

Bascule 活动结构 见Parabola 抛物线。

Baucher hanging snaffle 贝琦尔小衔铁 见第370页。

Behind the bit 避衔 一匹马头部后缩，缩短颈部，以避免与骑手正常的缰绳联系。这通常是由于尖锐的牙齿引起的不适或重的衔铁、小工具不当使用。

Bell boots 蹄碗 见Overreach boots 蹄碗。

Bend 弯曲 是指马的项部到尾部的侧向弯曲。

Bitless bridle 无衔铁水勒 一种不使用衔铁的水勒，对马的鼻子或下颌施加压力。

Bounce fence 连跳障碍 间隔3~5米的两道障碍，要求马在跳过第一道障碍落地后立即跳越第二道障碍，不迈步。有时候会增加一道或两道障碍，以进行双重或三重障碍连跳。常用于许多复合障碍的开始和越野赛路线的测试。

Bow hocked 弓形肢势 指马两腿的飞节外向，其距离大于球节之间的距离。与牛腿肢势相反，其飞节相当靠近。两者都是形态缺陷，增加了飞节的压力。

Breastplate 胸带 一种用于防止马鞍向后滑动的马具。安装在马的肩膀和胸部，直接连接到马鞍上。

Breeches 马裤 长及小腿的骑马裤，穿时需配上长靴。

Bridle 水勒 见第372页。

Bridoon 小环小衔铁 通常用作双勒衔铁的小衔铁。

Brushing 摩擦 马不向前直行时，马蹄踢到对角的马蹄或马腿的动作。圈乘或马失去平衡时，可能发生这种情况。为了保护马的腿部，通常在前肢和后肢上使用护腿，覆盖从膝盖正下方到球节正下方的区域。

Bullfinch 树篱障碍 一种垂直的障碍，小灌木或桦树枝垂直地从坚实底座上伸出。用于越野赛，起源于天然或人工切割的篱笆。

C

Cadence 节奏 随着马的动力水平得到提升，马的行动更加有效，马蹄停留在地面上的时间（站立时间）减少，腾空期也延长。这种强调步伐的韵律，通常称为节奏。

Calmness 冷静 指马需要保持心理平静，以避免精神紧张引起麻痹，使其所做工作不受拘束。

Canter 跑步 快步和袭步之间的步伐。它有三个节拍（外方后肢、内方后肢和外方前肢同时动作、内方前肢），然后是腾空期。

Canter plank or pole 跑步板或地杆 放置在地面上的坚实木板或横杆，用于代替障碍来使马练习跳跃技术。木板比地杆更好，因为它不会滚动，因此更安全。见Trotting plank 快步板。

Capriole 原地腾跃 古典骑乘中的一种动作，马像跳越障碍那样腾空，并将后肢向外踢出。

Cavaletti 桥杆 一种横杆永久固定在小方块或X形支架上的障碍，可用于各种跳跃练习。X形支架不太安全，如果骑手落在上面，就会有受伤的危险。这种障碍不应该叠放，因为它们可能导致马摔倒。

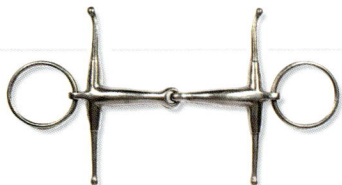

西班牙骑术学校小衔铁
也叫作富尔默衔铁。颊杆直立，具有夹嘴作用

活环连接小衔铁
两种最常用的小衔铁之一，勒马动作温和。

标准佩勒姆衔铁
口衔较圆润，以减少对舌头的压力

颊杆小衔铁
侧面的长颊杆有助于提高马的转向能力，非常适合年轻的马

D环小衔铁
也叫比赛小衔铁。与蛋形头小衔铁用法一致

金布尔威克佩勒姆衔铁
带舌槽的口衔增加了对舌头的压力

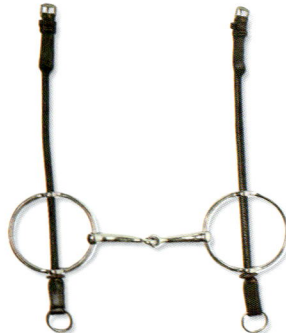

荷兰衔铁
使用缰绳对两个低环施加压力形成勒马动作，向上抬起口衔

铰接衔铁
使用缰绳抬起口衔，给嘴角施加压力

Cavesson noseband 卡夫圣鼻羁 标准鼻羁（见下图）。

Chambon 沙邦 一种调教工具，用于无人骑乘时马的调教工作。一条圆形皮带或绳索绕在马的前肢与项部之间，然后连接衔铁。它鼓励马放低并伸长头部和颈部。特别适用于任性的马的重新调教，但过度使用会造成马不自然的运动方式。

Change of canter lead 变换领跑肢 跑步时改变领先肢。见Leading leg 领先肢。

Bridles 水勒 两种经典的水勒是小衔水勒和双勒衔铁。两种水勒都和卡夫圣鼻羁一起使用。鼻羁应安装在距颊骨下方两指的地方。两种水勒的头革应戴在耳后。水勒要足够宽，以分散承重。如果你的马摇头，对水勒

小衔水勒

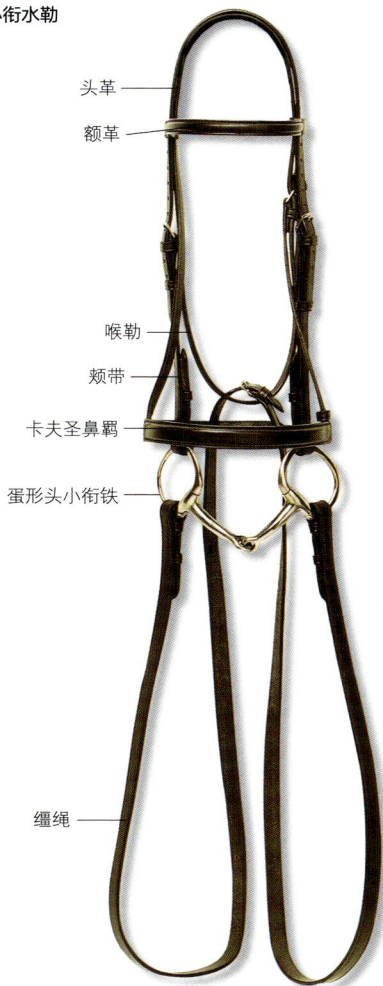

- 头革
- 额革
- 喉勒
- 颊带
- 卡夫圣鼻羁
- 蛋形头小衔铁
- 缰绳

双勒衔铁

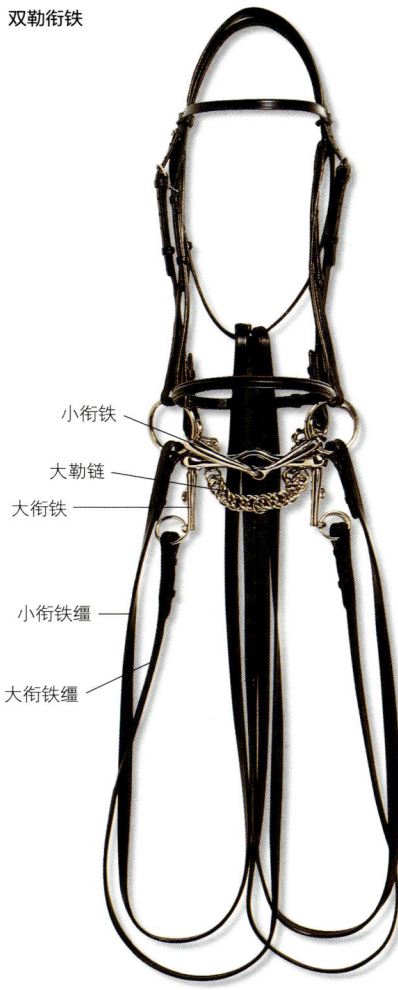

- 小衔铁
- 大勒链
- 大衔铁
- 小衔铁缰
- 大衔铁缰

Change of rein 变换里怀 在比赛场地中或圈乘时改变方向：从向右行变为向左行，反之亦然。

Chaps/half chaps 护腿（大恰/半恰） 皮质护具，用于保护骑手双腿——从大腿根部到脚踝（大恰），或从膝盖以下到脚踝（半恰）。护腿具有长靴不可比拟的灵活性。

Chipping in 碎步 马在跳越障碍之前的一两小步。

Cob 矮马 一种马的类型，非品种，身高为

表现出不适，那可能是鼻羁的头带部分（位于头革下方）太窄了，所有的重量都压在这条窄带上。把水勒放在头革上可以减轻这个问题。

1.5~1.6米，承重能力为77~90千克。

Coldblood 冷血马 一种挽马。与纯血马（定义为热血马——或纯种马）杂交会生出温血马，常被当作运动用马。

Colic 急性腹痛 指马的消化过程有问题。日常食用饲料若有变化，因为无法呕吐，马可能发生急性腹痛。它会引起马的极度痛苦，是其死亡的常见原因。

Collection 收缩 步伐的变化，特点是马后肢承载力增大，后躯轻微降低，头和颈部抬升，步幅缩小。

Colt 公马驹 4岁以下未被阉割的公马。见Gelding 骟马。

Combinations 组合障碍 在场地障碍赛中，是指一系列的3道障碍，障碍间隔1~2步。在越野赛中，是指3~5道障碍，障碍间隔1~3步或连跳。

Concentrates 精饲料 由碳水化合物、蛋白质和脂肪组成的食物，包括谷物、燕麦、大麦、坚果和混合物。

Conditioning 适应性训练 训练一匹马来响应不是本能的信号。对腿扶助和缰绳扶助的反应是有条件的，而逃避危险是本能。还用于描述改善马的体能和表现的过程。

Conformation 身体结构 马的身体的形状由它的骨架和各部分之间的关系决定。身体结构是衡量马非常重要的指标。

Constants 常量 盛装舞步赛、场地障碍赛和三项赛中马一直需要的素质：接受、冷静、积极向前、身体正直和步伐规范。

Contact 联系 骑手的腿部联系和缰绳联系。

Counter-canter 反跑步 一种跑步方式，其中领先肢特意选外方前肢，而不是内方前肢。经常在训练期间用于空中换腿，并作为矫直练习。

Counting strides 计步数 数清楚障碍或跑步板之间每步的过程。随着领先肢到达地面，骑手开始计算。

Courbette 直立腾跃 一种古典骑乘的动作，马用后肢等速向前跳跃，身体与地面成45°角。

Cow hocked 牛腿肢势 见Bow hocked 弓形肢势。

Cramping behind 痉挛 指一种糟糕的跳跃方式，马无法打开后肢。痉挛增加了马踢中双横木的可能性。

Crib-biting 咬槽癖 一种马房恶习。马啃咬任何突出的东西；经常伴随着咬槽咽气癖。通常由于压力和不良环境而引起，会损害马的切齿。

Cross breeding 杂交育种 一种纯种马和另一种杂交。

Cross-reins 交叉缰 两条缰绳从衔铁绕到马肩隆前部，然后交叉连接到调教背包或马鞍下约30厘米处。在调教引入一些重物于马嘴，不拉紧缰绳时使用，同时也可以防止马颈部过度向内或向外弯曲，不会错误缩短颈部。

Curb bit 大衔铁 一种有口衔、大勒链和两对环的衔铁——一对环连接水勒的颊革，较低的那对环连接缰绳。双勒衔铁是将大衔铁和小衔铁结合使用。大勒链防止大衔铁旋转超过45°，滑入小衔铁，造成马的不适。大衔铁不是为了抬升或压低马的头部。它使得骑手在训练有素的马身上使用更加精准的扶助，或者教会调皮的马服从扶助。见第370页。

Curb Chain 大勒链 链条从大衔铁的一端绕到另一端，从马下颌后方穿过，沿着颌槽。

D

D box 格形厩 在三项赛的越野赛之前，兽医用来检查马的健康状况的地方。它还用来休息10分钟以帮助骑手恢复和检查马具。

Desensitization 脱敏 见Habituation 习惯化。

Diagonal（in rising trot） 对角肢（轻快步） 马在快步时，内方前肢和外方后肢一起运动，或内方后肢与外方前肢一起运动。骑手随着一对对角肢的运动而起坐。你可以根据需要在起坐时使马更改对角肢。

Direct rein 直接用缰 常规且直接的缰绳联系——从骑手的手到马嘴——允许马嘴动作。见Indirect rein 间接用缰。

Dismount 下马 下马的动作，通常从左侧下马。

Disunited 分离步 马跑步时，前肢看起来在正确地领跑，但后肢却沿着相反的方向跑步。这导致步伐顺序错误：内方后肢、外方后肢

和外方前肢、最后内方前肢。

Dog leg 急转弯 一种跳越障碍练习，要求马在越过第一道障碍后走直线，然后到第二道障碍前再转弯。这与从开始到结束保持弧度的曲线不同。

Double 双重障碍 间隔一定距离的两道场地障碍赛障碍。

Double bridle 双勒衔铁 见第372页。

Draw reins 固定缰 见Running reins 折返缰。

Dressage saddle 盛装舞步鞍 见第379页。

Dressage whip 盛装舞步鞭 大约1.2米长的棍子，用于加强马对腿扶助的理解。见Jumping whip 障碍鞭。

D-ring jointed snaffle D环小衔铁 见第371页。

Driving 驾驭 见Long reining 长缰。

Drop 洼地 一种障碍，从障碍顶部到落地侧地面的距离大于障碍顶部到起跳侧地面的距离。因为跳跃动作的抛物线会更长，所以马将比跳越常规障碍时落地更远。

Drop noseband 水滴鼻羁 一种鼻羁类型，旨在阻止马张嘴避衔。前部安在衔铁上方，距鼻孔上方一手掌的地方，后部在衔铁下方，在马背部系紧。马张嘴时，衔铁被勒到嘴角。见第376页。

Dropped back 塌背 见Hollow back 塌背。

Dutch gag 荷兰衔铁 见第371页。

E

Electrolytes 电解质 简单的无机化合物，如盐，它能溶解于水，并且是马体内诸多化学过程所必需的。在比赛时或旅途中，长时间出汗或体液流失后，马就需要这种补给。

Endurance（long-distance）riding 耐力（长距离）骑乘 在规定的时间内骑乘20~200千米的长距离的运动，同时使马保持在最佳状态。即使是一些较长距离的行进，马也可能平均每小时前进15千米。

Engagement 后肢深踏 马的后肢踏到身体重心的下面。

Extension 伸展 步伐的变化之一，特点是保持相同节奏的同时最大限度的加大步幅。

也适用于关节的矫正，而不是弯曲（或闭合）关节。

F

Farrier 钉掌师 将马蹄铁安在马蹄上的、有资质的人，他能使马蹄保持良好状态，并确保它们能适应马的动作。

Fast twitch fibres 快肌纤维 厚的、储存糖的、完成剧烈运动的肌肉纤维。

Fast work 快速工作 在赛马中，它是指马在短时间内接近或处于最高速度。在三项赛中，它是指马在短时间内以最大速度的3/4前进。

Fatigue 疲惫 压力导致适应延迟和无力反应。见Training effect 训练效果。

Feel 感觉 良好的感觉可以让骑手在正确的时间做正确的事情，需要和马的运动和马对骑手的感觉体验和谐地结合在一起。

Feel a stride 感知步幅 见See a stride 观察步幅。

FEI 国际马术联合会 马术领域的国际权威组织。

Fifth-leg training 第五条腿训练 鼓励马观察自己正在跳越的障碍并做出决定的训练，以确保马和骑手的安全。

Filler 填充障 场地障碍赛中，用于填充障碍的底座间隙的木头或塑料的装饰材料。

Filly 小母马 4岁以下的母马，之后被称为成年母马。

Fittening 适应 马适应特定运动水平的过程。

Flash noseband 复合鼻羁 见第376页。

Flexibility 灵活性 描述身体的柔韧性和应对不同情况和活动的心理能力。这些都可以通过良好的、循序渐进的训练来发展。

Flexion 屈挠 在马的项部之后的寰椎和轴椎骨之间的自然弯曲。强迫屈挠会拉伸此处的韧带，导致颈部下方的第三、四或五块椎骨有不舒服和不自然的弯曲。

Flight 飞跃 描述马蹄离开地面的时段。也指在越过障碍时起跳和落地之间的时段。

Flying change 空中换腿 跑步时的腾空期改变领先肢。换腿时，每次之间有固定步

数，被称为连续换腿。最难的是每步改变领先肢。

Foal 马驹 1岁以下的马。

Foalslip 马唇颈圈 专为马驹设计，以便牵引和驾驭它。当马驹不需牵引或驾驭时，应移除马唇颈圈。

Forage 草料 任何给马的食物，包括干草和精饲料。

Forehand 前躯 马身上马鞍前部、从马的肩部到头部的区域。

Forequarters 前躯 见Forehand 前躯。

Forging 追突 马的后蹄碰撞前蹄，发出锤子敲击金属的声音。这发生在马的前蹄留在地面上的时间比平时稍长时，通常是因为平衡性不好。

Form 姿势 骑手的体态外形，包括脊柱姿势和四肢的位置。

Forward seat 前倾骑姿 术语，有时用于描述骑乘时，骑手的臀部离开马鞍。这时，镫带长度比盛装舞步的短，骑手的膝关节和髋关节是更加闭合的状态。它也被称为两点式骑姿，相对的是三点式骑姿，骑手的臀部和两条腿会承受一些重量。

Forwardness 前进意愿 指马愿意回应骑手的向前扶助。

Fresh 无经验 描述一匹精力充沛，但是表现漫不经心的马，通常是训练得太少。

G

Gadget 小工具 除标准马具之外的任何一种马具，用于训练中引起特定的反应。大多数小工具要么使用滑轮，要么依靠压点，包括平衡缰、折返缰、沙邦以及项部检查缰绳。小工具并非渐进式训练计划的一部分，只能临时、极为谨慎地使用。

Galt 步态 步伐（慢步、快步、跑步和袭步）或变化（如收缩、工作、伸展）的另一种说法。

Gallop 袭步 一种四拍步伐，比跑步快，有腾空期。典型的（侧向）袭步顺序是：外方后肢、内方后肢、外方前肢、内方前肢。如果顺序相反（内方后肢、外方后肢、外方前肢、内方前肢）则称为旋转袭步。

Gelding 骟马 被阉割的公马。

General-purpose saddle 综合鞍 见第379页。

Getting left behind 身体落后 跳越障碍时，缰绳联系受到限制。极端的情况下，骑手还会失去重量控制，最终坐在马鞍后部，而非将大部分重量落在腿上。

Girth 肚带 从马鞍一侧穿到另一侧的带子，将其固定。它可以由皮革或织带制成，有时内衬松紧带。也译作"带径"，指马身体上被肚带覆盖的部分。

Girth galls 肚带擦伤 出现在马肘部后面的疮。它们是由柔软的皮肤受到摩擦引起的，可能导致马产生不良表现。如果不及时治疗，可能发生感染。

Grab strap 安全绳 连接在前鞍桥上的短带，用于新骑手的额外支撑。

Grakle 交叉鼻羁 见第376页。

Grand prix 大奖赛 指场地障碍赛中最高级别的个人赛，每项国际比赛都有一个大奖赛。而在国际盛装舞步赛，这个比赛是指中级二级和特别大奖赛之间的比赛。

Green 未训练的马 指正常年轻的马，已经开始调教，但还没开始训练。

Grids 复合障碍 一系列障碍，用于培养骑手的姿势，提高马的跳跃技巧。

Gridwork 复合障碍训练 见Grids 复合障碍。

Ground lines 地面起跳线 在障碍前使用50~75厘米长的横杆或小填充障，以防止马在起跳前过于靠近障碍，并帮助马确定障碍的形状。

Gymnastic jumping 体操式跳跃 一种训练，通常是跳越复合障碍，以鼓励马跳跃得更具活力。

H

Habituation 习惯化 脱敏过程。例如，让马多运输或熟悉腿部联系，使其不再对此产生不良反应。

Hacking 野外骑乘 在训练场地外的田野里愉快骑乘。

Half pass 斜横步 一种高级骑术动作，马同时向前方和侧方前进。

Half-Halt 半减却 几乎看不见的、瞬间的、协调的使用扶助，用于引起马的注意并改善平衡。

Half-stride distance 半步距离 障碍之间的距离，相当于马的正常步幅的一半——比如，三个半步。它需要马稍稍地加大或缩小步幅，以达到良好的起跳点。

Halt 立定 见Square halt 立定。

Halter 缰绳 见Headcollar 颈圈。

Hand 掌 测量单位，用来描述马的身高，一掌约等于10厘米。大多数矮马为12~14掌高，大多数马为15~17掌高。

Hanging forelegs 悬挂前肢 用于描述马未能使肩膀、肘部和膝盖向前移动，并在跳跃时收起腿部。一匹好马会快速地把膝盖抬起来：这叫作对折膝盖。

Hanging to home 闲逛回家 一匹马试图迈向马房或场地的出口，以及试图避免离开马房或场地出口。它表示出不接受和缺乏前进意愿，最终可能发展成为打盹。见Napping 打盹。

Hanging snaffle 悬挂小衔铁 见Baucher hanging snaffle 贝奇尔小衔铁。

Harmony 和谐 骑手随马而动的能力，而不是盲从或限制马的动作。骑手的腿在马体两侧，臀部随马背动作而动作，手随马嘴动作而动作。

Head tilting 头部倾斜 当一匹马将头部完全转到一边时，另一只耳朵会高一点儿。这种情况通常发生在马受到缰绳限制时，或者它口中不适时。

Headcollar 颈圈 一种无衔铁的马具，月于牵引马匹。安装方式类似松散水勒。

Hollow (or dipped) back 塌背 马背是凹的：由于缺乏使用或限制背部使用，导致马肩隆和臀部之间的椎骨下凹。马的年龄越大越明显。

Hot 热血马 兴奋而自由的马，难以通过控制和训练使其冷静。通常指纯血马。

Hotblood 热血马 纯血马或阿拉伯马。

I

Impulsion 动力 柔韧性、力量和弹跳力的组合，是以特定的速度来实现。

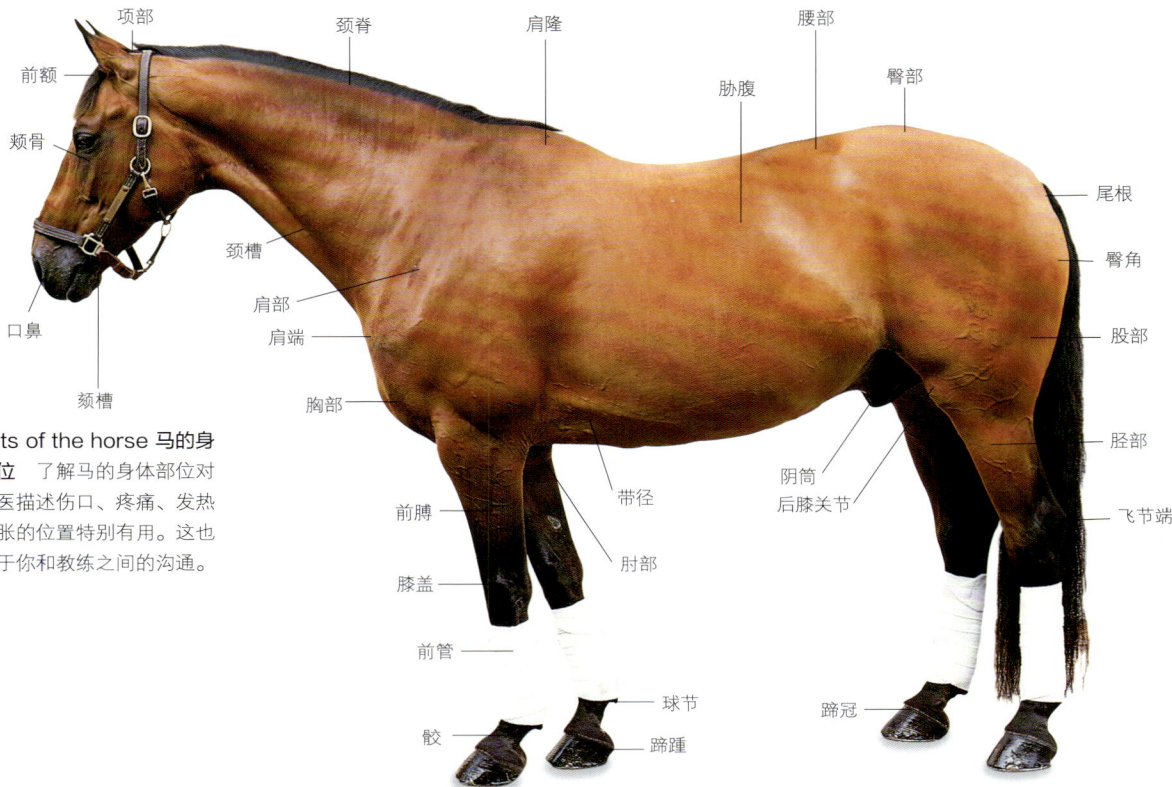

项部　颈脊　肩隆　腰部

前额　胁腹　臀部

颊骨　尾根

颈槽　臀角

口鼻　肩部　股部

肩端

颊槽　胸部　胫部

前膊　带径　阴筒　飞节端

肘部　后膝关节

膝盖　蹄冠

前管　球节

骹　蹄踵　蹄冠

Points of the horse 马的身体部位　了解马的身体部位对向兽医描述伤口、疼痛、发热或肿胀的位置特别有用。这也有助于你和教练之间的沟通。

Incisors 切齿　上下颌前方的牙齿（上下各六颗），用来咀嚼草和干草。

Independent seat 独立骑坐　姿势平衡、不需要缰绳或腿部联系能保持骑姿的骑手被认为拥有独立骑坐的能力。

Indirect rein 间接用缰　一种允许缰联系，骑手双手在马的颈部或肩隆移动，改变从手到马嘴的直线。见Direct rein 直接用缰。

Indoor school 室内调教场　一种室内训练场地。

Inside and outside 内方和外方　描述马的弯曲方向，不过是轻微的弯曲。如果骑手的手、腿和缰绳在马体的内方，因此是内方手、腿和缰绳，反之亦然。

Interval training 间歇训练　一种适应性训练计划，通过控制休息时间调整跑步的工作时长，使得马恢复到静息频率。

Irons 镫铁　见Stirrups 马镫。

J

Jodhpurs 马裤　与短靴同穿的及踝裤子。

Jointed eggbutt snaffle 铰接蛋形头小衔铁　见第370页。

Jumping saddle 障碍鞍　见第379页。

Jumping whip 障碍鞭　一种长约60厘米的短鞭，用于跳越障碍和一般性训练。

Jump-off 附加赛　见Against the clock 争时赛。

K

Kur 库尔　盛装舞步赛中一种配乐自选动作。

L

Lactic acid 乳酸　存储在身体中的碳水化合物分解时的副产物，如果不消除，会使肌肉酸疼。它在肌肉细胞中没有足够的氧气时，比如剧烈运动时产生。

Lame 跛足　描述马的步幅和高度由于疼痛而改变的状态。

Lateral work 侧向运动　前后肢在不同的蹄迹线上移动的骑术训练，如肩内、腰内、腰外和斜横步。

Leading leg 领先肢　跑步的每一步结束时，落在外方前肢之前的内方前肢，其最后离开地面。

Leathers 镫带　马镫皮带。

Left rein, right rein 左缰，右缰　见Inside and outside 内方和外方。

Leg-up 帮助上马　骑手上马时由他人给予帮助，从他人身上弹跳上马而非垫脚台。

Leg yield 偏横步　最基本的侧向运动。马的身体正直，除了项部轻微地弯曲。马的内方肢与外方肢交叉，它同时向前方和侧方运动。

Levade 莱瓦德　一种古典骑乘的动作，马不离开原地，前肢离开地面，四肢弯曲，后肢关节明显弯曲。马体与地面成45°角。

Ligament 韧带 将马的骨头连在一起的纤维带。

Long reining（driving）长缰（驾驭） 通过两根挂在衔铁上的长缰或绳索控制马。驯马师走在马身后约4米的地方。

Loose schooling/jumping 自由调教/跳跃 在没有骑手或任何马具的情况下，在有或没有障碍的封闭区域内训练的马。这对加强骑手与马的沟通非常好。

Lunge cavesson 调教笼头 一种带环的卡夫圣鼻羁，可以连接调教绳，用于调教训练。

Lunge whip 调教鞭 见Lungeing 调教索训练。

Lungeing 调教索训练 用一条长绳使不受约束的马沿圆圈行进，调教索一头系在马头上，另一头由驯马师握着。也可用于骑乘训练，以帮助骑手形成正确的骑姿，而骑手无须控马。驯马师还可使用调教鞭——比盛装舞步鞭长且柔软。

M

Manege 驯马场 见Arena 训练场地。

Mare 成年母马 4岁以上的母马。

Martingale 马丁革 一种马具，旨在防止马头过高。最常见的是环形马丁革：一条皮带从肚带上穿过，然后分成两部分，两端各有一个环；环连接着缰绳。爱尔兰马丁革只是一块长约25厘米的皮革，两端各有一个环。它将缰绳在马的颈部下方连接在一起，以防止它们高过马头。

Mexican grakle 墨西哥交叉鼻羁 见第376页图。

Molars 后臼齿 马嘴里后面的牙（每边六颗）。上颌臼齿的外侧边缘经常变得尖锐，需要兽医或马的牙科医师进行锉磨。

Mount 上马 骑手上马的动作。

Multibridle（Micklem）（米克勒姆）多用水勒 米克勒姆多用水勒由本书作者发明，

综合了卡夫圣鼻羁、调教笼头、无衔铁水勒和马唇颈圈的优点。基于水滴鼻羁的形状，旨在避免对马头的典型不适点施加压力，并不需要改变马具。

N

Napping 打盹 指马不断转向家的方向或拒绝离开家。它表现为不接受和没有前进意愿。见Hanging to home 闲逛回家。

Nappy 打盹的马 描述有打盹倾向的马。见Napping 打盹。

Neck reining 颈上控缰 单手握住两条缰绳控制马。马沿骑手手移动的方向前行，通过远离脖子受到的压力做出反应。颈缰用于西部马术和马球运动中，还用于其他需要解放双手的活动，比如牵引另一位骑手的马。

Neckstrap 颈带 围在马颈周围的带子，在马肩隆前方。骑手将它用作额外支持。

Non-allowing rein 抑制缰 一只手并不随着马的动作而动作。这可能是一个错误，由于骑手的手僵硬，或是骑手的有意动作。有时被称为反对控制。

Numnah 粗毡鞍垫 一种在马鞍下方使用的软垫，可以形成平坦的表面，能减轻对马肩隆或脊柱施加的压力。

O

One-day event 一日三项赛 一种马术比赛，盛装舞步赛、跳越障碍赛和越野赛都在同一日举行。见Three-day event 三日三项赛。

Opening up behind 开放 一种理想的跳越方式。马从跳跃动作的中间开始，释放后肢，髋关节、后膝关节和飞节笔直在后面。当后肢不能适当拉直时，马被认为是痉挛。见 Cramping behind 痉挛。

Open rein 开缰 缰绳拉离马的颈部，鼓励它朝离开的方向移动。这造成马嘴对侧的压力稍微增加。

Outline 轮廓 马从项部到尾部的形状，有时也被称为背线，主要是对马的外形的说法，而非马在运动时所呈现的外形。当马带着动力前进时，也常被描述为圆润的轮廓，尤其是它在收缩时。

Nosebands 鼻羁 多数鼻羁是为了不让马张嘴避衔，但它们不应该是使用暴力或者掩盖马的不适、抵抗，以及不良训练的借口。一匹训练有素的马最终可以用松散的卡夫圣鼻羁控制。因为马的上颌比下颌宽，佩戴复合鼻羁和标准交叉鼻羁会使马嘴极不舒服。查看赛事规则手册，了解允许使用的鼻羁。

水滴鼻羁
早期训练的理想之选。马张嘴时发挥作用

复合鼻羁
最流行的鼻羁，但对马来说通常是最不舒服的一种

交叉鼻羁
也叫8字形鼻羁。重量较轻，适合比赛

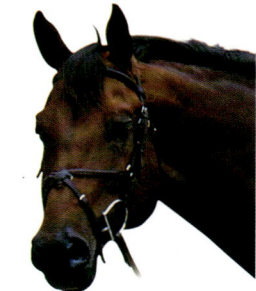

墨西哥交叉鼻羁
比交叉鼻羁或复合鼻羁更舒服，上部佩戴于项部

澳大利亚鼻羁
极好的鼻羁，减少马舌头承受的压力

Outside 外方　见Inside and outside 内方和外方。

Overbent 过度弯曲　当马脸碰到垂直障碍时，颈部缩短。经常指使用过分坚硬的衔铁或小工具，用手而非腿控制马。

Overfacing 过度挑战　让马做对于其训练或能力水平过难的训练。这种说法常用于跳越障碍时。

Overgirth 安全肚带　围绕整个马体，穿过马鞍顶部的肚带。用作越野赛和赛马时的额外肚带。

Overreach boots 蹄碗　橡胶、合成材料或皮革制成的钟形靴，安在马的骹关节周围，并包裹前蹄蹄踵。旨在预防后蹄踢踵造成的损伤。

Over ride 过度骑乘　骑乘时，就马的需要来说，骑手做得太多或太少了。

Overtracking 覆盖蹄迹　在慢步和快步时，马同侧的后蹄踩着前蹄的印迹。在缩短步伐中，马的蹄迹不会重复；步子越大，在伸展时，覆盖蹄迹就越多。

Oxer 双横木　一种障碍类型，使用两组横杆。上升式双横木的前方横杆低于后方横杆，而等高双横木的横杆则前后等高。

Oxygen debt 氧债　当工作的强度使得能量需求无法通过氧气和糖原满足时，马的身体会产生氧债。有可能在厌氧条件下临时燃烧肌肉，否则马必须休息。见Anaerobic exercise 无氧训练。

P

Paces 步伐　马的步子，包括慢步、快步、跑步和袭步。

Pacing 蹓步　一种快步步态，其中马是侧向而不是按正常的对角线来移动四肢。这是在某些类型的马车驾驭赛中有意要求完成的。匆匆忙忙地慢步或者马背部僵硬时，它也可能蹓步。

Parabola 抛物线　跳跃时，马的重心的常见运动轨迹。通常，跳跃形成的抛物线的前半部分和下半部分的形状相同。

Passage 帕萨基　高度收缩的快步，有较长时间的腾空期，马缓慢向前移动。膝关节和飞节应该有更加突出的弯曲，像皮亚夫一样。见Piaffe 皮亚夫。

Pelham 佩勒姆衔铁　有单根口衔、大勒链和两组连接双缰的环，结合了大衔铁和小衔铁的功能，见第370~371页。

Period of suspension 腾空期　马快步和跑步时，四肢同时离地的时刻。

Piaffe 皮亚夫　一种骑术动作，马高度收缩的快步加上稍微延长的腾空期，后躯放低。

Pirouette 定后肢旋转　当后肢停留在几乎相同的位置时，前肢围绕后肢移动，无论是在缩短慢步还是高度缩短跑步中。它可以分为1/4圈、1/2圈（半定后肢旋转）或整圈。

Placing plank/pole 固定板/横杆　置于障碍前的木板或横杆，帮助马和骑手找到合适的起跳点（通常除快步外）。

Points of the horse 马的身体部位　见第375页。

Port 舌槽　一些大衔铁和佩勒姆衔铁的口衔上突起的部分，对上颌产生压力，旨在防止马将舌头放在衔铁上方。

Position to the inside 内方骑姿　见Shoulder-in 肩内。

Prix St. George 圣·乔治大奖赛　国际马联盛装舞步比赛的入门级别。

Progressive loading 递增负荷　系统地使马承受越来越多的运动要求，设有一定的恢复周期。

Proprioceptive sense 本体感觉　即使看不到，也能清楚知道身体和腿部的姿势和动作。

Puissance 越障能力测试　专业级场地障碍赛，包括小型障碍、三重障碍和2.2~2.3米的墙障。

Purity 步伐规范　指的是步伐的自然性和正确性，包括自然和规律的落蹄顺序和腾空期，以及马的自然轮廓和身体、头部和颈部的动作。

Q

Quarters 后躯　马鞍后面到马尾部的马体部分。

R

Rearing 后肢直立　马扬起前肢，后肢直立的动作。通常是马拒绝前行的抵抗方式。

Rein of opposition 反向缰　见Non-allowing rein 抑制缰。

Rein-back 倒退　骑手向马发出后退信号，使马对角移动双腿。

Reinforcement 强化　鼓励期望行为的积极或消极的强化过程。积极的强化采用奖励的方式，如温柔地拍马脖子或提供食物；消极的强化采用完全不同的方式，如用腿或缰绳施加压力。

Related distances 相关距离　两道相邻的障碍之间3~10步的距离。

Renvers 腰外　一种骑术动作，马的后躯向外，前躯向内，与肩内的弯曲相反。

Resistance 抗拒　不接受衔铁和缰绳联系（表现为马张嘴或磨牙）；不愿意前行；或者拒绝回应骑手的扶助。

Rhythm 韵律　慢步、快步和跑步中有规律地重复的步子顺序，慢步是四个节拍，快步是两个节拍，跑步是三个节拍。

Rising trot 轻快步　见Diagonal 对角肢。

Roller 调教背包　一条围绕马体的宽带。在调教索训练时或者在未用马鞍时用以替代马鞍连接侧缰。

Rotary gallop 旋转袭步　见Gallop 袭步。

Roughage 粗饲料　大体积、高纤维的食物，如草、干草、谷壳和稻草。

Rugby pelham 拉格比佩勒姆衔铁　见第370页。

Running away 前冲　马无视骑手的减速扶助，反而越跑越快。要解决这个问题，你必须先找到马前冲的原因。

Running out 拒跳　马通过向左或向右移动以避开障碍，绕过它。

Running reins 折返缰　单独的缰绳形成一个简单的滑轮系统。缰绳从肚带穿出，再从两侧的鞍翼之下或马的前肢之间，穿过衔铁，然后回到骑手手中。应该小心使用这种缰绳，因为它经常使马的颈部形状不自然，并影响马与骑手的腿和手建立真正的联系。

S

Saddle 马鞍　见第379页。

Saddle sore 鞍疮　马鞍下马的皮肤溃疡或受损，是由不适合或不干净的马具引起。

School 调教　见Arena 训练场地。

School movements 调教动作　由直线和圆圈或圆弧组合而成的训练路线——在场地上使用，以增强马的体力。

Schooling whip 调教鞭　见Dressage whip 盛装舞步鞭。

Seat 骑坐　指骑手的臀部和坐骨放置在鞍座的方式。它也指骑手在特定活动中，骑在马鞍上的姿势，如盛装舞步赛、跳越障碍赛和越野赛骑姿。见Independent seat 独立骑坐。

See a stride 观察步幅　骑手在跳越障碍时找到正确起跳点的能力。要想马跳出最高水平，那么骑手的效率最为重要。

Self-carriage 自我承载　马没有寻求缰绳联系的支持时，被称为自我承载。这个短语常遭到误用，因为是马载人，而非人载马。在许多情况下，马学习依靠骑手，是因为骑手给它提供缰绳联系。

Sequence changes 连续换腿　见Flying change 空中换腿。

Serpentine 蛇行路线　一种训练动作，圆弧互相连接，形成圆环或S形，要求骑手在骑乘时不断改变方向。

Shoulder fore 肩前　见Shoulder-in 肩内。

Shoulder-in 肩内　马向内方弯曲，向前行进，相对后躯更靠内。角度较小的这一动作称为肩前。

Shy 惊退　马突然远离某一个物体。马对静止物体的恐惧或者对意想不到的动作的反应，比如一只鸟突然飞入马的前进路线内，马会惊退。有时惊退也会因为马的视野受限而发生。通过让马做肩内动作，远离它害怕的区域，通常可以避免它惊退。

Side reins 侧缰　缰绳从肚带或调教背包上引出，连接到马嘴的两边，常见于训练年轻马和调教工作。它们被用来引入一种缰绳联系并控制马的颈部弯曲程度。

Snaffle 小衔铁　基础衔铁，有口衔，两端各有一个与单根缰绳连接的环。见第370页。

Snap the forelegs 对折前肢　见Hanging forelegs 悬挂前肢。

Speed 速度　一定时间内跑过的距离，通常以每分钟多少米表示。

Speed class 速度赛　见Against the clock 争时赛。

Speedwork 速度工作　见Fast work 快速工作。

Spook 惊吓　见Shy 惊退。

Spurs 马刺　人工扶助的一种小工具，鞋跟上的金属或塑料附件，用于加强平时的腿扶助。马刺的长度不如马刺末端的形状那么重要。它们不会对马造成伤害，只能由腿部姿势稳定、经验丰富的骑手使用。

Square halt 立定　从侧面看，立定时，马的后肢完全排成一排，前肢也完全排成一排。训练一匹年轻马时，更重要的是它是静止的，每条腿都有重量。随着平衡变得更好，它将自然而然地立定。

Stable vices 马房恶习　马在马房或野外表现出的任何重复的不良行为，如咬槽咽气癖。

Stallion 公马　4岁以上的公马，未被阉割。

Standards 立柱　见Wingstand 翼板。

Steeplechase 斜桦树障碍　一种由桦树树枝制成的障碍，倾斜的轮廓使其非常适合马以一定的速度越过。

Stirrups 马镫　由镫铁（骑手放脚的地方）和使镫铁附在马鞍上的镫带组成。

Straightness 身体正直　马身体两侧的均衡发展和前躯的正确姿势，共同使马的身体正直。

Strain 紧张　马对过度要求的直接反应，导致疲惫或失败。

Studs 防滑钉　钉入马蹄铁上的金属件，防止马打滑，比如在跳越障碍时或越野赛中。

Submission 服从　这不是指屈服，而是马对自己的行为的关注和自信，并接受轻柔的缰绳联系。

Succulents 多肉植物　肉质食物，比如苹果，给予治疗或加入饲料中以增加适口性。

Supplements 添加剂　除了马的基本饲料之外，为了特定目的给予的物质，用以纠正饮料中的失衡或不足，治疗马的疾病，增加马的体重，帮助它消化等。应根据需要严格给予补充剂，可以包括浓缩维生素和矿物质、舔舐岩盐、电解质和草药。

Surcingle 肚带　见Overgirth 安全肚带。

T

Tempo 速率　节奏的速度。它并非描述触地的速度，而是步子的速度。

Tendons 肌腱　使肌肉附着于骨骼的致密索状组织，不如肌肉有弹性。马的主要肌腱是深屈肌和表面屈肌，与悬韧带相结合，是马最常见的损伤部位。

Thoroughbred 纯血马　马的品种，它们是三匹祖公马——达雷阿拉伯、哥德尔芬巴布和培雷土尔其的后代，有时候被称为热血马。

Three-day event 三日三项赛　一种马术比赛，有不同的难度级别。先举行盛装舞步赛——通常是2天以上，接着是速度和耐力赛（包括平地追踪赛、障碍追逐赛和越野赛）；最后一天通常是场地障碍赛。见One-day Event 一日三项赛。

Timing 计时　骑手必须准确地计算每次扶助和转换的时间。跳越障碍时，他们也必须数步数，以找到合适的起跳点。

Tongue over the bit 舌头在衔铁之上　舌头通常位于衔铁下方。当舌头承受的压力过大时，马先学会抬起舌头，然后将其放在衔铁之上。有一些小工具可以阻止马将舌头放在衔铁上，但是通过良好的训练，这种情况可以避免。

Track 蹄迹线　你在场地内骑乘的地方。比如，外侧蹄迹线是场地围栏旁边的区域。它还指的是马的前后肢形成的蹄迹。在侧向工作中，马的前后肢在不同的蹄迹线上。

Trail riding 长距离骑乘　见Hacking 野外骑乘。

Training effect (adaptation) 训练效果（适应）　马的身体组织（从蹄、骨骼到肌肉）和身体功能（从呼吸、循环到排泄）的应激生理反应，通过适应训练以实现更高的能力水平。

Transition 转换　是指从一种步伐转换到另一种步伐，比如从慢步到快步，从缩短快步到中间快步。转换可以是如上所述渐进性的，或者是直接的，比如从慢步到跑步。从慢步到跑步再到慢步，是一种简单的变化。

Transverse gallop 侧向袭步　见Gallop 袭步。

Travers 腰内　一种骑术动作，马身体向内弯曲，前行时后躯比前躯向内倾斜。

Trot 快步　一种两拍步伐，在慢步和跑步之间，对角肢一起动作。

Trotting plank/pole 快步板/横杆　一系列三四块木板或三四根横杆放在障碍的前面，马以快步走过。用于帮助控制马快步的规律，并确保它在跳越障碍时准确起跳。见Placing plank 固定板。

Turnback 后转向　跳越障碍的练习，是指180°转弯回到障碍，通常为附加争时赛的指定项目。

Twisted jointed snaffle 铰接小衔铁　见第370页。

U

Unlevel 不平衡　见Lame 跛足。

Uprights 直立障碍　竖直障碍的另一个名称。

V

Variables 变量　所有骑乘活动中的变化因素——方向、速度、动力、平衡、时机。

Vaulting 马背体操　在马背上进行的体操运动。使用调教索和有把手的调教背包，从而让体操运动员在弹跳上马时能够抓住。

Vaulting-on 弹跳上马　不用马镫或他人帮助上马，不管马乖乖站着还是在跑步。

Volte 迴转　骑乘直径为6米的圆圈——骑术训练中最小的圆圈。

W

Walk 慢步　四拍步伐，四肢按以下顺序分别移动：内方后肢、内方前肢、外方后肢、外方前肢。

Warmblood 温血马　热血马和冷血马结合所生的马，通常培育为运动马。

Weaving 摇头　一种马房恶习，由于马厌烦和糟糕的马房管理而造成：马不断地将头和身体左右摇摆。

Wels cavesson 威尔士调教笼头　西班牙骑术学校的调教笼头类型。结合水滴鼻羁使用，将它安在衔铁下方，避免挤压马嘴里上颌牙齿外缘的敏感组织；结合传统调教笼头使用，则将其安在突出的颊骨下方。

Western riding 西部马术　一种起源于美国西部的马术，包括野骑、雷宁、截牛和马术表演，使用鞍座较深和有较多支撑的西部马鞍，长镫骑乘。

Windsucking 咬槽咽气癖　一种马房恶习，马不断咬槽咽气。见Crib-biting 咬槽癖。

Wingstand 翼板　障碍立柱旁的支撑，当作侧翼防止马拒跳。

Wolf teeth 狼齿　非常接近第一颗前臼齿的小牙齿，一些马有这种牙齿，十分敏感。一般来说，在初次使用衔铁之前应该拔除。

Saddles 马鞍　不管你使用什么类型的马鞍，都应让马觉得舒适。为了做到这一点，马鞍不应该直接与马肩隆或脊柱的任何部分接触。骑手的重量应尽量均匀分布在马鞍上。马鞍应尽量水平放置，通常需要在鞍座下使用单独的垫子，但垫子不应延伸到鞍翼下方，以确保马体的宽度不会增加。

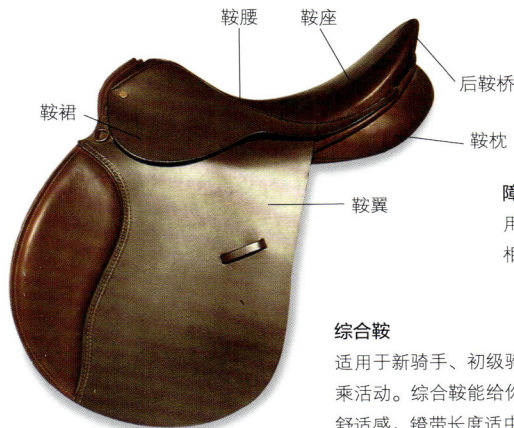

鞍腰　鞍座　后鞍桥　鞍枕　鞍裙　鞍翼

前鞍桥　鞍枕衬　肚带

障碍鞍　用于跳越障碍时使用，镫带较短。一个相当平坦的鞍座能使骑手贴近马背

综合鞍　适用于新骑手、初级骑手和所有的骑乘活动。综合鞍能给你很好的支持和舒适感，镫带长度适中

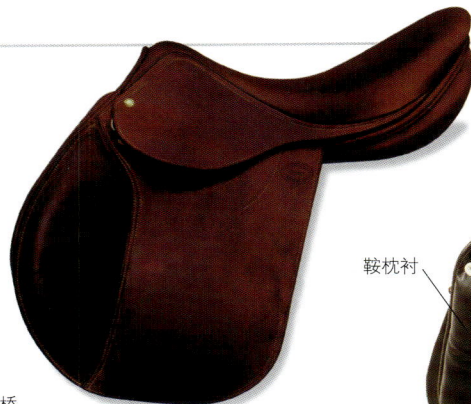

盛装舞步鞍　盛装舞步赛使用，镫带较长。这种马鞍可以让骑手坐直、坐稳。更直的鞍翼体现了骑手伸长的腿部姿势

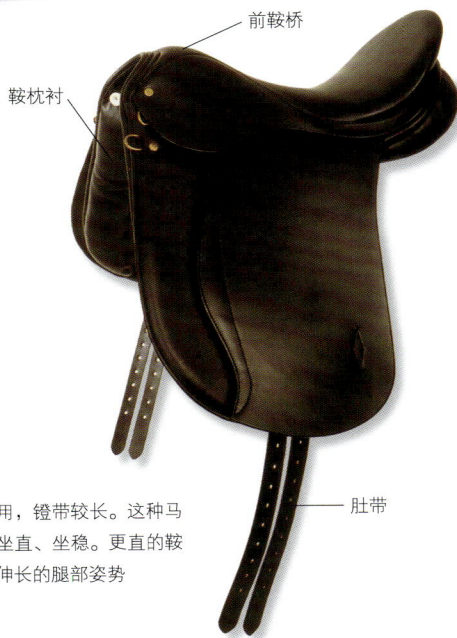

致　谢

作者致谢

特别感谢DK团队，尤其是仙人掌工作室（Studio Cactus），他们在第一版中做了如此出色的工作，以及迪纳摩有限公司（Dynamo Limited）的朱迪·凯利（Judy Caley），她以如此熟练的方式领导和设计了第三版。

感谢以下为本书建言献策的专家。

布莱恩·亨利（Brian Henry），顾问，国际马术联合会路线设计师；露丝·麦基（Ruth Magee），物理治疗硕士，理学士，运动科学方面的专家，感谢她对"骑手的身体准备"一章的建议；莫琳·普伦德加斯特（Maureen Prendagast），博士，皇家兽医医学院院士。

同样感谢英国盛装舞步协会和国际马术联合会允许我们使用其盛装舞步科目的路线图。

制作人致谢

仙人掌（Cactus）工作室感谢来自霍顿马图片库的基特·霍顿（Kit Houghton）和黛比·库克（Debbie Cook）；感谢理查德·泰伯特（Richard Tibbetts）提供的插图；感谢多林·金德斯利（DK）公司的理查德·达布（Richard Dabb）选编图片；感谢玛吉·雷诺（Maggie Raynor）；感谢马斯托（Musto）有限公司（www.musto.co.uk）赞助骑乘服装；感谢卡尔卡茨和他的儿子们（Calcutts and Sons）公司赞助马具；感谢趋步（Tredstep）赞助护腿、绑腿和马靴；感谢海洋公关公司（Marine PR）的布莱恩（Brian）和艾琳·皮尔彻（Aline Pilcher）。

还要感谢以下机构和人士：阿什莫尔（Ashmore）马术中心（美国佛罗里达奥兰多）的希尔达·希克（Hilda Hick）和莎朗·麦克卢尔（Sharon McClure），好生活（Highlife）农场（美国佛罗里达奥兰多），克拉科纳（Clarcona）骑士公园（美国佛罗里达奥兰多），安奈克鲁维（Annacrivey）种马场（爱尔兰威克洛郡），霍兹（Hooze）农场（英格兰格洛斯特郡），巴利纳克拉（Ballinacoola）马术公园（爱尔兰威克洛郡）的蒂姆（Tim）和苏珊·菲利普斯（Susan Phillips），奥德丽·麦基（Audrey Magee），以及卡罗尔·布尔默（Carol Bulmer）。

感谢骑乘模特：劳伦·鲍尔（Lauren Ball），阿迪·贝蒂（Addy Beattie），利塞特·博尔德（Lisette la Borde），维基·布雷克（Vicky Brake），吉姆·伯格（Jim Burger），露丝·查德威克（Ruth Chadwick），亚历克萨·迪克斯（Alexa Dix），凯特琳·恩伯顿（Katelyn Emberton），利·恩伯顿（Leigh Emberton），

肖恩·菲利-芬尼西（Shawn Filley-Fennessey），玛丽·加洛韦（Mary Galloway），克里斯蒂娜·吉芙（Christine Geever），琼妮·格里芬（Jonie Griffin），海迪·汉密尔顿（Heidi Hamilton），希尔达·希克（Hilda Hick），贝芙·霍瓦特（Bev Horvath），布莱恩·霍瓦特（Blaine Horvath），艾丹·基奥（Aidan Keogh），露丝·马吉（Ruth Magee），埃里克·马丁（Eric Martin），萨莉·马克斯韦尔（Sally Maxwell），利奥·米克勒姆（Leo Micklem），萨拉·米克勒姆（Sarah Micklem），马库斯·墨菲（Marcus Murphy），萨拉·西蒙斯（Sarah Simmons），修娜·史蒂文斯(Shonagh Stevens)，蔡斯·托德（Chase Todd），金尼·沃茨（Ginny Watts），斯潘塞·威尔顿（Spencer Wilton），黛安娜·扎伊达（Diana Zaida），萨姆·米克尔姆（Sam Micklem）。

同样感谢设计助理劳拉·沃森（Laura Watson）和曼迪·伦恩（Mandy Lunn）；感谢伊丽莎白·马拉德-邵（Elizabeth Mallard-Shaw）和凯特·格林（Kate Green）所做的编辑工作；感谢沃克·布兰克林什普（Walker Blankinship）和杰基·伦纳德（Jackey Lennard）提供咨询服务；感谢校对乔·威克斯（Jo Weeks）；感谢希拉里·伯德（Hilary Bird）。